KB095907

충동과 광기의 암호를 해독하다

DECODING MADNESS

충동과 광기의 암호를 해독하다
DECODING MADNESS

1판 1쇄 발행 2022년 7월 1일
지은이 리처드 레티에리 | **옮긴이** 변익상
발행인 강재영 | **발행처** 애플씨드
출판사 등록일 2021년 8월 31일 (제2022-000065호)
주소 경기도 고양시 일산동구 일산로 241
대표전화 02) 2652-3799 | **이메일** appleseedbook@naver.com
기획·편집 이승욱 | **디자인** 공디자인 ⓚ | **CTP출력 인쇄 제본** (주)에스제이 피앤비
ISBN 979-11-978626-0-1

충동과 광기의 암호를 해독하다

DECODING MADNESS

리처드 레티에리 지음 | 변익상 옮김

애플씨드

Faust: **All right — who are you, then?**

Mephistopheles: **Part of the force which would do ever evil, and does ever good.**

— Goethe

파우스트: 자. 그럼 너는 누구냐?

메피스토펠레스: 악을 행하고 선을 행하는 힘의 일부이다.

— 괴테

시작하면서

처음부터 내가 법의학 심리학자가 되려고 하지는 않았다. 돌이켜보면 뉴욕 시립대학에 다닐 때 지그문트 프로이트가 쓴《문명과 불만》의 어느 한 부분을 읽으면서 불씨가 생겨난 것 같다. 조금 과장해서 그 순간 정말 로 넋이 나갔다.

《문명과 불만》에서 프로이트는 모든 사람이 충동과 억제 사이에서 끊임없이 갈등하며, 둘 사이의 불안정한 타협을 통해서 '공손함'이 나온다 고 주장했다.

나는 전통적인 가톨릭 집안에서 자랐기 때문에 자제력을 중요한 덕목 으로 생각했다. 하지만 프로이트의 주장은 달랐다. 프로이트는 '예의' 또 는 '공손함'이 인간의 본성이 아니라 개인의 욕망과 공동체의 기대 사이 에서 균형점을 찾으려는 노력을 통해서 나온다고 주장했다. 그리고 '예 의' 또는 '공손함'은 충동과 욕망을 억제하는 과정에서 불가피하게 생기 는 불안을 참고 견디려는 개인의 적극적인 의지라고 주장했다.

처음에 나는 프로이트의 주장을 확실하게 이해하지 못했고, 정확히 무 엇을 이해하지 못하는지 깊게 고민하지도 않았다. 하지만 시간이 지나면 서, 내가 프로이트의 주장을 뭔가 안다고 생각했으나 제대로 알지 못했 다는 사실을 깨닫고 현기증이 났다. 그리고 프로이트의 주장을 제대로 이해했을 때, 그것은 너무나 혁신적으로 다가왔다. 프로이트를 탐구하는 여행은 이렇게 시작되었다. 그리고 10년 뒤에 대학원에 진학해서 정신 분석학·정신장애법·신경심리학을 공부하고, 박사후과정까지 밟았다.

이 책을 쓰기 전에 나는 정신분석가로 일하면서, 형사와 민사 재판에서 법의학 심리학자이자 전문가 증인으로도 활동했다. 여러 해에 걸쳐 1,000건 이상의 범죄를 조사했고, 수많은 살인사건과 성폭행·가정폭력과 같은 폭력사건의 재판에서 증언했다. 변호사에게 의뢰를 받거나 법원에 선임되어 다양하고 복잡한 법적 문제에 의견을 제시했다. 예컨대 피고인이 살인을 저지를 때 제정신이었는지, 피고인이 앞으로도 폭력을 저지를 위험이 있는지, 청소년 범죄 피고인이 성인으로 재판을 받아야 하는지, 아니면 소년법원에 남아야 하는지와 같은 문제였다.

독자들은 이 책에서 몇몇 피고인을 만날 것이다. 그리고 나와 마찬가지로 그들에 대한 자신의 반응에 놀랄 것이다.

나는 정신적 장애가 어떻게 범죄 행위를 일으키는지 직접 지켜보았다. 자제력과 예의를 잃은 피고인의 깊은 내면도 범죄심리학으로 생생히 들여다볼 수 있었다. 원초적 감정이 만연하고, 거짓과 속임수가 난무하는 형사사법 체계는 인간 본성의 전체 스펙트럼을 탐구할 수 있는 배양접시 역할을 했다. 이와 관련해 나는 인간의 건강하면서도 파괴적인 힘의 원동력으로 '다이모닉daimonic'이라는 개념을 사용하자고 제안한다. 아울러 극악한 범죄를 저지른 피고인을 조사한 보고서로 내 생각을 뒷받침할 것이다.

끔찍한 살인사건에 노출되었을 때 내 상태는 어떠했는지도 공유할 것이다. 나는 법의학 심리학자일 뿐 아니라, 정신분석가로 훈련도 받았다. 그래서 법의학의 관점에서 범죄를 평가하는 역할을 잘 해낼 수 있었다. 아울러 정신분석가로서 환자의 내면세계에 공감하며, 행동의 이면에 놓인 동기와 감정을 이해하는 데 도움을 줄 수 있었다. 이는 중요한 자산이었다. 범행 순간에 피고인의 정신 상태가 어떠했는지, 곧 그가 무슨 마음이었는지는 법의학에서 매우 중요한 문제이기 때문이다. 법의학 심리학자들이 일반적으로 사용하는, 수많은 경험으로 검증된 진단검사와 같은 도구와 함께, 정신분석학적 해석은 피고인의 독특하고 섬세한 심리를 이해하는 데 큰 도움이 되었다.

나아가 나는 법의학과 관련된 수많은 사건을 조사하는 과정에서 경찰·검사·판사 등 사법 전문가와 법의학 전문가가 마주하는 윤리적인 딜레마를 이해할 수 있었다. 객관성이나 정의감 같은 직업의식이 개인적인 성향이나 이해관계와 어떻게 충돌하는지도 알게 되었다. 그래서 범죄심리학을 집중적으로 다루면서, 형사사법 체계에 종사하는 이들의 불완전한 본성과 법적·도덕적 결정을 둘러싼 갈등도 깊게 파헤쳐볼 것이다. 정신분석학과 심리학, 신경과학의 도움을 받아 이러한 작업을 해갈 것이다.

이 책에서는 때때로 피고인과 보통의 정신분석 환자를 비교할 것이다. 이런 비교를 통해서 양쪽 다 정서적 갈등과 원초적 감정이 폭넓게 나타나지만, 일단 가슴 아픈 비극이 발생하면 형사소송 절차로 이어질 수밖에 없는 안타까운 현실을 만나게 될 것이다.

1부에서는 '다이모닉' 개념을 소개한다. 다이모닉은 인간의 타고난 본성으로 잔혹함과 숭고함이 함께 존재하는 역설적인 잠재력이다. 여기에서는 독자들에게 다이모닉의 심리적 발달을 최대한 알기 쉽게 설명하려고 노력했다. 이 내용은 일련의 사건에 대한 법의학적 분석을 쉽게 이해할 수 있는 배경이 될 수 있을 것이다.

2부에서는 장마다 특징적인 사건을 자세히 살펴볼 것이다. 이 과정에서 내가 전문가로서 결론에 도달한 법의학적 절차를 설명할 것이다. 예컨대 (6장에 등장하는) 냉혹한 사이코패스로 판명된 카리스마 넘치는 랜들을 조사한 과정과 그의 악랄함을 알게 되었을 때 내게 나타난 감정적 반응 같은 것이다. 피고인과 사법 전문가를 통해서 알게 된 풍부한 인간 본성과 그로부터 비롯된 분노·기만·체면 등도 폭넓게 살펴보려 했다. 곧 폭력 범죄가 발생한 상황을 살펴보면서, 검사가 무죄 정보를 숨길 때 어떤 결과가 나타나는지도 함께 다루었다. 예민한 수용자에게 사설 정신병원보다 훨씬 더 동정적인 교도소 정신 건강 부서도 살펴보았다.

3부에서는 잔혹함이나 숭고함으로 모습을 드러내는 다이모닉의 본질적 특성을 다루었다. 발달심리학이나 정신분석학, 신경과학의 새로운 성과에 비추어보면 인간 본성의 합리성에 기초한 법률 체계가 때로는 부당한 결과를 낳을 수 있다는 주장도 소개한다. 나아가 형사사법 제도가 더 인간적인 방향으로 나아가기 위한 긍정적인 방향을 찾는 것으로 마무리하려고 했다.

끝으로 이 책의 사례와 자료는 수십 년 동안 진행해온 법의학 활동에서 가져왔다. 그래서 심리학적·법의학적 문제를 충실히 살펴보면서도, 자료와 세부 내용을 다룰 때 관련된 사람의 신원과 사생활은 최대한 보호하려 했다.

목차

1부 ——— 인간의 본성

인간의 본성과 본능

사람처럼 굴곡진 나무로는 어떤 것도 똑바로 지을 수 없다.

— 이마누엘 칸트

아침을 교도소에서 보낸 뒤 고속도로를 달리며 시골 교도소의 삭막한 환경에서 벗어나 아늑한 사무실에서 보낼 오후를 기대했다. 오전에는 법의학 심리학자로, 오후에는 정신분석가로 일하려 했으나 예기치 않은 일이 생겼다. 사무실에 도착하자마자 방금 교도소에서 면담을 마친 파슨 씨의 변호인을 만나야 한다.

60대 후반인 파슨 씨는 아홉 살밖에 되지 않은 손녀를 적어도 두 차례 성추행했다는 사실을 인정했다. 공공연한 주정뱅이부터 살인과 같은 중범죄자까지 다양한 범죄를 변호한 경험이 있는 존 칸 변호사는 손녀를 성추행한 파슨 씨의 행동이 단순한 '일탈'일 가능성이 크다고 믿었다. 파슨 씨는 어린 손녀의 어머니이자 자신의 딸을 만난 뒤 자백했고, 경찰 조사에 협조했다. 전과가 없고 고령이므로 관대한 처분을 받을 수 있을 것 같았다.

존 칸 변호사는 검사나 법원과 협상할 때, 내 보고서가 사건에 대한 심리적 해석에서 객관성과 전문성을 높여줄 것으로 기대했다. 그는 사소한 개인적인 이야기는 걷어내고, 내가 파슨 씨를 재범 위험이 낮은 동정적인 인물로 묘사해 주기를 바랄 것이다.

존 칸 씨는 의뢰인에게 정말 헌신적인 변호사다. 아무리 끔찍한 범죄자라 하더라도 자신이 변호하는 사람을 냉소하거나 경멸한 적이 없다. 그래서 나는 그를 존경한다. 그는 용감무쌍하게 피고를 변호한다. 능청스러운 유머와 형사 사법 제도에 탁월한 전문성은 끔찍한 사건을 다룰 때 완충 역할을 한다. 그에게 의뢰인 일이 복잡해질 수도 있다는 소식을 전하겠지만, 평상시처럼 침착하게 받아들일 것으로 믿는다. 늘 그렇듯이 나와 수감자 사이의 면담과 내 견해를 뒷받침하는 관찰 내용으로 시작할 것이다.

교도소 상담실에서 기다리면서 파슨 씨가 걸어오는 모습을 보았다. 재소자의 관행상 (아동) 성범죄로 수감되면 파렴치한 범죄자라는 이유로 다른 수감자에게 공격을 받을 수 있으므로 두 명의 교도관이 그를 호위했다.

파슨 씨의 태도와 걸음걸이는 성범죄자라기보다 자부심 강한 정치인 같았다. 희끗희끗한 머리칼과 벗어진 이마로 나이를 짐작할 수 있었지만 약 6피트의 체격, 마른 몸매, 날렵한 걸음걸이와 곧은 자세에서 젊은 에너지가 느껴졌다. 그가 먼저 따뜻한 인사를 건넸다. 일단 문이 잠기고 둘만 남게 되자 우리가 만난 이유를 설명했다. 내가 올 것을 미리 안 그는 적극적인 관심을 보이는 것 같았다. 실제로 질문을 기다리지 않고 재빨리 자신의 얘기부터 꺼냈다. 먼저 이런저런 삶을 이야기했다. 사전에 사건 관련 서류와 변호사를 통해 일부는 이미 내가 아는 사실이었다. 몇 분간의 관찰과 피상적인 대화를 나누면서 이상할 정도로 밝은 태도와 행복한 자아도취 모습에 깊은 인상을 받았다.

파슨 씨는 여러 면에서 매우 전통적인 사람이었다. 자신의 보수적 신념을 매우 강조했는데, 교회 집사라는 역할에 자부심을 보였다. 실제로 손자들을 정말로 사랑한다고 말하면서, 그들을 보수적인 기독교 학교에 보내도록 자녀들을 압박했다고 밝히기도 했다. 사랑한다는 표현이 거짓말처럼 보이지는 않았다. 기회를 보다, 종교적 신념과 자손을 사랑하는 마음이 이렇게 강한 분이 어떻게 손녀를 성추행했는지 의아하다고 묻자 기독교 교리를 이해하는지 나에게 물어보았다. 그렇다고 하자, 곧바로 오른 손바닥을 왼손 위에 올려 가볍게 손뼉을 치면서 하나님께 빌기만 하면 용서받을 수 있다고 태연하게 말했다. 그리고 "나는 시간이 있었어요"라고 덧붙였다. 나는 다소 놀란 표정을 지으며, 자신이 지은 죄를 하나님께 용서를 구할 시간이 있었다는 뜻인지 물었다. 그는 대답했다. "그래, 맞아요." 잠시 후 나는 분위기를 살피며 조심스럽게 민감한 질문을 했다. "자신의 행동이 손녀에게 얼마나 파괴적인지 생각해봤습니까?" 그는 잠시 말을 멈추더니 대답했다. "아니, 그런 생각은 전혀 못 했어요."

점차 파슨 씨가 인식 능력이 매우 부족하다는 것을 알게 되었다. 순간적으로 정신이 멍해졌다. 자신의 행동이 타인에게 어떤 감정적 영향을 미치는지 전혀 의식할 수 없을 정도로 뻔뻔하고 도덕적 불감증이 심각했다. 잠시 나는 '임상 상황'에서 빠져나와 심리적으로 방황하고 있는 느낌이 들었다. 순간 내 딸 지나가 떠올랐다. 마치 본능적으로 나 자신을 보호해야 할 것처럼, 거리를 두고 경계의 눈빛으로 파슨 씨를 주시했다. 도덕적 분노였을까? 정신분석학자들이 〔상담자가 해결되지 않은 감정이나 문제를 환자에게 투사하는〕 '역전이'라고 부르는 이러한 현상은 환자와 상호작용하는 과정에서 정신분석가에게 나타나는 의미 있는 감정적 반응이다. 물론 파슨 씨가 자기가 저지른 파렴치한 성범죄를 뻔뻔하게 합리화하는 모습을 보면서 내가 보인 불안한 반응은 매우 합리적이며 예상할 수 있는 일이었다. 하지만 나의 감정적 반응은 나 자신에 관해서도 뭔가 중요한 것을 알려주었다.

내게 나타난 감정적 반응은 파슨 씨의 여러 설명 못지않게, 그의 성격을 이해하는 데 도움이 되었다. 내게 경계심은 익숙한 감정인데, 외향적이고 세련되고 매력적이지만, 자기도취적이고 이기적이고 정서적으로 무감각한 사람을 만날 때 주로 나타난다. 이상하게도 내 감정은 다른 성격 유형과 쉽게 잘 어울린다. 상대방이 끔찍한 범죄자라 하더라도 마찬가지다. 광기와 극단적인 감정도 잘 받아들이면서 다른 성격과 잘 어울리는 이유는 내게 자기애적인 성향이 매우 약하기 때문인 것 같다. 자기애가 강한 사람은, 반드시 약탈적이지는 않지만, 대부분 내면의 삶이 공허하다. 곧 ('자기애성 성격 장애'를 지닌 이들은) 대체로 다른 사람을 이해하는 데 관심이 없고, 거리낌 없이 자기만족만을 추구한다.

나는 곧 정신분석가의 자아로 다시 돌아왔다. 그리고 사랑하는 이들에게도 돌이킬 수 없는 파멸을 불러올 수 있는 사람으로 파슨 씨를 이해했다. 우리는 좀 더 이야기를 나누었다. 지나간 삶에 관해 많은 이야기를 나누면서 내가 관찰한 모습을 통해서 그에 대한 상세한 이미지를 얻을 수 있었다. 면담은 여기에서 끝났다. 변호사가 내 보고서를 더는 원하지 않을 것으로 느꼈기 때문이다. 시간과 돈을 낭비할 필요가 없을 것 같았다.

칸 변호사에게 전화를 걸어서 파슨 씨에 대한 내 생각을 알리자, 실망하면서도 다소 놀라는 것 같았다. 과대망상과 자아도취 때문에 손녀딸에게 공감하고 그녀를 보호하려는 충동이 오히려 자기만족을 위한 충동으로 바뀌었다고 설명해 주었다. 전화기 건너편에서 가벼운 신음이 들렸고, 잠시 침묵이 흘렀다……. 파슨 씨를 위해 준비한 변호 전략을 모두 폐기해야 하는 안타까움을 느낄 수 있었다.

나는 통화를 끝내고, 오후의 나른함을 음미하며 첫 환자를 기다렸다.

***

여러 해 동안, 나 스스로 왜 법의학 심리학을 좋아하고 수련하는지 궁금했다. 나는 범죄를 저지르지 않는 일반 환자만 있는 상담실에 안전하게 머물 수도 있었다. 게다가 오랜 시간을 들여 심리치료와 정신분석에 집중하는 일에 꽤 만족했다.

정신분석가에게는 일반인이 접근할 수 없는 방식으로 개인의 삶을 들여다보는 특권이 있다. 환자와 맺는 정신분석 관계는 성역과도 같은 상담실 안에서 이루어지는데, 공간과 시간에서 생겨나는 친밀함과 깊은 감정적 교류는 매우 독특한 성격을 띤다. 오랜 기간 치료과정에서 알게 된 환자의 개인적 비밀은 치료가 어려움에 빠져 특별히 동료와 상의해야 할 때를 제외하고 절대 아무에게도 말하지 않는다. 심지어 아내에게도 말하지 않는다. 대학 시절부터 이해할 수도, 부정할 수도 없는 동성애 환상으로 조용히 씨름하는 어떤 기혼 여성에게 느낀 어색한 연민의 감정을 나는 아무에게 말하지 않는다. 그녀의 환상은 내 상담실 안에 안전하게 격리되어 비밀을 보장받는다. 다른 예로, 공황상태와 대인 관계 어려움으로 수년간 치료를 받아 상태가 많이 호전되었지만, 머릿속은 여전히 복잡해서 세상과 온전히 접촉하기 힘들어하는 엔지니어가 있었다. 그는 의학적으로 아무 문제가 없었다. 그래서 불안감이 사라지면 머릿속도 맑아질 것으로 기대했다. 하지만 그렇게 되지 못했다. 이론에 따르면 당연히 머리가 맑아져야 하지만 그런 행운이 찾아오지 않았다. 감사하다고 말하면서도 한편으로 우리가 함께한 치료과정에 실망하는 모습을 느낄 수 있었다. 불만이 있다면 솔직하게 얘기해도 좋다고 했지만, 고개를 저었다. 아마 나와 맺은 소중한 유대 관계가 흔들리는 것이 두려운 듯했다. 마찬가지로 나도 죄책감과 함께 나 자신에게 불만을 느꼈다. 그를 더는 도울 수 없기 때문이었다.

내가 환자와 맺는 관계는 (물론 훨씬 더 강하게 나타날 때도 있지만) 일반적인 인간관계와 그리 다르지 않다. 하지만 관심의 초점이 주로 내면적인 경험과 대인 관계의 본질, 나아가 둘 사이의 복잡한 관계에 맞추어진다는 점에서 차이가 있다. 나와 환자의 유대감은 대부분 배후에 감추어져 드러나지 않는다. 드물지만 상대방에게 뭔가 불편한 반응을 일으키는 것이 있다고 밝힐 때처럼 전면으로 드러나는 때도 있다. 이런 경우 환자에게 매우 큰 도움이 된다. 어떻게 나타나든 나와 환자의 관계는 매우 사적으로 상담실 안에 격리되어 보호를 받는다. 그래서인지 때때로 정신분석가로 일하면서 감정적으로 이중생활을 하는 듯한 느낌이 들 때도 있다. 하지만 나와 환자 사이에 애착이 형성되고 환자의 내면세계와 〔개인이 의식하지 못하는 경험을 뜻하는〕 "생각 않는 앎"[1]에 접촉할 때, 매번 심리치료에 수반하는 책임감을 의식한다. 어쨌든 내적인 경험을 발견하고 어루만지는 일은 매우 보람이 있다.

***

그런데도 왜 나는 굳이 상담실에서 벗어나 끔찍한 상황을 자주 맞닥뜨리는 형사사법 체계에 발을 들여놓았을까? 역설적이지만, 나는 이러한 끔찍함 때문에 법의학 심리학에 유혹을 느꼈다. 범인의 마음속을 들여다볼 때 뭔가 우리에게 숨어 있는 것, 곧 프로이트가 '이드'라고 부르고, 내가 '다이모닉'이라고 부르는 것을 만날 수 있었다.

다이모닉은 우리의 내면에서 대부분 균형을 이루고 있다. 사회적 관습이나 두려움, 의무감, 동정심, 용기, 죄책감, 사랑하는 사람과 일체감과 같은 여러 요소의 규제를 받으며 균형을 유지한다. 다이모닉은 뭔가 우리가 '선'이라고 부르는 것 안으로 녹아들지만, 내면에 존재하는 어둡고 그늘진 면 때문에 언제나 위태롭게 흔들린다. 이유는 사람들이 대체로 묵묵히 지키고 있는 경계를 넘어서려는, 누군가를 속이거나 해치려고 하는 충동 때문이다. "그냥 죽어버렸으면 좋겠어!" 누구나 순간적으로 분노가 솟구치면 흔히 할 수 있는 생각이다. 하지만 아무리 정신을 차리지 못할 정도로 화가 나더라도 대부분 생각이나 상상에 그친다. 곧 충동은 조절되기 마련이다.

그러나 내가 맡았던 법의학 사례는 그렇지 않았다. '영혼의 탈장'이라도 일어나듯이, 균형을 이루고 조절되던 충동이 껍데기를 깨고 밖으로 튀어나왔다. 곧 끔찍한 범행은 뭔가 우리에게 잠재된, 부정하거나 합리화하거나 통제할 수 없는 것을 드러내 보였다.

현실을 직시해야 한다는 강박관념 때문에 온갖 끔찍한 상황과 정신적 상처를 무릅쓰고 내가 법의학 심리학자로 활동하려고 하는 것일 수도 있다. 어쨌든 법의학 심리학자로 활동하면서 나는 야만인과 문명인, 성인과 죄인, 어리석은 것과 숭고한 것의 질적 차이가 크면서도 모호하다는 사실을 깨달았다.

***

40대 중반 내과 의사인 빈센트 박사도 그랬다. 뜻밖에도 그는 성공한 아들에게 비논리적이고 파괴적인 적대감이 있었다. 그런 감정이 밖으로 드러난 황당한 순간이 있었다. 약혼식 만찬에서 건배하면서, 아들의 초기 대머리 증상을 가리켜 상스러운 성적 농담을 던졌다. 아들과 약혼자는 당황했고, 아내도 화가 나서 약혼식 행사를 거의 망칠 뻔했다.

빈센트 박사는 아들이 언제나 외모에 민감하다는 사실을 잘 알았다. 그런데 이유를 알 수 없지만 아들을 사랑하면서도, 은근하고 끈질기게 아들을 깎아내리고 흉봤다. 빈센트 박사는 가장 사랑하고 소중한 사람에게 오히려 파괴적이었다. 하지만 누군가를 폭행하거나, 아들을 죽이려고 시도한 적은 없었다.

이처럼 우리에게 파괴적이고 혐오스러운 충동이 있다. 이 글을 읽는 여러분 자신을 포함해서 주변에 잘 아는 사람을 떠올려 보자. 누군가 미워하는 사람과 미움에 따라 행동하는 사람의 차이는 무엇일까? "아내에게 그런 말을 하다니, 죽여버리겠어!"라고 혼잣말을 하는 남편과 선을 넘어서 실제로 살인을 저지른 형사사건 피의자는 무엇이 다를까? 피의자의 타고난 폭력성, 곧 내면의 '나쁜 씨앗' 때문일까? 아니면 살인 충동을 불러일으키고 부추기는 (어렸을 때부터 쌓여온 학대나 악의적인 방치와 같은) 나쁜 성장환경 때문일까? 약물에 중독되어 내연남이 자신의 아이를 학대하도록 방치한 엄마에 의해 길러지지 않았다면, 그 아이는 지금과 다른 사람이나 좋은 시민이 될 수 있었을까? 양육과 어린 시절의 경험이 정말로 차이를 만들까? 나아가 부모는 교환하거나 대체할 수 있는 존재일까?

매우 어려운 환경에서 자랐지만, 회복력이 높은 사람도 많다. 반대로 좋은 가정환경에서 자랐지만, 정서적으로 매우 취약하고, 어디로 튈지 도저히 예측할 수 없는 사람도 있다. 이런 개개인의 특성은 태어나면서 결정될까? 그것은 생물학적인 운명일까? 우리를 구성하는 이른바 '인간의 본성'이라고 부르는 힘은 무엇일까? 그것은 바뀔 수 있을까?

***

형사사법 제도에서 매우 비극적으로 드러나는 인간 본성의 힘을 설명할 때 "악마적demonic"이 아니라 "다이모닉daimonic"이라는 단어를 사용한다. 뜻이 서로 다르기 때문에 두 단어의 의미를 설명한다.

전통적으로 "악마demon"와 "악evil"은 뭔가 비정상적이거나 초자연적인 것과 동의어로 사용된다. 아침에 일어나서 모닝커피를 마시며 신문이나 스마트폰으로 뉴스의 머리기사를 읽는 자신의 모습을 상상해보라. 사람을 여럿 죽인 어느 살인자가 법정에서 변호사 옆에 앉아 선고를 기다리는 모습을 찍은 사진이 눈길을 끈다. 마음속에 '사악한 놈'이라는 생각이 떠오른다. 어떻게 사람이 저렇게 잔인한 짓을 저지를 수 있을까?

하지만 '다이모닉'이라는 말이 늘 '악'과 연관되어 쓰이지는 않는다. 이 말은 희한하게도 그리스어에서 '신'이나 '신성함'을 뜻하는 '다이몬 daimon'이라는 말에서 나왔다. 그리스인들은 올림포스의 주신부터 하찮은 작은 신까지 수많은 신이 존재한다고 믿었다. 그리고 이 신들이 지상에서 살아가는 인간의 삶에 영향을 끼친다고 믿었다. 신들은 인간에 내재한 다이몬을 찾아와 행운과 재난을 맛보게 했고, 인간이 언젠가 반드시 죽을 수밖에 없는 필멸자임을 확인했다. 그래서 그리스인들은 인간을 지배하는 힘, 곧 축복이나 저주가 되는 힘이라는 의미로 '다이모닉'이라는 말을 사용했다. 예컨대 플라톤은 《향연》에서 "에로스는 다이모닉이다"라고 했다. 플라톤은 어떤 의미로 이 말을 사용했을까? 에로틱한 열정은 분명히 '악마적'이지 않지만, 논리와 이성을 초월한다. 그래서 에로틱한 열정은 '다이모닉'이다. 다이모닉은 〔지붕이 날아갈 정도로 불어대는〕 4등급 허리케인과 같은 기본적인 힘이자 이성적인 사고를 초월하는 멋진 본능이다. 다이모닉은 아름답고 충동적이고 무절제하며, 욕망의 대상으로 향하는 길에 놓인 모든 것을 쓰러뜨린다. 곧 다이모닉은 좋은 쪽이든 나쁜 쪽이든, 도덕적인 쪽이든 비도덕적인 쪽이든, 어디로든 나아가는 힘이다.

다이모닉은 가장 자연스럽고 원초적인 인간의 본성이다. 갓난아기가 배가 고프면 작은 손으로 엄마의 새끼손가락을 강하게 움켜잡고 힘껏 깨물며 큰 소리로 울어 젖히는 힘 속에서 우리는 다이모닉의 존재를 느낀다. 다이모닉은 때로 군인의 영웅적 행동이나 테러리스트의 무고한 학살의 모습으로 둔갑한다.

다이모닉은 넓고 깊은 인간의 잠재력을 보여준다. 다이모닉은 마구 분출되는 증오뿐 아니라 장엄한 사랑과 [출산, 육아, 복지 행동, 취업 등과 같은] 생산성을 위한 잠재력이다. 다이모닉은 우리 존재의 역설이자 불가사의다. 그런데 다이모닉이 감동적인 노래를 만드는 힘이 될 수도 있지만 혐오스러운 성범죄를 저지르는 힘이 되기도 하는 이유는 무엇일까? 밝으면서도 어두운 다이모닉의 이중성은 서로 어떻게 영향을 미칠까? 그리고 개인의 이력과 재능에서 어떤 요소 때문에 다이모닉의 어둡고 사악한 면이 (법과 도덕적 관습을 거슬러) 육체와 영혼을 파괴하는 힘으로 나타날까?

아내와 2개월 된 영아를 불과 몇 시간 전에 살해한 남자의 맞은편에 앉았을 때 법의학 심리학자로서 감정적으로 어떻게 반응해야 할까? 훈련과 경험이 도움이 되지만 그것만으로 충분하지 않다. 이런 상황을 견디려면 전문성 개발보다 더 중요한 "뭔가" 개인적인 것이 필요하다. 그리고 "뭔가" 개인적인 것이 바로 인간의 연민을 들춰내는 내 이야기를 읽으면서 여러분의 반응을 결정할 것이다. 나와 여러분은 "뭔가" 인간 본성의 다양한 다이모닉 차원 속에 감춰진 것을 일상에서 접하고 있다. 이런 친숙함 때문에 직관적으로 우리 모두 선을 행할 수도 있고 악을 범할 수도 있다는 사실을 안다. 인간의 본성은 어떤 사람에게는 〔미켈란젤로의 '최후의 심판'이 그려진〕 시스티나 성당을 만들 힘으로 나타나기도 하지만, 어떤 사람에게는 〔나치가 유대인을 학살한〕 아우슈비츠 수용소를 만들 힘으로 나타나기도 한다. 아울러 두 극단 사이의 거리는 가깝고, 경계도 쉽게 허물어진다.

이마누엘 칸트는 가장 위대한 철학자로 꼽힌다. 그런데 (이 장 첫머리의 인용문에서도 확인되는) 인간 본성의 불가피한 비뚤어짐을 꿰뚫는 그의 통찰은 무척 역설적이다. 어쩌면 인간의 전반적인 경험을 심리적으로 잘 이해하는 것이야말로 칸트가 말한 인간의 불가피한 비뚤어짐을 예방하는 해독제가 될 것이다.

***

칸트와 같은 철학자만이 아니라, 수많은 사회과학자·신경과학자·심리학자들이 인간 본성의 구성 요소를 연구했지만 지그문트 프로이트[2]가 가장 인상적이다. 그는 다이모닉과 같은 인간 본성의 양극성에 관심을 가졌고, 이를 극복하기 위한 심리치료 접근법을 개발했다. 다이모닉을 깊게 통찰한 프로이트는 인간 내면의 거부되고 억압된 감정과 충동은 절대 사라지지 않는다는 사실을 밝혀냈다. 그것은 산 채로 묻혀 있다 예측할 수 없는 방식으로, 때로는 무서운 방식으로 다시 모습을 드러낸다. 거부되고 억압된 충동이 (감정적 고통과 갈등으로) 무의식 상태로 남아 있다가 심리적으로 〔분해·합성의 과정을 거쳐 유용한 것으로 바뀌는〕 '대사'가 되지 않으면, 머지않아 '억압된 자들이 귀환한다.' 어두운 면은 다양한 형태로 나타난다. 끊임없는 자기 파괴적인 결정으로 나타날 수 있고, 자신이 소유하지 않은 것을 다른 사람에게 투사하는 형태로 나타날 수 있다. 그리고 비이성적으로 폭발하거나, 이보다 더 나쁜 상황으로 나타날 수도 있다. 카를 융[3]의 용어로 말하면, ('그늘진 면'이라고도 하는) '그림자'는 의식적으로 자아의 일부로 받아들여지지 않는 한 계속 잠재되어 있으면서 밖으로 비집고 나올 준비를 하고 있다. 하지만 (인정과 수용이라는) 자각의 불빛을 비추면, 억압된 감정과 충동은 (혹은 감정적 고통과 갈등은) '악마적'인 목적으로 내몰리지 않고, 심리적인 '대사작용'을 거친다. 그래서 분해되고 합성되어 사라지거나, 새로운 기능과 역할을 맡게 된다.

예컨대 만사태평한 성격을 지닌 사이먼은 심각한 알코올중독에 빠진 아내에게 여러 해 동안 언어폭력을 당했다. 그러다 어느 순간 평정을 잃고, 그녀를 목 졸라 죽였다.[4] 자신이 저지른 범행을 설명할 때, 그는 마치 영화를 보면서 이야기하고 있는 것 같았다. 자기는 살인과 아무 관련이 없고, 다른 사람의 일을 설명하는 것처럼 보였다. 살인의 경험이 그의 개성과 인격을 빼앗아간 것처럼 보였다. 오랫동안 아내에게 충성스럽게 헌신한 그의 사랑은 살인적인 분노로 바뀌어 자신도 모르게 숨어 있다가, 그림자처럼 튀어나와 그를 덮쳤다.

형사 피의자만이 모든 범주의 본성을 드러내는 것은 아니다. 어느 날 교도소에 수감되어 있던 토머스가 겁에 질려서 내게 도움을 청했다. 그는 교도관에게 자신의 감방에서 곧 살인이 저질러질 것 같다고 알렸다.

그런데 그 일로 '밀고자'로 찍혀서 다른 재소자의 표적이 될 수 있다는 것을 알고, 자신을 보호 수감시설로 옮겨달라고 교도관에게 요청했다. 하지만 교도관은 자기 일이나 잘 하라고 핀잔을 주며 그의 요구를 거절했다.[5] 심지어 거드름을 피우며, (토마스가 이 사건으로 스트레스를 받아 상담했을 때 전혀 걱정할 필요가 없다고 건성으로 말했던 동료 사이비 법의학 심리학자인) 존 박사에게 가서 상담이나 받아보라고 비아냥거렸다. 교도관과 심리학자는 자신에게 닥쳐오는 다양한 압박과 스트레스에 대응하기 위해 모든 일에 스스로 무감각해지는 방법을 선택했다.

우리의 파괴적 행위는 대부분 토마스가 느낀 것처럼 인식할 수 없는 무력감, 절망감, 혼란에 대처하려는 시도에서 비롯된다. 그러한 감정 상태가 높아지면 적응하지 못하고 떠다니는 듯한 감각이 뒤따르며, 우리를 끌어당기고, 우리를 뒤흔드는 강한 힘이 된다. 참을 수 없다는 생각에 열정이 솟구쳐 자각조차 할 수 없게 된다. 이럴 때 크고 작은 악이 저질러질 가능성이 커진다.

***

이어지는 장에서 끔찍한 범죄를 저지른 피고인의 기본적인 심리 요소를 살펴볼 것이다. 하지만 전적으로 범죄심리의 광기만을 다루지 않을 것이다. 나는 인간 본성의 본질을 조금이라도 밝히고 싶다. 나는 정신장애 때문에 저질러진 범죄 행위를 조사하면서 파괴적인 능력뿐 아니라 높은 경지에서 도덕적으로 행동할 수 있는 능력도 발견했다. 따라서 법의학적 결론에 도달할 때, 정신장애에서 비롯된 행동과 비인간적인 충동에서 비롯된 보통 사람의 파괴적 행동의 경계를 항상 의식한다. 둘 사이의 경계는 사이코패스와 뇌의 문제를 다루거나, 정신질환이 분명하지만 이 것이 범죄 행위의 명확한 이유가 아닐 때 특히 문제가 되었다. 놀랍게도, 제정신 상태에서 나쁜 행동을 저질렀는지 아니면 질병 때문에 그랬는지 를 명확히 분별하는 것이 항상 쉬운 일이 아니다.

사법 제도에 종사하는 전문가와 법의학자는 비극적 상황에 매일 노출 되며 인간의 가장 어두운 감정을 경험한다. 윤리적 딜레마와 도덕적 해 이에 맞서야 하는 환경과 냉소주의, 완고함, 원초적인 경쟁 욕구에서 벗 어나기 힘든 환경에서 정의와 공정을 지키는 것은 이들에게 또 다른 심 리적 도전이다. 하지만 인간 본성의 고귀한 천사가 뒷전으로 밀려나 다 이모닉의 어둠에 굴복한 것처럼 보일 때, 이들의 직업적인 상황을 인정 하면서도 그냥 지나치지 않으려고 노력했다. 불편할지 모르지만 이어지 는 장에서 다룰 일은 다뤘고, 말할 일은 말했다.

***

자신의 욕망, 목표, 이상을 명확히 이해할 뿐 아니라 파괴적 충동을 관 리하는 능력이 자신에게 있다는 감정적 경험을 충분히 쌓으면 심리적으 로 성숙하게 된다. 일찍이 롤로 메이는 다이모닉을 비도덕적 잠재력을 깨우는 '쇠파리'이자 '창의성'에 '영감을 주는 뮤즈'로 묘사했다.[6] 그리고 정신분석가 에리히 프롬은 '파괴성'을 '살아 있지 않은 삶'과 '심리적으 로 거세된 삶'[7]의 결과로 보았다. 곧 노력해서 성장하려는 생성 잠재력이 부정된 삶의 결과라는 것이다.

***

심리적 안정감을 얻기 위해서는 비록 인정하고 싶지 않은 자기의 모습조차도 있는 그대로 받아들이려는 의지가 필요하다. 얼핏 보기에는 모순되어 보일 수 있다. 하지만 우리 자신의 부조리한 부분을 인정하고, 다이모닉의 여러 측면과 평화롭게 살아야 사랑과 창조력이 향상된다.

인간의 극단적인 행동을 이해하기 위해 나는 이 책을 썼다. 그래서 이책은 여러 종류의 범죄 행위를 불러일으킨 광기를 폭넓게 다룬다. 그러나 내 목표는 여러분이 훨씬 더 많은 것을 깨닫게 하는 데 있다. 곧 범죄와 이를 통제하려는 우리의 시도와 방법이 인간의 근본적 진실을 어떻게드러내는지 보여주는 것이다.

뒤이은 장들에서 형사사법 체계와 관련된 피고인뿐 아니라 다양한 사람을 소개할 것이다. 피고인과 피해자, 그들의 가족과 사법 전문가를 만날 것이다. 각 장은 저마다 서로 다른 질문을 던지는 특정한 사건으로 이루어졌다. 이유는 법적으로 각각의 질문이 서로 다른 의미가 있기 때문이다. 이 살인은 (계획적이고 의도적으로 저지른) 1급 살인일까, (강요와 협박이나 충동적으로 저지른) 2급 살인일까, (과실치사와 같은) 3급 살인일까? 피고인은범행 시점에 제정신이었을까? 엄마가 아기를 죽인 이유는 무엇일까? 당시 엄마의 마음은 어땠을까? 이 과정에서 몇 명의 냉혹한 사이코패스도만날 것이다.

이것은 여러분과 공유할 사건의 몇 가지 사례에 지나지 않는다. 아울러 인간의 어두운 면이 사법 제도에 파고들어 공정한 판결을 위해 주어진 권한을 어떻게 남용하는지도 살펴볼 것이다. 물론 사법 제도에 종사하는 전문가가 인간의 더 나은 면을 보여주는 일화도 소개하고 강조할것이다.

앞서 소개한 사례에서도 밝혔듯이, 잔인함과 악은 우리 일상의 한 부분이다.[8] 그러나 의회, 행정기관, 교육기관 등 모든 시민적 기관과 마찬가지로,[9] 사법제도도 우리 내면의 선량한 천사를 고양시키는 기본적인 역할을 잘 수행한다. 나는 이 책의 끝에서 이러한 사실도 살펴볼 것이다.

***

다음 장부터 참으로 끔찍한 이상행동과 파괴가 흘러넘치는 심리극 무대가 펼쳐진다. 어떤 이력의 사람에게 어두운 잠재력이 있을까? 어떤 힘이 그렇게 변화하게 했을까?

02.

과거의 삶이 현재를 규정한다

과거는 절대 죽지 않는다. 심지어 과거도 아니다.

— 윌리엄 포크너

나는 20대 초에 대학원에 진학하기 위해 뉴욕을 떠나 삶을 대부분 캘리포니아 남부에서 보냈다. 이곳 황금의 땅 캘리포니아에서 결혼했고, 캘리포니아 사람의 정체성을 지닌 두 아이를 키웠다. 하지만 어린 시절을 브루클린에서 보낸 나는 스스로 뉴욕 사람이라고 생각한다. 앞으로 캘리포니아에서 살더라도 내가 뉴욕 사람이라는 생각은 바뀌지 않을 것이다.

이런 생각은 좋든 싫든 내 정신과 정체성에 영원히 영향을 끼친다. 즉 태어난 뒤 처음 몇 년이 삶의 가치관과 태도를 형성한다고 말할 수 있다. 1960년대 후반에서 1970년대 초반까지 브루클린에서 자랄 때 나는 밀집도 높은 주거환경에서 무척 많은 사람과 뒤섞여 살았다. 건널목을 바삐 건너는 사람, 도로의 공사현장에서 엄청나게 크게 울려 퍼지는 착암기 소리, 질식시킬 듯이 매연을 뿜어대는 시내버스, 뒷골목에서 풍기는 갖가지 냄새, 경찰차의 요란한 사이렌 소리 등, 마치 퀴퀴한 냄새가 나는 역겨운 공장 안에 사는 것 같았다. 이 모든 것은 당연히 캘리포니아의 밝고 넓고 느긋하고 늘어진 환경과 뚜렷이 비교된다. 하지만 나는 여전히 뉴욕 사람이다. 어떤 기분인지 말로 잘 표현할 수는 없지만, 뉴욕에 가면 고향 집에 왔다는 생각이 든다.

이처럼 삶의 처음 몇 년이 우리 정체성의 핵심을 결정한다. 하지만 주사위가 던져진 뒤에도 정체성은 계속 형성된다. 큰 인형 안에 작은 인형이 잇달아 들어있는 러시아의 마트료시카 인형의 모습을 떠올려 보자. 각각의 인형은 자아 발달의 다양한 층을 상징하는데, 가장 안쪽에 놓인 인형이 어린 시절에 제일 먼저 형성된 자아다. 작고 부서지기 쉽지만, 완성된 자아의 주체로 가장 중심부에 자리를 잡고 있다.

시간이 지날수록 우리의 감정과 생각은 더 복잡해지고 성숙해진다. 그래서 초기 성향은 옅어지고 누그러지기 마련이다. (젖을 먹고 배고픔을 없애거나 축축한 기저귀를 뽀송뽀송한 것으로 바꾸는 것과 같은) 즉각적인 만족을 바라는 유아기의 기대는 점차 약해지고, 어둠의 두려움으로부터 마음을 달래주는 '애착 담요'를 바라는 욕구가 생겨난다. 나아가 (운이 좋으면) 다정한 어른에게 (주 양육자에게) 평생 정신을 건강하게 유지할 수 있는 관습과 사고를 배우고 익힌다. 우리의 정체성은 이러한 성장의 경험을 내면화하면서 더 복잡해지고 단단해지고 성숙해진다. 하지만 이런 일은 내면 깊숙한 곳에서 이루어지므로 외부 관찰자에게는 잘 보이지 않는다. 뜻하지 않게 불쑥 머리를 내밀고 튀어나오지 않는 한, 자기 자신만 흐릿하게 느낄 수 있을 뿐이다. 이처럼 가장 안쪽에 깊숙이 둥지를 틀고 있는 '인형'은 명확하지는 않지만, 섬세하고 영구적이다.

***

심리적 시간은 삶의 시기마다 다르게 나타난다. 초년기에 짊어진 짐의 무게는 이후 시기와 다르고, 시간도 똑바로 일직선으로만 흘러가지 않는다. 초년기의 경험은 형체가 없이 흐릿하게 기억되지만, 돌에 새겨진 것처럼 단단하고 확실하게 정신에 영향을 끼친다.

프로이트는 초년기의 경험이 삶 전체에 영향을 끼친다고 주장했다.[1] 초년기에 같은 사건을 경험하더라도 (경험하는 방식에 따라) 내적 현실은 서로 다르게 나타날 수 있다는 뜻이다. 특히 어린 시절 끈끈한 기억에 얽매여 사람마다 서로 다른 심리적 현실을 가질 수 있다. 예컨대 상실의 경험을 생각해 보자. 데보라는 법원과는 상관없는 내 개인 환자였다. 그녀는 아홉 살 때 심장마비로 어머니를 잃었다. 어머니는 아무런 예고도 없이 갑자기 거실에서 쓰러져 그녀가 지켜보는 앞에서 숨졌다. 불행하게도 집에는 아무도 없었다. 언제인지 잘 생각나지 않지만, 그녀는 이웃에 도움을 청하러 갔다는 사실을 어렴풋이 기억한다. 아버지와 두 오빠도 아내와 엄마를 잃은 슬픔으로 큰 충격을 받았다.

모두 그렇듯이, 데보라의 가족도 삶의 비극을 겪으면서 서로 의지했다. 그리고 삶은 계속되었고, 아버지도 재혼했다. 물론 아버지의 새로운 아내도 데보라를 친절히 대해주었다. 그런데 데보라에게는 딱 짚어내기는 어렵지만, 뭔가 심상찮은 구석이 있었다. 겉으로 보기에 그녀는 꽤 성공적인 경력을 쌓은 것 같았다. 열심히 공부해서 대학원까지 마쳤고, 지금은 제약업계에서 연구자로 일한다. 하지만 심리적으로 지체되었다. 무엇보다 상실을 견디지 못한다. 연인과 헤어졌을 때도 그랬다. 그녀는 남자친구와 잘 맞지 않는다는 사실을 알았고, 남자친구를 그다지 사랑하지도 않았다. 그녀는 남자친구와 관계를 끝낼 수밖에 없었으나, 막상 헤어지자 엄청난 상실감을 겪었다. 데보라는 자신의 반응이 남자친구 때문이 아니라, 어머니를 잃은 일과 관련이 있다는 사실을 깨달았다. 그런데도 두려움과 우울함에서 벗어날 수 없었고, 도무지 꼼짝할 수 없었다. 그녀는 자신의 반응이 '비합리적'이라는 사실을 알았지만, 자신을 통제할 수 없었다. 그녀는 이유가 궁금했다.

상실의 경험은 데보라에게 단지 현재 상황에 대한 반응만이 아니라, 계속해서 다른 반응을 불러일으켰다. 그녀는 '무의식적으로' 남자친구를 사랑하지도 않았고, 의지하지도 않았다. 그런데도 관계의 끝은, 그녀의 눈동자 색깔을 결정한 디엔에이처럼 영원히 정신에 영향을 끼친 블랙홀을 끄집어냈다.

아홉 살의 나이에 엄마를 잃은 트라우마에 시달리던 데보라는 무의식적으로 현재의 시간을 대부분 〔과거나 미래의 일이 현재에 뒤섞여 나타나는〕 왜곡된 흐름 속에서 살았다. 의식적인 자아는 이것이 비합리적인 반응임을 알았으나, 상실감을 느낄 때마다 엄마를 잃은 경험이 머리를 치켜들었다. 그리고 이 과정에서 커다란 감정적 고통을 느꼈다. 어느 정도 균형감이 생길 때까지 감정을 붙잡고 씨름하며 통제하려 했지만, 결국에는 또 다른 상실이 모습을 드러냈다.

데보라는 상실감에서 벗어날 수 없었다. 상실감은 그녀를 마치 스토커처럼 쫓아다녔다. 초년기에 겪은 트라우마가 우리를 형성하듯, 좋든 싫든 상실감은 그녀의 일부가 되었다. 하지만 다행스럽게도 당시에 그녀는 어느 정도 형성된 자아를 인식할 수 있는 나이였다. 다시 말해 작은 러시아 인형이 이미 둥지를 튼 상태였다. 무엇보다 자신이나 자기의 감정을 언어로 표현할 수 있는 나이였고, 자기 생각과 자기 '바깥'에서 일어난 일을 구분할 수 있었다. 게다가 그녀에게는 안정감을 주고, 정서적 고통을 관리할 수 있도록 도와주는 가족이 있었다.

***

그렇지만 아주 어린 나이에 트라우마의 희생자가 되면 어떻게 될까? 자기 생각과 자기 '바깥'에서 일어나는 현실을 구별하지 못하는, 말을 배우기 전 영유아기에 트라우마의 희생자가 되면 어떻게 될까? 여기에서 말하는 트라우마는 아버지가 어머니를 죽이는 것을 목격한 아이가 겪는 고통처럼 심각한 것만을 뜻하지 않는다. 불행하게도 자신한테만 몰두하는 무관심한 부모에게 태어나는 것과 같은 일상적이고 평범한 유형의 트라우마도 포함된다. 좋은 사람이지만 좋은 부모가 되기에는 너무 어린 부모에게서 태어난 경우도 마찬가지이다. 원치 않는 아이를 둔 갓 스무 살 나이의 부모를 상상해보라. 어린 부모이지만 유아에게 필요한 (먹이고, 씻기고, 기저귀를 갈아주는 등) 신체적인 돌봄은 할 수 있다. 하지만 말을 배우기 이전 단계에 있는 아기에게 감정이입이 되지 않거나 일상에 지쳐서 정서적으로 무관심해지기 쉽다.

언어 능력이 발달하기 전 초년기의 경험은 삶 전체에 큰 영향을 끼친다. 이 시기에는 아직 심리적으로 자아를 인식할 수 없어서 확고한 '나'도 없다. 그래서 경험은 그냥 발생한다. 아기는 움직이면서 자기 손을 보지만, 자기가 행동의 주인공이라는 사실조차 알지 못한다. 기본적으로 영유아를 자극하는 생물학적 사건은 감정이다. 대부분 (어머니, 아버지, 할머니 등과 같은) 주 양육자는 아기가 무엇 때문에 온몸을 휘저으며 울어대는지 알기 위해 아기에게 집중한다. 처음에 잘 모를 수 있지만, 기본적으로 헌신적이고 공감하는 어른이라면 아기가 우는 이유를 금방 알아차리고 대응할 수 있다. 배가 고프거나 기저귀가 젖어서 우는 것일까? 몇 번의 시행착오 끝에 아기는 곧 진정된다. 너무나 당연한 일처럼 보이지만, 아주 오래전부터 되풀이된 심리적 상호작용의 과정이다. 보호자는 영아의 감정 상태를 알아채고, 그에 따라 반응하여, 아이에게 편안한 육체적·정서적 상태를 조성해준다. 아이가 성장해 언어 능력이 발달하면, 아이는 공감하는 보호자의 도움으로 공감과 자신을 위한 보호 행동을 시작한다. 자신의 감정적 경험에 기초해 사물과 대상을 인식할 능력이 생겨난다. 이제 아이의 감정은 단순한 생물학적 경험이 아니라, 스스로 인식할 수 있는 정신적 경험이 된다. 아이는 감정·소망·욕망·의도 등 내면 상태를 스스로 인식하기 위한 정신 활동을 시작한다. 심리학적으로 마음을 갖춘 자아, 자의식과 목적을 가지고 행동할 능력을 지닌 자아가 출현한다.

주 양육자와 어린아이 사이에 앞에서 설명한 일이 순조롭게 진행되지 않으면 어떻게 될까? 보호자의 방치로 일상적인 트라우마를 겪게 된다면 어떻게 될까? 신체적·성적 학대로 심각한 트라우마를 겪게 된다면 어떻게 될까? 자신과 타인을 어떻게 위로해야 하는지 알려주는 본보기가 없다면 어떻게 될까? 게다가 마음을 달래주는 공감과 정서적 조화가 없다면 어떻게 될까? 이렇게 되면 마음속의 심리적 자아가 왜곡된다. 감정적 자아가 무질서에 빠져 파괴적인 결과를 빚고, 감정은 잘못 이해되고 묶어 놓은 밧줄이 풀리듯 흐트러진다.

당연히 자신의 내면을 인식할 능력이 없으면, 상대의 감정과 의도를 이해하는 공감 능력도 제한되기 마련이다. 그래서 다른 사람의 행동 뒤에 있는 감정의 의미를 오해하기 쉽다. 그러면 자신의 충동과 생각을 다른 사람 탓으로 돌리거나, 다른 사람에게 투사하는 일이 자주 일어난다.

분노와 불안에 가득 찬 로드릭의 사례를 살펴보자. 그는 쇼핑몰에서 뚜렷한 이유도 없이 다른 10대의 얼굴을 주먹으로 때린 혐의로 체포된 10대 소년이다. 폭행 이유는 "그 애가 째려보았기 때문"이었다. 추가조사에서 로드릭은 피해자가 자신을 "깔보았다"고 분명히 말했다. 로드릭은 도심 빈민가 학생들이 많이 다니는 학교의 고학년 학생으로 체험 활동을 하던 중이었다. 폭행 사건이 벌어졌을 때 로드릭과 친구들은 교외 중산층이 거주하는 지역의 쇼핑몰에 있었다. 학교 상담사가 한 말에 따르면, 로드릭은 빈번하게 다른 사람을 오해하고 공격했다. 로드릭은 가정폭력이 난무하고 일상에서 마약을 남용하는 혼란스러운 가정 환경에서 자랐다. 다른 가족과 뒤섞여 살았고, 여러 양부모 밑에서 자랐다. 불행하게도 로드릭은 어린 시절에 자신을 달래주며 적절히 반응해주는 양육자를 만나지 못했다. 이런 환경으로 로드릭에게는 자신의 감정적 반응을 관찰하고, 자신의 감정이 '자신의 것'이며, 다른 사람이 다양한 의도와 동기로 자신과 다르게 느낄 수 있다는 사실을 깨닫게 하는, 마음을 살피는 능력이 발달할 수 없었다. 자신의 감정과 충동을 살피고 반성하는 능력이 있어야 가혹하고 엉뚱한 상황에서도 자신을 제어할 수 있다.

하지만 로드릭은 이런 자제력이 없었다. 균형감이 없어서, 자신의 내적 경험을 다른 사람의 내적 경험과 구분하지 못했다. 곧 다른 사람의 감정이 자기의 감정과 똑 같다고 생각했다. 그래서 다른 사람을 이해하려고 하기보다 내면의 불안을 다른 사람에게 투사했다. 상대가 자기를 얕잡아 본다는 불안을 곧바로 상대에게 덮어씌웠다. 쉽게 감정이 상했고, 쉽게 오해했다. 내면 세계가 암울하고 불길해서 외부 세계가 위험하고 공격적이라고 상상했다.

이렇게 로드릭과 데보라는 매우 다른 정신세계에 살았다. 데보라에게도 상실을 두려워하는 어둠이 있었으나, 그녀는 그것이 '자신'의 감정, 곧 자신의 어둠이며 두려움이라는 사실을 알았다. 그녀는 자신의 심리적 경험의 테두리를 잘 알았다. 곧 심리적 경험과 심리적 경험을 너머 존재하는 세계를 구별할 수 있었다. 남자친구와 헤어지고 끔찍한 상실감을 느꼈을 때도 어떻게 할 수는 없었지만, 적어도 자기가 비이성적인 상태라는 것을 알았다. 그녀는 의식적 경험을 형성하거나 때로는 자기를 괴롭히는 것에 반응하고 있었다. 정신분석가들이 무의식적 환상, 지속적인 무의식, 정서적으로 물든 이미지나 신념이라고 부르는 것이다. 데보라에게 그러한 반응은 "사랑의 상실로 충격받을 준비를 해야 해!"와 같은 모습으로 나타났다. 하지만 로드릭에게는 "아무도 믿지 마. 엿 같은 세상!"처럼 훨씬 악의적인 방식으로 나타났다. 둘의 또 다른 차이는, 데보라는 자신의 위험한 감각이 대체로 합리적이지 않다는 사실을 알았다는 점이다. 데보라는 자신이 마음속으로 느끼는 것과 사실로 아는 것 사이에서 생겨나는 고통을 참았다. 이유는 자기의 불안한 반응이 스스로 유도한 것이며, '현재' 그녀의 상황에 비추어볼 때 적절치 않다는 사실을 잘 알기 때문이다. 데보라는 자신의 불행을 헤어진 남자친구 탓으로 돌리지 않았다. 그녀의 정신세계와 현실 사이에는 경계선이 있었다. 하지만 로드릭의 경험은 본질에서 구체적이었고, 내부의 현실과 외부의 현실 사이에 경계선이 없었다.

데보라는 감정적인 삶에서 신경증을 보였다. 즉 내적으로는 갈등하지만, 매우 중요한 심리적 기능인 '마음을 가다듬는' 능력이 있었다. 따라서 자기와 마찬가지로 다른 사람도 독립적인 심리적 자아가 있다는 것을 인식할 수 있었다.

하지만 로드릭에게는 그러한 세련된 의식이 존재하지 않았다. 그의 심리학적인 삶은 근본적으로 더 원초적이어서, 자신과 다른 사람의 갈등을 이해하고 받아들이는 능력이 훨씬 떨어졌다.

두 사람을 비교해보면 예전에 "차라리 신경증적인 것이 훨씬 더 좋다"

라고 재치있게 말했던 심리치료 감독관의 말이 생각난다.

***

대체로 내가 법의학 평가를 맡았던 수감자들은 데보라와 같은 신경증 환자가 될 특권이 없었다. 대부분 심리 발달과정에서 다양한 유형의 탈선을 했고 그것 때문에 범죄를 저지르기 쉬웠다. 예컨대 별거 중인 남편이 집을 나설 때 뒤에서 총을 쏴서 살해한 혐의를 받는 서른여섯 살 여성 조앤을 심리적으로 평가한 적이 있었다. 부부는 잠시 별거 중이었다. 남편은 그녀가 사는 (그들 소유의) 집을 계속 방문했다. 이유는 집을 처분하기 전에 부서진 곳을 새로 단장하기 위함이었다. 조앤은 계획된 1급 살인 혐의로 기소됐다. 뒤에서 설명하겠지만, 그녀가 남편을 의도적으로 살해하려고 했는가 그렇지 않은가를 판단하는 중요한 단서는 총격 사건이 발생하기 약 한 달 전쯤 남편이 집수리를 마치고 집을 나설 때 "나는 당신을 죽도록 사랑해!"라고 비명을 질렀다는 점이다. 당시에 그녀는 심한 우울감에 빠질 때면 갑자기 미친 듯이 "나는 당신을 사랑해!"라고 자주 비명을 질렀다. 이 일이 있고 나서 나는 그녀와 임상적으로 심리평가를 진행했다. 평가가 끝나고 2주일 후 남편과 독설적인 언쟁 끝에 총격 사건이 발생했다.

조앤 변호의 핵심은 그녀가 무척 괴로워하다가, 집에서 어떤 소리를 듣고 남편이 아니라 침입자로 착각했다는 주장이었다. 그녀는 "정신 줄을 잃고", 총을 집어 들어 쐈다. 조앤이 남편이라는 사실을 알고 있었는지와 관계없이, 피해자는 등을 돌린 채 집을 떠나는 상태였다. 그녀는 "내가 아니었어요. 아무 생각이 없었어요…."라고 말했다.

조앤의 심리평가는 처음에 법의학이 아니라 임상진단으로 이루어졌다. "죽도록 사랑해"라고 악을 쓰며 말하는 것을 걱정한 심리치료사의 요청으로 진단평가가 시작되어, 남편이 살해되기 2주쯤 전에 마무리되었다. 조앤은 누군가를 공격하거나 자살하려는 의도가 없다고 스스로 확신했다. 하지만 심리치료사는 조앤의 정신적 안정성에 의문을 제기했다. 그래서 다른 전문가의 의견을 구하고 싶었다.

눈부신 캘리포니아의 전형적인 토요일 아침에 조앤을 처음 만났다. 나는 약속 시각보다 20분쯤 일찍 사무실에 도착했다. 주말이라 사무실에는 사람이 많지 않았고 주차장에는 단지 차 몇 대만 주차되어 있었다. 주차하고 엔진을 끄자 한 여성이 건물 주위를 걷고 있는 것이 보였다. 그녀는 아침 산책을 하는 것 같았다. 그녀는 30대 중후반의 나이로, 꽃무늬 드레스와 가벼운 재킷을 캐주얼하게 차려입었고, 짧은 갈색 머리에 약간 갸름한 몸매였다. 가볍고 탄력이 있는 걸음걸이가 매우 인상적이었다. 귀여운 지갑의 어깨끈은 드레스와 잘 어울렸고, 탄력 있는 몸의 움직임에 맞추어 살짝살짝 흔들리면서 비스듬히 감겨있었다. 그녀는 자신을 짓누르고 있는 것을 거의 신경 쓰지 않는 것 같았다. 2주 전에 별거 중인 남편에게 "죽도록 사랑해!"라고 소리쳤던 이 여자가 나와 상담하기로 한 여자인지 의문이 들었다. 하지만 그 여자가 맞았다.

서로 자신을 소개하며 유쾌하게 인사를 나눈 뒤, 조앤에게 몇 가지 서류를 작성하게 했다. 그러고 나서 앞으로 4~6시간 함께 해야 할 일을 설명해 주었다. 조앤은 이번 상담을 어떻게 느끼는지 솔직하게 말했다. 상냥하지만 쓸쓸한 미소를 지으며, 진단평가에는 협조하겠지만, 시간 낭비처럼 보인다고 분명히 밝혔다. 심리치료사가 지나치게 예민하게 반응한 것이라고 주장했다. 자신이나 남편을 비롯해 사람을 해칠 의도가 전혀 없으며, 남편이 중년 위기를 겪고 있지만, 조만간 다시 결합하게 될 것이라고 차분하게 말했다.

조앤은 자기 파괴적이거나 충동적인 증상을 비롯해 고통·불행·불안과 관련된 모든 징후를 부인했다. 남편의 이혼 요청에 놀라 충격을 받기도 했지만, 아무 문제 없이 자기 삶을 "계속 살아가고" 있다고 했다. 남편이 결혼생활에 불만을 얘기하기 전까지, 결혼생활에 아무 문제가 없다고 생각했다.

그러나 상담이 진행될수록 태도와 행동뿐 아니라 심리검사의 결과에서 조앤이 보인 심드렁한 모습은 점차 거짓으로 드러났다.

조앤은 어렸을 때 어떻게 살았는지 거의 설명하지 못했다. 기억은 곳곳에 어지럽게 흩어져 있었고 구멍투성이였다. 그녀는 외동딸이었다. 아버지는 알코올중독자였고, 조울증 진단도 받았던 것 같다. 이에 대해서도 "잘 모르겠어요"라고 했다. 그러면서도 느긋한 미소를 지으며 아버지와 "정상적"으로 잘 지냈다고 말했다. 하지만 아버지가 어떤 사람인지, 가족으로 함께 했던 일을 자세히 설명하지 못했다. 어머니를 묘사하는 것은 더 힘들어했다. 가족관계가 어떠했는지, 가족 관계의 일부를 보여주는 애정과 갈등의 방식이 어떠했는지, 나는 도무지 마음속으로 그림을 그릴 수 없었다. 의미심장하게 들린 것은 "포옹이 별로 없었어요"라는 말이었다. 그녀는 부모를 비롯해 다른 가족이 어떤 사람인지 분명히 설명하지 못했다.

조앤은 부모님이나 초년기에 함께 지냈던 이들이 정서적으로 어땠는지, 그리고 자신에게 어떤 영향을 끼쳤는지 설명할 수 없었다. 예컨대 아버지의 음주로 가족에게 어떤 문제가 있었는지 물어보면, 뭔가 다른 것을 암시하는 것처럼 창백한 표정으로 "사실이 아니에요"라고 말할 뿐이었다. 그녀의 마음속에는 아버지에 관해 잘 형성된 심리적인 그림이 없었다. 그래서 아버지의 모습을 입체적으로 잘 설명할 수 없었다. 그녀의 설명은 이런 식이었다. "그래요, 술을 마시면 가끔 심술궂게 굴었어요. 하지만 늘 그렇지는 않았어요. … 정말 다정했어요. 알다시피, 아버지도 힘든 삶을 살았어요. … 아버지를 계속 원망했어요. … 이제는 그렇게 많이 원망하지는 않아요." 때로는 '심술궂다'라고 말했다가 때로는 '다정했다'라고 말하는 것처럼, 사람의 감정 상태를 입체적으로 묘사하는 데 겪는 어려움은 애착이 부족하거나 불안정한 심리 이력을 가진 사람에게 흔히 나타난다. 그녀의 말을 들어보면, 어린 시절 아무도 그녀를 잘 보살피지 않은 것 같았다. 애정 어린 관심과 적절한 감정 반응을 보이는 사람도 전혀 없었던 것 같았다. 그래서 자기의 감정적인 삶을 인식하는 능력이 제한되어 버린 것처럼 보였다.

20대에 조앤은 우울증과 자살 시도로 몇 차례 정신병원에 입원했다. 하지만 당시에 모든 것을 "남자친구 문제" 때문이라고 무시해버렸다. 마약에 손댄 적도 있었다. 하지만 전과는 없었다. 폭력 기록은 없었지만, 감정을 폭발시키는 경향이 있었다. 성인이 되어 인간관계는 보통 형편없이 끝나 버렸다. 그래서 자주 직업을 바꾸거나 다양한 종교 활동에 헌신적으로 참여하면서 심리적인 안정감을 찾는 모습이 눈에 띄었다. 인터뷰 당시에는 구세군 사역을 준비하고 있었다.

다른 사람을 심리적으로 잘 이해하려면 그 사람이 살아온 이야기에서 말하기 어렵거나 드러낼 수 없는 특별한 것이 아니라, 얼핏 보기에 평범해 보이는 세부적인 것에 주목해야 한다. 그래서 흔히 살아온 이야기는 그 사람이 알고 있거나 말할 수 있는 것 이상의 의미를 알려준다. 조앤도 그랬다. 청소년기의 어느 날 학교에서 집으로 돌아왔을 때 사람들이 이삿짐을 싸고 있었다고 담담하게 말했다. 조앤의 부모님은 '그날'에야 비로소 이사한다는 사실을 알려주었다. 그때까지 그녀는 가족이 다른 주로 이사한다는 사실을 전혀 몰랐다. 상담과정에서는 지금 결혼이 세 번째라고 말했다. 첫 번째 결혼은 (세 번째와 마찬가지로) 채 1년도 되지 않아 갑자기 남편이 이혼을 원해서 끝이 났다. 그녀에게는 "뜬금없는" 소리였고, 폭탄선언 같았다. 두 번째 남편은 자살했다. 그의 자기 파괴적 성향에 조앤은 큰 충격을 받았다. 그녀는 두 번째 남편이 심각한 우울증에 빠졌다는 사실도 전혀 몰랐다. 가족이 이사하거나 결혼 생활이 계속 악화하는 상황에서 가까운 사람들과 관계가 변화하고 있었지만, 이를 알아채지 못하고 단지 "놀랐다"라는 말만 반복했다. 나는 그녀의 "놀라운" 표현방식에 당혹감이 들었다. 무엇이 자신의 삶에 충격과 어려움을 반복하게 하는지 이유를 묻자, 이상한 반응을 보였다. 마치 대화에서 발을 빼려는 것 같았다. 그리고 잠시 가벼운 최면상태에 빠진 듯하다가 다시 눈을 마주치며 "잘 모르겠어요"라고 대답했다. 그러고는 다시 물었다. "다음은 뭐지요?"

나는 지금까지 조앤이 인터뷰 과정에서 보인 반응이 자신 혹은 타인의 내적 경험을 인식하는데 무능력하거나 편협함이 낮은 심리적 응집력의 부족을 반영하는 것은 아닌지 의심하기 시작했다. 특히 조앤은 어떤 사건으로 자신의 욕망과 선호하는 인식이 위협을 받더라도, 연약한 심리적 자아를 파괴할 정도로 강력하고 혼란스럽고 고통스러운 감정을 유발하지 않는 한, 타인과 관계에서 자신을 성찰할 수 없었다. 그녀에게 삶에서 갑작스럽게 나타난 탈선의 의미를 생각해 보라고 제안했을 때, 그녀가 이 과정을 온몸으로 표현하는 것을 지켜보았다. 조앤은 나에게서 벗어나 잠시 자기를 보호하는 몽상에 빠졌다가 "다음은 뭔가요?"라고 화제를 바꾸자고 요청했다. 그녀는 명료함을 희생하면서 정신적 안정을 유지했다. 그녀에게는 고통스러운 감정, 내면의 불안함, 그리고 원치 않는 현실이 자신을 분열시키도록 위협한다. 데보라와 달리 그녀에게는 마음을 챙기는 능력과 심리적 조직력이 없다는 의구심이 들었다. 데보라는 마주하고 있는 것을 완전히 무시해버리는 심리적으로 미성숙하고 현실을 왜곡하는 방어 전략을 쓰지 않고 대신에 자신의 고통과 감정을 있는 그대로 흡수했다. 하지만 조앤은 결혼생활이 파탄에 이른 현실을 마주했을 때 비로소 강렬하고 고통스러운 감정에 압도되어 심리적으로 폭발했다.

첫 결혼이 파탄하면서 스트레스를 겪던 시기에 조앤이 난동을 부리는 것을 본 적이 있다는 말을 그녀의 이모에게 들었다. 내가 조앤에 대한 평가를 마치고, 그녀의 1급 살인 판결에 이의를 제기한 항소 재판에서 증언하기 전에 있었던 일이다. 이모는 조앤이 "나는 당신을 사랑해!"라고 소리치며 난동을 피우다 방을 뛰쳐나간 후 몇 분 뒤에 돌아와서는 아무 일도 없다는 듯이 쾌활한 표정을 지었다고 당시 상황을 설명했다. 그리고 이러한 모습을 한 마디로 "기괴했다"라고 표현했다.

심리진단검사로 조앤이 병적으로 우울증을 앓고 있다는 것을 확인했다. 그녀는 만성적으로 정신적 혼란 상태에 있었고, 사건이 일어난 순간에 허물어졌다. 나는 그녀를 심각한 우울증과 경계선 성격장애로 진단했다. 정서적으로 불안정하고 자기 파괴적으로 될 수 있으며, 고통을 피하고자 현실부정과 같은 미성숙한 심리적 방어수단을 쓴다는 점에 주목했다. 대인 관계 이력은 혼란으로 가득 차 있었고, 이 모든 것은 성격 장애의 특징인 불안한 자의식을 반영했다. 아울러 보고서에 상실감 때문에 정서적으로 영향을 받아 파괴적인 방식으로 반응할 수 있다고도 적었다.

나는 조앤에게 정신감정을 권고했다. 약물치료와 기분에 대한 면밀한 관찰이 필요해 보였기 때문이다. 그리고 남편과 떨어져 지낼 것도 제안했다. 예측할 수 없는 그녀의 행동 때문에, 두 사람 모두에게 정신적으로 도움이 되지 않을 것 같았기 때문이다. 그녀에게 우울증, 심리적 연약함, 자각 능력이 부족하다는 점을 강조했다. 이러한 문제는 곧 다가올 남편의 이혼 요구라는 상실감과 함께 조앤을 파괴적이고 폭력적인 행동 반응에 굴복하게 했다.

양육자와 유대가 차단된 상태에서도 자아는 계속 성장한다. 하지만 양육자가 제공하는 정신적 양분이 부족하고 선천적 기질이 알맞지 않으면 어려움이 커질 수 있다. 거트루드 스타인은 "장미는 장미이다"라는 유명한 말을 남겼다. 그러나 사람은 그렇지 않다. 최상의 상황에서도 계속 문제를 겪는 사람이 있고, 최악의 상황에서도 잘 지내는 사람도 있다. 그러나 우리는 대부분 불완전하기 때문에 초년기에 좋고 충분한 보살핌을 받지 않으면 잘 자라지 못한다. 로드릭과 마찬가지로, 조앤도 다른 사람과 유대가 불안정했다. 그래서 인식이 왜곡되고, 행동은 불안정했으며, 충동적으로 행동했다.

조앤은 남편에 대한 격렬한 분노를 참을 수 없었다. 결혼생활이 파탄 나는 것도, 남편의 불만이 점점 커지는 것도 알아챌 수 없었다. 남편을 이해하고 공감하는 능력, 자신과 상충하는 마음을 파악하는 능력에 한계가 있었기 때문이다. 자신이 받지 못한 것을 줄 수 없었다. 실제 그들이 느낀 사랑과 행복을 자기의 욕망과 구별하는 것, 남편이 겪는 경험을 자기의 욕망과 구별하는 것은 그녀가 감당할 수 없는 일이었다. 스스로 현실과 마주하게 될 때까지는 불가능했다. 연약한 자아가 견디기에 그것은 정말로 너무나 벅찬 일이었다. 아무리 침입자라고 해도 누군가를 등 뒤에서 총으로 쏘는 행위가 잘못되었다는 사실을 그녀가 모르고 있지는 않았다. 하지만 적어도 그 순간만큼은 감정의 강렬함이 의지의 힘을 갈가리 찢어놓았다.

1급 살인 혐의로 재판을 받은 조앤은 배심원단에게 유죄 판결을 받았다. 그녀는 의식적으로 궁리하고 계획을 세워서 의도적으로 살인을 저지른 것으로 판단되어 종신형을 선고받았다.

**

하지만 조앤은 한 번의 기회를 더 얻었다. 유죄 판결 후 가족은 항소 변호사를 고용해서 증거와 재판기록을 다시 검토했다. 새 변호사는 내 보고서를 발견하고 1심 변호인단이 무능했다고 주장했다. 사건 당시 조앤의 정신 상태에 영향을 끼친 정신질환을 증거로 제시하지 않아서 효과적인 변호를 받지 못했다는 것이다.

나도 조앤의 1심 재판 변호 전략에 놀랐다. 변호인단이 적어도 내 보고서를 참조할 것으로 예상했기 때문이다.

나는 항소 재판에 출석하여 사건 직전에 조앤과 진행한 진단평가의 내용을 증언했다. 그리고 그녀가 심리적으로 연약하고 감정을 관리하는 능력이 제한되어 있기 때문에 분노가 솟구치면 충동적으로 반응하기 쉽다는 의견을 밝혔다. 나는 경계선 성격을 의미심장한 정신병 증상으로 설명했다. 이 증상은 예측할 수 없는 감정적 반응을 불러일으키거나 현실에서 어떤 판단을 요구하는 상황이 발생할 때, 정상적으로 행동할 수 없을 만큼 사람을 예민하게 만든다.

세 명의 항소심 판사는 1급 살인 혐의와 종신형 1심 판결을 만장일치로 무효로 판결했다. 변호인단은 조앤이 총격 당시에 감정적으로 혼란스러운 상태에 있었으며, 효과적인 변호를 받지 못했다고 주장했다. 재판부는 경계선 성격장애가 있는 사람이 불안한 상황에서 살인을 비롯한 파괴적인 행동을 하는 일이 드물지 않다고 지적했다. 경계선 성격장애가 있는 사람은 '유아기의 분노'에 빠져서 "빼앗기거나 잃고 있다고 느끼는 일이나 물건, 사람을 파괴할" 가능성이 크다는 점을 인정했다. 만일 1심에서 조앤의 상태를 뒷받침하는 심리적 증거가 제시되었다면, 비록 저질러진 일과 행동을 변명할 수는 없었겠지만, 그것을 설명하는 데는 도움이 되었을 것이라고 판결문에서 밝혔다. 정신장애를 보여주는 심리적 증거는 "살인을 계획하고 사람을 죽이려고 실제 준비할 수 있는" 그녀의 능력에 한계가 있음을 알려주었다. 재판부는 마치 현장 증거 사진처럼 조앤의 정신 상태를 보여주는 내 심리보고서가 살인 직전에 작성되었기 때문에 "사전에 의도를 가지고 살인을 미리 계획했다는 증거"에 대한 반대 논거로 채택될 수 있다고 판단했다. 1심 배심원단이 범행 전에 이루어진 조앤의 성격 장애와 정신 상태를 뒷받침하는 증거를 들었다면, 살인을 계획하고 의도하지 않았다는 사실을 합리적으로 찾아냈을 것이라고도 했다.

항소심 판결에 뒤이은 형량 조정 협상 과정에서 조앤의 변호인은 자발적인 과실치사를 주장했다. 항소재판부는 살인 당시에 조앤이 아동의 정신 상태, 곧 깊이 생각하고 계획하는 능력을 방해받은 상태로 '유아기 분노'에 빠졌을 가능성이 있다고 설명했다. 그러나 그녀의 행동, 몸짓은 확실히 어른 같았다. 분명히 조앤은 총으로 별거하고 있던 남편을 쐈다. 정신은 신체의 성숙도에 비례해 자연스럽게 발달하지 않는다. 무엇이 우리의 정신적인 삶을 어릴 적 시간에 묶어두고 성장하지 못하게 할까? 시간이 지나며 몸은 생물학적으로 성숙해가지만, 마음은 왜곡되고 뒤틀리고 약해질 수도 있다.

성인이 정신장애가 되는 데에는 어린 시절 질 낮은 보살핌과 적절치 않은 애착 말고도 다양한 이유가 있다. (어떤 문화권이나 역사시대이든) 인구의 1% 정도는 환각과 망상을 일으키는 무서운 질병인 조현병을 앓는다.² 그러나 대중적인 믿음과 달리, 주요 정신질환을 앓고 있는 사람은 대체로 범죄를 저지르지 않는다. 보통 조현병 환자보다는 알코올중독자인 가까운 이웃에게 폭행을 당할 가능성이 더 크고, 실제로도 그렇다. 그렇다면 왜 그토록 많은 사람이 (정신과의 공식적인 진단이 있든 없든) 유아기에 겪은 파괴적인 분노와 행동에 취약할까? 예상치 못한 끔찍하고 비극적인 폭력을 전하는 저녁 뉴스를 떠올려 보자. 정신이 나간 아버지가 스스로 삶을 끝내기 전에 아내와 아이들을 살해했다. 이웃들은 엄청난 충격을 받았다. 가족은 너무나 평범해 보였고, 범인도 가정적인 남자였기 때문이다. 무슨 일이 생겼던 것일까? 만성적인 정신질환으로 고생하지 않는다고 자부하는 대다수 사람도 자제력을 잃고 현실을 왜곡하는 정신 상태로 빠뜨리는 것은 무엇일까?

이 장에서 소개했던 데보라, 로드릭, 조앤을 다시 살펴보자. 데보라는 어머니의 처참한 죽음에서 살아남을 수 있게 도와준 사랑스러운 양육자들에게 길러졌고, '나다움'을 스스로 인식할 수 있는 감각을 타고난 행운이 있었다. 데보라는 자기 성찰 능력이 있었고, 마음을 다스릴 수 있었으며, 충동적으로 행동하지 않고 뒤로 물러서서 자기 생각·소망·감정·의도 등을 관찰할 수 있었다. 자기가 접하는 구체적인 대상과 관계없이, 데보라는 마음 속 상상력이 풍부하다. 그녀는 지속적인 삶의 경험에 따라 자신의 마음에 변화할 잠재력이 있다는 사실을 안다. 그녀는 자신의 삶에서 만나는 다른 사람도 자기만의 정신적 삶과 상상력, 경험이 있다는 사실을 이해한다. 즉 자신만의 경험과 상상력이 사람을 저마다 독특하고 다르게 만든다는 사실을 이해한다.

사람마다 자기만의 독특한 경험이 있다는 것을 깨닫는 정신화 능력[3]은 무척 단순하지만, 매우 심오하다. 이 능력은 독립적이고 안정적인 정체성의 기초이며, 자신과 다른 사람의 '나다움'을 느낄 수 있는 감각이다. 정신화 능력이 손상되었던, 곧 생각 없이 행동하고 다른 사람을 심각하게 오해했던 로드릭의 모습을 생각해 보라.

데보라는 어렸을 때 어머니를 잃었다. 하지만 강하면서도 안정적인 유대감은 그녀에게 다른 사람에 대한 공감 능력을 잃지 않게 해주었다. 그래서 그녀는 마음이 찢어지는 감정적인 고통 속에서도 현실을 왜곡하지 않고 고통을 견딜 수 있었다.

자아를 인식할 때 우리는 자기의 욕망과 의도에 점차 익숙해지고, 다른 사람에게도 그만의 욕망과 의도가 있다는 사실을 깨닫게 된다. 이것은 우리의 감정 조절을 강화하고 의미를 향상한다. 우리는 심리적 경험이 있어야 다른 사람의 감정을 느낄 수 있고 심리적 이해가 있어야 현실 왜곡과 파괴적 행동에 의지하지 않고, 감정적 강렬함뿐 아니라 심지어 가장 악의적인 충동까지도 잘 견뎌낼 수 있다.

나는 정신화 능력을 일종의 심리적 기반 시설이라고 생각한다. 즉 파괴적인 다이모닉의 형태로 표현되기 전에 감정적 충동이 '소화되고' 조절될 공간이라고 할 수 있다[4]. 데보라에게 정신화 능력은 고통을 참을 수 있는 내면의 힘이었고 애꿎은 타인을 비난하거나 고통을 타인에게 투사하기보다는 현실에 맞닥뜨릴 용기를 갖게 했다.

자아 인식에 근본적인 한계가 있을 때, 다이모닉의 악의가 뿌리내릴 수 있는 심리적 환경이 만들어진다. '근본적radical'이라는 말은 그리스어에서 '뿌리'를 뜻하는 '라디우스radius'라는 말에서 나왔다. 심리적 구성에 결핍이 깊게 뿌리박히면 정신화 능력이 제한된다. 이런 상태는 쉽게 관찰할 수는 없지만, 그것이 미치는 영향은 무척 중요하다. 정신화 능력이 손상된 로드릭은 무의식적으로 자신의 나쁜 감정을 다른 사람에게 투사했다. 심리적으로 너무 불안정한 조앤은 분노에 휩싸여 충동적으로 살인을 저질렀다. 데보라는 운이 좋았다. 그러나 아무도 완벽하지 않다. 누구나 한 번쯤은 자아 인식이 제한되거나 심리적인 실어증을 겪을 수 있다. 이렇게 되면 '운이 좋은' 사람조차도 잔인해지거나 무자비해질 수 있다.

이어지는 장에서 분명히 알 수 있듯이, 범죄를 저지른 대다수는 데보라와 같은 심리적 수준을 타고나지 못했다. 불완전한 과거는 영원히 잊히지 않는다. 불완전한 과거는 현실뿐 아니라 상상력과 정서적 이해를 부패하게 하고 마침내 다이모닉의 모든 스펙트럼을 불러들인다.

2부 ——— 충동과 광기

03.

눈을 멀게 한 유대 관계

어떤 이들은 그저 평범하기 위해 엄청난 에너지를
쓴다는 사실을 아무도 깨닫지 못한다.

— 알베르 카뮈

증인 대기석에서 10층 법정으로 이어지는 이중 문까지 걸어가는 데 꽤 오랜 시간이 걸렸다. 마이클의 정신 이상을 증언하려고 재판에 참석했으나, 법정이 이렇게 동굴만큼 크리라고는 미처 생각하지 못했다. 그날 아침에 나는 상태가 그리 좋지 않았다. 심한 인후염과 축농증 때문에 목에서는 쉰 소리만 간신히 나왔다. 증인석까지 걸어갈 때 상태는 더 나빠졌다. 법원 서기는 내게 선서를 시켰고, 사무관은 법정에 있는 모든 이들이 내 말을 들을 수 있게 마이크와 음향설비를 조정했다. 여느 때처럼 증언하려 했으나, 신경통이 도지는 것처럼 무척 괴로웠다. 배심원들은 이미 어떤 판단이 있는 듯한 눈빛으로 나를 쳐다보았다. 변호사는 내 의견이 고려할 가치가 있다는 확신을 배심원들에게 심어주려고 "증인이 쌓은 훈련과 경험을 이 법정에서 밝혀주세요"라고 요청했다. 여러 해 동안 노력해서 많이 없어지기는 했으나, 마음 밑바닥에는 여전히 불안함이 놓여있었다. 사무관이 마이크 소리를 높여서, 내 목소리만이 아니라 내 안의 불안함과 공황도 증폭시켰다. 그러나 평소와 마찬가지로 그리 오래가지는 않았다. 법정의 절차에 따라 자리에 앉아 불안한 마음을 다잡았다.

증언은 점심시간 전후로 나뉘어 몇 시간이나 계속되었다. 오랜 긴장 끝에 변호사의 심문이 끝났고, 판사는 나를 놓아주었다. 내가 맡은 역할을 무사히 잘 끝내고 법정 출구로 걸어갔다. 이때서야 비로소 법정의 크기만이 아니라, 이 재판이 지역 언론의 관심을 불러 모았다는 사실을 알았다. 안타깝지만 살인사건은 그리 드문 일이 아니다. 따라서 이 재판에 사람들의 관심이 높아진 것은 단지 살인사건이 벌어졌기 때문만은 아니었다. 아픈 아들을 돌보던 헌신적이고 사랑 많은 어머니가 아들에게 살해되었다는, 범행의 비극적인 특성 때문이었다. 마이클은 배신을 상징하듯, 자기 엄마를 등 뒤에서 찔러 죽였다.

법정에서 나와서 복도로 가자, 마이클의 형인 앤드류가 기다리고 있었다. 안도감이 사라지고 다시 심장이 두근거렸다. 첫 재판에서 앤드류와 그의 여동생 미셸은 증인으로 나와 마이클의 정신질환 증상과 어머니에게 보여준 애착, 비폭력 이력을 강조했다. 나는 앤드류와 여러 차례 상담을 하면서 마이클과 가족들이 서로 좋은 관계를 유지하고 있었으나, 마이클의 폭력 가능성을 가족들이 잘못 알았을 뿐 아니라 잘못 판단했다고 증언했다. 앤드류는 마이클의 병증과 그 때문에 어머니가 겪을 위험을 과소평가했던 자신에 대한 깊은 고뇌와 죄책감을 토로했다. 나는 조금 전 마치고 나온 증언에서 이러한 가족들의 치명적인 오판과 그들이 겪어야 할 지옥과도 같은 내밀한 감정에 관해서도 공개적으로 밝혔다.

옅은 수염과 건장한 체구를 지닌 40대 후반의 앤드류가 나를 향해 걸어왔다. 혹시 그의 수치심이 분노로 바뀌지는 않았는지 궁금해서 그 자리에 멈추어 섰다. 나는 불안함이 마음속에서 솟구쳤다. 하지만 그의 슬픈 눈과 희미한 미소가 눈에 들어왔다. 그는 나를 껴안았다. 그러면서 마이클이 "아픈 사람이며, 범죄자가 아니라 어머니를 사랑했다"는 사실을 사람들에게 알려주어 고맙다고 말했다. 법정 복도의 의자에 앉아 있던 앤드류의 아내 조시도 다가왔다. 그녀도 울고 있었다. 너무 울어서 눈은 빨갛게 충혈되었고, 손에는 휴지를 들고 있었다. 그녀도 내게 고맙다고 했다. 그리고 남편의 팔을 붙잡고 승강기를 향해 걸어갔다. 나는 그들과 함께 승강기에 타지 않으려고 화장실로 갔다. 연민과 고통이 뒤섞인 마음에서 벗어나고 싶었다.

***

마이클은 오랜 정신질환 병력이 있었지만, 아무도 그런 폭력적인 행동을 예상하지 못했다. 정신질환 증상이 나타나기 전에는 수줍음 많은 젊은이였고, 이웃에 사는 친구도 몇 명 있었다. 스포츠를 좋아했으며 자주 야구를 했다. 열 살 때 부모는 이혼했다. 어머니는 〔육체적·정신적 장애가 있는 사람을 지원하고 치료하는 활동을 하는〕 작업치료사로 일했고, 의사인 아버지는 다른 주로 이사했으나 아이들과 계속 연락을 하며 지냈다.

마이클은 가족, 특히 어머니가 큰 힘이 되어주었다고 말했다. 어렸을 때는 기분 장애의 초기 징후가 발견되지 않았다. 다른 아이들을 괴롭히거나, 싸움하거나, 우울증을 앓은 흔적이 없었다. 학교에서 반항하거나 다른 아이들에게 못되게 굴지 않고 잘 지냈다. 친구도 몇 명 있었지만, 아주 친하게 지낸 친구는 없어서 혼자서 많은 시간을 보냈다. 휴일에는 학교와 교회에서 진행하는 가난한 사람을 위한 모금과 같은 사회 활동에도 참여했다. 고등학교 때에는 성서 사역 프로그램에 참여했고, 3학년 때에는 다른 학생들과 함께 남아메리카로 여행을 다녀왔다.

하지만 마이클은 10대를 보내며 정서적으로 몸부림을 치고 있었다. 고등학교 3학년 때 수줍음이 심각한 사회 불안증으로 바뀌었다. 스포츠나 교회 모임과 같은 공식 활동이 한동안 불안을 다스리는 데 도움이 되었지만, 시간이 지날수록 상태는 더 나빠졌다. 사람들과 어울리는 시간도 줄어들었다. 주변을 바라보는 자의식은 점점 더 고통스러워졌다. "모두 날 쳐다봤어요." 그래서 교회 모임에도 참석하지 않았고, 함께 식사도 하지 않았다.

마이클은 고등학교를 졸업한 뒤에도 독립하지 않고 계속 집에 살면서 지역의 전문대학에 들어갔다. 하지만 불안과 자의식이 편집증으로 바뀌기 시작하면서 입학한 해에 바로 자퇴를 했다. 수업시간에 몇몇 교수들은 그가 어떤 생각을 하는지 궁금하게 여겼다. 점차 학교 수업에서 새로운 사람을 만나거나 제때 제출해야 할 과제가 큰 부담으로 다가왔다. 결국 학교를 그만둔 뒤 동네 대형 쇼핑몰에서 몇 달 아르바이트를 하다 위기감에 짓눌려 갑자기 그만두었다.

쇼핑몰 아르바이트를 그만두기 전에 마이클의 불안과 불신을 자극한 사건이 있었다. 어느 날 저녁에 지루함을 달래려고 차를 몰고 나갔다가 작은 교통사고가 발생했다. 마이클은 스물한 살의 보행자를 차로 치었다. 그 사람은 어두운색의 옷을 입고 신호를 무시한 채 길을 건너는 중이었다. 마이클은 보행자를 보았으나 제때 차를 멈추지 못했다. 경찰과 구급대원이 도착해서 보행자를 병원으로 이송했고, 그는 가벼운 뇌진탕 진단을 받고 몇 시간 뒤에 바로 퇴원했다. 하지만 경찰은 마이클의 행동을 수상쩍게 여겼다. 술을 마시지 않았으므로 술 냄새는 나지 않았다. 하지만 마이클의 서투른 눈 맞춤, 웅얼거리는 말투, 조심스러운 태도가 뭔가 숨기려 한다는 오해와 의심을 사게 했다. 마이클이 교통사고 현장에서 음주 측정을 거부하자, 경찰은 마약 투약 혐의로 붙잡아 수갑을 채워 경찰서로 연행해서 검사했다. 하지만 당연히 마약 투약 결과는 나오지 않았다. 경찰은 마이클의 어머니와 사고현장을 목격한 몇 사람과 이야기를 나눈 뒤 풀어주었지만, 경찰의 부적절한 대응으로 이미 정신적 피해가 발생한 뒤였다. 심문하면서 경찰은 음주운전으로 마이클을 기소하겠다고 위협했다. 민사소송까지 언급하며 협박하자 마이클은 더욱 겁을 먹었다. 이 사건은 마이클의 편집증을 부추겼다.

그제야 가족은 뭔가 잘못되었다는 사실을 깨달았다. 동생 미셸은 마이클이 고등학교 3학년 때 집에서 나와 독립했으나, 정기적으로 집을 방문했다. 20대 초반에 마이클이 정신질환을 앓고 있을지도 모른다는 생각을 처음 했다고 그녀는 밝혔다. 마이클은 며칠이나 밤새 잠도 자지 못하고 깨어 있었고 방에서 나오지 않았다.

미셸에게 마이클과 어머니의 관계를 물었다. 모친 살해 사건은 어머니와 아들의 파멸적인 관계가 함께 나타나는 경향이 있다. 겉으로는 별문제 없어 보이지만, 내부적으로는 의존성이 매우 심각하고 분노가 서서히 끓어오르면서 결국 살인으로 이어지는 유대 관계의 일반적 특징이 모친 살해 사건에서 잘 드러난다.[1] 실제로 그랬다. 마이클은 지나칠 정도로 어머니에게 의존했다. 어머니의 지나친 보살핌으로 일상생활에서 스스로할 수 있는 일이 너무 제한되어 있었다. 하지만 미셸은 어머니가 자식들을 통제하는 유형은 아니었다고 강조했다. 어머니는 교회 활동이나 정신건강 클리닉의 주간 치료 프로그램에 마이클을 참여시키려 했다. 하지만 소용없었다. 그녀는 아픈 아들을 낳아서 짊어지게 된 짐이 무거웠으나,

자신의 처지를 그리 원망하지 않고 잘 버텼다. 살인이 저질러지기 얼마 전에 미셸과 나눈 대화에서도 어머니는 정신장애가 있는 마이클을 되도록 정상인처럼 대하려 했다는 사실이 드러났다.

미셸이 몇 차례 집을 방문했을 때, 속마음을 알 수는 없지만, 마이클이 외로워 보인다는 느낌을 받았다. 그래서 병으로 무너지기 몇 해 전에, 마이클에게 간단하지만, 사회생활에 도움이 될 제안을 하기도 했다. 고등학교나 전문대학 친구들에게 전화해보라고 권했다. 하지만 마이클의 대답은 미셸을 놀라게 했다. "모두에게 배신감을 느꼈어. 모든 사람이 아니라 거의 모든 사람이구나. 많이…." 마이클은 쇼핑몰 관리자들이 어떻게 자신을 실망하게 했는지 불만을 털어놓았다. 미셸에게는 놀라운 일이었다. 어머니와 앤드류, 여동생 니콜에게 걱정을 전했으나, 모두 아무 조치도 하지 않았다. 그들은 마이클이 "정신을 차려" 주기를 바랐다. 하지만 안타깝게도 그런 일은 일어나지 않았다.

***

마이클의 정신 상태는 계속 나빠졌다. 너무 위축되어 말도 없어지고, 식사도 하지 않게 되었다. 몸무게가 18kg이나 빠졌다. 그러자 가족들은 마이클을 병원에 입원시켰다. 의사들은 4일 정도 짧게 정신과에 입원 치료를 한 다음 다시 마이클을 집으로 돌려보냈다. 집에서 은둔형 외톨이처럼 생활하면서 마이클의 편집증은 더욱 악화하였고 짧게 입원했다가 퇴원하는 일이 되풀이되었다. 마이클이 편집증적으로 곱씹는 것에는 배신을 당하거나 미행을 당한다는 생각도 포함되어 있었다. 버스를 탈 때도 정류장에서 내리는 승객들을 두려워했다. 승객들이 마이클을 그림자처럼 미행하고 있었을까? 승객들이 마이클의 생각을 들여다보거나 들을 수 있었을까? 결국 마이클은 편집성 조현병으로 진단을 받았다.

편집증적인 망상이 없을 때도 마이클은 〔사회적 위축·언어의 감소·주변에 대한 무관심 등의〕 음성 증상으로 계속 고통을 받았다. 마이클의 표정은 이상할 정도로 변화가 없었다. 모든 사람이 웃는 상황에서도 웃지 않았다. 어떤 때에는 산만하고 정신이 없었다. 어떤 사회적 현상이나 사건에도 전혀 관심이 없었다. 가족과 대화를 하다가 아무 말 없이 갑자기 일어나 살며시 밖으로 나갔다. 망상과 같은 주요 증상에 도움이 되는 약물은, 역설적으로 다른 활동 영역을 악화시켜 마이클을 더 위축시키고, 더 무기력하게 만들었다.

마이클이 만성적으로 보인 증상에는 편집증적인 곱씹음, 막연한 두려움, 사회적 고립, 표현력 부족이 뒤섞여 있었다. 무기력함이 너무 심해서, 언젠가 입원했을 때에는 정신과 의사에게 〔불안과 혼란으로 움직임과 의사소통에 문제를 보이는〕 긴장증 진단을 받기도 했다.

그러나 이런 모든 과정에서 마이클은 절대 공격적이거나 폭력적인 성향을 보이지 않았다. 정신과에 입원해 있을 때도 표현을 강화하고 수동성을 이겨낼 수 있도록 설계된 '표현하기' 집단에 배치되었다.

마이클은 계속 어머니와 함께 살았다. 한때 잠시 집에서 나와 길거리에서 노숙하며 몇 주를 보낸 적도 있었다. 그러나 그때마다 늘 경찰에 붙잡혀 병원으로 옮겨졌고, 짧게 입원한 뒤에 다시 집으로 돌아왔다. 마이클의 정신과 치료는 6주마다 지역 병원에서 의사에게 15분 동안 진찰을 받고, 항정신성 약물을 처방받는 것으로 짜여 있었다. 필요한 때에는 한 달에 한두 차례 〔돌봄 대상자를 위해 서비스를 기획·관리하는〕 사례관리자와 통화할 수 있었다. 하지만 마이클은 지역 병원에 가거나 사례관리자와 통화하겠다는 약속을 지키지 않았다. 당연히 약 처방을 받지 않았고, (서성거리며 혼잣말을 하거나 음식 먹기를 거부하는 등의) 문제 행동을 보이다 결국 다시 입원했다. 이런 일이 주기적으로 반복되었다.

**

사건이 일어난 날 아침에 경찰은 미셸에게 전화를 받았다. 마이클이 전화를 걸어서 이렇게 말했다는 것이다. "뭔가 저질렀어. ⋯ 엄마를 다치게 했어. 엄마가 나를 지옥으로 보내는 줄 알았어."

미셸은 집 주소를 알려주며 상황을 알아봐달라고 경찰에 요청했다. 출동한 경찰은 어머니가 등을 찔려 죽은 채 담요로 덮여 있는 모습을 발견했다. 미셸이 알려준 곳으로 달려가 경찰은 마이클을 붙잡았다. 그리고 계획된 1급 살인 혐의로 그를 기소했다.

**

살인사건이 발생하고 1년 정도 지난 뒤에 마이클과 상담을 시작했다. 시간이 한참 지난 뒤에 상담하는 것이 드문 일은 아니지만, 이렇게 되면 여러 가지 문제가 생길 수 있다. 무슨 일이 일어났는지 마음속으로 되새기면서 피고인이 자신의 행동을 합리화할 시간을 갖게 되고, 기억이 흐릿해져서 실제와 다르게 왜곡될 수도 있기 때문이다.

나의 역할은 이런 문제를 보완할 수 있도록 평가 절차를 설계해서 범행 당시 피고인의 정신 상태를 될 수 있는 대로 명확하게 파악하는 것이다. 그래서 마이클과 여러 차례 상담하며 함께 살인사건을 재현했고, 기억을 공식 기록과 비교하며 일치하는 것과 그렇지 않은 것을 하나하나 살펴보았다. 가족들도 만나고, 경찰의 심문기록도 살펴보았다. 무슨 일이 일어났는지 상황을 정확히 파악하기 위해 노력했고, 모순되는 것은 차근차근 이야기를 나누며 따져보았다. 필요하다고 판단되면 문제를 피하지 않고 정면으로 다루었고, 심리검사도 진행했다.

첫 상담에서는 주로 마이클의 성장 과정을 함께 살펴보았다. 나는 보통 상담을 하기전에 개인 이력과 범죄 경력, 정신과를 비롯한 의료 이력, 가족관계와 대인 관계, 교육과 고용 경력 등 피고인의 정신 건강과 관련된 개인적인 배경을 알려주는 다양한 기록과 문서들을 살펴본다. 하지만 직접 듣는 것이 무엇보다 중요하다. 직접 듣는 것은 문서로 확인한 사실에 독특한 분위기와 친밀한 의미를 부여하는 심리적 재료를 엿볼 수 있게 해주기 때문이다.

상담에서 가장 중요한 부분은 사건을 저지르기 전과 사건을 저지를 때, 나아가 사건을 저지른 뒤의 정신 상태와 생각·감정·의도 등을 자세히 조사하는 것이다. 마이클은 어머니를 찌르기 전에, 그리고 어머니를 찌르면서 무슨 생각을 했을까? 어머니를 죽이려는 생각은 언제부터 했을까? 어머니를 살해하고 나서 했던 행동은 어떤 동기에서 비롯된 것일까? 여러 차례에 걸쳐 (3~5시간씩) 상담을 하면서 그의 생각과 행동을 자세히 파고들었다. 그리고 이 과정을 통해서 사건이 일어났을 때 그의 정신 상태를 파악할 수 있었다.

마이클을 평가하기 위해 준비하면서 사건과 관련된 방대한 문서와 함께, 경찰이 목격자와 마이클을 심문하며 남긴 음성·영상 자료도 살펴보았다. 정신과를 비롯한 의학적 치료 기록도 폭넓게 검토한 결과 마이클이 만성적인 정신질환을 앓았다는 사실을 확인했다. 광기에 휩쓸린 행동은 피고인이 범죄를 저지르기 직전과 직후에 갑자기 '튀어나오지' 않는다. 성인의 정신적인 병리 현상은 대부분 문서로 만들어진 기록에 자신의 흔적을 남긴다. 적어도 가족과 같은 친밀한 사람이 관찰한 내용은 기록되어 있기 마련이다. 나는 (분노나 충동조절 장애가 있는 환자를 대상으로 한) 표준적인 임상에서는 환자를 치료하기 전에 가족부터 만나지 않는다. 하지만 복잡한 법의학 사건에서는 피고인의 삶과 관련된 사람들과 상담을 통해서 질병과 행동을 좀 더 객관적으로 파악한다. 이는 피고인과 그의 병증에 관한 입체적인 시각을 얻기 위해 평가 과정에서 꼭 필요한 부분으로, 범행이 발생한 원인을 더 깊게 이해할 수 있게 해준다. 마이클의 경우에는 가족, 특히 미셸과 앤드류와 상담한 것이 크게 도움이 되었다.

마이클에게 종합적인 심리검사를 진행했다. 〈미네소타 다면적 인성검사MMPI-2-RF〉[2]는 (우울·불안·망상과 같은) 증상의 정도와 특질을 밝히는데 도움이 된다. 이 검사에 관한 폭넓은 연구 덕분에 마이클의 수치를 다른 피고인이나 (규범의 기준이 되는) 비 피고인의 수치와 비교해볼 수 있었고, 정신과적 상태도 편견 없이 측정할 수 있었다. 수천 건에 이르는 연구로 정확성이 높은 이 검사에는 피고인이 질문에 정직하게 대답하고 있는지 평가하는 타당성 척도도 들어있어 피고인의 증상을 있는 그대로 파악할 수 있다. 검사 결과와 피고인의 임상 결과가 서로 비슷하게 나타나는 것이 가장 바람직하다.

마이클과 첫 상담을 하면서, 보고서를 작성하고 정신 이상이 있는지 의견을 제시하기 위해 심리평가를 한다는 사실을 설명해 주었다. 이 말은 마이클이 범행 시점에 정신 이상 증상을 겪었는지 의견을 제시하고, 어머니를 죽이는 것이 잘못된 행위임을 알았는지 평가하겠다는 뜻이다. (변호사에게 개인적으로 고용된 경우와 달리) 법원에서 나를 선임했기 때문에 평가결과는 비밀이 아니며, 의사와 환자의 관계에서 지켜야 할 비밀 보장의 특권이 적용되지 않는다는 사실도 알려주었다. 마이클은 설명을 이해했다.

우리가 처음 만났을 때 마이클은 스물여덟 살이었다. 그는 약간 말랐으며, 키는 180㎝가 넘었다. 하지만 굽은 자세와 처진 어깨 때문에 작아 보였다. 체격보다 훨씬 큰 오렌지색 죄수복 안에 깔끔한 흰색 티셔츠를 입고 있었다. 굽은 자세와 함께 세상을 피하려는 모습도 보였다. 길고 검은 머리카락은 한동안 감지 않은 듯 헝클어져 있었다. 마이클의 태도에서 가장 두드러지게 나타난 특징은 빈약한 눈 맞춤이었다. 마이클은 가정집 욕실만 한 넓이의 상담실 안에서 낯선 사람을 마주 보고 앉아 있는 상황을 불편해하면서 우리 사이에 놓인 책상만 바라보았다. 마이클이 불편해한다는 것을 쉽게 느꼈고, 전염성이 있는지 나도 어색해졌다. 목소리는 부드러웠으나, 모든 말에 대가를 치러야 하는 것처럼 한마디 한마디를 무척 어렵게 꺼냈다. 마이클의 무기력한 모습은 여러 해 동안 만났던 수많은 조현병 환자를 연상시켰다. 망상과 같은 심한 증상은 보이지 않았으나, 마치 시들어가는 식물처럼 보였다.

첫 만남에서는 살인사건을 함께 돌아보기에 앞서 어느 정도 편안한 주제로 이야기를 시작했다. 사생활과 우정, 가족관계, 스포츠, 사람들을 화나게 하는 사건에서 받았던 느낌을 이야기하며 친밀감을 쌓았다. 상담을 시작하고 2시간쯤 지난 뒤 어느 정도 분위기가 편해지자 정신질환으로 이야기를 시작해 어머니 살해라는 매우 민감한 문제로 조심스럽게 화제를 옮겨갔다.

마이클은 여러 해 동안 〔조현병 치료제로 쓰이는〕 항정신성 약물인 할돌로 치료를 받았다. 하지만 살인사건이 일어나기 몇 달 전부터 좋지 않은 부작용이 나타났다. 허벅지와 팔, 배가 가려웠고, 불에 타는 듯한 느낌도 들었다. 정신질환이 있는 사람에게 흔히 나타나듯이, 이런 부작용은 마이클에게 비이성적인 의미로 다가왔다.

"지옥으로 던져지는 줄 알았어요." 몸이 불에 타는 듯한 감각 때문에 "태양이 다가오고 있다"고 생각했고 곧바로 그렇게 확신하게 되었다.

약의 부작용을 확인하고 정신과 의사는 약 처방을 바꾸었다. 하지만 태양이 다가오고 있다는 망상은 마이클의 마음속에 굳게 자리 잡았다. 어렸을 때 형과 나눈 대화가 떠올랐다. 형은 만약 미확인비행물체가 자신들을 태양으로 데려간다면, 2주가 걸릴 것이라고 말했다. 이 기억은 마이클의 정신적 공황을 부추겼다. 점차 마이클은 무서운 운명에서 자신을 구해야겠다고 결심했다.

처음에는 정신과 의사가 자신을 저주해서 몸에 염증을 일으켜 햇볕에 화상을 입히는 약을 처방했다고 믿었다. 마이클은 성서와 지구의 중심에 지옥이 어떤 형태로 존재하는지 장황하게 설명했다. 그는 살인을 저지르기 전에 '태양은 지옥'이라고 굳게 믿었다.

마이클은 용품점에서 산 칼로 지역 병원의 정신과 의사를 죽이려 했다. 그렇게 하면 "모든 게 다 정상이 될 것"이라고 믿었다. 하지만 운명의 장난처럼, 살인사건이 벌어지기 한 달쯤 전에 담당 의사가 바뀌었다는 연락을 받았다. 마이클은 더는 진료를 받지 않겠다고 결심했다. 짧은 기간이었지만, 한동안 자신이 구원을 받았다고 생각하기도 했다.

살인사건이 벌어지기 2주 전에 어머니는 마이클과 함께 네바다사막에 있는 카지노로 가기 위해 차를 몰고 집을 나섰다. "해가 밝고 또 밝아졌어요. 그리고 밝은 빛 때문에 모든 것이 오히려 희미해졌지요." 마이클은 캘리포니아주의 경계에 이르기도 전에 차를 돌려 집으로 가자고 했다.

이제 마이클은 "태양이 가까워지는 것"이 정신과 의사가 아니라, 어머니 때문이라고 생각하게 되었다.

무엇을 해야 할지 확신이 서지 않은 마이클은 시간이 모자라지는 않을까 걱정했다. 곧바로 뭔가 하지 않으면 태양이 자신을 '집어삼킬' 것으로 생각했다. 앤드류에게 여러 차례 전화를 걸어서 태양이 점점 가까워진다고 걱정을 털어놓았다. 마이클은 앤드류에게 어머니한테 특별한 능력이 있다고 말했다. "악마 같은 여자야." 앤드류는 어머니가 "보석처럼 선한 사람"이고, 길거리에서 노숙자로 지내지 않게 마이클을 구해주었다고 말했다. 살인사건이 일어나기 하루 전에도 마이클은 앤드류에게 전화를 걸어서 어머니가 무섭다고 말했다. 걱정돼서 앤드류는 어머니에게 전화했다. 하지만 어머니는 마이클이 폭력적이거나 공격적인 적이 없다며 앤드류를 진정시켰다. 그녀는 이렇게 말했다. "마이클은 걱정할 필요 없단다."

살인사건이 일어나기 전날 마이클은 "한 번도 겪어보지 못한" 공황 발작을 일으켰다. "아무것도 통제할 수 없었어요. 너무 많은 흥분이 한꺼번에 스쳐 지나갔어요." 어머니에 대한 그의 생각은 몹시 이상했다. "사람들을 팔뚝만 한 풀밭의 메뚜기로 만들었어요." 그리고 마음속으로 '누가 나를 지옥으로 보낼까?'라고 생각했더니, 어머니가 "너만 괜찮다면 내가 하지"라고 말했다고 한다. 그때 마이클은 결정했다. "해야 한다. 그러지 않으면 나를 지옥으로 던져버릴 것이다." 스스로 목숨을 끊을 생각도 했지만, 그렇게 하면 결국 지옥에 가게 될 것 같아 두려웠다. 그래서 지구로 내려오는 태양을 멈추려면, 어머니를 죽여야 한다고 결심했다. 어머니를 죽이는 것이 자신이 선택할 수 있는 유일한 길이라고 생각했다. "그러면 모든 것이 다시 정상으로 돌아올 거예요."

마이클의 머릿속에는 이런 생각이 계속 맴돌았다. '엄마를 막지 않으면 햇볕에 타버릴 거야.' 마이클은 자신이 마치 "벽을 마주하고 앉아" 있는 것 같았다고 설명했다. 살인사건이 벌어지기 전날 저녁에 남자들이 많이 모이는 동네 맥주 가게에서 술을 마셨다. 예전에는 술집에서 시간을 보내면 곱씹어 생각하던 것이 잠시 흐릿해졌다. 하지만 이번에는 그렇게 되지 않았다.

살인은 목요일 아침 9시 무렵에 벌어졌다. 마이클은 전날 밤에 잠을 설쳤다. 남부 캘리포니아의 밝은 태양은 곧바로 행동해야 한다는 신호를 보냈다. 몇 주 전에 산 사냥용 칼을 침실 서랍에서 꺼냈다. 셔츠 안에 칼을 꽂은 채 거실 소파에 앉아 곰곰이 생각했다. 다리가 화끈거리고 가려웠다. 어머니가 침실에서 거실로 들어오면서 뭐라고 말을 했으나 들리지 않았다. 어머니는 마이클의 타는 듯한 느낌과 가려움증에 도움이 되도록 비타민 알약을 챙겨 먹으라고 말했을 것이다. 그녀는 부엌으로 향했고, 아마 모닝커피를 마실 생각이었을 것이다. 마이클은 '지금 해야 한다' 고 생각했다. 소파에서 일어나서 어머니가 주방에 이르기 전에 뒤에서 따라붙었다. 그리고 걸어가던 그녀의 등을 사냥용 칼로 깊게 찌르면서 "나쁜 사람이야"라고 말했다. 어머니는 돌아서서 눈을 크게 뜨고 바라보며 뭐라고 말하려 했으나, 말을 잇지 못했다. "너….."

어머니를 살해한 뒤 곧바로 공황상태가 다시 시작되었다. 하지만 이제는 다른 이유 때문이었다. "어머니가 문제를 일으키지 않았다는 것을 알게 되었어요. 태양은 여전히 거기에 가까이 있었어요. … 나는 가장 친한 친구를 죽였어요." 집 밖으로 달려가 차에 앉아 무엇을 해야 할지 고민했다. "태양이 원래대로 돌아가지 않았어요." 그리고 집으로 돌아와 담요로 어머니를 덮어주었다. 마이클은 자신이 '가장 친한 친구'를 죽였다는 사실을 받아들이지 못했다. "꿈만 같아요." 그가 유일하게 믿고 있던 미셸에게 전화를 걸었다. 나는 마이클에게 경찰에 신고하지 않은 이유를 물었다. "경찰은 믿지 않아요."

마이클은 미셸에게 근처 피자집에서 전화한다고 말했다. 미셸은 마이클에게 그곳에 가만히 있으라고 말한 뒤에 곧바로 경찰에게 마이클이 있는 곳을 알려주었다. 경찰은 아무 사고 없이 피자집 밖에서 그를 붙잡았다. 그는 자신을 체포하는 경찰관들에게 "내 인생에서 더 나쁜 짓을 했을 뿐이야. 내가 찔렀어"라고 울부짖었다.

경찰 수사관들이 마이클을 심문했던 영상을 살펴보았다. 마이클은 수사관에게 이렇게 말했다. "엄마는 내 마음속에서 게임을 하고 있었어요." 수사관은 어머니를 죽인 것이 잘못된 일인지 물었다. (마이클이 잘못된 일임을 알고 있다면, 정신병적인 사고를 하더라도 법적으로는 제정신이다.) "모르겠어요. 엄마가 나를 너무 무서워해서 조금 힘들었어요." 잠시 후 수사관은 조금 화를 내며 마이클에게 이렇게 말했다. "자, 자신에게 정직해봐. 네 엄마가 죽을 거라는 사실을 알고 있었지, 그렇지?" 마이클은 "아마도요"라고 대답했다. 수사관이 "이제 시간이 충분히 되었어. 이야기를 더 진행해 보자. 네가 실제로 한 일을 찾아야 해. 태양 같은 이야기는 이제 그만하고"라고 말하자, 마이클은 "태양이 멈추거나, 사라지거나, 원래 있어야 할 곳으로 돌아갈 것으로 생각했어요"라고 대답했다. 한 수사관은 계속해서 마이클을 압박했다. 마이클이 어리둥절한 표정으로 "내가 말한 게 사실인데요. 몰랐어요"라고 하자, 수사관은 "그래, 알겠어. 그런데 아무튼 엄마 몸에 박힌 칼이 엄마를 죽였잖아. 그렇지 않아?"라고 하면서 마이클을 추궁했다. 그러자 마이클은 다시 "태양이 멈출 줄 알았어요. 사라질 것이었어요. 원래 있어야 할 곳으로 돌아가겠죠"라고 대답했다.

나는 녹화된 영상의 재생을 멈추고 답변을 기다리며 마이클을 바라보았다. 그는 여전히 우리 사이에 놓인 책상을 바라보고 있었다. 내가 확인한 사실을 그에게 환기했다. 수사관들은 어머니를 찌른 것이 범죄이며 그것이 잘못됐다는 사실을 그가 알았을 것으로 믿는다고 내가 말하자 "네"라고 대답했다. "엄마가 나를 지옥으로 보내는 줄 알았어요"라고 말하면서 무뚝뚝한 표정은 잠시 슬프게 바뀌었다. 그리고 멍하니 앉은 채 생각의 길을 잃어버린 것 같았다. 그는 자신의 험난한 삶을 이끌어주던 사람을 죽였다.

심리검사 결과도 임상 관찰이나 정신병력과 일치했다. 마이클은 편집증적 망상으로 만성적인 고통을 받았다. 〈미네소타 다면적 인성검사〉의 타당성 척도도 증상을 과장하거나 행동을 합리화하지 않고 정직하게 응답한 것으로 나타났다. 이 검사에서 가장 높게 나타난 임상 척도는 망상이나 환각에 걸리기 쉬운 개인을 식별하는 척도였다. 마이클에게는 비합리적이고 정신병적 사고 이외에, 살인 행위를 부추긴 반사회적 성향이나 폭력적인 행동의 증거는 보이지 않았다. 입원했던 정신과 진료 기록과 교도소 정신과 보고서에도 편집성 조현병 진단 기록이 있었다.

마이클이 임상 관찰에서 보여준 것은 심각한 정신질환에 시달리고 있는 한 개인의 모습이었다. 따라서 범행 당시에 병증이 활성화되었는지 그리고 이 병증이 옳고 그름을 구별하는 능력을 방해했는지를 판단하는 것만이 문제였다.

나는 마이클이 살인을 저질렀을 때 정신 이상 상태였다고 결론지었다. 그는 태양이 "자신을 집어삼키는" 상황을 막기 위해 어머니를 죽여야 한다는 망상적인 확신에 시달리고 있었다. 법원에 제출한 보고서에서 마이클의 만성적인 정신질환의 정도와 어머니를 향한 망상적인 확신을 강조했다. 마이클은 비합리적인 망상때문에 자신이 지옥의 불길로 던져지지 않으려면 어머니를 죽여야만 한다고 확신했다. 정신병적인 심리 상태에서, 마이클은 흉악한 악마를 총으로 쏴 죽인 사람처럼 해야 할 일을 하는 정의로운 사람이었다. 나는 마이클이 어머니를 죽였을 때 제정신이 아니었다는 의견을 제시했다.

***

마이클의 정신 이상 재판에서 국선변호인 스완슨 씨의 직접 심문으로 증언을 시작했다. 증언은 간단했다. 질문에 답하면서 설명 기회를 얻어 마이클을 조사한 방법과 그가 제정신이 아니었다고 판단한 이유를 제시했다. 이런 질문이었다. "피고인을 평가하는 데 얼마나 많은 시간을 할애했습니까?" "레티에리 박사님, 이 법정에서 이런 평가가 어떤 의미가 있는지 말씀해 주세요." "어떤 검사를 했으며, 결론을 내리는 데 어떤 도움이 되었습니까?" "박사님의 결론은 무엇입니까?" "레티에리 박사님, 그런 결론을 얻는 데 시간을 얼마나 쏟으셨습니까? 그 과정에서 금전적 보상을 받지는 않았나요?"

사건의 원고인 검사 맥다니엘의 반대 심문에서는 불꽃이 튀었다. 그는 법정에서 인상적인 장면을 만들었다. (살인사건은 언제나 가장 노련한 검사들이 맡듯이) 경험 많은 이 지방검사는 배심원이 고려해야 할 문제의 핵심을 파고드는 방법을 알았다. 이미 말했듯이, 재판의 핵심은 마이클이 어머니를 죽인 순간에 자기 행동이 잘못이라는 점을 알았는지였다. 겁을 먹었는지, 화를 냈는지, 정신적으로 불안한 상태였는지는 중요하지 않았다. 마이클이 정신질환을 앓고 있었다는 사실도 중요하지 않았다. "마이클이 병증 때문에 살인 행위가 도덕적으로나 법적으로 잘못이라는 사실을 알지 못했습니까?" 시간을 낭비하지 않은 검사의 질문이었다.

맥다니엘 검사는 경험이 많았을 뿐 아니라, 자신감도 넘쳤다. 이 검사는 여러 해 동안 배심원 재판에서 많은 승리를 거두었다. 그는 법정에 울려 퍼지는 큰 목소리로 반대 심문을 시작했다. 쳐다보지도 않는 메모를 손에 들고 검사용 발언대 뒤에 서서, 배심원들에게 사건에 대한 자신의 전문 지식과 주장을 입증하기 위해 다루어야 할 사항을 확신에 찬 목소리로 설명했다. 가끔 발언대를 벗어나 메모 없이 법정을 이리저리 거닐며 질문을 하기도 했다. 맥다니엘 검사의 반대 심문은 살해 뒤 마이클의 행적에 집중되었다. 일련의 질문에 "예"와 "아니오"라고만 대답하도록 요청해서, 마이클이 잘못을 자각했다는 주장을 부각하려 했다. 이것은 심문과정에서 내 대답을 통제하기 위한 수단이기도 했다. "마이클은 살해한 뒤에 어머니의 시신을 은폐했나요?" "예." 그는 좀 더 큰 목소리로 물었다. "피고인이 여동생에게 전화를 걸어 자기가 나쁜 짓을 했다고 말했나요?" "예." 더 큰 목소리로 물었다. "그가 실수했다고 했지요?" "예." 검사는 경찰 수사관이 마이클을 심문했던 영상의 일부를 보여주었다. 마이클은 수사관에게 자신이 아주 큰 잘못을 저질렀다고 말했다. 마이클은 초조해 보였다. 미친 것처럼 보이지는 않았다.

맥다니엘 검사는 질문하면서 정기적으로 배심원 쪽을 힐끗 쳐다보며 자신의 영향력을 계산했다. 그의 태도는 나와 배심원에게 마이클의 과실 책임을 입증한 것처럼 자신감이 넘쳤다. 그는 발언대 주변에만 머무르지 않고, 마치 자기가 법정의 소유자인 양 가벼운 발걸음으로 이리저리 걸어 다녔다.

맥다니엘 검사가 영상을 껐다. 그는 마이클이 살인을 저지른 뒤에 끔찍한 실수를 저질렀다는 것을 깨달았다는 증거가 있는지 물었다. 나는 "예"라고 대답했다. 검사는 다시 배심원단을 쳐다보며 냉소적으로 물었다. 날카로운 질문이었다. 경찰 심문에서 어머니를 죽인 것이 잘못이라는 점을 인정했기 때문에, 어머니를 살해할 때 마이클에게 합리적인 이성이 있었다고 믿을 수 있지 않냐고 나에게 물었다. 나는 "아니오"라고 대답했다. 과장된 한숨과 함께 맥다니엘 검사는 왜 그렇지 않은지 다시 물었다. 드디어 내게 살인을 저지른 뒤에 나타난 마이클의 행동을 설명할 기회가 생겼다. 먼저, 살인을 저질렀을 때 마이클은 태양이 자신에게 내려오고 있고, 어머니의 사악함 때문에 자신이 태양에 삼켜질 것이라는 굳은 망상적인 확신에 빠졌다는 사실을 지적했다. 그리고 살인을 저지른 뒤에도 태양의 밝기가 바뀌지 않자, 그제야 살인이 상황을 바꾸지 못했다는 사실을 깨달았다고 설명했다. 그 순간 현실을 인지하는 능력이 명확해졌지만, 이것은 살인을 저지른 뒤에 일어난 일이라고 강조했다.

나는 법의학만이 아니라, 개인병원의 환경에서도 유사한 현상을 목격한 적이 있다. 같은 병원에 입원해 있던 환자들 사이에서 일어난 일이다. 자신을 쳐다보는 다른 환자가 자신에게 경멸적인 환청을 일으킨다고 믿은 조현병 환자가 있었다. 그는 경멸적인 환청이 멈출 것이라고 믿고, 다른 환자의 머리를 의자로 내리쳤다. 폭행한 뒤에 곧바로 정신을 차렸고, 목소리가 계속 들리자 자살 충동을 느꼈다. 맥다니엘 검사는 계속해서 나에게 몇 가지 질문을 한 다음에 마이클이 살인을 저지른 직후에 자신이 어머니에게 한 일을 알았고, 스스로 반성하고 있었다는 사실을 확인하면서 반대 심문을 마쳤다. 이 주장으로 마이클이 어머니를 칼로 찌르는 순간에 충분히 합리적이었다고 배심원들을 설득하려 했던 것 같다.

반대 심문이 끝난 뒤 스완슨 변호사가 추가 질문을 했을 때, 나는 마이클이 앓고 있는 정신질환의 심각성과 이 때문에 진실을 이해하는 능력이 어떻게 왜곡됐는지 설명했다. 살인사건이 벌어지기 몇 해 전 진료 기록에 이미 편집증과 빈약한 현실 인식을 진단한 검사 결과가 있다고 지적했다. 마이클은 태양과 악마에 대한 두려움을 보였다. 스완슨 변호사는 마이클의 정신적 장애를 보여주는 심리검사 결과를 정확하게 설명해달라고 요청했다. 변호사는 마이클에게 현실 왜곡이 심각했다는 사실에 대한 배심원의 판단이 흔들리지 않기를 바랐다.

변론이 끝난 뒤 배심원단은 마이클이 정신 이상이었으므로 무죄라는 결론에 도달하기까지 꼬박 하루 반나절 동안 깊이 고민했다.

심의를 마친 뒤 변호인은 배심원들과 대화를 나누는 경우가 많다. 배심원들은 모두 마이클이 정신질환을 앓고 있다는 사실은 인정했다. 하지만 마이클이 살인을 저지르는 그 순간에 뭔가 잘못하고 있다는 것을 알았는지를 판단하는 것은 배심원들에게 쉽지 않은 문제였다. 검찰이 살인을 저지른 뒤에 마이클이 한 행동에 초점을 맞춘 것은 옳았다. 검사는 제정신이 아닌 상태 말고도, 통제할 수 없는 기질의 폭발이나 해묵은 가족 기능의 장애 등 몇 가지 가능성도 고려했다. 배심원들은 형제들의 간절한 증언과 제정신이었다면 결코 어머니를 죽이지 않았을 것이라는 형제들이 보인 강한 믿음 때문에 마이클의 정신 이상을 확신하게 되었다. 살인을 저지른 뒤에 마이클이 보인 행동을 설명한 (곧 태양이 바뀌지 않은 것으로 자신의 치명적인 실수를 깨달았다는) 내 증언도 배심원을 설득하는 데 어느 정도 영향을 끼쳤다.

가족들은 마이클이 어머니를 무척 사랑한 아들이었고 망상에 시달리면서도 결코 폭력적인 모습을 보이지 않았다고 증언했다. 살인이 일어나기 전에는 어머니를 비롯한 모든 가족이 마이클이 어머니를 해치는 일이 일어나리라고 생각조차 못 했다고 증언했다. 어머니가 사악하다고 믿는 그의 편집증도 그런 확신을 흔들지 못했다. 마이클은 어머니에게 많이 의존했다. 정신장애의 영향에서 상대적으로 자유로울 때면 마이클은 어머니와 함께 장을 보거나, 카지노에서 오후를 보내며 즐겼다. 어머니의 헌신으로 마이클은 정신질환을 앓고 있으면서도 가족들과 강한 유대 관계를 유지할 수 있었다.

그러나 심각한 정신질환은 현실을 왜곡시키고, 다른 사람의 행동과 의도에 대한 인식도 왜곡시킨다. 그리고 환자와 가장 가까운 관계에 있는 사람이 자연스럽게 정신질환으로 생긴 왜곡된 인식의 희생양이 된다. 마이클의 어머니는 그의 일상생활에 깊게 관여했다. 마이클이 생각하기에, 그녀는 자신의 임박한 운명을 불러온 사악한 세력의 배후에 있는 '논리적인' 사람이었다. 깊은 사랑을 보이고 헌신적이던 어머니를 향해 끔찍한 폭력을 행사하는 아들을 가족들은 상상조차 할 수 없다. 마이클과 같은 환자에게 정신질환으로 생긴 왜곡된 현실이 얼마나 심각한지를 가족들이 이해하기가 너무 어렵기 때문이다.

형사사건으로 나타난 정신질환을 배심원단이 받아들이기는 쉽지 않다. 인간의 마음은 비합리적인 성향이 뒤섞인 신비한 기관이다. 그렇지만 마음이 병들었다고 해서, 살인과 같은 끔찍한 행동마저 용인하고 정당화할 수 있다고 생각하기는 어렵다. 특히 어떤 상황에서든 어머니를 죽인 아들은 용인하기 더 어렵다. 대개 살인자와 피해자 사이에는 어떤 형태라도 관계가 존재하게 마련이다, 모친 살해도 마찬가지다. 하지만 모친 살해 사건은 무척 드물다. 이는 미국에서 발생하는 전체 살인사건에서 1% 이하를 차지한다.[3] 정신 이상과 관련된 변호도 드물어서 모든 형사재판의 1% 미만에만 적용되며,[4] 무죄라는 변호인의 주장을 배심원단이 받아들이지 않는 경우도 75%나 된다.[5] 다시 말해 배심원은 폭력적인 범행을 저지른 사람에게 관용을 잘 베풀지 않는다. 게다가 범죄와 정신 상태를 연관 짓는 일에는 언제나 속임수의 가능성이 있다고 생각하며, 범죄 행위를 응징하는 것은 도덕적이고 정당하다고 판단한다.

하지만 배심원단은 마이클이 망상적 사고 때문에 비이성적인 살인을 저질렀다고 결론지었다. 가족들은 한 남자가 악마처럼 행동할 가능성이 있다는 점을 과소평가했다. 그랬던 가족들이 그의 악의가 순수한 악이 아니라 병든 마음에서 비롯된 것이라고 배심원단을 설득했다는 사실은 무척 역설적이다.

04.

여성 살인자

연인의 증오는 연인의 사랑보다 강하다.

서로에게 증오의 상처는 치료되지 않는다.

— 에우리피데스

이 사건 때문에 나는 진이 빠졌다. 아내에게 하소연하듯 털어놓은 것은 열 살밖에 되지 않은 어린 리사의 시신을 훼손하고, 자기의 남자친구인 벤틀리의 목과 등, 가슴에 치명적인 상처를 입힌 끔찍한 상황만이 아니었다. 피고인 티나를 향한 멈추지 않는 의심과 이토록 끔찍한 짓을 저지를 정도로 분노한 감정을 확실하게 이해할 수 없다는 점이 나를 더 무겁게 짓눌렀다. 도대체 그녀가 살인적인 분노를 화산처럼 터뜨린 이유가 무엇일까?

지난 몇 달 티나를 법의학적으로 평가하려고 폭넓은 노력을 기울였다. 티나를 만나기 전에 수천 쪽에 이르는 경찰 보고서와 범행 현장 사진, 부검 보고서와 시신의 사진, 사건이 일어나기 전 정신과 진단과 의료기록을 살펴보았다. 피해자나 피고인의 가족과 친구들의 음성·영상 자료를 검토하는 데에도 많은 시간을 들였다. 경찰은 끔찍한 사건이 일어난 벤틀리의 집 주변을 탐색하고 이웃 사람을 만나서 파악한 내용을 정리해서 자료로 남겼다. 이 자료는 아직 의식이 남아 있던 벤틀리가 비명을 지르는 바람에 잠에서 깨어난 이웃이 경찰에 전화한 내용을 녹음한 것도 있었다. 목에서 뿜어져 나오는 피를 흘리며 쓰러지기 직전에 딸에게 알리려고 외친 비명이었다. 경찰이 범행 현장으로 출동하면서 나눈 대화를 녹음해 놓은 것도 있었다. 관련된 모든 문서를 살펴보고, 친구와 가족, 증인들과 상담한 내용이 기록된 음성·영상 자료와 사건 전후에 이루어진 경찰의 통신 내용을 듣는 데에만 여러 날이 걸렸다.

벤틀리와 가족들은 나와 만나기를 거부했다. 이해할 수 있는 일이었다. 나는 벤틀리가 망연자실한 상태로 경찰과 면담한 자료를 보았다. 벤틀리는 숨은 쉬고 있으나, 이미 생명력을 잃고 텅 비어 있는 사람 같았다. 40대 후반인 벤틀리는 평균보다 키가 작았지만, 체격은 건장했다. 그리고 손은 작았으나 손가락은 두꺼웠다. 조금 놀랐다. 왜냐하면 티나처럼 키가 클 것으로 예상했기 때문이다. 겉으로 보기에 두 사람은 썩 어울리지 않아 보였다. 티나는 말랐으나 강해 보였다. 그래서 어떻게 벤틀리를 압도할 수 있었는지 알 수 있었다. 벤틀리는 면담하면서 줄곧 의자에서 꼼지락거렸다. 무뚝뚝한 겉모습과는 달리 내면은 몹시 혼란스러운 듯했다. 홀쭉해진 얼굴은 무표정해 보였으나, 움츠러들어 있었고, 눈은 공허해 보였다. 부드러운 목소리로 느릿하게 말했는데, 떨리지 않을 때는 조금 단조롭게 들렸다. 하지만 조사실은 그의 슬픔으로 덮여 있었다.

사건은 일요일로 접어들기 직전 자정 무렵에 발생했다. 벤틀리는 딸 리사 그리고 여자친구 티나와 함께 디즈니랜드에서 하루를 보냈다. 사건이 발생한 날 밤 티나는 벤틀리의 집에 함께 있었다. 벤틀리는 리사의 생모와 여러 해 전에 이혼했고, 딸 리사와는 주로 주말을 함께 보냈다.

벤틀리는 한밤중에 잠에서 깨어나 2층 안방에 있는 화장실에서 소변을 보던 중 목 뒤에 통증을 느꼈다. 돌아서 보니 티나가 서 있었다. 그녀는 벤틀리에게 왜 그랬냐며 착잡한 표정으로 물었고, 손에 칼을 쥐고 있었다. 그러고 나서 갑자기 달려들어 벤틀리의 목과 가슴을 칼로 마구 찔렀다. "네가 내 인생을 망쳤어. 이제는 내가 네 인생을 망쳐주겠어. 난 잃을 게 하나도 없어. 네가 다 가져갔어." 둘은 서로 뒤엉켜 비틀거리며 화장실에서 나와 복도로 갔다. 안간힘을 쓰며 몸부림치던 벤틀리는 계단으로 굴러떨어지기 직전에 티나의 손에서 칼을 낚아챘다. 그리고 가까스로 현관문을 나와 이웃집 앞에 쓰러졌고, 이웃이 경찰에 신고했다. 벤틀리는 나중에야 자신이 이웃집 문을 두드리며, 여자친구가 리사를 죽일 것 같다고 미친 듯이 소리쳤다는 사실을 떠올렸다.

경찰이 도착했을 때 벤틀리는 거의 죽은 거나 다름없었다. 구급대원은 가장 가까운 외상병원의 중환자실로 그를 옮겼다. 경찰은 총을 뽑아 들고 벤틀리의 집으로 들어갔으나, 티나는 이미 어디론가 사라져 버렸다. 집안을 수색하던 경찰은 칼에 찔려 침대에 피를 흥건히 흘린 채 죽은 리사를 발견했다.

경찰이 찍은 사진은 끔찍하기 짝이 없었다. 리사의 얼굴과 팔에는 칼로 마구 찌른 듯한 흔적이 여기저기 있었다. 한쪽 팔은 거의 잘려나갔고, 오른쪽 집게손가락 일부는 침실 문 근처 바닥에 떨어져 있었다. 이것은 단순히 잔혹한 살인이 아니었다. 리사를 자르고 베어 저참하게 살해한 격렬한 광란이었다.

나는 범행 현장과 시신의 사진을 보면서 이상한 몽환적 상태로 빨려 들어갔다. 이것은 받아들이기에 너무 강렬했다. 이상하게 생각이 잘 이어지지 않고 끊기는 현상이 온종일 계속되었다. 이런 광경을 가장 먼저 만나는 경찰과 같은 최초 대응자들에게 연민의 감정이 느껴졌다. 말로 표현하기 어려운 비극적 상황에 노출된 뒤에 경찰들이 감정적 생존을 위해 권위적이고 초연한 태도를 보이는 것도 어느 정도 이해되었다.

티나는 사건이 일어나고 6시간이 지난 뒤에 체포되었다. 그녀는 소지품 없이 피로 얼룩진 잠옷을 입은 채 고속도로를 따라 남쪽으로 걸어가고 있었다. 체포될 당시에 티나는 경찰의 질문에 아무 대답도 하지 않았다.

경찰서로 연행하기 전에 경찰은 티나를 지역 병원에 데려가 치료부터 받게 했다. 의사의 소견서에는 그녀가 〔자기 자신에 대한 의식과 감각을 잃은〕 해리 상태이고 "심인성일 가능성이 있다"고 기록되어 있었다. 그녀의 의식상실에 관한 의학적 소견은 발견할 수 없었다. 치료를 받던 어느 시점에 티나는 의사에게 말했다. "우리는 힘들었어요. … 엉망이었어요." 그리고 간호사에게 묻기도 했다. "벤틀리가 살아 있나요?"

***

티나와 여러 차례 상담을 통해서 가족관계와 연애 관계, 친구 관계, 직장경력, 의료와 정신 건강 이력을 파악했다. 살인으로 이어지게 된 정황과 사건을 저지르면서 느낀 감정이나 생각은 매우 중요하기 때문에 특히 이 점을 자세히 살펴보았다. 평소와 마찬가지로 복잡한 도구를 사용해 심리검사를 했다. 그리고 솔직한 상태인지 판단할 수 있도록 설계된 검사도 진행했다.

변호인이나 법원이 요구하는 법의학 질문에 내가 명확하게 결론을 내리기는 어렵다. 하지만 대부분 합리적인 확신을 두고 대처할 수는 있다. 변호인은 티나가 리사를 칼로 찔러 죽이고 벤틀리에게 중상을 입혔을 때, 정신 상태가 어떠했는지 내가 확실한 의견을 제시해주기를 바랐다. 그녀는 살인 의도를 가지고 행동했을까, 아니면 정신적 해리 상태였을까? 그녀는 범행 당시에 과연 제정신이 아니었을까?

티나는 부분적으로는 정신적 해리 상태처럼 보였다. 하지만 나는 최종적으로 그녀가 칼로 찌르면서 살인을 하려는 자신의 분노를 의식했다고 판단했다. 사람을 죽일 의도가 없었거나, 정신 이상 상태였다고 볼 수는 없었다. 까닭은 이랬다.

***

살인과 폭행이 저질러지고 18개월쯤 지난 후에 나와 티나의 상담이 시작되었다. 그녀는 한동안 치료를 받았고, 변호인은 방어 전략을 짤 시간이 필요했다. 체포 당시에 자신과 너무 분리된 것처럼 보였기 때문에, 그녀가 재판을 받을 능력이 있는지를 법원이 선임한 전문가들이 먼저 평가해야만 했다. 티나는 자신이 받는 혐의를 이해했을까? 자기가 마주하게 될 법적 절차의 성격, 다시 말해 피의자는 꼭 처벌한다는 사법 제도의 적대적 성격을 이해했을까? 자기를 돕기 위해 일하는 변호사와 상의할 만큼 합리적 일관성이 있었을까?

전문가들은 두 차례에 걸쳐 티나의 상태를 검토했고, 판사는 티나가 1급 살인과 살인미수 혐의로 재판을 받을 자격이 있다고 판결했다. 티나의 변호인이 그녀를 평가해 달라고 나에게 의뢰한 것은 바로 이 시점이었다. 변호인은 티나의 상태를 진단해주기를 바랐다. 그리고 범죄를 저지를 때 정신적 해리 상태가 어느 정도인지를 판단해 주기 바랐다. 일부러 살해할 의도가 있었는가? 만약 정신적 해리 상태였다면 악의적으로 행동하려는 의도를 형성할 능력 곧 의도성이 약해지는가? 아니면 간질 발작을 일으킨 누군가처럼 그녀의 행동도 의도성이 없다고 봐야 하는가? 사람을 죽일 만큼 치명적인 공격을 가하면서 자신의 행동이 잘못되었다는 것을 알았는가? 다시 말해, 그녀는 법적으로 제정신이었는가?

벤틀리와 티나의 관계가 어땠는지 변호인들과 많은 이야기를 나누었다. 두 사람은 사건이 일어나기 몇 해 전부터 사귀고 있었다. 티나는 일과 가족을 자신보다 우선한다고 벤틀리에게 불평하면서도 그를 돌보았다. 그녀는 당시에 수렁에 빠진 상태와 비슷했다. 여러 번 관계를 끊고 헤어졌다가 어떻게든 다시 합쳤다. 원만한 성생활이 일상에 도움이 되었다. 티나는 벤틀리에게 어떤 때에는 욕망을 느꼈고, 어떤 때에는 이용당한다고 느꼈다.

나와 두 번째 상담에서 티나는 사건을 저지르기 전에 벤틀리를 의심했다고 털어놓았다. 이유는 돈 때문이라고 밝혔다. 벤틀리는 부유했으나, 집안의 돈 문제에 티나가 관여하는 것을 좋아하지 않았다. 사건 전날에도 벤틀리는 뭔가 '이상한' 느낌이 드는 '비밀' 전화를 했다. 다른 여자친구가 생겼는지, 아니면 무슨 '음모'를 꾸미고 있는지 궁금했다. 티나에게 지금도 그렇게 믿는지 묻자 모르겠다고 대답했다.

***

티나는 칼로 찌른 기억이 없다고 계속 부인했다. 범행을 저지르고 몇 시간 뒤에 병원에서 한 진술을 살펴보면, 자신이 한 일을 적어도 흐릿하게나마 기억한다는 사실이 드러났다. 하지만 티나는 체포된 직후에 의사에게 그런 진술을 한 기억이 없다고 주장했다. 그리고 간호사에게 "벤틀리가 살아 있나요?"라고 물은 것도 기억하지 못했다. 기억을 자극하기 위해 병실을 지키던 경찰관이 녹음한 진술을 들려주었지만, 소용이 없었다.

나는 티나에게 기억이 아무리 흐릿하더라도, 범행 전과 범행 중, 범행 후의 생각과 감정, 충동을 떠올릴 수 없는지 여러 차례 물어보았다. 티나는 무슨 의도로 리사와 벤틀리를 해치려 했는지 전혀 기억할 수 없다고 말했다. 그리고 치명적인 행동을 불러온 동기가 무엇인지도 생각나지 않는다고 거듭 주장했다. 하지만 사건이 일어난 날 있었던 일은 기억했다. 벤틀리, 리사와 함께 디즈니랜드에 갔고, 저녁 식사를 했으며, 텔레비전을 켜놓고 졸았다. 저녁을 먹은 뒤 텔레비전을 보면서 벤틀리와 와인 몇 잔을 마셨다. 티나는 벤틀리와 은밀한 주말을 기대했으나 리사와 함께 지내야 한다는 것 때문에 짜증이 났다. 토요일인 그날 아침 일찍부터 벤틀리가 한 시간 동안 누군가와 전화를 해서 더 화가 났다. 하지만 그날 편집증이나 폭력적인 생각은 없었다.

조사과정에서 벤틀리가 경찰한테 밝힌 음주운전 상황을 설명해 달라고 요청했다. 티나는 자신이 음주운전 때문에 경찰에 체포된 당시 상황을 두고 벤틀리를 욕했다. 억울하고 분한 마음이 아직 가시지 않은 것 같았다. 살인사건으로 체포되기 9개월쯤 전에 두 사람은 벤틀리의 집에서 크게 말다툼을 했다. 티나가 떠나려고 자리에서 일어나자, 벤틀리는 둘 다 술을 많이 마셨으므로 집에 있으라고 명령하듯이 말했다. 그러나 티나는 저주와 욕을 퍼부으며 차고에서 차를 몰고 나왔고, 벤틀리는 경찰에 신고했다. 티나는 이 일로 세 번째 음주운전 단속에 걸렸다. 특히 이 일은 가정법원에서 전남편과 양육권을 다투고 있을 때 일어났다. 티나는 벤틀리가 경찰에 신고하는 바람에 단속에 걸렸다고 생각하면서 그에게 화를 냈다. 하지만 이런 말도 했다. "그를 사랑했어요. 제가 좀 쉽게 용서하는 편이거든요."

티나의 10대 딸은 자신의 반려견을 죽이겠다고 티나가 협박했다고 경찰에 진술한 적이 있었다. 이 일은 그녀의 전남편이 양육권 변경을 신청하게 된 계기가 되었다. 하지만 티나는 개를 죽이겠다고 위협한 적이 없다며 이를 단호하게 부인했다. 딸이 왜 거짓말을 한다고 생각했는지 묻자, 딸이 아버지와 더 많은 시간을 보내고 싶어서 일부러 거짓말을 했다고 대답했다. 그러면서 "나는 결코 개를 목 졸라 죽이겠다고 위협한 적이 없다"고 덧붙였다.

나는 티나에게 (변호사에게 받은 자료 중에서) 여러 해 전에 딸의 교사가 제출했던 아동 학대에 관한 보고서도 읽어보았다고 말했다. 교사는 티나가 학교 주차장에서 딸에게 몹시 심한 말을 하는 언어적 학대를 목격했다고 진술했다. 티나는 교사가 뭘 몰라서 그랬던 것이라며, 분노 문제는 해결되었다고 주장했다. 하지만 티나는 얼마 전 음주운전으로 체포된 뒤에도 보호 관찰 조건으로 '분노관리 훈련'을 받았지만 음주운전 사실을 부정한 것처럼, 딸의 언어폭력 사건을 말할때도 절대 자기 말이 모순된다고 생각하지 않는 것 같았다.

***

사건이 일어나고 몇 시간이 지난 뒤에 티나를 진찰한 의사는 그녀를 정신적 해리 상태로 진단했다. 범행 당시에도 그녀는 정신적 해리 상태였을까? 여러 검사를 해도 의학적 이상은 발견되지 않았다. 그래서 그녀의 의식상실은 의학적 원인이 아니라, 근본적으로 심리적 상태 때문이라는 (곧 '심인성'이라는) 판단이 내려졌다. 나는 기억상실증과 관련이 있을 수 있는 증상을 그녀에게 물어보았다. 의료 기록에는 나타나지 않지만 수면

장애로 고통을 받았다는 사실을 암시해주는 병력이 전혀 없었다. 예컨대 몽유병 증상을 보인 적이 없다고 부인했다. 의료기록에서 정신적 해리라고 판단할 만큼 취약성을 확인할 수 있는 서술이나 진단과 묘사를 찾아볼 수 없었다. 대신에 내가 볼 수 있었던 것은 어떤 상황이나 일에 대응하는 그녀의 일정한 방식, 즉 심리적 거부와 관련된 수많은 증거였다.

티나는 범행 도중에 정신적 해리 상태에 빠졌을까? 아니면 칼로 찌른 뒤에 자기가 저지른 일의 심각성을 지우기 위해 의식과 정서가 단절되어 무감각해졌을까? 어느 쪽이든, 특히 병원에서 한 진술을 보면 범행 뒤 몇 시간을 기억해야 할 것 같았다. 그러나 그녀는 범죄를 저지른 사실을 자각하지 못했고 희생자들에게 강렬한 분노도 느끼지 않았다고 부인했다.

티나의 친구들이나 벤틀리의 녹음·영상 자료를 비롯한 모든 기록을 검토한 결과, 마침내 티나가 칼부림을 하기 전에 겪은 스트레스의 원인이 밝혀졌다. 티나는 당시에 딸의 양육권을 잃었다. 벤틀리와 말다툼을 하고 나서 세 번째 음주운전을 한 시점이 양육권 분쟁이 있을 때였다는 점도 의미심장했다. 이 일로 전남편은 양육권 소송에서 그녀가 정서적으로 불안정하고 딸을 양육하기에 부적합하다고 주장할 수 있었다. 티나는 벤틀리가 신고하는 바람에 음주운전으로 기소되어 딸의 양육권을 잃었다고 믿었다. 그래서 벤틀리를 원망해 관계를 여러 달 끊기도 했다. 하지만 벤틀리를 용서했다고 합리화하면서 벤틀리와 관계에서 벗어나지 못했다.

벤틀리를 향한 티나의 분노가 범행이 일어난 그 날 밤까지 계속되었는지 궁금했다. 그래서 그녀와 만나며 되풀이해서 이 문제를 살펴보았다. 양육권을 잃고 나서 딸을 원망하지는 않았는지 궁금했다. 그녀는 양육권 문제로 생긴 씁쓸한 감정과 범행 사이에는 "이미 지난 일"이어서 아무런 관련이 없다고 부인했다. 나는 벤틀리가 경찰에 진술했던, 그녀가 벤틀리를 찌르며 했다는 말을 큰소리로 읽어주었다. 벤틀리에게 느꼈던 분노와 관련이 있을 수 있는지 다시 생각해 보라고 요구했다. 그러자 그날 아침 일찍 무슨 일이 있었는지 왜 그랬는지 전혀 기억나지 않는다며 짜증을 냈다. 벤틀리를 찌르며 한 말이 무슨 뜻이었을지 추측해 보라고 다시한번 요구하자 한숨을 내쉬었다. "전혀 모르겠어요."

***

티나는 어렸을 때 생활환경을 다시 돌아보는 데 관심이 없었고, 심지어 무시하는 태도마저 보였다. 하지만 나는 티나의 뿌리를 들여다보며 그녀를 최대한 많이 이해하려고 노력했다. 티나의 부모는 서로 사이가 좋지 않았고, 그녀도 부모와 살갑게 지내지 않았다. 하지만 부모가 결코 폭력적이지는 않았다. 아버지는 언제나 일을 했고, "그다지 곁에 머물지도 않았다." 티나는 아버지가 바람을 피웠다고 확신했다. 전업주부이던 어머니는 "엄마라기보다는 어린아이에 가까웠고" 무척 불안정했다. 어머니는 지금 치매로 고통받고 있지만, 어머니가 과거에 자기를 정서적으로 방치한 것을 그녀는 계속 억울하게 여겼다. 티나가 10대 후반이었을 때 자살한 언니가 한 명 있었다. 언니를 잃은 상실감에 어떻게 대처했는지 물었더니 "기본적으로 무시했던 것 같아요. 가족 모두 그랬어요"라고 대답했다. 그러다 뜬금없이 "왜 그런 짓을 했을까요?"라고 묻고는, "아무 상관 없는 일이지. 그게 지금 왜 중요해?"라면서 짜증을 냈다.

티나는 줄곧 자신의 어린 시절은 괜찮았고 현재의 문제와 아무 관련이 없다고 주장했다. 그러면서 어린 시절에 어떤 일이나 문제가 생기면 언제든 스스로 해결한 "훈련을 받은" 사람처럼 자신을 나타내 보이려고 애썼다. 학교생활이나 성적은 평범했고 학교 생활할 때 조금 수줍음을 타는 성격이었다. 동성 친구가 있었고, 10대가 될 무렵에는 남자친구도 있었다. 고등학교를 졸업한 뒤에 대학을 잠깐 다녔으나, 돈 버는 일에 더 관심이 많았다. 그래서 다양한 분야에서 여러 직장을 다닌 뒤에 금융업계로 옮겨 중견 회계법인에서 근무했다.

티나의 범죄기록은 세 건의 음주운전밖에 없었다. 기록에는 공격이나 폭력과 관련된 이력은 전혀 없었다. 5년 동안 이어진 결혼생활은 이혼으로 끝났다. 상대의 폭력적인 행동 때문이라고 서로 비난하는 끔찍하고 논쟁적인 이혼이었다. 티나는 결혼생활에서 한 명의 아이를 두었다. 그녀는 과거에 대해 이런저런 이야기를 하는 동안 그다지 관심을 보이지 않았다. 심지어 주의가 산만해지고, 시간 낭비로 여기는 모습마저 보였다. 그러면서 "계속해야 하나요?"라고 거듭 물었다.

***

티나의 지적 능력에 의구심이 들어서 이를 확인하기 위해 몇 가지 심리검사를 진행했다. 나는 그녀와 상담하며 (단어를 잘 찾아내지 못하거나 참을성이 모자라는 등의) 우려되는 인지행동 증상을 관찰하지는 못했다. 그녀는 단지 기억나지 않는다는 투로 말할 뿐이었다. 그런데도 몇 가지 기본검사를 했고, 문제가 확인되면 더 폭넓게 신경 심리검사를 할 계획이었다. 일반적으로 성인의 전체적인 지적 능력을 알아보기 위해 구두로 실시하는 〈웩슬러 성인 지능검사WAIS-IV〉[1]를 했다. 티나는 "쓸데없는 일"이라고 불평을 하면서도 검사를 잘 수행했다. 언어 능력과 비언어적 능력을 비롯해 모든 영역에서 평균 범위 안에 있었다. 특히 작업 기억과 집중 능력이 평균이었다. 지능검사를 하면서 산만하고 최선을 다하지 않는 듯한 모습을 보였는데도 그랬다.

티나가 기억상실증을 호소하고 있다는 점을 고려해 다양한 기억 능력을 측정하기 위해 특별히 설계된 〈웩슬러 기억 검사WMS-IV〉도 실시했다. 특히 티나가 기억나지 않는다고 말하는 것이 맞는지 알아보기 위해 '회상을 위한 인지능력'을 중점적으로 살펴보려 했다. 이를 위해 말로 전달한 단편소설의 세부 내용을 기억하는지, 시간이 지나도 그 내용을 기억하는 능력이 유지되는지 관심을 가지고 검사했다. 그런데 티나는 이런 영역에서 아무런 문제도 보이지 않았다.

나는 일반적으로 피고인의 노력을 평가하는 데 도움이 되거나, 피고인이 기억 문제를 위장했는지, 아니면 의도적으로 기억을 포기했는지를 판단하는 데 도움을 주는 검사로 이러한 도구를 보완한다. 티나는 인지검사를 적절하게 수행했고, 불평하면서도 검사에 어느 정도 노력을 기울이는 것 같았다.

이는 그녀가 기억 장애로 위장하지 않았음을 나타내는 좋은 징조였다. 그러나 검사 결과는 그녀가 인정하는 것보다 범행을 더 많이 기억하고 있을 가능성을 배제하지 않았다.

나는 다양한 정신질환과 성격 유형을 진단할 수 있는 도구도 사용했다. 결과는 무척 유익했다. 유익한 검사 도구로 티나가 반사회적인 생활 방식만이 아니라, 무정함·잔인함·냉혹한 타인의 이용 등과 같은 사이코패스적인 특성이 있는지를 평가하는 데 도움을 주는 〈사이코패스 검사 항목〉이 있었다.

〈사이코패스 검사항목PCL-R〉에서 티나의 점수는 내 임상 관찰 결과와 일치했다. 그녀에게 사이코패스적인 특성은 없었다. 그녀는 음주운전 말고는 전과가 없었고, 분노를 못 이겨 마구 드러낼 수는 있지만, 냉혈한은 아니었다. 일일이 계산하듯 만나는 방식으로 사람을 이용하지도 않았다.

내가 실시한 또 다른 심리검사는 정신장애를 검사하고, 성격의 유형과 장애를 식별하는 데 널리 사용되는 도구인 〈미네소타 다면적 인성검사 MMPI-2-RF〉였다. 이 검사에는 피검사자가 질문에 정직하게 답하고 있는지를 판단하는 데 도움이 되는 타당성 척도도 포함되어 있다.

〈미네소타 다면적 인성검사〉에서 나타난 타당성 척도는 흥미롭게도 그녀가 자신의 정서적 문제를 가볍게 여기고 있다는 사실을 보여주었다. 피고인이 검사를 받을 때나 법정에서 불안하게 보이는 것이 이로운 상황에서는, 흔히 검사 결과에서 정신질환이 과장되게 나타나는 경향이 있다. 그런데 티나에게는 자신의 증상을 과장한 증거는 보이지 않았다. 오히려 타당성 척도는 자신의 정서적 장애를 과소평가한다는 것을 보여주었다.

티나는 사소한 실수나 잘못도 없이 검사에 잘 적응했다. 그녀는 자신을 나쁘게 보거나 불편하게 여기지 않게 하려고 노력했다. 상담할 때도 같은 모습을 관찰할 수 있었다.

그녀에게 가장 뚜렷하게 나타난 것은 편집증을 측정하는 척도였는데, 임상적으로 유의미한 범위 안에 있었다. 그녀는 사람들이 대부분 이기적이라고 생각하기 때문에, 다른 사람을 믿지 않고 태도도 냉소적이었다. 겉으로는 덤덤한 듯 보였으나, 검사 결과에서는 삶을 혼란스럽게 여기며 삶에 불만도 크게 느끼는 것으로 나타났다. 이러한 사실은 이미 그녀가 보인 냉소적인 태도에서도 드러나고 있었는데, 좌절을 참지 못하는 취약한 성향, 다른 사람을 쉽게 싫어하는 성향, 충동적인 행동으로 이어질 수 있는 약물 남용과 공격적인 성향을 암시하는 척도에서 수치가 높게 나온 것도 이 때문인 듯했다. 이런 분석 결과로 미루어볼 때, 그녀는 사고가 왜곡될 정도로 어떤 일을 지나치게 되풀이해서 곱씹는 경향을 보였다.

이런 검사 결과는 티나가 폭행과 살인 혐의를 받는 이번 사건의 의미를 밝히는 데 많은 도움이 되었다. 그녀의 일상적인 기능은 정상적이었다. (곧 그녀는 정상적인 방식으로 일하고, 다른 사람들과 관계를 맺을 수 있었다.) 하지만 자기중심적으로 곱씹고 불신하는 태도는 가까운 친구나 연인 그리고 가족과 같은 친밀한 관계에서 파괴적인 모습으로 나타날 수 있었다. 티나는 편집증적인 강박으로 자신이 원치 않은 현실을 대할 때 무척 편협한 모습을 보였다. 하지만 그녀는 이것을 문제로 여기지 않고 무시했다.

***

티나는 아이를 죽였고, 애인을 죽일 뻔했다. 하지만 무자비하지는 않았다. 범행은 잔인했지만, 사이코패스는 아니었다. 티나의 잔인함은 냉정하게 비용에 따른 이익을 치밀하게 계산하고 분석해서 나온 것이 아니었다. 티나의 잔인함은 심리적으로 반복되는 좌절을 겪고 있으며 끊임없이 상처를 받고 있다는 자신의 느낌을 통제하지 못한 감정적 반응에서 비롯되었다.

티나가 자신이 저지른 짓과 그 결과를 철저히 부정했다는 점은 큰 충격이었다. 예컨대 그녀는 "지금 당장 운전면허증을 갱신해야 해요. 변호사에게 필요한 서류를 준비해 달라고 전해주세요"라고 나에게 계속 부탁했다. 면허증 갱신은 지금 처리해야 할 문제 가운데 가장 하찮은 문제라고 말했지만 마치 내 말을 전혀 듣지 못한 것처럼 "변호사에게 서류를 가져오라고 해주세요"라고 거듭 요청했다. 티나는 노골적인 지각 왜곡을 드러내지 않았다는 점에서 정신병자가 아니었지만 마주하기에는 너무 고통스러운 것을 부정하는, 원초적인 부정²의 상태였다. 어느 정도 부정과 자기기만은 지극히 정상적인 감정이다. 하지만 티나는 살인을 저질러 피의자가 된 심각한 위기 상황에서도 사건의 감정적 의미를 전혀 생각해 볼 수 없었다. 이는 그녀가 감정에 압도당할 때, 자신의 행동의 결과를 전혀 따져볼 수 없다는 점을 시사했다. 그녀가 보여준 부정의 정도와 수준은 심리적 파탄으로부터 자신을 보호할 필요를 느끼고 있다는 것을 의미한다. 말하자면 심리적으로 무척 옥죄여 있다는 사실을 보여주는 뚜렷한 징표였다.

요컨대 티나는 (망상이나 환각이 없었고, 지각 왜곡도 없었으므로) 정신병자가 아니었다. 하지만 그렇다고 완전히 현실에 발을 딛고 있지도 않았다.

***

티나의 삶에서 나타난, 정서와 단절되면서 생긴 잔인함은 내게도 영향을 끼쳤다. 그녀의 망가진 정신이 나에게 스며들었고, 내 마음에 황량함과 이상하고 불길한 예감을 남겼다. 예컨대 긴 상담을 마치고 돌아온 어느 날 밤에 나는 집 부엌에서 소리가 나는 꿈을 꾸었다. 떨리는 마음과 두근거리는 마음으로 부엌으로 걸어갔으나 소음의 원인을 찾지 못했다. 심장이 몹시 두근거려 잠에서 깼는데, 한 시간이 지난 뒤에야 다시 잠들 수 있었다. 다음 날 아침에 부엌에 갔을 때, 싱크대 상판에 놓인 칼이 눈에 들어왔다. 그것을 싱크대 서랍에 넣어 보이지 않게 하려는 충동을 강하게 느꼈다. 물론 그렇게 하지는 않았다.

이 꿈은 티나의 삶에서 나타난 감정이 내게도 나타나서 위협적이고 무기력한 상태를 불러온 것으로 생각된다. 이 경험은 인간관계를 왜곡시킨 만성적이고 끔찍한 의심, 무력감, 반응적 분노로 채워진 그녀의 내면을 직관적으로 이해하는 데 도움이 되었다. 티나는 자신의 의심, 무력감, 분노의 감정을 스스로 알아챌 수 없었기 때문에 이런 감정이 생기더라도 명확히 표현할 수 없었다.

***

티나는 깊고 강하게 부정함으로써 어떤 일이나 사건에 관련된 자기반성과 그로부터 비롯된 정신적 고통에서 벗어날 수 있었다. 하지만 역설적으로 자기기만 때문에 어떤 일이나 사건에 대처하는 능력에 나쁜 영향을 받았고, 현실에 대한 이해가 가로막히며 현실을 왜곡했다. 티나의 부정이나 거부가 어떤 의미인지를 이해하려면 이런 극적인 장면을 상상해 보면 된다. 경찰이 초인종을 눌러서 나가보니, 직장에 가려고 집을 나선 애인이 자동차 사고로 죽었다고 알려준다. 이때 당신이 가장 먼저 보이는 반응은 보통 이렇다. "아니요, 그럴 리가 없어요. 이제 막 집을 나갔는데요. 몇 분 전에 인사했어요. 뭔가 잘못 알고 오신 것 아닌가요? 실수겠죠." 애인이 영원히 사라졌다는 사실을 직시할 때까지는 아직 현실이 아니고, 심리적 현실은 더욱 아니다. 그러다 마침내 현실을 받아들이고 인정하면, 절망과 그리움은 참을 수 없는 고통으로 바뀐다.

하지만 티나는 어떤 일이나 사건을 맞닥뜨리면 정신적으로든 실제 행동으로든 되도록 오랫동안 현실을 회피하는 방식으로 대응한다.

***

나는 티나가 심각한 정신병이 아니라, 편집증과 경계선 성격장애의 특징,³ 그리고 알코올 남용이 함께 뒤섞인 성격 장애를 앓고 있다고 판단했다. 이런 유형의 성격 장애가 있는 사람은 다른 사람의 행동을 개인적인 모욕이나 멸시로 잘못 받아들여 답답하고 분한 마음을 쌓고 키우며 감정적으로 혼란스러워하다가 결국 분노를 갑자기 폭발시키는 경향이 있다. 다른 사람을 향한 기본적인 불신과 방어적인 태도로 세상과 사람들을 (전부가 아니면 전무라는 식의) 흑백논리로 바라보며 그릇되게 인식한다. 엄격히 말해, '분열 방어'⁴라고 불리는 이러한 태도는 복잡한 현실 관계뿐 아니라 극도로 혼란스러운 감정을 피하는 방법으로도 사용된다. 아울러 경계선 성격장애가 있는 사람의 전형적인 방어원리로도 사용된다. 평범한 사람도 무척 힘들거나 위협을 받는 순간이면 분열 방어의 모습을 보일 때가 있다. 하지만 차분한 상태가 되면 분별력이 생기면서 사태나 상황을 더 명확히 이해하게 된다. 그러나 티나에게 '분열 방어'는 그녀가 살아가는 정신적 공간이었다. 따라서 극단적으로 오해하고 분노하면서 그녀는 현실을 왜곡해서 인식했다.

***

수요일 아침에 티나의 변호사를 만났다. 예전에 변호사 사무실을 가본 적도 있었고 도로 교통 상황도 좋았기 때문에 별로 문제 될 것은 없었다. 그런데 고속도로에서 빠져나오는 길을 깜박 놓치는 바람에 사무실에 10분 정도 늦게 도착했다. 운전하면서 뭔가 불안했던 것 같다. 대개 나쁜 소식을 전해야 할 때 이런 일이 생긴다. 티나의 변호인단은 내게 비공개로 일을 맡겼다. 그래서 조사결과는 공개되지 않고, 의사와 환자의 특권으로 보호되었다. 오직 피고인과 변호인만이 내 의견을 알 권리가 있었다. 이런 상황에서 가끔 변호사들이 싫어할 만한 결론을 내리기도 하는데, 이번 사건은 느낌이 더 색달랐다. 한마디로 티나에게 심각한 심리적인 문제가 있었으나, 범죄를 저지른 순간에는 부분적으로만 정신적 해리 상태였다는 것이 핵심 결론이었다. 티나는 폭행 기억과 동기를 의도적으로 속이려 하지 않았지만, 그녀의 성격과 방어방식이 솔직함을 흐리게 했다. 내 증언이 단지 심리적인 문제를 확인하기 위한 것이더라도, 이런 의견과 결론이라면 재판에서 나를 증인으로 내세우는 것은 어리석은 일이다. 만약 검사가 심문하면서, 티나의 그날 밤 사건 기억이 완전히 정직하다고 느끼는지 물어보기라도 하면 어떻게 될지 생각해 보라.

내 결론이 변호사들을 실망하게 하리라는 것을 알고 있었기에 차를 몰고 가면서 위장에 구멍이 뚫리는 듯한 고통을 느꼈다. 처음 변호사에게 의뢰를 받으며 사건을 요약한 내용을 전달받았을 때는 티나를 의도성이 없는 정신 이상이나 정신적 결함으로 변호할 수 있을 것 같았다. 변호사들도 티나가 잔인한 살인과 폭행을 저질렀을 때 제정신이 아니었다고 생각했을 것이다. 하지만 늘 그렇듯이 악마는 세부사항에 있었다.

사무실에 도착하자, 회의실 겸 도서관으로 사용하는 인상적인 장소에 두 명의 변호사와 법률보조원, 직원이 모여 있었다. 회의실은 흔히 상상할 수 있는 전문적인 분위기였다. 고급스러운 마호가니 탁자와 푹신하고 편안한 의자가 색다른 분위기를 연출했다. 호화로운 사무실 분위기 때문에 변호사의 기대를 저버리는 실망스러운 소식을 전해야 하는 부담이 커졌다. 이런 상황에 대처하는 가장 좋은 방법은 머뭇거리지 말고 곧바로 결론을 전하는 것이라고 생각했다. 그래서 짧게 가벼운 담소를 나눈 뒤 곧바로 본론으로 들어갔다. 티나가 미쳤다거나, 사건이 일어난 밤에 폭행이나 살인 의도가 없었거나 적었다고 말해줄 수 있다면 좋았을 것이다. 그러나 합리적으로 판단할 때 결론은 그렇지 않다고 말했다. 회의실의 공기는 우리 사이에 놓인 탁자처럼 무겁고 어두워졌다.

나는 알코올 남용과 성격 장애를 비롯한 티나의 심리 상태를 설명해주었다. 티나에게는 편집증과 경계선 성격장애 증상이 함께 나타났다. 그리고 타인을 불신하고 (특히 가까운 사람을 불신하고 의심한다) 공격성과 분노에 취약한 것이 티나의 가장 심각한 문제였다. 게다가 불편한 현실을 마주 대하기를 완강히 거부하고, 다른 사람의 행동과 동기를 잘못 받아들이기 쉬운 성격은 충분히 현실검증 능력, 곧 현실 판단력에 문제를 일으킬 수 있었다. 조현병과 같은 정신질환은 없었지만, 감정과 인식, 사고처리 과정이 심각하게 왜곡됐기 때문에 감정적 현실을 잘못 이해하고, 인간관계를 바라보는 시각이 비뚤어질 수 있었다.

더 나아가 티나가 사람을 죽일 정도로 치명적인 행동을 할 때 완전히 정신이 해리된 상태였다는 주장도 받아들이기 어렵다고 말했다. 심리검사 결과는 기억력에 장애가 있는 것처럼 위장하지는 않았지만, 티나가 사건을 선택적으로 기억한다는 사실을 보여주었다. 티나는 그날 밤 잠들기 전까지 있었던 일들은 기억했다. 그리고 체포된 뒤 경찰이 그녀를 구치소로 보내기 전까지, 병원 의료진에게 사건에 대한 단편적인 이미지는 가지고 있다는 것을 암시하는 말을 했다. 티나는 의료진에게 피해자들 상태가 어떤지 물었다. 그러면서도 사건 당시에 완전히 정신적으로 해리된 상태였다고 계속 주장했다. 그러나 내 경험으로 판단할 때 폭력적인 사건을 저지른 사람은 폭력적인 행동을 하면서 비인격화되거나 정신적 해리를 겪을 수는 있으나 자기 행동과 상황을 어느 정도 인식했다. 이는 학문적인 근거 문헌에도 일관되게 제시된 내용이다.[5]

생물학적인 요인 때문이 아니라면, 정신적인 해리 장애는 논란의 여지가 있다. 일부 전문가들은 폭력적인 행동에서 나타나는 정신적 해리는 극심한 트라우마 맥락에서 발생할 수 있다고 주장한다.[6] 그런 상황에서는 '이성적인 사람'도 행동과 정신이 분리될 수 있다고 법정에서 주장되었다.[7] 하지만 티나의 상황은 달랐다. 그녀는 극심한 스트레스를 받거나 감정이 몹시 흥분된 상태가 아니었다. 앞서 보았듯이, 사건이 일어나기 전에 그녀의 마지막 기억은 벤틀리와 함께 텔레비전을 본 일이었다.

티나는 주변 상황을 부분적으로 기억하면서도, 사건에 대해서는 단편적인 이미지나 기억이 전혀 없다고 부인했다. 하지만 심리검사 결과에서 나타난 복잡한 특성을 놓고 볼 때, 정신적으로 '완전히' 해리 상태였다는 주장이 과연 사실인지 의심스러웠다. 죽이겠다는 마음이 점차 강해질 만큼 남자친구에게 격렬한 분노를 품게 된 이유를 숨기고 있다는 의문이 들었다.

내가 티나의 평가결과를 요약해서 전달하자, 변호인단의 반응은 놀라움 그 자체였다. 한동안 어색한 침묵이 흘렀다. 나는 변호인단의 실망을 인정하면서 그녀의 평가를 완성하기는 어려울 뿐 아니라 결론을 내리기는 더 어렵다고 말하며 어색한 공기를 걷어내려 했다. 내 생각을 더 분명히 전달하기 위해 악마와도 같은 세부사항으로 빨리 들어가고 싶었다. 수석 변호사는 10분 정도 쉬었다가 다시 시작하자고 제안했다.

***

잠깐의 휴식을 마친 뒤 티나의 사건을 바라보는 내 생각을 좀 더 자세히 설명했다. 먼저 내 의견은 티나를 상담하고 검사한 결과만이 아니라, 추가로 모든 보고서와 다른 사람과 상담한 내용을 검토해서 나왔다는 점을 강조했다. 상담할 때 그녀는 질문에 대답하기를 꺼리거나 얼버무리는 태도를 보였다. 예컨대 내가 그녀의 친구이자 동료인 조앤과 전화로 상담을 했을 때였다. 조앤은 여러 해 동안 두 사람의 관계를 가까이에서 지켜보면서 티나를 위로했다. 그래서 티나가 먼저 조앤과 전화를 해보라고 나에게 제안했다. 조앤은 사건이 벌어지기 6개월쯤 전에 티나가 저녁 식사 자리에서 "아마 나도 죽고, 벤틀리도 죽여야 할 것 같아"라고 태연히 말했다는 사실을 알려주었다. 조앤에게 들은 말을 티나에게 상기시켰다. 하지만 당시에 자기는 술에 취해 있었다며 무시하는 태도를 보였다. 그러면서도 알코올 남용을 계속 부인했다. 조앤은 티나가 우울하거나 불안할 때 술을 지나치게 많이 마신다고 말했으나, 티나는 모순을 합리화하려는 시도조차 하지 않고 지나친 음주 사실을 거듭 부인했다. 이미 설명했듯이, 지나친 음주 사실을 부인하는 태도에서 자기방어 방식을 확인할 수 있었다. 더 나아가 너무나 폭넓게 나타난 사실을 부인하는 태도는 자기 보호를 위한 대응 원리가 아니라 현실을 왜곡하는 지경까지 이르렀다고 설명해 주었다.

티나는 다른 사람에게 폭력을 행사한 적이 없다고 부인했으나, 기록은 당연히 달랐다. 변호인단에게 어린 시절에 언어적으로 학대를 당했다고 주장하는 딸과 반려견을 놓고 벌어진 사건의 사례를 알려주었다. 그녀는 반려견 사건에 대해서도 딸이 전남편의 영향을 받았기 때문에 일어난 일이라고 부인했다. 그뿐만 아니라 딸을 언어적으로 학대했다고 보고한 교사의 관찰도 전혀 아무렇지도 않은 것처럼 말했다.

심리학에 전문적이지 않은 사람들에게 성격의 양식에 관해 친절하게 설명한 이유는 변호인단이 내 판단의 배경에 놓인 추론을 더 잘 이해할 수 있도록 돕기 위해서였다. 다른 사람과 마찬가지로 티나도 자신의 감정을 좋은 것과 나쁜 것으로 구분했다. 하지만 티나는 벤틀리의 딸을 존중하고 그녀와 좋은 관계를 유지하면서도, 딸에게 헌신하는 벤틀리의 모습을 이해하는 데에는 어려움을 겪었다. 자신이 벤틀리의 마음속 우선순위에서 첫째가 아니라면, 벤틀리와 관계에서 생기는 감정적 요구를 감당하거나 해소하지 못했다. 벤틀리가 딸을 조금이라도 자신보다 우선하면, 벤틀리는 자신을 배신한 나쁜 사람이었다. 그녀는 분열된 감정 덕분에 다른 사람과 관련된 복잡한 감정을 의식적으로 처리하거나 관리할 필요가 없었다. 좋은 사람과 나쁜 사람으로 구별하는 일은 쉽기 때문이다. 하지만 분열된 감정 때문에 큰 대가를 치렀다. 티나의 자존감은 벤틀리처럼 자기가 의존하고 있는 사람과 정서적 유대가 어떤 상태인지에 따라 큰 폭으로 흔들렸다. 자존감이 낮아져 어둠 속에 있을 때는 자신과 벤틀리를 죽이는 생각을 했다. 미성숙한 방어와 분열은 경계선 성격의 특징이다. 티나는 복잡한 감정을 관리할 만한 정서적 성숙을 이루지 못했다. 그래서 더는 어떻게 할 수 없을 때까지 나누고 또 나누었다. 자신의 고통을 부인하고 격리하는 분열은 자기를 보호하기 위해 작동시키는 방어체계였다. 하지만 감정적 혼란이 너무 커져 견딜 수 없게 되자, 마침내 폭발해버렸다.

벤틀리를 의심의 눈초리로 바라본 것에서도 드러나듯이 티나는 편집증적인 성격도 있었다. 그녀는 벤틀리가 자신에게 "뭔가를 꾸미고 있다"고 믿었다. 심리검사 결과에서는 특히 스트레스를 받을 때 다른 사람을 의심하고, '투사'[8]하는 또 다른 미성숙하고 문제가 있는 방어 방법을 사용할 가능성이 큰 것으로 나타났다. 티나는 자신의 감정을 다른 사람에게 투사하는 경향이 있었다. (이러한 투사는 내가 이 사건을 처음 접하고 나서 비슷한 악몽을 꾸었던 것과 흡사하다. 나는 이 사실을 변호인단과 공유하지는 않았다.) 티나는 부정·분열·투사를 조합하여 왜곡된 현실 감각과 자신만의 정당한 분노를 형성한 결과 감정적으로 안정을 유지할 수 있었다. 왜곡된 현실 감각과 정당한 분노는 자기에게 고통을 준다고 여겨진 사람들에게 표출되었다. 그래서 벤틀리와 리사가 표적이 될 가능성이 컸다.

사건이 있던 날 저녁에 티나와 벤틀리는 저녁 식사를 마친 뒤 함께 텔레비전을 보면서 계속 와인을 마셨다. 리사는 방에 있었다. 티나는 둘이서 와인을 얼마나 많이 마셨는지 가늠하지 못했다. 벤틀리의 딸이 소파에서 깨어나 잠자리에 든 것이 공격을 시작하기 전 티나의 마지막 기억이었다.

증거를 바탕으로, 티나가 벤틀리를 지나칠 정도로 왜곡해서 예민해졌고 불신이 커지면서 온종일 화가 나서 감정이 격앙될 가능성이 커졌다고 변호사들에게 알려주었다. 티나는 자신이 이용당하고 있거나 곁가지에 지나지 않는다고 느꼈지만, 벤틀리와 관계를 끝낼 수 없었다. 마침내 자기의 머릿속에서 일어난 현실 왜곡과 알코올로 부추겨진 살인적인 분노를 행동으로 옮겼다. 체포된 직후에 의료진에게 여러 차례 했던 말을 근거로, 칼로 찌른 일이 잘 기억나지 않는다는 티나의 주장이 의심스럽다고 거듭 설명했다. 의료진에게 했던 말은 그녀가 사건을 기억한다는 사실을 암시했다. 따라서 전혀 기억이 나지 않는다는 주장은 분열과 투사에서 비롯된 거의 무의식적으로 나오는 방어적인 부정이거나, 의도적인 회피로 보였다. 티나에게는 극단적인 폭력과 관련된 해리 장애나 〔자신의 정체성에 대한 인식을 상실한 상태인〕 배회증, 신경인지 결핍의 병력이 없었다. 오히려 기억을 파헤치거나 저지른 일의 심각성을 마주 대하는 것을 꺼리는 것 같았다.

***

티나는 계획된 1급 살인과 살인미수 혐의로 기소되었다. 변호인단은 재판에서 나를 전문가 증인으로 세웠다. 캘리포니아에서 정신 이상과 관련된 재판은 두 단계로 나뉘어 진행된다. 첫 번째 단계에서는 유죄 여부가 먼저 판별된다. 그리고 기소된 범죄 혐의가 유죄로 판명되면, 두 번째 단계로 정신 이상 여부가 판별된다. 이 단계에서 피고인이 제정신으로 밝혀지면 유죄 평결이 확정되고, 제정신이 아니라고 밝혀지면 무죄가 선고될 수 있다. 변호인단은 배심원단이 티나에게 유죄를 선고하리라는 것을 알았다. 하지만 종신형이 선고되는 계획된 살인보다는 덜 심각한 판결을 받기를 바랐다.

변호인단은 다른 전문가에게도 티나의 평가를 맡겼다. (다른 전문가는 범행 당시에 티나가 제정신이 아니었다고 결론을 내렸다.) 변호인단은 재판의 유죄 여부를 판별하는 단계에서 티나가 자제력을 잃었고 공격을 사전에 계획하지는 않았다는 사실을 배심원단에게 설명하는 역할로 나를 활용했고 정신 이상 판별 단계에서는 다른 전문가를 증인으로 내세웠다.

티나가 기억상실을 주장했지만, 증거에 따르면 범행 뒤에 부분적으로는 기억했을 가능성이 크다고 나는 증언했다. 아울러 우울증, 알코올 남용, 성격 장애와 같은 정신 건강 상태가 만성적으로 불안정하고, 음모적이며, 변덕스러운 사람으로 만들었으며, 범행을 저지를 위험한 인격체로 만들었다고 증언했다. 그녀와 진행한 상담과정의 몇몇 사례와 심리검사 결과도 증언했다. 그리고 상담 사례와 심리검사 결과는 그녀에게 정서적 불안과 편집증이 현실을 왜곡할 만큼 폭넓게 나타났다는 사실을 확인해

준다고 밝혔다.

검사는 대질신문하면서, 티나가 일시적으로 현실을 왜곡할 가능성은 있지만, 조현병과 같은 정신질환의 주요한 특징인 망상 증상을 보이지는 않았다는 사실을 확인하려 했다. 그녀에게 망상 증상이 나타나지 않았다는 점을 확인하는 것은 검사가 정신 이상 여부를 판별하는 단계의 재판에 대비하기 위해 확보해야 할 매우 중요한 사실이었다. 피고인이 조현병과 같은 정신질환으로 고통을 받았다는 기록이 확인되면, 배심원단은 피고인을 제정신이 아니라고 판단하는 경우가 많기 때문이다.[9]

놀랍게도 검사는 티나의 기억상실 주장을 확인하기 위한 어떤 것도 나에게 자세하게 묻지 않았다. 관찰 과정에서 그녀의 기억이 흐려졌을 가능성이 있다고 내가 밝혔기 때문인 듯했다. 대신에 검사는 그녀가 범행을 계획했다는 점을 밝히려 했다. 그래서 검사는 티나가 공격성을 드러낸 전력, 체포된 직후에 의료진에게 했던 진술, 자살을 생각한 적이 있다는 사실을 집중적으로 물었다.

검사는 티나의 혐의를 뒷받침하는 공격적인 행동을 보여주는 진술을 확보했다. 그 뒤에 검사는 악의에 찬 공격이 그녀의 개인사와 일치하는지 물었다. 아울러 그녀가 범행 당시에 자기가 무슨 행동을 하고 있는지 완전히 알았다고 합리적으로 판단할 수 있는지 물었다. 배심원단이 그렇게 판단하면, 그녀는 계획된 살인과 살인미수로 처벌을 받게 된다. 나는 정서적 불안과 공격성의 이력을 확인하며, 그녀에게 나타난 충동성과 전반적인 정서적 감각의 결여, 현실 왜곡을 강조했다. 그녀에게는 감정을 조절하는 능력이 부족하고, 특히 일시적으로 현실을 왜곡하면 의식적인 인식과 판단이 가로막히는 취약성이 있다고 강조했다. 심각한 성격 장애는 매우 파괴적일 수 있지만, 그녀에게 계속 작동하고 있었다. 심리검사 결과를 비롯한 평가결과로 판단할 때, 그녀는 사건 당시에 전혀 계산적이지 않았고, 대신에 감정이 없었거나 감정을 느끼지 못한 상태였던 것으로 보인다고 거듭 강조했다.

배심원단은 티나가 칼을 휘두르는 동안에 자신을 얼마나 잘 인식하고 통제할 수 있었는지를 결정해야 했다. 유죄 여부를 판별하는 단계의 재판에서 배심원단은 그녀에게 2급 살인 혐의를 적용했다. 그리고 정신 이상 여부를 판별하는 단계의 재판에서는 제정신이었다고 판단했다.

**

정신 이상 여부를 판별하는 재판이 끝난 뒤 선임 변호사와 이야기를 나눴다. 변호사는 범행의 잔혹함이 티나의 정신 상태를 판단할 때 나에게 영향을 주었는지 궁금히 여겼다. 나는 범행 자체에 어느 정도 영향을 받았지만, 그것이 법의학적인 분석에까지 영향을 미쳤다고 생각하지는 않는다고 말했다. 그러나 짧은 대화는 나를 뒤흔들었다. 티나와 했던 상담, 진단, 검사를 더 깊게 되돌아보게 했고, 범죄의 성격, 특히 어린 여자아이를 잔인하게 살해한 행동이 법의학적인 판단에도 영향을 끼쳤는지 의심해보게 했다. 학술 논문과 문헌에 따르면, 여성 살인자는 남성 살인자와 다르게 여겨지며, 때로는 더 멸시된다.[10] 나도 이런 편견에 사로잡혀 있었을까?

살인이나 과실치사로 수감된 사람의 90% 이상은 남성이다.[11] 그렇지만 교도소에 수감된 여성은 여전히 조사과정에서부터 상대적으로 더 심한 경멸을 받는다.[12] 특히 폭력적인 살인을 저지른 여성은 인간의 본성[13]에 어긋난 사람으로 간주하여 사회적으로 더 큰 비난을 받는다. 예컨대 이성애자가 관련된 살인사건에서 남성 판사들의 선고 발언을 분석한 《정신과학, 심리학, 법》[14]에 발표된 어느 논문에 따르면, 남성 판사들은 여성이 저지른 살인보다 남자가 저지른 살인에 훨씬 더 관대한 용어를 사용하는 것으로 밝혀졌다. 이따금 판사들은 아내에게 버림받은 남자의 고통과 분노를 강조했으며, "심각한 심리적 스트레스로 고통받고 있었으며 … 통제력이 있는 사람이라기보다는 스트레스를 받아 우울한 사람으로 행동했다"라는 식으로 살인을 저지를 때 남성이 처한 곤란한 상황을 동정적으로 묘사하기도 했다.[15] 그러나 판사들은 여성에게 형을 선고할 때에는 그다지 감정이입을 하지 않았다. 어느 판사는 살인을 저지른 여성을 마치 학생처럼 묘사했다. "집안의 빚을 갚을 능력이 없다"라거나 "자녀의 행복을 바라는 생각이 부족하다"라는 식으로 성격을 비난하는 경멸적인 언급이 잦았다. 심지어 판사들은 '착한 남자'도 커다란 고통과 감정적 혼란이 생기면 언제든 살인을 저지를 수 있다고 은근히 살인을 부추기는 말을 하는 것 같았다. 하지만 살인을 저지른 여성을 언급할 때는 그렇지 않았다. 범죄를 저지른 여성은 사악하다는 것이 판사들의 말에 담긴 의미처럼 느껴졌다. 폭력적인 남성은 자신을 돌아볼 수 없지만, 폭력적인 여성은 자신을 돌아볼 수 있고 마땅히 돌아봐야만 한다는 식이었다. 국제 여성학 포럼에서 발표된 다른 연구에서는 언론이 살인을 저지른 여성을 남성보다 선정적인 이미지로, 나아가 합리적인 판단능력이 없는 사람으로 묘사하고 있다는 사실이 밝혀졌다.[16] 남자가 사람을 죽이는 행위도 분명히 합리적이지 않다. 그렇지만 때로는 살인이라는 행위가 남자다움의 결과물처럼 여겨지기도 한다.

살인사건에서 나타난 성별 차이의 맥락을 자세히 분석한 연구는 판사와 언론의 편견이 잘못되었다는 점을 확인해 준다. 그뿐만 아니라 훨씬 더 복잡한 실상도 보여준다. 《살인연구》[17]와 같은 학술지에 보고된 연구

결과에 따르면, 가깝게 지내던 상대를 죽인 여성은 대부분 자기방어 차원에서 살인을 저질렀다. 하지만 남성은 참을 수 없는 손실이나 손해 때문에 질투나 분노에 사로잡혀 살인을 저질렀다.

나는 티나의 재판이 끝난 뒤에 이런 모든 문제를 되돌아보았다. 내가 판사나 언론처럼 한쪽으로 치우치지는 않았을까? 그녀를 평가할 때 편견에 영향을 받지는 않았을까? 그렇지는 않았던 것 같다. 티나는 분노해서 살인을 저지른 원인이 벤틀리 때문이라고 생각할 수도 있었다. 하지만 그녀는 성격이 편집증적이었고, 벤틀리와 관계뿐 아니라 딸과 관계에서도 자기가 어떻게 불화를 일으키고 있는지 알지 못했다. 나는 그녀가 범행을 저지를 때 분노한 상태였다고 결론지었다. 정신병적으로 무질서하지 않으면서도, 자기가 나쁜 짓을 저지르고 있다는 것을 알지 못했다. 그녀는 자기방어가 아니라, 억제되지 않은 분노로 공격했다. 내게는 자녀살해와 같은 끔찍한 일을 저지른 여성을 평가한 경험이 많다. 이런 사건을 평가할 때에는 감정적으로 영향을 받아서 정서적인 무감각과 현기증에 자주 시달렸다. 하지만 나는 최대한 객관적인 평가를 바탕으로 일부 여성에 대해서는 제정신이 아니었다는 의견을 제시했다.

내가 티나를 성차별적인 편견으로 대했을까? 무의식적으로라도 그녀를 여성 모습을 한 다이모닉으로 보았을까? 정신 상태를 법의학적으로 판단할 때 그다지 동정심이 들지 않는 그녀의 성격에 영향을 받았을까?

나는 지난 여러 해 동안 거칠고 폭력적인 사람을 많이 조사한 일을 돌아보며 위안으로 삼았다. 그리고 최대한 정직하고 객관적으로 법의학적 의견을 제시했다고 믿었다. 물론 반드시 그렇다고 장담할 수는 없지만.

05.

종교적 망상

공포는 가면을 벗는 것이다.

— 로버트 블록, 영화 〈사이코〉의 원작자

앤드류의 아버지인 파크스 씨를 만났을 때는 늦은 오후였다. 앤드류는 얼마 전에 의붓동생을 죽여서 1급 살인 혐의로 기소된 스물다섯 살 청년이다. 부모가 함께 오기로 했지만, 의붓엄마는 오지 않았다. 의붓엄마는 사건의 충격으로 몸과 마음이 너무 만신창이가 되는 바람에 움직이는 것조차 힘겨워했다. 중견 건설회사에서 관리자로 일하는 파크스 씨는 검은색 티셔츠 위에 짙은 빨간색 셔츠를 입고, 청바지에 작업화를 신고 있었다. 키가 크고, 덩치도 컸다. 머리카락이 듬성듬성하고 배가 약간 나오기는 했지만, 60대 남성치고는 활기찬 편이었다. 외모를 잘 유지하려고 꾸준히 관리하는 것 같았다. 우리는 상담실 앞에서 인사를 나누었다. 파크스 씨는 공손하고 절제된 태도를 보였으며, 표정도 진지했다. 상담실로 가면서 체형이나 얼굴에 걸맞게, 걸음걸이도 꼿꼿하고 걷는 속도도 일정하다고 느꼈다. 파크스 씨는 외모에서 침착하고 강인한 느낌을 주었다.

하지만 파크스 씨의 암울하고 슬픔에 잠긴 눈은 침착하고 강인한 느낌이 모두 거짓이라고 알려주었다. 파크스 씨는 서류를 무릎 위에 올려놓은 채 움직이지 않고 조용히 앉아 있었다. 나는 상담의 목적을 설명해 주는 것으로 대화를 시작했다. 앤드류의 개인적인 정보를 수집하고, 살인을 저지르기 직전에 아들이 가진 감정 상태를 알기 위해서였다. 그런데 파크스 씨는 갑자기 말을 가로막았다. "당신 같은 사람이 이렇게 만들었어요. 당신 같은…." 깜짝 놀라서 나는 입을 다물었다. 최근에 그가 겪었을 정신적 충격과 허탈함이 떠올랐다. 파크스 씨는 겨우 일주일 전에 가족이 산산이 조각났다. 의붓아들은 죽었고, 아내는 영원히 남을 정신적 충격을 받았다. 가족 한 명이 자기 아들의 실존을 파괴해 버렸다. 나는 간신히 입을 열어 "그게 무슨 뜻입니까?"라고 물었다. 파크스 씨는 이렇게 대답했다. "당신 같은 정신과 의사 말이에요. 아내가 아들을 퇴원시키지 말아 달라고 간청했어요. 그런데도 의사들은 아내에게 약 처방이면 충분하다고 했어요. 아내가 과민 반응을 보인다고 했어요." 앤드류는 살인사건이 벌어지기 직전에 정신병원에서 퇴원한 것으로 밝혀졌다. 파크스 씨는 계속 말했다. "우리는 다양한 곳에 도움을 요청했어요. 민간병원에도 요청했고, 지역의 공공병원에도 요청했어요." 앤드류는 자신이나 다른 사람에게 위험하다고 판단되어 72시간 동안 입원했으나, 곧바로 퇴원했다. 앤드류는 병원 직원들에게 자신이 괜찮아졌다고, 미친 생각에서 벗어났다고 말했다. 그러나 파크스 씨의 생각은 달랐다. "의사에게 내 아들을 잘 안다. 좋은 상태가 아니다. 편집증이 여전히 심하다고 했어요."

만약 정신과 예약과 방문이 제대로 이루어졌다면 치료가 꾸준히 진행되었을 것이다. 적어도 갑작스럽게 앤드류가 살인을 저지르지는 않았을 것이다. 앤드류는 주간 치료 프로그램을 거부했다. 그리고 사례관리자와 치료사의 방문 서비스도 거부했다. 정신과 의사와 약속을 잡았을 때도 거의 나타나지 않았다. 앤드류를 믿기 어려웠으므로 정신과 의사들은 한 달에 한 번만 주사를 맞도록, 지속성이 강한 항정신병 약물을 처방했다. 하지만 앤드류는 한 달에 한 번의 약속마저 지키지 않아서 증세가 악화하면 다시 입원하고 퇴원하기를 반복했다. 살인이 저질러질 때까지 이런 일이 주기적으로 되풀이됐다.

정신과 치료가 시작되기 전에, 앤드류는 자주 먹지도 않은 채 방에서 오랜 시간을 보냈다. 광기가 점점 더 겉으로 드러났다. 한번은 방에서 나와서 "내 목숨을 예수님께 바쳐요"라고 말했다. 파크스 씨에게 "미래를 말할 수 있나요?"라고 물은 적도 있었다.

앤드류는 스물한 살 때 처음으로 병원에 입원했다. 어느 날 저녁에 파크스 씨는 앤드류가 자기 방에서 뭔가 울부짖는 소리를 들었다. 무슨 일이 있는지 보러 갔다. 앤드류는 혼자 서성거리며 뭔가 중얼거렸다. 발톱을 뽑아서 피가 침대보에 흥건히 묻어 있었다. 그때까지만 해도 가족들은 시간이 지나면 '미친 혼잣말'이 없어지리라 기대했다. 하지만 갈수록 자기 파괴성이 심해졌다. 파크스 씨는 앤드류가 의사의 도움을 받을 필요가 있다고 판단했다.

처음 증상이 나타났을 때부터 살인을 저지를 때까지 몇 년에 걸쳐 앤드류는 점점 더 이상해졌다. 어느 날은 의붓엄마에게 이렇게 말하기도 했다. "천사 가브리엘이 꿈에 나를 찾아왔어요. 내 미래를 말했는데, 고통을 겪다가 천국에 갈 거래요. 정말 눈물이 나네요." 의붓동생인 피터에게는 신이 자기에게 이렇게 말한다고 얘기했다. "이건 영적인 전쟁이야. 신은 내가 사람을 죽이기를 원하지 않아." 파크스 씨는 때때로 한밤중에 앤드류가 "빈 곳으로"라고 소리쳤다고 말했다.

***

앤드류가 맨 처음 입원했을 때에는 한 달 정도 병원에 있었다. 이것이 가장 긴 입원 기간이었다. 앤드류는 병원에서 편집성 조현병 진단을 받았다. 다양한 증상과 관련된 암울한 진단이었는데, 지각과 사고의 왜곡이 가장 심각했다. 앤드류에게 나타난 증상에는 환각과 왜곡된 믿음도 있었다. 특히 신이 하는 말을 직접 들었다고 굳게 믿는 종교적 망상도 나타났다. 항정신성 약물을 처방받고 여러 달 치료를 받자 파크스 씨가 보기에 앤드류의 상태는 "조금 나아진 것" 같았다. 아주 부드러워졌고, 신과의 관계에서 조금 덜 당당해졌다. 그러나 여전히 현실 인식은 낮았고, 대인 관계에서도 미친 듯이 말하지는 않았지만, 언어적으로든 감정적으로든 많은 것을 표현하지 않았다. 앤드류의 성격은 무덤덤함 그 자체였다. 이런 증상을 정신과 의사는 처방한 약물과 질환이 조합되면서 나타나는 현상이라고 설명했다. 시간이 지나면 나아질 것이라고 가족들은 생각했다. 적어도 더는 미친 말을 하지 않았기 때문이다.

시간이 지나자 앤드류는 신에 대한 사랑을 말하기 시작했다. 파크스 씨와 아내는 모두 거듭난 기독교인이었고, 앤드류와 관련해 가족에게 닥칠 일 가운데 가장 좋은 면만 믿으려 노력했다. 앤드류는 단순히 신에 대한 믿음만이 아니라, 신과 맺은 개인적인 유대감도 표현했다. 하지만 예전처럼 신에 대해 터무니없는 주장을 하거나, 황당한 말을 늘어놓지는 않았다.

하지만 시간이 조금 더 지나자 중얼거리는 일이 다시 시작되었다. "아들은 더 나빠졌어요." 앤드류는 기괴한 말을 큰 소리로 떠들었다. "나는 예수의 선지자이다. 나는 고통을 받은 뒤 천국에 갈 것이다."

악순환이 반복되었다. 앤드류는 말도 안 되는 이야기와 종교적 망상을 쏟아내며 자신을 고립시켰다. "주님을 위해 금식을 한다"라고 하면서 음식마저 거부했다. 가족들이 더는 참을 수 없게 될 때까지 자기 방에서 잠도 자지 않고 울부짖었다.

앤드류는 퇴원하고 집으로 돌아온 후 조금 나아지기는 했으나, 정신과 약을 먹을 때나 먹지 않을 때나 꾸준히 망상의 세계로 빠져들었다. 그렇게 입원했다가 집으로 돌아오는 일이 반복되었다. 이것은 무척 지치고 힘겨운 일이었고, 앤드류를 돌보려는 가족들의 의욕도 점점 꺾여갔다.

파크스 씨 수입의 꽤 큰 부분을 차지하던 건설회사가 입찰에 져서 중요한 계약을 따내지 못했다. 그래서 앤드류를 돌보는 데 드는 경제적 어려움은 더욱 커지고 예민해졌다. 큰 주택을 임대해서 살던 가족은 작은 아파트로 이사했고, 앤드류와 의붓동생 피터는 방을 같이 써야 했다. 피터는 앤드류와 한 살 차이였으나, 전혀 가까운 사이가 아니었다. 처음에 부부가 결혼했을 때에는 사이가 좋아 보였으나, 시간이 지날수록 멀어졌다. 그래서 방을 같이 쓰는 것은 다툼의 원인이 되었으며, 특히 앤드류의 정신적 장애가 일어날 때면 더 문제가 되었다. 피터는 앤드류의 행동을 "성가시다"고 생각했다. 앤드류의 이상한 종교적 망상이 이해할 수 없을 정도로 놀라웠기 때문이다. 대학교에서 시각예술을 전공하던 피터는 창작을 위한 조용한 시간이 필요했으나, 앤드류의 불안정한 동요와 "미친 말" 때문에 방해를 받았다. 앤드류도 언제나 음악을 틀어놓는 피터에게 불만을 품었다.

***

칼부림 사건이 일어나기 전에 앤드류가 마지막으로 입원했을 때, 파크스 씨 부부는 생활방식을 바꿔야 한다고 판단했다. 가족들은 제정신이 아닌 앤드류의 여러 행동 때문에 궁지에 몰렸다. 그래서 앤드류를 요양시설로 보내기로 결정했다. 정신질환이 있는 성인에게 24시간 보살핌과 보호 감독 서비스를 제공하도록 주에서 승인을 받은 민간 주거 요양시설이었다. 그리고 요양시설에 갈 때까지 피터에게 "조금의 평화와 공간"을 주기 위해 앤드류를 거실 소파에서 재우기로 했다. 그런 결정을 내린 다음 날 아침에 파크스 부인이 앤드류에게 그 사실을 말하기로 했다. 파크스 씨는 여느 때와 같이 아침 일찍 출근했다.

앤드류는 이 제안을 잘 받아들이려 하지 않았다. 그녀를 쳐다보더니 아무 말도 하지 않고 돌아서서 방으로 들어갔다. 그러고는 문을 닫아걸고 온종일 밖으로 나오지 않았다.

초저녁 무렵에 파크스 씨가 집으로 돌아온 뒤에야 문을 열고 밖으로 나왔다. 앤드류의 표정은 경멸과 모욕을 당한 사람처럼 수치심으로 굳어 있었다. 분명히 그날 하루를 힘겹게 보낸 듯했다. 앤드류는 화가 나서 아버지에게 물었다. "이 일에 동의한 거예요?" 파크스 씨는 "응, 그래"라고 대답했다. 앤드류가 병원에 입원했을 때 가족들은 숙식하면서 보살핌을 받을 수 있는 요양시설로 그를 보내는 문제를 논의했다. 이때마다 파크스 씨는 꺼리는 모습을 보이면서 "더 상황을 보고 판단합시다"라고 요양원 직원에게 말했다. 하지만 이번에는 달랐다. "이제 어쩔 수 없는 상황이 되었구나"라고 앤드류에게 말했다.

앤드류는 심각하게 폭력적이었던 때가 없었다. 때때로 아주 심한 말을 사용한 적이 있었는데, 정신병적 증상이 강하게 나타날 때였다. 한번은 파크스 씨가 방에서 들려오는 불안한 중얼거림을 듣고 걱정이 되어 방문을 두드리자, 비명과 같은 고함을 질렀다. "나가! 날 내버려 둬!" 이해할 수 없는 신체적 폭력 행위도 몇 차례 있었다. 맨 처음 입원을 했다 돌아온 뒤에, 할머니는 퇴원을 축하하기 위해 옷을 사러 앤드류를 쇼핑몰에 데려가려 했다. 그러나 할머니와 함께 차로 걸어가다가 갑자기 할머니의 얼굴을 때렸다. 할머니는 어안이 벙벙해졌고, 앤드류는 재빨리 사과했다.

하지만 가족들은 앤드류의 폭력적인 행동을 걱정하지 않았다. 앤드류가 자신들의 가정생활과 마음의 평화를 깨뜨리지 않기를 바라는 마음에만 좀 더 집중하거나 관심을 쏟았다.

앤드류와 피터가 말싸움을 하기는 했지만, 폭력을 암시하는 일은 없었다. 앤드류의 "미친 말"을 참을 수 없을 때면 피터는 그냥 자리를 피했다. 파크스 씨는 앤드류가 피터를 질투한다고 생각했다. 사실 가족은 피터의 "평범한 … 행복한 삶"과 창의성을 즐겼다. 때때로 "다른 아이들처럼" 자아도취에 빠져 자잘한 사고를 치기는 했지만, 피터는 전혀 문제가 없었다. 피터는 늘 친구, 일, 학교 때문에 바빴다. 피터는 몇몇 예술가 친구들과 미술 스튜디오를 열 계획을 세우고 있었다. 피터는 당당하게 자신의 삶을 즐겼지만, 가족들에게 앤드류는 부담스러웠다. 피터는 사람들과 잘 어울리는 편이었고, 집안에 활기를 불어넣었다. 앤드류는 분명히 이런 집안의 분위기를 알고 있었을 것이다.

***

칼부림 사건은 앤드류가 병원에서 퇴원한 지 2주쯤 지난 뒤인 금요일에 발생했다. 퇴원한 뒤에도 앤드류의 생활방식은 그다지 바뀌지 않았다. 파크스 씨는 주말에 그 지역에 있는 요양시설을 방문할 계획을 세웠다. 금요일 아침에 앤드류를 데리고 회사로 가서 함께 일했다. 파크스 씨는 가끔 아내와 피터가 앤드류와 함께 있는 압박감에서 벗어날 수 있게 하려고 그렇게 했다. 보통은 앤드류에게 간단한 사무업무를 시키거나, 쇼핑몰에서 놀 수 있게 약간의 돈을 주었다. 이날 앤드류는 파크스 씨의 직원 한 명과 말다툼을 했다. "거의 주먹다짐을 할 뻔했어요." 파크스 씨는 화를 내며 앤드류에게 약간의 돈을 주고 "영화나 보러 가!"라고 짜증스럽게 말했다. 한 시간 정도 지난 뒤에 경찰과 함께 있다고 앤드류가 전화를 했다. 경찰은 길에 앉아서 혼잣말을 하는 앤드류를 발견하고 괜찮은지 묻자, 앤드류는 "신은 내가 영화 보는 것을 원치 않으신다"라고 대답했다. 파크스 씨는 어쩔 수 없이 차로 앤드류를 집에 데려다주고 다시 일터로 돌아왔다. 당시에 집에는 아무도 없었다. 피터는 오전 수업이 있었고, 부인은 아파트단지 세입자와 이야기하기 위해 외출했다. 피터는 오후에 학교에서 집으로 돌아왔다. 이때 칼부림이 일어났다.

파크스 씨는 아내에게 전화를 받았다. 그녀는 겁에 질려 제정신이 아니었다. 아내가 집으로 돌아왔을 때 피터는 바닥에 쓰러져 있었고, 앤드류는 보이지 않았다. 피터는 아직 살아 있었다. 피터는 말다툼하던 중에 앤드류가 방에서 나갔다가 다시 들어와서 자기를 칼로 찌르고는 사라졌다고 엄마에게 숨을 헐떡이며 간신히 말했다.

파크스 부인은 곧바로 경찰에 전화했다. 구급차가 도착하기 전에 앤드류는 집으로 돌아왔다. 화가 난 파크스 부인이 꺼지라고 소리치자, 앤드류는 그렇게 했다. 피터는 지역의 외상센터로 옮겨졌으나 이미 사망했다는 판정을 받았다. 그는 가슴과 배 두 군데를 칼에 찔렸다.

경찰은 집에서 두 구역 떨어진 곳에 있는 도넛 가게에 혼자 앉아 있는 앤드류를 발견했고, 그를 체포했다.

***

앤드류는 적어도 여덟 살이 될 때까지는 아무 문제가 없었다. 이 무렵에 파크스 씨와 앤드류의 친엄마가 별거했다. 앤드류의 친엄마는 반복된 우울증으로 정신병원에 입원한 전력이 있었고 힘든 일과 암울한 인간관계에 대처하는 방법으로 약물보다는 알코올에 더 의존했다. 그러던 어느 날, 그녀는 중서부 지역에 살고 있던 여동생을 찾아갔다. 여동생도 알코올중독자였다. 그녀는 여동생 집에 잠시 머무르기로 했지만, 장기간 체류하게 되었고, 나중에는 아예 이사를 간 것처럼 삶의 근거지를 바꾸었다. 결국 부부는 이혼했다. 앤드류는 친엄마를 그리워했지만, 친엄마가 돌아오지 않는다는 사실을 받아들였다. "아마 우리 둘 다 안심했을 거예요." 파크스 씨는 이렇게 추측했다. 처음 몇 년 동안 앤드류는 친엄마를 찾아가서 함께 시간을 즐겁게 보내는 것 같았다. 하지만 친엄마를 만나고 돌아온 뒤에는 조금 슬퍼할 법도 했으나, 파크스 씨는 앤드류의 행동이나 감정에서 어떤 변화도 느끼지 못했다. 파크스 씨의 새 아내와 의붓동생 피터를 받아들이는 데에도 전혀 문제가 없어 보였다.

앤드류의 문제는 청소년기에 처음 나타났다. 고등학교 3학년이 되자 점점 더 많은 시간을 혼자 외롭게 지냈다. 성격이 외향적인 편이 아니었으나, 이전과는 분명히 달랐다. 다른 사람과 관계를 맺는 데 별로 관심이 없었다. 정기적으로 학교에 가지 않았고, 숙제도 하지 않았으며, 성적도 떨어졌다.

파크스 씨는 앤드류가 "캐비닛을 열고 … 안절부절못하고 … 이상한 행동"을 보인다는 것을 알았다. 거창한 주장도 하기 시작했다. 예컨대 학교공부를 마치는 데도 어려움을 겪고 있으면서, 자신이 "커다란 중요한 일"을 할 "운명"이라고 주장했다. 점점 더 종교에 몰두했고, "신이 어떻게 자기를 특별하게 만들었는지" 이야기했다. 학교를 제대로 다니지 못했지만, 가까스로 과제를 마쳐서 졸업장은 받았다. 그리고 패스트푸드 가게 같은 곳에서 일하려 했으나, 한 달 이상 꾸준히 다니지 못했다.

앤드류가 정신적으로 병이 났다는 것이 명백해지고 정신병원에 여러 차례 입원하게 되자, 가족들은 사회복지제도의 도움을 받기 위해 장애등록을 신청했다. 하지만 놀랍게도 처음에는 자격 미달로 신청이 거절되었다. 그 뒤 사회복지사의 도움을 받아 몇 차례 더 시도해서 마침내 장애수당을 받을 수 있었다. 그렇지 않았다면 비용 때문에도 앤드류를 요양시설로 보낼 수 없었다.

이런 이야기를 하면서 파크스 씨는 표정이 딱딱하게 굳었고 분노에 휩싸였다. 파크스씨는 자신과 아내, 피터는 앤드류가 요양시설에 들어갈 날을 기다렸다고 힘겹게 말했다. 앤드류가 요양시설에 들어갔다면 보살핌을 받을 수 있었고, 그들도 자신들의 삶을 살아갈 수 있었다.

내 상담실에는 두 개의 커다란 창이 있다. 파크스 씨가 떠난 뒤에 책상에 앉아서 옆에 있는 창으로 밖을 내다보았다. 늦은 오후가 되어서 해가 뉘엿뉘엿 지고 있었다. 사무실에 있을 때 내가 가장 좋아하는 시간이다. 이때가 되면 햇빛이 약해져 전등 불빛이 황금빛으로 바닥을 비춘다. 하루가 지나며 만들어진 그림자가 방 주위에 부드럽게 매달려 포근함을 선사할 때다. 저녁에 심리치료를 진행할 때의 딱 그 느낌이다. 하지만 그날 저녁에는 그렇지 않았다. 나는 의자에 앉아 어둡고 불길한 기분, 삶의 불공평함과 예측할 수 없는 가혹함에 대한 생각에서 헤어나지 못했다.

***

변호인인 토니 스콧은 나에게 앤드류를 상담하고 모든 기록을 검토해서 조현병 진단을 확인해 달라고 요청했다. 이것은 그리 어려운 일이 아니었다. 하지만 변호인은 앤드류의 정신 장애가 옳고 그름을 분별하는 능력을 손상했는지, 그리고 정신질환이 살인 의도를 만들어낼 수 있는지도 알고 싶어 했다. 이것은 훨씬 어려운 일이었다. 과연 앤드류가 정신질환을 앓고 있었지만, 살인을 저지르기 전에 악의적인 의도가 없었다고 판단할 수 있을까? 그리고 이 판단을 근거로 1급 살인 혐의의 경감을 주장할 수 있을까?

범행 당시의 심리 상태를 평가하려면 범행 직후에 곧바로 피고인을 만나는 것이 좋다. 그래야 범행 당시의 심리 상태에 최대한 가까이 다가갈 수 있기 때문이다. 살인을 저질렀을 때 앤드류의 정신 상태는 어떠했을까? 폭력성 등 법에서 말하는 '범죄의식'의 요건을 충족시킬 만한 심리적 능력이 있었을까? 여러 가지를 숙고한 뒤에 계획을 세워 의도적으로 살인을 저질렀을까? 살인이 도덕적으로나 법적으로 잘못된 일이라는 것을 알았을까? 처벌을 낮추어줄 만한 요인은 없을까?

그런데 나는 평가를 바로 시작할 수 없었다. 앤드류가 재판을 받을 능력이 없다고 판단되어 치료를 위해 주립병원으로 옮겨졌기 때문이다. 재판이 시작되기 전에 국선변호인이 앤드류의 능력에 의문을 제기했고, 두 명의 법의학 심리학자가 동의하면서 생긴 일이었다.

앤드류는 주립병원에서 4개월 정도 치료를 받은 뒤에야 재판을 받을 능력을 인정받았다. 그러고 나서 재판절차를 진행하기 위해 교도소로 돌아왔다. 하지만 병원에서 교도소로 옮겨지자마자 감방을 엉망으로 만들며 교도관을 향해 큰 소리로 '심판의 날'을 외쳤다. 내가 검사와 진단을 시작하기 이틀 전에는 자살을 시도하기도 했다.[1] 침대 시트를 엮어서 목을 매려고 했는데, 이는 수감자들이 흔히 사용하는 방법이다. 이 일로 지역 병원에서 치료를 받았고, 자살 감시대상이 되어 다시 상담할 수가 없게 되었다.

상담 승인이 나기까지는 몇 주가 더 걸렸다. 살인사건이 벌어진 지 거의 6개월이 지났기 때문에, 내가 던질 질문을 놓고 보면 결코 이상적인 상황은 아니었다. 하지만 어쨌든 앤드류에 대한 평가가 시작되었다.

***

교도소 접수구역에 앉아서 앤드류가 감방 사동에서 나왔다는 통지를 기다리면서 나는 변호사와 보호 관찰관, 다른 피고인의 가족으로 보이는 움츠러든 사람들과 잡담을 나누었다. 문을 여닫는 소리, 교도관들이 고함치는 소리, 상담실을 오가는 피고인들의 발목에 묶인 족쇄가 땅에 끌리는 소리가 뒤섞여 있었다. 한 시간쯤 지난 뒤에야 나를 부르는 소리를 들을 수 있었다. "레티에리, 1번 상담실" 교도관이 매우 건조한 목소리로 꼭 필요한 단어만 외쳤다. 앤드류가 도착했다. 교도소 안쪽의 보안구역으로 들어갈 수 있도록 천천히 덜컹거리며 열리는 철문을 향해 걸어갔다. 멀리서 앤드류가 상담실에 앉아서 기다리는 모습이 보였다. 작은 몸집에 놀랐다. 저렇게 작은 몸집으로 살인을 저지르다니! 원초적인 폭력을 저지른 수감자와 인사할 때마다 느껴지는 익숙한 감정이 솟구쳤다. 이제 일반적인 인간의 경험을 뛰어넘어 우리 본성의 아주 근본적이고 원초적인 충동에 따라 행동한 사람을 만나야 했다. 이상하게도 이럴 때 나는 현실감이 더 강하게 든다.

앤드류가 체포되자마자 찍은 사진과 수감되었을 때 찍은 사진을 보았다. 트라우마가 생긴 직후 피고인이나 피해자의 전형적인 모습처럼 초라했고 제정신이 아닌 것처럼 보였다. 스물다섯 살 나이에 비해서도 어려 보였다. 앤드류는 탁자를 내려다보고 있었는데, 짙은 검은색 머리카락에 가려져 얼굴이 잘 보이지 않았다. 그리고 뭔가 숨기려는 것처럼 어깨를 잔뜩 움츠리고 있었다. 얼핏 보기에 약물치료를 지나치게 받아서, 상담을 제대로 진행하기 어려울 것 같았다.

내가 인사를 하자, 곧바로 앤드류는 머릿속에 기이한 생각이 떠오른 듯했다. 마치 쏟아낼 말이 엄청나게 많은데 한꺼번에 추려서 말해야 하는 것처럼 쉬지 않고 빠른 속도로 말했다. "저 사람들이 이것을 먹으라고 강요하고 있어요." 자신이 먹는 항정신성 약에 관해 이야기하다가, 내가 귀를 기울이는 모습을 보이자 초자연적인 세계로 이야기의 방향을 틀었다. "복음을 빼앗아갔어요. 내가 천국에 간다고 해요." 천사들에 관해, 수감자들이 서로 성관계를 맺는 죄악에 관해, 자신이 하늘로 올라간다고 천사들이 알려주는 것에 관해 쉬지 않고 중얼거렸다. 몇 분 동안 감정의 응어리를 털어내듯이 말을 쏟아내자 답답함이 조금은 가신 듯 보였다. 그리고 누군가 자신의 걱정과 생각을 들어준다는 사실에 조금 안도한 것 같았다. 잠시 쉬는 틈을 타서, 우리가 왜 만났는지 그리고 내가 지켜야 할 의무와 변호사가 나에게 요구한 내용을 설명해 주었다.

앤드류는 이해하는 듯했지만, 분명히 자기 생각에 사로잡혀 있었다. 그는 긴장을 풀려고 노력하면서도, 어찌할 줄 몰라 쩔쩔매고 있었다. "완전한 죄를 저지를 거예요. 다른 재소자와 섹스하지 않을 거야. 신이 나를 인도하는 소리를 들어라. 주님의 목소리를 들어라. 독을 제거하지 않으면, 사탄이 내 옷을 빼앗아 갈 것이다." 독극물, 곧 그에게 처방된 약을 먹지 않으면 교도관들이 다시 자신을 자살 감시자로 세우겠다고 말하는 것 같았다. 목을 매려고 시도한 뒤에 앤드류의 죄수복은 상의와 하의가 붙은 것에서 종이로 된 가운으로 바뀌었다. 약을 먹고 싶지 않았으나, 자살 감시대에 다시 앉고 싶지는 않은 것 같았다.

앤드류는 ('완전한 죄'와 '다른 재소자와 섹스를 하지 않을 것'이라며) 성적 집착도 드러냈고, 유혹의 충동에서 자신을 구원하기 위해 신이 말하는 소리를 들어야 한다고 밝히기도 했다. "나의 적들, 대리자들 … 간호사"라고 말할 때, 나는 조용히 고개를 끄덕이며 메모를 했다. 그러자 흥미롭게도 필기할 시간을 주려고 말을 잠시 멈추었다. 내가 메모를 하는 모습을 보고 편안함을 느끼는 듯했다. 그의 생각을 기록하는 모습을 보며 자기 생각이 인정받는 느낌을 받는 것 같았다.

일단 앤드류를 알고 싶었기에 복용하는 약에 대해 아무 이야기나 하자고 제안하자, 뭐라 대답하지 않았지만, 횡설수설 중얼거리던 것을 멈추었다. 그러고는 멍한 시선으로 주변을 둘러보았다. 나는 앤드류의 침묵을 승낙으로 받아들였다.

앤드류에게 체포되었을 때의 상황이 어떠했는지 물었다. 실수였다. 질문하자마자 곧바로 정신없이 장광설을 늘어놓기 시작했다. 이번에는 가족에 초점이 맞추어져 있었다. "부모님이요? 사악한 악마야. 타락한 천사들이지요. 이미 죽은 사람들이고, 타락한 천사이지. 그것은 살인을 저지르는 징조예요. 엄밀히 말해 정당방위 차원에서 한 행동이에요." 말을 할수록 생각이 더 산만해졌다. "나는 이 세상에서 성공하기 위해 영원한 고통에 동의했어요. 집과 새 차, 여자친구, 지상의 성공…."

앤드류에게 개방형 질문을 하는 방식은 아무 소용없는 없다는 것이 분명해졌다. 생각은 너무 뒤죽박죽이었고, 현실과 동떨어져 있었다. 그래서 다음에 상담할 때에는 더 상세하고 구체적으로 질문을 했다. 결과를 보장할 수는 없으나, 그래야 더 현실에 기초한 답변을 기대할 수 있을 것 같았기 때문이다. 체포되기 전에 돈 버는 일을 한 적이 있나요? 몇 번이나 입원했나요? 고등학교 졸업장은 언제 받았나요? 부모님이 별거했을 때 몇 살이었나요? 어느 정도 시간이 지날 때까지는 가족관계나 살인으로 이어진 사건과 사건 당시에 그의 마음에 관한 질문은 되도록 하지 않으려 했다.

상담을 진행하면서 앤드류는 서서히 상태가 좋아졌다. 그렇지만 약에 대한 불만은 계속되었다. 교도소에서 정신 건강을 담당하는 부서는 최대한 좋은 말로 설득해서 그에게 약을 먹여야 했다. 덕분에 약을 안 먹겠다는 말은 하지 않았고, 일상생활도 더 일관성이 있게 되었다. 말하는 방식도 압박감이 덜해 보였고, 생각도 좀 더 체계적으로 바뀌었다. 그러나 왜곡된 사고와 종교적 망상은 계속됐다. "나는 신을 위해 일합니다. 아버지는 내게 약을 먹이는 완전한 죄를 저질렀어요." 약에 대해 여전히 불평하고 있지만, 세기는 훨씬 약해졌다. 그리고 대인 관계에서 반응도 좋아졌고, 내면의 이상한 생각과 음모에 지배당하던 상태도 약화하였다. 예컨대 내가 보인 단순한 공감 반응에도 고마워했다. 나는 앤드류에게 왜 신의 목소리를 듣지 못했는지 이해한다고 말해주었다. 이 말이 그에게 위로가 되었기 때문이다. 앤드류는 정신 나간 사람처럼 행동하는 반응을 보이지 않고 내 지지와 격려를 받아들였다. 정신병은 아직 충분히 안정되지는 않았다. 항정신병 약물은 환각에는 꽤 효과가 있지만, 망상에는 효과가 크지 않아 증상이 약해지는 데 시간이 더 걸린다. 그런데도 오랜 기간 망상에 빠져 있던 사람이 서서히 좋아지는 것은 드문 일이 아니기에 앤드류의 상태도 점차 좋아질 것으로 기대했다.

확고한 믿음, 특히 신이나 종교에 관한 믿음은 자아에 깊이 뿌리박고 세상을 살아가는 방식을 제공한다. 자신의 외부에서 오는 것으로 경험되는 환청과는 달리, 망상적 사고는 마음의 일부다. 따라서 현실을 극단적으로 왜곡하고 자기를 기만하는 망상적 사고에 빠지면 세상을 있는 그대로 쉽게 받아들이지 못한다. 비록 잘못된 것이지만, 오랫동안 유지해온 사고방식을 포기하면 곧바로 걷잡을 수 없는 박탈감이 생겨나기 때문이다.

앤드류의 환각은 망상적인 믿음과 분리될 수 없었다. 앤드류는 신을 빛으로 삼아 타락에서 벗어날 예방접종을 했으나, 신의 목소리를 듣지 못했기 때문에 자신의 특별함에 대한 확신이 약화하였다. 나는 앤드류의 망상이 약해졌지만, 여전히 활발히 작동한다고 생각했다. 앤드류는 신을 위해 일했고 특별했다. 앤드류에게 아버지와 같은 다른 사람은 범법자였다. 분명히 드러났듯이, 다른 가족들도 마찬가지였다.

***

앤드류는 정신없는 상태가 약해지기는 했지만, 사고는 여전히 비논리적이었다. 가끔 기괴한 생각을 드러내기도 했고, 계속 소극적이었다. "7년 동안 고생했어요. 신은 제 실패를 보여주셨죠. 내게 그분의 힘을 보여주셨어요. 아직 세상에 태어나지도 않은 태아의 위치에 있었어요. … 내게 하늘로 가는 길을 열어주셨어요. 이런 꿈을 꾸었죠. 깨어나서 혼란스러웠으나 그제야 그것이 신한테서 온 것임을 알았어요." 이어서 이런 말도 했다. "꿈을 꾸면서 〔가수이자 배우인〕 캐시 벤투라를 만났어요. 그녀는 나를 사악한 사람, 큰 죄인으로 만들었어요." 내가 그 일을 더 말해달라고 요청했더니 그는 계속 떠들었다. "그녀는 저를 스토커로 만들었어요. 나는 점점 더 나빠졌어요. 기억도 나지 않지만 내 미래를 보았지요. 선생님과 나의 만남도 봤어요. 그러나 음란한 짓을 멈출 수 없었어요. … 포르노를 보고 자위를 하고 그러면 신이 꾸짖었어요. 신이 내게 분명히 그것을 하셨어요." 도무지 그의 말을 종잡을 수 없어 도대체 무슨 의미인지, 정확히 무엇을 했는지 물었더니 정신질환은 헛소리라며 이렇게 말했다. "내가 조현병 환자이며, 양극성 장애를 앓고 있답니다. 모두 가짜예요. 가짜 배우들."

　종교적 망상은 앤드류의 내면에서 솟구치는 광기의 핵심요소였다. 그리고 영적인 광기는 가족을 향한 기이한 믿음과 떨어져 있지 않았다. 앤드류는 더 빠른 속도로 횡설수설하면서도, 일관되게 자신의 피붙이를 다양한 방법으로 연루시켰다. "우리 가족, 신이 그들을 내게서 빼앗아가셨어." 나는 어리둥절해서 그게 무슨 뜻인지 물었다. 체포될 때까지 가족과 함께 살았다는 명백한 사실을 그에게 상기시키자 이렇게 대답했다. "신이 그들을 빼앗아 가셨어요. 그들은 화려하고 황홀한 사람들이었는데." 앤드류는 가족의 '선한 영혼'이 어떻게 천국으로 갔는지 설명했다. 그리고 가족의 육신은 악마에게 이용당했다고 말했다. 앤드류의 말을 들어보면 (망상으로) 그런 일이 일어난 것은 2년 전쯤 인 것 같았다. 그 뒤, "가족들은 나를 상대로 음모를 꾸몄어요. 선생님은 내가 겪은 끔찍한 상황을 몰라요. 부모님은 내게 어떤 드라마 같은 계획을 꾸몄어요. 내가 지옥에 가기를 바랐지요." 그는 계속해서 이렇게 말했다. "참을 수 없었어요. 왜 그들을 죽이지 않았는지 모르겠어. 왜 새엄마의 목숨을 빼앗지 않았는지 모르겠어. 나를 속으로 미워하고 있었어." 피터도 그를 싫어했는지 물었더니 이렇게 대답했다. "가족들은 내가 지옥에 가기를 바랐지. 나를 영원히 증오했어." 칼부림한 뒤에 "네가 자랑스럽다"라고 의붓엄마가 말하는 소리를 들었다는 이상한 말도 덧붙였다.

***

앤드류는 가족과 그들의 악한 본성에 대한 평소의 경멸감을 드러냈다. 하지만 비열하다고 할 만한 구석은 거의 없었다. 나는 피터가 죽은 날 아침에 있었던 일도 얘기해보고 싶다고 앤드류에게 말했다. 내가 알기로는 피터가 집에 도착했을 때 앤드류는 이미 집에 있었다. 앤드류는 어떻게 부엌칼을 들어 의붓동생을 두 번 찔렀는지 매우 생생하게 설명했다. 피터가 비틀거리며 넘어지는 모습도 지켜보았다고 했다. 살인은 말대꾸나 격렬한 대화, 감정적 말싸움도 없이 곧바로 저질러졌다. 앤드류는 가족을 "끔찍하게 사악한 사람들"이라고 불렀다. 의붓엄마와 아버지도 죽이고 싶었다고 했다. 왜 그렇게 하지 않았는지 물었더니 아버지가 강한 사람이라고 말했다. 피터는 앤드류를 붙잡아 칼을 빼앗으려고 했다. 앤드류는 "그것은 하기 어려운 일이었지요. 아무리 애쓴다 해도 말이에요"라고 말했다.

피터는 침실과 복도 사이에 쓰러져 누워 있었다. 앤드류는 집을 나갔다가 곧바로 돌아왔다. 그때 파크스 부인이 집에 돌아와서 피터 옆에 있었다. 그녀는 고개를 들고 소리쳤다. "네가 이랬어!" 그녀는 피터를 보살피면서 앤드류에게 소리쳤다. "나가! 나가!" 앤드류는 집에서 나와 몇 구역 떨어진 동네 커피숍으로 가서 자리를 잡고 앉아 차를 마셨다.

앤드류는 살인사건에서 개인적인 생각으로 말을 바꾸며 탄식했다. "아무도 믿을 수 없어요." 앤드류에게 아버지는 '악인'이었다. "나를 내쫓았어요." 아버지가 요양시설로 보내려고 했기 때문에 화가 났는지 물었을 때 갑자기 흥분했다. 나를 노려보고 심상치 않은 표정을 지으며 직설적으로 피터가 방을 차지했다고 씩씩대며 으르렁거렸다. "그것도 살인으로 이어졌지요." 앤드류의 사고는 짙고 강렬한 감정에 짓눌려 다시 흩어졌다. 말은 앞뒤가 맞지 않았고, 신앙심으로 되돌아갔다. "모든 것에 신은 내게 큰 죄책감을 주셨습니다. 신을 위해 뭔가를 하기로 되어있었어요. 잘 모르겠는데요. 동생에게 화가 많이 났어요. 동생이 나를 지옥으로 보내려 했지요. 내가 누구를 죽였는지는 중요하지 않아요. 아버지와 새엄마를 죽일 수도 있었는데. 모두 내가 지옥으로 가기를 바라고 있었어요."

칼부림한 뒤 커피숍에 앉아 있으면서 무슨 생각을 했는지 묻자, 가족을 이렇게 표현했다. "감옥에 갈 줄 알았어요. 공평하지 않아. 전부 악마들이야." 가족이 공평하지 않고 악마들이었기 때문에 피터를 칼로 찔렀는지 물었다. 예상했던 대로 모나지는 않았지만, 여전히 모순된 반응을 보였다. 그는 먼저 이렇게 말했다. "믿는 대로 행하는 것이지요." 그러고 나서 "죄를 지은 거예요. 그럴 줄 알았어요. 정당방위였어요"라고 말했다. 커피숍에 있을 때 피터가 살았는지 죽었는지 앤드류는 몰랐다.

커피숍에 앉아 차를 마시면서 앤드류는 이상하게도 남미로 도망칠 생각을 했다. 남미에 가본 적이 있는지, 스페인어를 할 수 있는지 물었다. 둘 다 아니었다. 앤드류는 망상적인 생각에 빠진 채 커피숍에 앉아 있었다.

***

앤드류는 이미 편집성 조현병 진단을 받았다. 나는 앤드류가 (망상적 동일시 증후군이나) 망상적 오인 증후군의 하위유형인 카프그라 증후군도 보인다고 판단했다.[2] 이 증상은 조현병과 같은 주요 정신장애에서 언제나 함께 나타나며, 특정한 종류의 망상적 사고를 하는 것이 특징이다. 일반적으로 망상은 반박할 수 없는 증거에도 완고하게 유지되는, 세상이나 다른 사람에 대한 잘못된 추론으로 정의된다. 망상에는 자신과 똑같은 모습으로 똑같이 행동하는 사람이 있다고 믿는, 분신 증후군과 같은 다양한 망상적 오인 증후군이 포함되어 있다. (1923년에 이를 처음 보고한 의사의 이름에서 비롯된) 카프그라 증후군[3]은 겉모습이 똑같은 사기꾼이 (대개 가족 구성원인) 다른 사람을 바꿔치기했다고 있다고 믿는 망상의 한 유형이다. 앤드류는 악마가 자신의 가족 전체를 바꿔치기했고, '진짜' 가족은 몇 년 전에 하늘로 올라갔다고 믿었다. 마치 (1956년에 개봉된 미국의 공상과학영화인) 〈신체 강탈자의 침입〉과 같은 공포영화 속에서 사는 것 같았다. 다만 군인이 아니라, 악마가 가족을 납치해서 영혼이 빠져나간 가족의 몸을 빼앗은 후에 이를 차지했다고 믿었다.

앤드루가 살인을 저지를 때 신의 계시를 받았다고 믿은 점은 또 다른 차원에서 복잡한 문제를 제기했다. 정신질환과 관련된 다른 문제를 추가로 검토해야 하기 때문이다. 이 문제는 의학적·법적 판단에도 영향을 미쳤다. 앤드류는 살인을 저지를 때 어떤 생각을 했는지 묻는 말에 대답하면서, 자기를 "신의 뜻을 따르는 선지자"라고 표현했다. "나는 신의 사람이 되어야 했어요. 내 모든 것을 그리스도께 바칩니다." 이런 말도 했다. "신이 내 마음을 바꾸셨어요. 내게 그것을 하도록 했어요. … 나는 지상에서 고통을 받을 거예요." 피터를 죽였을 때, 자기가 신의 뜻을 행하고 있다고 정신병적으로 믿었을까? 지금은 신의 말씀을 좇아 순교자처럼 "땅에서 고난"을 당하고 있다고 믿을까? 가족과 신성한 영향력에 대한 망상은 살인 행위를 나쁜 짓으로 인식하는 능력을 방해했을까? 자기가 신의 지시에 따라 행동하고 있다고 초월적으로 믿었을까?

악마가 가족을 대체하여 똑같은 모습으로 존재한다는 망상과 피터를 찔렀을 때 신의 영향력 아래에 있다는 앤드류의 정신 상태가 무엇을 의미하는지 깊게 고민했다. 다른 지역과 마찬가지로 캘리포니아에서도 범행 당시에 피고인이 제정신이었는지 판단할 때 '맥노튼 규칙'을 적용한다.[4] 맥노튼 규칙은 법의학 심리학자와 정신과 의사가 사용하는 법적 기준이다. 맥노튼 규칙을 적용하려면 범행 시점에 피고인이 법으로 인정받을 수 있는 정신질환이 있다는 것을 확실히 입증해야 한다. 맥노튼 규칙은 18세기 영국의 유명한 판결에서 유래했다. 맥노튼 규칙에 따르면 정신질환 피고인은 ① 범행의 성질·수준을 이해할 능력이 없거나 ② 범행이 법적·도덕적으로 잘못이라는 사실을 이해할 수 없을 만큼 심각한 상태여야 한다. 두 가지 가운데 하나만 있어도 정신장애 피고인으로 여겨져 정신 이상과 관련된 변호를 받을 수 있다. 그러나 실제 사례를 보면 피고인은 대부분 꽤 명백하고 심각한 의학적·신경학적 상태로 고통받지 않은 한 자기 행동의 '의미'를 이해한다. 예컨대 운전하다가 뇌전증으로 발작을 일으켜 보행자를 치어 죽인 사람처럼 아무런 의식이나 목적 없이 행동하지는 않는다.

이렇듯 자기 행동의 옳고 그름을 이해할 능력이 피고인에게 부족했는지를 판별하는 일은 무척 복잡하다. 심각한 정신장애를 앓고 있더라도 살인이 대부분 법적으로 잘못된 일임을 분명히 안다. 그렇다면 반대로 어떤 사람이 누군가를 죽이는 일이 도덕적으로 옳다고 진심으로 믿는다면 이 살인은 정당할까? 1988년의 '스탠리 스트레스 사건'에서 캘리포니아 대법원은 정신 이상을 내세워 방어하는 변호에 법적으로 적용되는 도덕적 판단 기준은 '피고인 특유의 기준'이 아니라, 일반적으로 인정되는 '사회적 기준'으로 이해되어야 한다고 판결했다. 그렇다면 앤드류처럼 기독교 신에게 받은 메시지가 신성하다고 믿는다면, 과연 살인죄에서 벗어날 수 있을까?

정신 이상 변호에서 신학적 교리를 규정하는 보조 기준을 따로 마련한 주도 있다.[5] 보조 기준에는 어떤 범죄 행위를 하도록 신에게 명령받았다고 믿는 사람에 관한 내용이 포함되어 있다. 신의 명령을 받았다고 믿는 망상으로 저질러진 범죄는 정신 이상 변호의 요건에 해당하여 불법 행위로 판단되지 않을 수 있다. 신의 명령을 따르는 일은 피고인의 자유의지를 전제로 하지만, 옳고 그름의 차이를 구분하는 능력을 없애기 때문이다. 이런 주장은 19세기에 제임스 가필드 대통령이 암살되었을 때에도 등장했다.[6] 대통령을 저격한 암살범은 자신이 신의 대리인이라고 주장했다. 그리고 변호인단도 암살범이 대통령을 저격했을 때 신의 일을 대신하는 것으로 믿었다고 주장했다. 배심원단은 피고인에게 살인죄가 있다고 판결했지만, 이 사건을 계기로 신학적 교리와 원칙도 정신 이상 혐의가 인정되면 법에서 고려할 수 있는 요소로 자리 잡았다. 이는 형법이 유대·기독교적 전통에 영향을 받았다는 사실을 보여주는 것이기도 하다.

캘리포니아 형법은 이를 인정하지 않는다. 하지만 신의 명령에 대한 망상적 믿음은 도덕적 책임, 특히 도덕적 정의를 피고인이 이해하는 능력과 관련해서 그 의미를 해석해야 한다. 신이 궁극적인 도덕적 중재자이므로, 신에게서 명령을 받았다고 믿는 것은 도덕적 정의를 이해할 수 있는 능력을 흐릴 수 있기 때문이다.

*＊＊

앤드류와 상담을 하면서 줄곧 신학적인 의사소통으로 추정되는 주장을 주의 깊게 들었다. 앤드류는 형식적으로 모순된 주장을 되풀이했다. 자기 가족을 도플갱어, 곧 악마가 부모와 형제의 몸에 산다고 했고, 가족을 죽이라는 신의 명령도 이야기했다. "신이 나를 인도해주는 것을 들을 수 있어요. … 신의 뜻대로 된 거예요." 그렇지만 살인사건에 대해, "신은 내가 아무나 죽이기를 원하지 않았어요"라거나 "신이 나를 벌 주셨어요"라고 말하기도 했다. 나는 앤드류가 그런 메시지를 언제 받았고, 살인사건 전후에는 어떤 메시지가 전달됐는지 알려고 노력했다. 하지만 앤드류의 반응은 혼란스러웠고 모순투성이였다. "그것을 실행한 날, 나는 어리석게 행동했어요. 그러나 난 천국에 갈 거야."

앤드류의 도덕적 책임을 이해하기 위해, 왜 아버지와 의붓엄마를 죽이려고 하지 않았는지 정말로 궁금했다. 피터와 마찬가지로 부모도 악마가 육신을 빼앗은 도플갱어로 보았다는 자신의 주장을 상기시켰지만, 대답은 모호했고, 완전히 비합리적이지는 않았으나 일관성도 없었다. '새엄마 악마'를 싫어했으나, 왜 새엄마를 죽이려 하지 않았는지는 말하지 못했다. 아버지에 대해서는 "힘들었을 텐데. 애썼을 텐데"라고 했고, "아버지를 사랑합니다"라고도 했다. 악마의 광기에 휩싸여 있으면서도, 아버지를 해치지 않기로 이성적으로 판단했을까? 앤드류는 정신병자였지만, 어느 정도 이성을 가지고 법적·도덕적 선택을 할 수 있었을까?

***

앤드류에 대한 종합적인 심리검사를 마쳤다. 앤드류는 분명히 정신병적인 장애를 앓았으나, 정형화하기 어렵고 복잡한 정신 기능을 유지했다. 나는 검사 결과가 앤드류의 정신질환과 범행 동기를 더 깊게 이해하는 데 도움이 되기를 바랐다. 때때로 이러한 검사 결과는 피고인의 감정적 통제와 추론의 범위나 한계를 알려 주기도 한다. 그리고 도덕성 여부를 명확히 알려줄 때도 있다. 나는 앤드류가 자신의 증상을 과장하는 경향이 있는지를 알려주는 객관적인 척도도 확인하고 싶었다. 법의학적인 상황, 특히 큰 이해관계가 걸린 상황에서 피고인은 평가자의 의견이나 결론을 흔들기 위해 심리적 증상을 부정하거나 미화할 수 있다. 심지어 노골적으로 다른 말을 할 수도 있다. 앤드류가 정신병을 앓고 있다는 사실은 의심할 여지가 없었다. 그러나 주장이 서로 모순되고 신이라는 신성한 힘을 빌려 자신을 정당화하는 모습은 추가조사가 필요했다. 아버지나 의붓엄마가 아니라 피터를 표적으로 삼은 것과 피터에게 방을 빼앗기고 나서 명확하고 날카롭게 드러낸 고통 그리고 사건을 저지른 뒤에 집 밖에 머문 행동도 추가조사가 필요했다. 많은 부분에서 추가조사가 필요했기에 위험은 더 커질 수밖에 없었다. 1급 살인 혐의로 유죄 판결을 받으면 앤드류는 종신형을 받게 된다.

카프그라 증후군과 함께 새롭게 추가된 문제를 토대로 앤드류의 심리적 증상이 전반적으로 기이하다는 점을 고려할 때, 신경심리학적 장애 가능성도 의심해 볼 필요가 있다는 생각이 들었다. 조현병은 뇌의 피질과 해마 영역의 회백질 부피 감소와 같은 질병 때문에 나타나는 인지 기능의 변화와도 관련이 있다.[7] 특히 카프그라 증후군은 신경심리학적 기능 장애와 관련이 있다.[8] 다행스럽게도 앤드류가 재판을 받을 자격이 없는 것으로 밝혀진 뒤 주립병원에서 이미 신경 심리검사를 진행했다. 이 검사는 박사후과정을 밟고 있는 심리학자가 법의학 훈련 프로그램의 하나로 진행했다.

결과는 만성적인 정신질환을 앓고 있는 사람과 일치했다. 앤드류의 상태는 아버지가 기억하고 있는 것보다 나빴다. 그리고 내가 학교 기록을 바탕으로 판단했던 발달 정도보다 더 나빴다. 검사 결과는 앤드류에게 몇 가지 지적 결함이 있다는 것을 보여주었다. 오랫동안 강한 항정신병 약을 복용한 대가였다. 전반적인 지능지수는 평균보다 낮은 80대 초반이었고 대략 12백분위수에 해당했다. 단어 읽기와 독해력은 산수와 함께 평균 수준이었다. 단어 읽기 기술은 신경인지 상태에 크게 영향을 받지 않는다. 따라서 발병하기 전에도 앤드류의 단어 읽기 기능이 평균 수준이라는 사실을 확인할 수 있었다.

신경 심리검사를 통해서 앤드류가 집중력, 단기 기억력, 언어표현 영역에서 인지 기능에 결함이 있다는 사실이 드러났다. 앤드류의 실행 기능은 평균 수준이었다. 실행 기능은 새로운 상황에서 목표 지향적인 행동을 시작하게 하고 이를 유지해 주는 높은 수준의 지적 능력이다.

검사 결과는 의미가 있었다. 조현병의 근본적인 특징인 사고장애는 앤드류의 언어 사용 능력을 방해했다. 그리고 생각을 합리적으로 정리하고 행동을 관리하고 이끄는 능력도 방해했다. 인지능력이 평균 이하였지만, 심각하지는 않았다. 조금 손상된 범위 안에 있을 뿐이었다.

피고인이 표현한 증상의 타당성, 정확성, 진실성을 측정하는 검사와 함께 다양한 심리검사도 진행했다.[9] 이 검사는 여러 가지 이유에서 중요하다. 형사사건과 관련된 법의학 관점에서 볼 때, 피고인이 감옥에 갇혀 자유를 잃게 될 상황에 부닥치면, 증상을 과장하거나 꾸며낼 가능성이 매우 크다. 왜냐하면 정신장애가 처벌을 낮추는 데 도움이 될 것이라는 희망 때문이다. 실제로 형사사건에서 피고인의 15~18% 정도가 심리적 증상을 악용하고 있는 것으로 추정된다.[10] 법의학 상황에서 최대 66%까지 증상 왜곡이 높게 나타나는 것으로 추정된다는 연구결과도 있다.[11]

분명히 정신병을 앓고 있으나, 앤드류에게 나타난 증상은 꽤 이상하고 모순되었다. 정신질환일 수도 있었고, 과장되거나 거짓된 증상일 수도 있었다.

먼저 피고인이 호소하는 정신병적 증상이 과장된 것인지를 판별하기 위해 체계적으로 설계된 상담을 간략히 진행했다.[12] 〈밀러 법의학적 증상 평가검사M-FAST〉를 지침으로 삼아서 앤드류에게 정신병적 증상의 특정 형태에 관해 질문했다. 진짜 정신질환을 앓고 있으면, 대부분 상담에서 제시된 극단적이거나 드문 증상이 조합된 모습을 보이지 않는다. 설혹 조합된 모습이 보이더라도 6개 미만인 경우가 일반적이다. 그런데 앤드류는 25개의 증상 가운데 7개의 증상이 조합된 결과를 보였다.

이런 결과를 고려해서 앤드류에게 나타난 증상과 관련되어 설계된 상담을 추가로 진행했다.[13] 〈밀러 법의학적 증상 평가검사〉와 유사한 형태이지만, 이보다 더 포괄적인 172개의 질문과 후속 조사가 포함되어 있다. 하지만 결과는 마찬가지였다. 여전히 앤드류의 증상이 정직한 것인지, 어느 정도 과장된 것인지 모호하게 나왔다.

심리평가 지침이 잘 작동되기를 바라며 심리검사를 계속했다. 〈성격 평가 검사PAI〉도 했다.[14] 정신병리학의 종합 척도로 쓰이는 이 검사 도구는 증상의 타당성에만 좁게 초점을 맞춘 다른 도구와 다르게 여러 타당성 척도가 포함되어 있다. 앤드류의 타당성 척도는 유익했다. 진짜 정신병이 있는 사람들과 비교해도, 평소에 더 많은 정신병 증상을 보인 것으로 나타났다. 〈성격 평가검사〉에는 특수한 척도도 포함되어 있다. 이 척도는 피검사자가 의식적으로 왜곡된 방식으로 자신을 표현하고 있는지, 실제 결과에 반영된 방식으로 자신을 인식하고 있는지를 명확히 평가하는 데 도움이 된다. 다시 말해서, 특수한 척도를 통해서 검사의 임상 척도가 명백하게 속이려는 시도에 영향을 받았는지, 실제 자신을 보는 방식으로 영향을 받았는지 판단할 수 있다. 결과는 앤드류의 비정형화된 정신병적 표현이 왜곡되기는 했으나, 자기 인식을 반영해 꾸며지지는 않았다는 것을 보여주었다.

〈성격 평가검사〉의 결과는 앤드류의 사고장애가 만성적이고 광범위하다는 사실을 확인해 주었다. 앤드류는 다른 사람이 자기를 해치려고 하며 나아가 자신이 상당한 수준의 박해를 받고 있다고 생각했다. 그래서 있을 수 없는 마술 같은 일을 생각하느라 늘 시달렸다.

이 밖에도 검사 결과는 앤드류에 관해 다음과 같은 많은 것을 알려주었다. 우선, 앤드류의 검사 결과는 감각 장애 때문에 현실과 단절된 다른 검사자들과 일치했다. 게다가 앤드류가 자살할 위험이 있다는 점도 보여주었는데, 이는 앤드류의 최근의 이력과도 일치했다. 그뿐만 아니라 앤드류의 검사 결과는 일상생활에서 스트레스로 강한 압박을 느끼는 사람의 검사 결과와 비슷했다. 그리고 예상한 대로 앤드류의 척도는 가족의 지지가 부족한 것을 인지하는 사람의 척도와 일치했다. 사람을 거의 신뢰하지 않으며 사람은 오로지 자신의 이익만을 위해 생활하고 움직인다고 믿었다.

검사 결과는 내 임상 관찰과 직관에 반향을 일으켰다. 앤드류는 정신병자 수준의 모순과 대담함으로 가득 차 있었다. 분명히 비정상적으로 복잡하고 심각한 정신병을 앓고 있고, 가족들은 앤드류의 어둡고 변형된 세계관의 표적이 되었다. 정신과적 증상을 과장하기도 하고, 최소화하기도 했다. 활짝 열려 있으나, 자기를 왜곡되게 인식했다. 신은 죽이라고 명령했으나, 꾸짖기도 했다. 앤드류는 사람을 죽이는 것이 범죄라는 사실을 알았다. 아버지는 악마였지만, 사랑을 베푼다는 모순된 생각도 있었다. "완전한 죄를 짓는다면 미쳐버릴 거예요." 명료한 순간도 있었지만, 마음은 종교적 집착과 망상적 인식으로 끊임없이 위험한 상태였다. 평소와 다르게 흥분해서 상담실이 흔들릴 정도로 다리를 빠르게 떨다가 갑자기 진정되어 몇 분 동안 평범한 사람처럼 이야기하기도 했다.

그러나 앤드류의 정신 기능에는 일관성이 있었다. 정확히 표현하면 일관성이 없다는 점에서 일관성이 있었다. 심리검사의 결과는 복잡했으나, 실제 행동을 묘하게 반영했다. 나는 앤드류가 정신병을 꾸미거나 과장하고 있다고 단정할 수 없었다. 검사 결과는 내적 세계의 모순을 반영했다. 곧 광기어리고 혼란스러운 사고와 타락한 감정적 경험, 그리고 기이하고 정신 나간 자기 인식을 반영했다. 이 모든 것은 앤드류가 지극히 짧은 순간조차도 자기를 인식할 수 없다는 사실을 보여주었다. 이제 지금까지 쌓아온 이 모든 법의학 정보를 집약해서 살인 당시에 앤드류가 어떤 마음이었는지 이해시켜야 할 때가 되었다.

***

앤드류의 변호인인 스콧 씨는 여러 가지 방식으로 법적 변호를 하려고 계속 고민했다. 그의 의뢰인은 심각한 정신착란을 겪고 있었다. 스콧 씨는 "수수께끼 같은 말을 하며 횡설수설했어요"라고 내게 말했다. 주립병원에서 몇 달 동안 정신치료를 받은 뒤에 있었던 일이다. 스콧 씨는 앤드류의 심리 상태에 문제가 있다는 사실을 알았다. 앤드류가 받은 1급 살인 혐의가 유죄임을 입증하려면, 검찰은 합리적인 의심을 넘어 앤드류가 사전에 악의적인 의도를 가지고 살인을 저질렀다는 사실을 밝혀내야 한다. 앤드류가 정말로 이런 생각을 했을까? "피터를 죽여야 할까? 좋아, 그렇다고 쳐. 그럼 결과는? 에이, 상관없어. 그냥 그러고 싶어." 그토록 분열적이고 일탈한 정신으로 무모한 계산을 할 수 있었을까? 광분에 가까운 생각에 사로잡힌 마음으로 냉혹한 살인을 저지를 수 있었을까?

스콧 씨는 나에게 앤드류의 정신질환과 이것이 범행에 미친 영향을 조사해 달라고 요청했다. 앤드류는 제정신이 아니었을까? 제정신이라면, 심리적으로 고려해야 할 다른 요인이 있었을까? 범죄를 세심하게 계획할 수 있었을까? 그렇지 않다면, 살인은 제정신이 아닌 상태에서 무심코 일어난 충동의 산물이었을까? 어떤 일을 미리 계획하고 신중히 생각할 수 있는 능력을 얼마나 갖췄을까?

나는 앤드류의 변호인이 정신 이상을 변호의 핵심 전략으로 삼는다고 짐작했다. 그러나 앤드류가 제정신이 아니라면, 정신질환을 이유로 (제한된 살인만 인정하는) 1급 살인 혐의에서 정상참작[15]을 받아 형량을 줄이는 변호가 가능할까?

***

나는 앤드류가 살인사건 당시에 정신 이상 상태였다고 판단했다. 몇 가지 주의사항과 '하지만'이라는 단서가 붙기는 했지만. 앤드류는 피터가 몸을 악마에게 빼앗겼다고 믿었고, '진짜' 의붓동생은 하늘나라로 올라갔다고 기뻐했다. 그리고 신의 명령에 따라 죽였다고 주장했다. 앤드류는 광기를 속이지 않았다. 그런데 여러 해 종교적 망상과 잘못된 신앙을 하면서도 살인 충동으로 자극받지는 않았다. 왜 그랬을까? 그때는 왜 살인 충동이 없었을까? 부모의 영혼이 하늘나라로 올라간 상태에서 악마가 몸을 빼앗았다고 생각하면서도, 그들을 죽이려고 하지 않았다. 왜 그랬을까? 앤드류는 자신이 의붓엄마에게 한 행동 방식을 설명하지 못했다. 그리고 아버지에 관해 물었을 때 대답한 말이 나를 괴롭혔다. "아버지를 제압하기는 어려웠을 거예요." 이 말은 아버지의 덩치를 보면 정확한 관찰이었다. 때때로 아버지를 향한 악의를 표현하기도 했지만, 따뜻함도 표현했다. 둘 다 악마적인 도플갱어였으나, 피터를 향한 분노·반감과 아버지에게 가진 애정이 살인대상을 선택할 때 영향을 끼쳤다.

칼부림이 일어나기 전에 지닌 생각과 감정을 물었을 때, 앤드류는 긴장하며 "날 쫓아냈어요. 그게 살인으로 이어졌어요"라고 퉁명스럽게 대답했다. 그런 다음에 생각은 초점에서 벗어났다. 앤드류는 가족에게 신이 한 말을 아무렇게나 떠벌였다. 흥미롭게도 피터의 죽음과 관련된 신의 명령은 모순되었다. "난 그게 하느님의 뜻으로 일어난 일이라고 믿어요." 하지만 곧바로 이렇게 말을 이었다. "신은 내가 아무나 죽이기를 원치 않아요." 앤드류는 나와 함께 하는 시간에 신의 메시지를 자주 그리고 계속 모순되게 말했다.

생각을 표현할 때 나타나는 말의 연속성에 세심한 주의를 기울이는 것은 꽤 유용하다. 어떤 사람의 말에 담긴 연관된 생각을 따져보면 그 사람이 희미하게 느끼면서 받아들이기 힘든 감정적 갈등이 무엇인지 파악할 수 있다. 그리고 그 사람이 자신의 감정적 갈등을 자각하지 않고 무의식적으로 회피하는 방식이 무엇인지도 파악할 수 있다.

예컨대 아내에게 느낀 분노를 받아들일 수 없는 환자는 이렇게 말한다. "내 마누라는 너무 못돼먹었어요. 그러나 아내를 사랑해요. 애들한테 너무 잘해줘요." 이 말에는 환자가 아내에게 양면적인 감정을 느끼며 힘겨워한다는 사실이 드러난다. 이 환자는 상대방의 긍정적인 면을 들어서, 곧바로 자신의 바람직하지 않은 감정을 해소한다. 그녀의 긍정적인 모습이 진짜일 수도 있다. 하지만 이 환자는 아내에게 느끼는 부정적 감정을 부정하기 위해, 다시 말해 아내에게 지닌 부정적 감정을 없애기 위해 아내의 긍정적 모습을 사용했다.

내가 보기에 앤드류는 살인 충동에 양면적인 반응을 보였고, 평소에 정신 나간 태도로 그렇게 하고 있었던 것 같다. 살인사건이 일어나기 전에 의붓동생을 죽이는 것이 잘못이라고 생각했는지 물었을 때 다음과 같이 대답했다. "언제나 잘못된 것인지 알았어요. 그래도 내가 했어요. 어리석었어요. 그래도 난 천국에 갈 거예요. 난 그게 신의 뜻으로 일어난 일이라고 믿어요." 하지만 곧바로 이렇게 말을 이었다. "신은 내가 누구든 죽이기를 원치 않아요." 앤드류는 나와 상담할 때 자주 그리고 연속해서 신의 메시지를 모순되게 말했다. 살인에 앞서 나타난 앤드류의 내적 갈등은 비록 정상적인 형태는 아니지만, 살인 충동을 억누르려고 노력했음을 보여주었다. 그리고 살인이 잘못이라고 자각을 했다는 신호로도 보였다.

마지막 상담에서 앤드류는 내게 도움을 요청했다. 내가 감옥보다는 입원을 권유하기를 바랐고, 이는 매우 합리적인 요청이었다. 이 무렵 앤드류는 서서히 안정을 찾았기 때문에, 그의 요구는 합리적인 생각 같았다. 하지만 살인을 저지른 직후에 남미로 도피할 생각을 했을 때도 합리적인 생각을 했다. 비록 비현실적이기는 했으나, 이 생각은 거친 파도가 휘몰아치는 심리의 바다를 떠돌아다니며 끌어낸 실용적인 추론의 결과였다.

***

앤드류가 살인을 저지를 때 제정신이 아니라고 판단하려면, 범행 당시에 정신적 장애나 결함이 있다는 것을 밝혀야 한다. 이는 쉬운 일이었다. 꽤 오래 편집성 조현병을 앓은 병력이 있었고, 심지어 사건이 벌어지기 직전에 정신병원에서 퇴원한 이력이 있었다. 카프그라 증후군과 신경심리학적 결함으로도 고통받았다. 하지만 앤드류는 범행 당시에 자기 행동의 성질과 수준을 이해했다. 피터를 찔렀을 때, 손에 치명적인 무기인 칼을 들고 있다는 사실을 알았다. 그리고 피터에게 심각한 상해를 입힐 수 있다는 사실도 알았다. 앤드류는 의식과 지각이 있었다.

다른 관점으로 보면 앞서 말한 결론이 달라질까? 앤드류는 살인이 법적으로나 도덕적으로 잘못이라는 사실을 이해했을까? 피터에 대한 종교적 이해와 망상이 앤드류의 행동에 도덕적 정당성을 주었을까? 과거에 나는 피고인이 이런저런 형태의 종교적 명령 때문에 제정신이 아니라고 증언한 적이 여러 차례 있었다. 어느 정신병자는 아버지의 눈에서 악마를 보고 "내 이름으로 그를 죽여라"라고 신이 말하는 소리를 들었다. 그리고 곧바로 아버지의 심장을 찔렀다.

그러나 앤드류는 이 정신병자와 달랐다. 물론 앤드류도 정신병자였고 신으로부터 계시를 받았다. 하지만 신의 계시는 분간할 수 없을 정도로 뒤섞였고, 앤드류를 살인으로 이끈 것은 뒤섞인 계시 가운데 일부였다. 게다가 살인을 저질렀을 때 가족들, 특히 방을 빼앗은 피터를 향한 원망과 분노로 끓어오른 상태였고, 얼마 뒤 요양시설로 가게 되어있었다. 자기 방을 빼앗긴 것에 그치지 않고, 집에서 살 수 있는 권리마저 잃은 상태였다.

자기를 짓누른 원망과 분노, 살인에 대해 양면적인 신의 메시지, 사건 직후에 나타난 생각과 행동을 모두 고려해보면, 앤드류가 적어도 자기 행동의 불법성은 어느 정도 이해한 것으로 볼 수 있었다. 내가 보기에 앤드류의 범행에는 정신질환만이 아니라 너무나도 자연스러운 다이모닉 충동도 영향을 미쳤다.

나는 앤드류가 의붓동생을 죽였을 때 제정신이었다고 판단했다. 그리고 의붓동생을 죽인 것이 법적으로나 도덕적으로 잘못이라는 사실도 알았다고 판단했다. 신의 계시는 복잡하게 뒤섞였지만, 이 중에서 치명적인 계시를 따랐다.

정신 이상을 판단하는 맥노튼 검사에 해당하는 캘리포니아의 법적 기준은 '인지검사'라고 불린다. '인지검사'에서 피고인이 정신질환을 인정받으려면, 불법 행위를 저지를 때 합리적 인식능력이 손상됐다는 것을 입증해야 한다. (자제력이 충분치 못한 것과 같은) 의지의 취약성은 인정되지 않는다. 앤드류가 다른 기준을 가진 주에서 재판을 받았다면, 나도 다르게 판단할 수 있었다. 예컨대 미국법연구소가 제안한 기준을 채택한 주도 많다.[16] 이 기준에서는 정신장애로 행위의 불법성을 인식하지 못하는 것만이 아니라, 법의 요구에 맞추어 행동할 능력을 실질적으로 갖추지 못한 사람도 정신이상으로 판단된다. 곧 의지의 취약성도 고려된다.

앤드류는 살인을 저지른 순간에 감정을 통제할 능력을 너무 쉽게 잃었다. 마음은 망상으로 쪼개졌고, 자기 방에서도 쫓겨난 상태였다. 심지어 집을 떠나 요양시설로 가야 했고, 신경심리학적 결함으로 시달렸다. 정신은 만성적으로 혼돈에 빠졌고, 심리적 자원이 한정되어 스트레스를 관리할 수 없는 상태였다. 내면에서는 이럴 수도 저럴 수도 있는 양면적인 충동이 날뛰었다. 그러나 맹렬한 분노를 억제할 능력은 고갈되었다. 한마디로 의사결정 능력은 바닥에 처박혔다.

스콧 씨에게 앤드류를 정신 이상으로 단정할 수는 없다고 말했다. 하지만 앤드류가 계획적으로 결과를 깊게 따져서 살인을 저질렀다고 믿지는 않는다고 말했다. 앤드류에게는 살인을 저지를 때 냉정하게 자신의 행동을 따져본 뒤에 형성된 의도성이 없었다. 다시 말해 신중하게 원인과 결과를 따져보는 사고과정을 거쳐 형성된 의도성이 없었다. 왜냐하면 심각하게 분열된 정신이 성숙한 심리적 사고기능을 덮어버렸기 때문이다. 결론적으로 앤드류는 1급이 아니라, 2급 살인 혐의를 받을 수 있다고 내 의견을 밝혔다.

**

나는 변호인 스콧 씨에게 개인적으로 사건 의뢰를 받았다. 법원도 따로 2명의 전문가를 선임해서 앤드류를 평가하게 했다. 한 사람은 앤드류가 제정신이 아니라는 의견을 제시했고, 한 사람은 제정신이라는 결론을 제시했다. 스콧 씨는 나를 유죄 여부를 판별하는 단계의 재판에서 증인으로 세웠다. 법원에서 선임한 두 전문가는 정신 이상을 판별하는 단계에서 증언했다.

증인 신문에서 나는 앤드류의 심각한 정신장애와 신경심리학적 기능의 한계에 초점을 맞추어 증언했다. 검사의 반대 심문은 일반적인 살인 사건 재판의 기준으로 보면 무척 온화한 편이었다. 검사는 앤드류가 피해자에게 점점 더 크게 분노했다는 사실과 살인을 저지른 뒤에 보인 침착한 행동에 집중했다. 검사는 배심원들에게 앤드류가 분노해서 살인을 저질렀고, 살인할 때 나름대로 침착하고 깊게 생각했다고 설명했다.

유죄 여부를 판별하는 단계의 재판에서 앤드류는 2급 살인 혐의로 유죄 판결을 받았다. 그러나 정신 이상을 판별하는 단계의 재판에서는 같은 배심원단에게 정신 이상을 이유로 무죄 판결을 받았다.

***

재판이 끝난 뒤 스콧 씨가 배심원들에게 조사를 위해 질문을 하자, 배심원들은 전문가 증언이 결정을 내리는 데 그다지 도움이 되지 않았다고 솔직하게 말했다. 배심원들은 기록에 분명히 남은 앤드류의 정신질환 이력에 흔들렸다. 특히 질환의 심각성과 난치성에 영향을 받았다. 그리고 반복된 입원에도 영향을 받았다. 배심원들은 앤드류가 "너무 아프고" 비이성적이어서, 옳고 그름을 이해할 수 없다고 결정했다. 흥미롭게도 연구자들의 조사에서는 사람들이 대부분 정신 이상이나 심리적 장애를 내세운 변호에 크게 불만을 느끼는 것으로 나타난다. 일반적으로 범죄자가 정당한 처벌에서 벗어나려고 이런 변호 전략을 사용한다고 생각한다. 하지만 정신 이상 재판이 받아들여지는 비율은 지극히 낮아 겨우 1%밖에 되지 않는다. 게다가 재판으로 받아들여진 1%조차도 75%는 [법의학 전문가, 검사, 판사 같은] 진실을 밝히려고 최선을 다하는 사람들에게 인정받지 못한다.[17] 그리고 제정신이 아니라고 인정받은 25%조차도 심각한 정신질환으로 명백하게 밝혀진 경우이다.

앤드류도 마찬가지였다. 나는 유죄 여부를 판별하는 단계의 재판에서 증언하면서 앤드류가 심각한 정신장애가 있다는 증거를 제시하면서 심각한 정신장애를 신경 정신과 질환으로 묘사했다. 하지만 법적 절차에서는 앤드류의 질환이 살인에 어떻게 직접 영향을 끼쳤는지, 곧 사건의 '궁극적인 원인'에 관해서는 전문가가 직접 의견을 밝힐 수 없게 제한했다. 이 문제는 내가 전문가로서 앤드류의 정신상태를 설명한 내용을 참고해서 배심원들이 결정할 문제였다. 살인을 저지를 당시에 앤드류의 심경을 직접 설명할 수 없게 한 법적 제한 때문에 배심원들이 내 증언에 만족할 수 없었던 것은 아닌지 의심된다. 검사와 변호사가 저마다 자기 관점을 강조하기 위해 유도 질문을 던진 것도 혼란을 일으켰을 것이다. 배심원들은 다른 결론을 내세운 두 명의 전문가와 마주했다. 검사의 주장이나 변호사의 주장이나 따로 떼어놓고 보면 말이 된다. 그러나 두 주장을 합쳐서 보면 말장난을 하는 것처럼 보일 수도 있다.

이 모든 상황을 고려한 후 배심원단은 앤드류 사건에서 정신 이상을 내세운 변호가 '무죄로 감옥을 벗어나기 위한' 술책이 아니라는 결론을 내렸다. 배심원단은 앤드류를 살인을 저지르고 빠져나가려는 교활한 피고인으로 보지 않았다. 배심원단이 보기에 앤드류는 정당한 대가를 피하려는 폭력적인 범죄자가 아니었다. 앤드류는 배심원들에게 추상적인 인간이 아니라 피와 살이 있는 인간이었다. 그리고 사람들이 일반적으로 가지고 있는 상식에 기초해서, 열두 명의 배심원단은 모두 앤드류를 한 명의 매우 불안한 청년으로 보았다.

앤드류가 제정신이 아닌 것으로 밝혀져 기뻤다. 그리고 안심이 되었다. 하지만 법을 해석하고 이해하면서 내린 결론과는 달랐다. 나는 앤드류가 제정신이 아니라는 결론을 내릴 수 없었다. 내 판단이 너무 경직됐을까? 법을 지나치게 글자 그대로 해석하고, 그 안에 담긴 정신을 놓쳤을까? 확신할 수 없다. 하지만 나도 앤드류가 큰 결핍요소가 있는, 사악하고 냉혹한 살인자라고 믿지는 않았다. 앤드류가 저지른 끔찍한 범죄는 황폐해진 정신 때문에 생겨난 갑작스러운 충동의 결과였다.

다음 장에서는 멀쩡한 정신에도 천연덕스럽게 악랄한 범죄를 저지른 끔찍할 정도로 잔인한 사람을 살펴볼 것이다.

매력적인 악마, 사이코패스

초자연적인 악의 근원을 믿을 필요는 없다.

인간만이 모든 악행을 저지를 수 있다.

— 조지프 콘래드

어떤 면에서 랜들은 평범한 30대였다. 나라를 위해 10대 후반에 해병대에 입대했다. 좋지 않은 시력을 숨기려고 남몰래 콘택트렌즈를 끼고 신체검사를 받았다. 그러나 훈련을 받다가 그 사실이 밝혀져 모든 절차가 취소되는 바람에 짐을 싸고 집으로 돌아와야 했다. 해병대원이 되고 싶었던 랜들은 멋진 군복을 입고 나라를 위해 싸우는 모습을 꿈꿨다. 하지만 이제 그런 소망은 왼쪽 어깨에 새겨진 해병대 문신으로만 남았다. 랜들이 스스로 전사라고 즐겨 생각했다는 사실을 가족에게 들었다. 그리고 비록 한 달도 되지 않은 복무기간이었으나, 해병대 문신을 뽑냈다는 사실도 들었다.

바꾸어 말하면, 랜들은 어떤 역할을 맡아 중요한 사람이 되고 싶은 야망을 품은 사람이라고 말할 수 있다. 이러한 야망은 일찍 싹튼 것처럼 보인다. 가톨릭 신자로서 [미사에서 사제를 돕는] 복사로 활동했고, 신학교에 입학해서 신부가 되겠다고 말하기도 했다.

겉으로 보기에 랜들은 성취감을 안겨주는 전통적인 생활방식에 정착한 사람처럼 보였다. 서른세 살에 결혼했고, 임신한 아내와 두 살배기 딸과 함께 자기 소유의 집에서 살았다. 열심히 일해 업무 능력을 인정받았고, 이달의 사원으로 뽑혀 회사에서 발간하는 월간 소식지에 기사가 실리기도 했다. 윗사람들에게 능력을 인정받아서 거래를 성사하는 방법을 신입 사원들에게 교육하기도 했다.

랜들은 큰 키와 짙은 색의 머리카락이 돋보이는 미남이었다. 온화한 미소와 상냥한 말투는 왜 그렇게 많은 사람, 특히 여성에게 사랑을 받았는지 쉽게 이해할 수 있게 했다. 매력적인 외모와 설득력 있는 말솜씨, 권위 있는 모습은 모두 뛰어난 영업의 무기가 되었다. 랜들은 훌륭한 직업을 가질 운명을 타고난 것 같았다. 아름다운 아내와 어린 딸, 배 속의 아이와 함께 모든 것을 누리며 성공으로 나아갈 사람처럼 보였다.

그래서 랜들이 딸과 임신한 아내를 살해한 혐의로 체포되자, 모든 사람이 깜짝 놀랐다. 변호인에게 전화를 받기 전에, 나는 자신의 가족을 살해한 혐의를 받는 어떤 용의자가 체포되었다는 소식을 라디오로 들었다. 일반적인 사건에서 남편이나 남자친구는 배우자나 연인이 떠난다는 생각에 미쳐 날뛰거나 혹은 걷잡을 수 없는 이상한 감정 때문에 살인을 저지른다. 하지만 이 사건은 그렇지 않았다. 첫 통화에서 변호인이 가장 기본적인 내용만 간추려 알려주었지만, 사건의 잔혹함과 무정함에 놀랐다. 내용이 사실이라면, 랜들은 가족을 살해하고 시신을 유기했다. 심지어 체포되기 전에 경찰에 가족이 실종되었다고 신고까지 했다. 살인을 저지를 당시에 랜들은 아내인 엠마와 별거를 시작하고 6개월 정도 지난 상태였다. 별거 후 엠마가 앙심을 품고 얼마후 태어날 아기와 딸 카라를 자기와 만나지 못하게 계속 막으려 했다고 주장했다.

나중에 아내의 시신은 랜들의 아파트에서 운전해서 갈 수 있는 근처 국립공원의 그리 깊지 않은 골짜기에서 발견되었다. 카라는 여전히 실종된 상태였다. 엠마의 집에서 나온 법의학 증거에서 피해자 두 사람의 혈흔이 발견되었다. 그것은 엠마와 카라의 혈액 샘플과 일치했다.

랜들은 가족이 실종되었다고 신고한 지 3주쯤 지나서 체포되었다. 놀랍게도 그사이에 자기 아파트에 동료와 이웃을 불러 파티를 열기도 했다. 검거되었을 때에도 새 여자친구와 함께 휴가를 즐기러 뉴욕으로 가던 길이었다. 랜들은 로스앤젤레스 국제공항에서 붙잡혔다.

이런 경우 흔히 그렇겠지만, 내가 보인 즉각적인 반응도 다른 이들과 다르지 않았다. 임상적인 반응이라기보다는 본능적인 반응이었다. "말도 안 돼. 그럴 리가 없어. 어떻게 사람이 그럴 수 있어?" 직감적으로 섬뜩한 공포를 느꼈다. 무슨 일이 일어났을까? 랜들의 임신한 아내는 죽었고, 혈흔은 어린 딸도 살해됐다고 확인해 주는 것 같았다. 격렬히 고동치던 세 개의 심장에서 이제 막 여행을 시작한 심장과 다른 한 개의 심장이 영원히 멈추었다. 나머지 하나의 심장은 아직 확인되지 않았다. 왜 사람들이 이런 악의가 인간성의 타락을 넘어 초자연적인 악에서 나온다고 믿는지 나는 이해할 수 있다. 하지만 악을 영적으로 해석하는 것은 내 전문영역이 아니다. 나는 이런 악의가 지나친 흥분 때문에 생긴 탈선과 심리 상태의 왜곡에서 나오는 것으로 간주한다. 이것은 융이 말하는 어두운 그림자의 끝이고, 다이모닉 스펙트럼에서도 사악함의 정점이다.

여러 경로로 확보된 법의학적 증거는 반박할 수 없었다. 랜들은 임신한 아내와 딸을 살해했지만, 전혀 개의치 않고 평온하게 살았다. 가장 끔찍한 악의 얼굴이 드러났다.

랜들의 변호인은 "되도록 빨리" 랜들을 만날 수 있는지 나에게 물었다. 살인사건이 발생한 지 얼마 지나지 않았으므로, 살해 당시 랜들의 행동에 영향을 미칠 수 있는 정신과적 증상의 심각성을 평가할 여지가 있었다. 변호인의 요청을 받고, 나는 곧바로 일정을 조정했다. 아직 어떤 기록도 검토하지 않았고, 랜들을 아는 사람이나 가족과 아무 이야기도 나누지 않은 상태였다.

텔레비전과 신문으로 얼굴을 대충 보았지만, 막상 교도관들이 랜들을 데려왔을 때 나는 깜짝 놀랐다. 185cm 정도의 키에, 날씬하면서도 잘 다듬어진 근육을 지닌, 정말 잘생긴 미남이었다. 칠흑 같은 검은 머리와 옅은 청록색 눈은 참으로 매혹적이었고, 부드러운 목소리와 온화한 미소는 매력을 한층 더해주었다. 첫눈에 이 사람은 영업을 위해 태어난 사람이라는 생각이 들 정도였다. 처음 보았는데도 랜들은 신뢰감을 뿜어냈다.

랜들은 내가 오기를 기다린 듯했다. 내 이름을 부르며, 자기를 만나러 와줘서 고맙다고 인사했다. 마치 오해를 풀고 싶은 사람처럼 뭔가 말하려다 미묘하게 얼버무렸다. 체포되기 전에 어떻게 살았는지 내가 묻자, 갑자기 부드럽던 그의 태도가 날카롭게 변했다. 죽은 아내가 자기에게 "스트레스를 줬다"고 불평하며 "기본적으로 저속하고 … 평범하고 … 폭력적인 사람"이라고 죽은 아내를 비난했다. 이어서 아내의 '미친 짓' 때문에 체포되었지만 그전에 사업이 얼마나 잘 나갔는지 이런저런 자랑을 마구 늘어놓았다. 사람을 녹일 듯한 다정함과 손가락조차 담글 수 없는 오싹한 독극물 사이를 오가는 극단적 모습이 상담을 시작한 뒤부터 줄곧 되풀이되었다.

그리고 아내를 살해한 혐의와 딸이 실종된 비밀이 파헤쳐진 뒤에는 돌로 쌓은 장벽이 나타났다.

***

나는 랜들과 첫 만남에서 앞으로 자주 볼 것이며 상담 내용은 비밀이 지켜질 것이라고 설명했다.

이날은 우선 랜들의 과거와 체포될 때까지 일어난 일을 알고 싶었다. 지금 어떻게 견디는지도 알고 싶었다. 이번 사건처럼 충격적이거나 끔찍한 일로 기소되면, 수감 초기에 초조하고 우울해져서, 사람을 몹시 경계하거나 자살 충동을 느낄 수 있기 때문이다.

사건이 언론에 대대적으로 보도되면 일반적으로 피고인은 자신이 악당으로 낙인찍혔다는 절망감을 느끼기 마련인데 랜들은 전혀 달랐다. 그는 자신만만하고 여유로운 태도로 낭만적 기량을 한껏 뽐내며 자신과 자기 삶에 관해 거침없이 이야기했다.

랜들은 체포되기 전까지 최근의 여자친구인 홀리스와 콘도에서 함께 살았다. 두 사람은 랜들의 이혼이 결정되는 대로 결혼할 계획이었다. 두 사람의 은밀한 관계는 살해된 아내인 엠마와 헤어지기 전부터 시작되었다. 엠마와 결혼생활을 하면서도 여러 여자와 잠자리를 함께 했는데 홀리스는 그중 한 명이었다. 분명히 랜들은 자신과 관계를 맺은 여자들에 대해 자랑하는 것을 즐기는 것 같았다. 어떻게 여자들이 자기에게 끌렸는지, 엠마와 결혼생활을 하는 동안에 여러 명의 여자친구가 어떻게 자신을 쫓아다녔는지 계속 떠벌렸다. 랜들은 과거 연인관계나 결혼생활에도 문제가 많았다. 그러면서도 자기의 바람기는 엠마의 정서적 불안정에 실망했기 때문에 생겼다고 살해된 아내를 탓했다.

랜들에게는 불과 몇 년 사이에 두 차례의 불륜관계에서 생긴 두 명의 자녀가 더 있었다. 한 아이의 엄마는 "놀랍게 아름다웠다." 랜들은 술집에서 그녀를 보자마자 "그녀가 내 아이를 가져야 한다고 결정했다." 하지만 그녀는 결혼하기에는 "너무 미쳤다." 랜들은 그녀의 아이나, 다른 불륜관계에서 태어난 아들과 이제껏 한 번도 연락한 적이 없었다.

첫 결혼 상대는 자기보다 여덟 살 많은 콘수엘라였다. 그녀는 결혼할 때 이미 3명의 자녀가 있었다. 콘수엘라와 결혼생활은 처음 몇 년은 "그냥 좋았다." 하지만 랜들은 영업업무로 자주 출장을 다니며 계속 바람을 피웠다. "여자들에게 관심을 많이 받았어요"라고 뿌듯하게 말했다. 그는 의붓자식들을 사랑했으나, 그들을 돌보는 데 들어가는 비용이 너무 아까웠다. 결국 갖은 출장과 의붓자식들 양육비 문제로 결혼생활은 파탄으로 끝났다.

랜들의 두 번째 아내는 베로니카였다. 그러나 두 사람의 관계는 오래가지 못했다. 두 번째 아이의 엄마인 매리언이 베로니카에게 랜들의 아기를 가졌으며 그것도 베로니카와 랜들이 결혼하기 전날 밤에 임신했다고 알렸기 때문이다. 랜들은 자신을 쫓아다닌 예전 여자친구들에 관해 투덜대면서도 자랑스럽게 여기는 듯했다. 그의 말에 따르면, 심지어 불륜현장에서 아내와 여자친구들이 마주친 일도 있었다. 엠마와 관계로 돌아가서, 랜들에게는 바람을 피우는 자신의 행동이 엠마의 감정적인 문제와 아무 상관이 없어 보였다. 랜들은 바람을 피운 동기를 이렇게 설명했다. "그것은 마치 어떤 여자는 어떤 여자 나름대로 매력이 있고, 다른 여자는 다른 여자 나름대로 매력이 있는 것 같아요"

초기 상담의 처음 몇 시간은 주로 랜들의 바람기에 초점이 맞춰졌다. 화제를 삶에 관한 것으로 넓혀보려고 했지만, 자신의 매혹적인 모습에 얼마나 많은 여성이 매력을 느꼈는지 자랑하는 얘기로 항상 되돌아갔다. 임신한 아내와 아이를 살해한 혐의로 감옥에 갇힌 자신의 처지는 아랑곳하지 않고 거침없이 이런 이야기를 떠들었다. 살인을 둘러싼 행동을 설명하기도 전에 벌써 내 마음속에 자아도취에 빠진 뻔뻔한 남자의 그림이 떠올랐다.

***

나는 보통 상담 초기에는 피고인이 어떻게 살아왔는지 인생사를 자세히 탐구하는 데 많은 시간을 들인다. 피고인의 인생사를 탐구하는 것은 여러 가지 도움이 된다. 최근에 겪은 고통을 서로 얘기하다 보면 마음이 편해질 수 있기 때문이다. 랜들이 여성 관계를 거리낌 없이 떠벌리는 것을 (부적절하게도) 너무 편안하게 생각했지만, 그래도 화제를 바꿔 아내와 관계는 어땠는지 그리고 죽은 가족에게 무슨 일이 있었는지 랜들의 생각과 의견을 알아보기로 했다.

랜들과 엠마는 직장에서 처음 만나자마자 서로 눈이 맞았다. 랜들은 당시 다른 여자와 함께 살고 있었다. 하지만 엠마는 "뜨거웠고" 랜들에게 "빠졌다." 3개월 뒤에 엠마는 임신했고, 둘은 카라가 태어나기 전부터 같이 살았다.

그런데 엠마는 아기가 태어난 뒤부터 행동이 바뀌었다. 언제나 소유욕이 강했던 엠마는 "출산 후 호르몬 변화에 상당한 영향을 받는 상태"였고, "이상하게 행동했다." 랜들은 그녀를 "지독한 … 편집증"이라고 묘사했다. 갓난아기와 함께 집에 머무르기 위해 일을 그만둔 엠마는 끊임없이 랜들이 "어디에 있는지 확인하려고 전화를 해댔다." 집에 늦게 들어오면 신경질을 내며 바람을 피웠다고 비난했다. 나는 랜들의 말을 묵묵히 듣다가 여자들과 어울린 그의 이력을 생각하면 엠마의 반응도 충분히 이해할 수 있을 것 같다고 말하자 내 말에 동의하면서도, 여전히 그녀를 "신경질적이었다"고 비난했다. 엠마는 랜들이 다른 여자와 함께 있는 것을 발견하면 자살하겠다고 협박했다.

"그녀는 늘 자살을 이야기했어요." 그러나 그런 말이 "아이를 낳은 다음부터 생긴 일"이라 곧 "진정"되기만을 바랐다.

하지만 그렇게 될 수 없었다. 랜들은 눈빛이 차갑게 바뀌며 "엠마가 결혼하기 전에 자살을 시도해서 정신병원에 입원했다는 사실을 알게 되었다"라고 말했다. (엠마가 출산한 뒤에 감정이 변화한 것을 감사히 여겨야 한다는 말을 그녀의 어머니한테서 들을 때 우연히 엠마가 정신병원에 입원했던 사실도 함께 알게 되었다.) 랜들은 곧바로 경멸하는 기색을 띠며 "그런 사람과 엮이는 것을 다시 생각해 보았죠"라고 싸늘하게 말했다.

엠마의 "미친 질투"가 만성적으로 반복되었고, 사랑과 헌신을 확인시켜 달라고 랜들에게 필사적으로 매달렸다. 의사는 엠마의 행동을 산후우울증과 약 때문이라고 말하며 그녀에게 육아에 관한 도움을 받으라고 권했다. 그래서 엠마의 어머니가 육아를 돕기 위해 집을 찾아오기 시작했다. 그러나 랜들은 엠마와 장모의 관계는 어릴 때부터 문제가 있었다고 말했다. 장모를 "나쁜 년"이라고 욕하면서, 딸과 손자를 돌보는 대가로 돈을 요구했다고 목소리를 높였다.

시간이 흐르면서 엠마의 감정적 흥분은 잦아들었지만, 소유욕은 여전했다. "더는 참을 수 없었어요." 엠마에게 "문제를 해결하고 싶지만, 내 방식대로 할 거야"라고 통보하고 랜들은 자신의 아파트로 이사했다. 하지만 엠마와 두 살이 다 되어가는 카라를 (그의 말로는) 계속 재정적으로 정서적으로 지원했다. 엠마가 집에서 더 많은 시간을 보낼 수 있게 장모에게 주급을 주었고, 금액도 점차 늘려갔다.

놀랍게도 엠마는 처음에 별거와 이사를 받아들였다. 하지만 이사를 하고 나서 엠마를 집들이 잔치에 초대했을 때, 그녀 때문에 랜들은 친구들 앞에서 망신을 당했다. "하는 짓이 완전히 미친 것 같았어요." 그녀는 갑자기 화를 내며 "내 친구들 앞에서 비명을 질렀어요. 화장실에 틀어박혀 비명을 지르고 울고불고 난리였어요." 화장실 문을 부수고 들어갔을 때 엠마는 미친 것처럼 보였다. 그리고 이전처럼 또 자살하겠다고 협박하며, 거울에 머리를 마구 들이박았다.

랜들은 엠마를 진정시킬 수 있게 사람들에게 자리를 피해 달라고 부탁했다. 아기를 돌보고 있는 장모에게 전화를 걸어서 집에서 무슨 일이 있는지 물어본 다음에 별일이 없다는 것을 확인하고 그녀를 집으로 데려다주겠다고 말했다. 장모에게 전화하는 사이에 엠마가 아파트 발코니로 나가서 뛰어내리겠다고 위협했다. 간신히 안으로 끌어들인 후 집에 데려다주겠다고 했지만, 엠마는 카라를 죽이고 자기도 목숨을 끊겠다고 위협했다. 그는 어쩔 수 없이 경찰에 전화했다고 나에게 말했는데 911은 아니었다. (나중에 확인했을 때 경찰에 신고한 기록이 없었다.) 랜들에게 왜 911에 전화하지 않았는지 이유를 물었더니 별 생각 없이 대답했다. "모르겠어요."

그날 밤 랜들은 엠마를 집으로 데려다주었고, 장모가 아침까지 함께 있었다. 그리고 장모는 엠마와 카라를 장모의 집으로 데려가서 며칠 함께 지냈다.

***

1년쯤 지나자 엠마가 정서적으로 훨씬 안정되었다. 그녀의 "신경질적인 사건"은 끊이지 않고 계속되었으나, 횟수가 많이 줄어들었다. 엠마는 정신과 약을 처방받았으나, 모든 치료를 거부했다. 그가 정기적으로 카라를 찾아갔던 것이 엠마의 정서 안정에 도움이 되었다고 말했다.

별거를 시작한 해가 지나갈 무렵 토요일에 (랜들과 엠마, 카라) 세 사람은 디즈니랜드로 여행을 갔다. 여행하면서 랜들과 엠마는 이틀 밤 모두 관계를 가졌고, 그녀는 임신을 했다.

지금까지 한 이야기를 돌아보며 내가 어리둥절한 표정을 짓자, 랜들은 이렇게 말했다. "엠마는 한동안 평온했어요. … 선생님 말씀이 맞아요. 내가 무책임했어요."

엠마가 임신한 동안에 랜들은 몰래 홀리스와 새살림을 차렸다. 그리고 홀리스와 샌프란시스코로 여행을 간 사이에 엠마에게 전화가 왔다. "제기랄, 그때부터 빌어먹을 악몽이 시작됐어요." 엠마는 랜들이 두 살림을 하는 것을 알고 "폭발"해서는, 다시 카라를 죽이고 자살하겠다고 위협했다. 랜들은 장모에게 전화를 걸어 집으로 가서 엠마와 함께 있어 달라고 부탁했다. 그리고 엠마에게서 온 전화 내용과 엠마가 협박한 내용을 장모에게 전해주었다.

랜들에게 경찰을 불렀는지 물었더니 엠마가 곧 진정될 것으로 생각해서 장모한테만 전화하고 경찰에는 도움을 요청하지 않았다고 말했다. 엠마가 이런 식으로 자살하겠다는 협박을 너무 많이 해서 자기와 장모는 이제 "무덤덤"해졌고 오히려 걱정보다는 화가 났다고 짜증스럽게 말했다.

캘리포니아 남부로 돌아온 랜들은 카라를 보러 가서 엠마가 어떻게 지내는지 살펴보았다. "히스테리 상태였어요." 엠마는 홀리스를 "창녀 … 쌍년"이라고 욕하며 칼을 꺼내서 목에 대고 자살하겠다고 협박했다. 랜들은 화가 났지만, 엠마의 손에서 칼을 빼앗아 자해를 막으려 했다. 이 과정에서 랜들은 "칼에 손이 베었다." 베인 상처가 심각해 왼손 힘줄이 손상되었다. 칼을 빼앗기 전에, 엠마는 스스로 어깨와 목을 칼로 찔렀다. 출혈은 있었으나 심하지는 않았다. 랜들에게 칼을 빼앗긴 뒤에 엠마는 울면서 바닥에 쓰러졌다.

랜들에게 911에 전화를 했는지 물었더니 "전화를 하려다 그만뒀어요."라고 대답했다.

랜들은 카라가 어떤지 보려고 방으로 들어갔다. "카라는 거기에 없었어요." 랜들은 침대 위에 놓인 드레스에 핏자국이 있는 것을 보았다고 말했다.

나는 의심의 눈초리로, 왜 그때에도 911에 전화를 하지 않았는지 물었더니 왜 그랬는지 잘 모르겠다고 성의 없이 대답했다. 카라의 드레스에 있는 핏자국과 카라의 행방에 관해 엠마에게 확인해 봤는지 내가 다시 물어보자 아니나 다를까 확인하지 않았다고 대답했다. 그리고 그 이유를 밝히지 못했다. 나는 사건 당시에 카라의 할머니가 그곳에 있을 수도 있겠다고 생각해서, 혹시 카라의 할머니를 불렀는지 물어보았으나 역시 부르지 않았고 이번에도 이유를 말하지 못했다. "아무 생각이 없었어요"라고 태연하게 말하는 것이 다였다.

그러고 나서 랜들은 엠마의 집을 나와서 자기 아파트로 돌아왔다.

비극적일 수도 있는 그런 끔찍한 상황에서 무덤덤한 태도를 보인 것이 의아하다고 내가 묻자 그는 동의하면서 "굳이 변명하자면, 아무 생각도 없었어요"라고 담담하게 대답했다. 그러다 조금 뒤에는 엠마가 벌이는 극적인 상황에 너무 익숙해져서 자기 반응이 심드렁해진 상태였다고 슬며시 말꼬리를 흐렸다.

이틀 뒤에 랜들은 손이 제대로 낫지 않아 치료를 받으러 병원에 갔다. 그는 병원 의료진에게 부엌에서 베였다고 말했다. 그는 나에게 엠마를 곤란하게 하고 싶지 않아서 일부러 거짓말을 했다고 해명했다. 그리고 며칠 뒤에 엠마와 카라가 어떻게 지내는지 살펴보려고 집에 갔지만 아무도 없었다. 랜들은 이번에도 또 경찰을 부르지 않았다. 그래서 나는 장모에게 전화했는지 다시 물어보았다. 마찬가지로 이번에도 그렇게 하지 않았다고 말했다. 이유는 너무나 단순했다. "모든 문제에서 조금 벗어나 있고 싶었어요."

***

이후 몇 차례 더 상담을 진행하면서, 본격적으로 범행을 논의하기 전에 랜들의 사생활을 더 풍부하게 이해하는 데 집중했다. 그는 어머니, 외조부모, 빌과 앤디라는 두 명의 외삼촌, 이모인 마사와 함께 살았다. 아버지와 연락을 하고 지낸 적이 없었다. 아버지는 다른 여자와 결혼해 두 명의 자녀가 있었다. 랜들이 태어났을 때 열일곱 살이었던 어머니는 다른 남자와 결혼해 다른 도시로 갔고, 랜들은 외조부모에게 남겨졌다. 이때 랜들의 나이는 열 살이었다. "엄마의 새 남편을 좋아하지 않았어요." 대신에 외조부모, 이모, 외삼촌들은 물론이고, "사람들에게 관심을 많이 받았다"고 회상했다.

랜들은 자신의 어린 시절을 추켜세웠다. 외조부모는 그를 귀여워했고 그를 학대한 적이 전혀 없었다. 학교에서 평범한 학생이었지만 스스로 흥미를 느끼고 열심히 노력했다면 더 잘할 수 있었다. "학교는 지루했어요." 대신에 운동을 좋아했고 고등학교 때 육상을 했다. 친구를 쉽게 사귀며 학교와 교회에서 늘 인기가 있었고 여자친구들이 참 많았다.

고등학교를 졸업한 뒤에 지역의 전문대학에 입학해서 경영학 수업을 들었다. 하지만 흥미를 느끼지 못해 중퇴하고 해병대에 입대했다. "뭔가 신나는 걸 하고 싶었어요. 화끈한 거요." 하지만 시력 문제 때문에 쫓겨났고, 전문대학에 다시 들어가 재학 중에 종이제품을 판매하는 업체의 재무부서에서 아르바이트했다. 그곳에서 700달러 정도의 수표 몇 장을 불법적으로 사용하다 상사가 이 사실을 알고 경찰에 신고했다. 결국 경찰에 체포되어 유치장에서 하루 갇혀있다가 보호 관찰 처분을 받은 후 풀려났다. 보호 관찰 처분 기간에 별 사고 없이 필요한 과정을 잘 마쳤다. 랜들에게는 보호 관찰 처분 외에 다른 전과가 없었다.

수표의 불법적 사용이 랜들의 유일한 '탈선'이었다. 그는 "나는 훌륭한 교육을 잘 받은 편이에요"라고 말하며 자랑스러워했다. 랜들은 성인이 된 뒤 대부분 영업업무에 종사했고, 자신의 직업을 좋아했다. 아울러 체포되기 전까지 하던 마지막 직업을 "사랑했다." 그는 국제적인 호텔 체인의 회원권을 판매하는 일을 담당했다. 자주 출장을 다녔고, 정기적으로 많은 사람 앞에서 영업했다. 호텔 체인 회원권을 구매하도록 다른 사람을 설득하는 것, 곧 "마음을 바꾸게 하는 영업"은 무척 자극적이었다. 특히 회의적인 고객과 거래를 성사시켰을 때 짜릿함을 느꼈다. 그리고 호텔 체인 회원권 판매 영업에서 매우 뛰어난 능력을 보였다.

고통스러운 과거이든 낭만적인 과거이든, 누군가 자신의 과거를 말로 번지르르하게 포장해 그럴듯한 기억과 이미지로 묘사할 때면 나는 항상 반사적으로 회의감에 휩싸인다. 랜들은 무신경한 어머니와 아버지의 부재나, 그들에 대한 그리움 때문에 고통을 겪지 않았다고 주장했다. 그는 늘 사랑을 받았다. 마약이나 알코올과 관련된 문제도 전혀 없었다. 자기 일을 좋아했고, 최고의 영업사원이었다. 무심코 저지른 실수와 경범죄를 제외하면, 그는 꽤 정직하고 정상적인 사람이었다. 적어도 이 사건이 벌어지기 전까지는 그랬다.

랜들은 매끄럽고 묘한 매력이 있었지만, 자신의 일차원적인 자아상에 눈이 멀어 있었다.

***

다른 주에 사는 가족들과 전화로 상담할 수 있었다. 외할머니는 가벼운 치매를 앓고 있어서 통화할 수 없었고, 외할아버지는 돌아가셨다. 하지만 외삼촌들에게 성장기에 있었던 일을 자세하게 들을 수 있었다. 랜들은 외할머니에게 말 그대로 눈에 넣어도 아프지 않을 손자였다. 외삼촌들 말을 들어보면 그의 어린 시절은 대체로 평온했고 서로 친근하게 지낸 것 같았다. 일상적인 걱정거리를 세세하게 이야기하는 편은 아니었으나, 보살핌이 전혀 필요 없지는 않았다. 랜들은 분노를 터뜨리거나 지나간 일을 곱씹는 경향이 있었다. 어떤 문제는 빌 삼촌도 잘 기억하지 못해 나에게 알려주지 못하는 부분도 있었다. 중학교에 다닐 때 외할머니는 랜들이 다른 아이를 따돌린 문제를 해결하려고 여러 번 학교로 불려갔다. 그리고 비열한 성질 때문에 학교 운동장에서 자주 싸움이 벌어지기도 했다. 과제 처리나 성적은 그에게 쉬운 문제였고, 선생님들도 랜들을 좋아했다. 그래서 랜들의 '비열한 면'이 드러났을 때 선생님들은 매번 놀라워했다.

빌 삼촌은 랜들을 뚜렷한 이유 없이 자주 거짓말을 하는 아이로 기억했다. 고등학교 다닐 때 수업을 빼먹어 결석한 사실이 출석부에 분명히 표시됐지만, 이 사실을 인정하지 않고 완강히 부인했다. 가족이 시시콜

콜 행동을 제약하지 않았는데도, 함께 어울리는 친구들이 어떤 애들인지 가족들에게 자주 거짓말을 늘어놓았다.

어렸을 때 랜들은 가족 중에서 특히 외할머니와 가장 가깝게 지냈다. 그러나 나이를 먹고 거처를 옮기자, 둘의 관계는 달라졌다. 랜들은 외할머니에게 늘 정중했고 외할머니를 차갑게 대하지도 않았다. 하지만 너무 '뻔한' 방식이어서 가족들은 마음이 상했다. 예컨대 출장길에 고향 집을 찾아왔을 때, 랜들은 이상하게도 외할머니가 치매를 앓고 있다는 사실을 모른 체하거나 전혀 관심이 없는 듯한 태도를 보였다. 빌 삼촌에게는 이런 뻔한 태도가 조금 언짢았다.

성인이 되었을 때, 빌 삼촌은 랜들을 "사기꾼"이라고 생각했다. 그러면서도 빌 삼촌은 "랜들을 지지한다"고 덧붙였다.

***

삼촌들과 몇 차례 상담과 통화를 한 뒤에, 랜들의 변호인 마이클 에벌리와 그의 동료들을 만났다. 그들에게 기본적인 내 생각을 말했다. 랜들은 분명히 정신병자가 아니었다. 변호와 연관시킬 만한 정신 건강 문제는 전혀 발견되지 않았다. 하지만 범죄 혐의와 증거의 성질을 고려해 볼 때 랜들은 심각한 성격 장애가 있는 것 같았다. 첫 상담 결과를 고려해볼 때도 마찬가지였다. 아마도 랜들이 선천적인 사이코패스일 가능성이 크다.

에벌리 씨는 놀라지 않았다. 랜들은 변호사에게 자신의 모습을 솔직하게 드러내지 않았다. 에벌리 씨는 법적 절차와 결과를 대략 설명할 때에도 이상하게 "랜들은 별 관심이 없었다"고 묘사했다. 랜들은 현장에서 나온 법의학적 증거를 검토하는 일을 다른 전문가에게 따로 맡긴 것 같았다. 하지만 내가 보기에 증거가 너무나 강력해서, 다른 전문가가 검토한다고 해도 결과가 바뀌지는 않을 것이다. 그런데도 랜들은 계속 주변 상황에 무관심한 태도를 보이며, 침착하게 자기의 결백을 주장했다.

변호인단은 나에게 평가를 계속해 달라고 부탁했지만, (정신 이상과 같은) 특정한 법적 문제에 관해 의견을 제시해 달라고 요청하지는 않았다. 랜들의 성격에 관해 발전적인 의견을 제시하더라도, 앞으로 있을 재판에서 나를 증인으로 활용하지는 않을 것 같았다. 그렇지만 변호인들은 내게 랜들 아내의 죽음과 딸의 행방에 얽힌 문제를 조사할 수 있는 권한을 주었다. 아마도 내가 랜들을 좀 더 깊게 이해하게 되면 이를 바탕으로 랜들에게 적용할 수 있는 법리적인 선택권이 넓어지고 사전형량 조정 협상에도 도움을 받을 수 있기 때문인 것 같았다. 다시 말해 형량 경감을 주장할 수 있도록 내가 랜들의 개인 이력이나 심리적 구성 그리고 정신 기능 장애를 찾아주기를 바랐다.

만에 하나 검사가 사형을 구형한다면 변호인은 검사의 구형에 반하는 랜들의 이력과 심리적 상태에 대한 증거를 미리 제시할 기회를 잡아 검사와 형량 조정 협상을 하려는 것 같았다. 한마디로 변호인단은 최악의 상황에 대비하고 있었다.

랜들이 변호인단을 회피하고 변호인단에게 별로 관심을 보이지 않는 태도 때문에 에벌리 씨는 매우 기운이 빠진 것 같았다. 랜들은 변호인단을 불신하며 조심스러워 했다. 이런 경우는 실제 드문 일이 아니다. 많은 피고인, 특히 상습범이나 불우한 처지에 놓여서 사회적으로 소외된 피고인은 변호인뿐 아니라 사법 제도 전반을 기본적으로 불신한다. 이들은 때때로 변호사보다 감방 친구들과 더 많은 것을 공유한다. 하지만 에벌리 씨는 랜들이 이들과 다르다고 생각하는 것 같았다. 랜들은 범죄 경력이 없고, 자신이 "공동체의 기둥"인 것처럼 말하며 자신이 속한 기관과 대표자들을 신뢰하는 사람처럼 느껴졌기 때문이다. 그래서 에벌리 씨는 "무엇 때문에 랜들이 변호인단에게 화가 났는지"를 알고 싶어 했다. 이것을 알게 되면 신뢰를 얻을 수 있을 것이라 믿는 듯했다. 하지만 내가 보기에는 절대 쉽지 않았다.

나는 랜들을 만나면서 엠마의 사망 정황과 카라의 행방을 계속 조사했다. 그리고 변호인들과 만난 뒤 랜들과 몇 달 더 상담했다. 하지만 엠마의 죽음과 딸의 운명에 관해 전혀 아는 바가 없다고 발뺌을 하면서 자기의 관련성을 모두 부인했다. 어쩔 수 없이 나는 엠마의 침실에서 발견된 핏자국이나 범죄현장을 청소하려 한 것과 같은 가장 불리한 몇 가지 증거를 검토했다. 시신이 아내의 콘도 바깥의 노대에 일주일 동안 보관됐다는 증거도 나왔다. 끔찍하게도 이때 랜들은 엠마의 콘도에 친구들을 초대해서 함께 축구 경기를 시청했다. 그리고 이 사실은 인정했다. 하지만 콘도 비용을 지급했고 약혼자인 자기 여자친구를 위해 신부 축하 파티를 열었다고 둘러댔다.

랜들은 기회가 있을 때마다 어떤 식으로든 자신이 결백하다고 주장하면서, 엠마를 자살로 몰아갔다. "여보세요, 나도 무슨 일이 일어났는지 전혀 모른다고요. 젠장, 그년이 계속 죽겠다고 떠들어댔다니까요." 랜들은 내가 먼저 말을 꺼내기 전에는 절대 실종된 딸 카라에 대해 말하지 않았다. 이 사실은 많은 것을 설명해 준다. 실종된 아이를 전혀 걱정하지 않는 모습을 보면서 랜들이 외할머니의 치매에 무관심한 것처럼 보였다는 빌 삼촌의 말이 떠올랐다.

* * *

랜들과 상담을 진행하면서 변호인에게 추가 보고서와 기록을 받았다. 경찰이 작성한 추가 보고서에 따르면, 랜들은 손가락을 꿰매기 위해 병원을 방문한 지 이틀 만에 지역에 있는 대형마트에서 방수포와 여러 재료를 구매했다. 엠마의 시신은 국립공원의 얕은 골짜기에서 방수포에 싸인 채 주말 캠핑을 나온 사람들에게 발견되었다. 그곳은 엠마와 카라, 랜들이 가끔 주말에 휴가를 갔던 리조트 호텔에서 멀지 않은 곳이었다. 그가 로스앤젤레스 국제공항에 억류된 상황을 설명하는 보고서도 있었다. 약혼녀와 함께 그녀의 가족을 만나기 위해 뉴욕으로 가던 길이었다.

경찰은 랜들을 체포한 뒤에 직장 동료와 엠마의 이웃을 상대로 탐문수사를 했다. 이웃은 대부분 할 말이 없었지만, 몇몇 이웃은 두 사람이 가끔 고함을 치며 크게 다투는 소리를 들었다고 경찰에 진술했다. 폭력을 목격한 사람은 없었다. 직장 동료 일부는 랜들을 "외모는 번듯하지만" 정직하지 못하다고 묘사했다. 의심이 적은 고객을 상대로 영업을 하면서 그 사람이 "평생 모은 돈을 모두 날리게 하는" 일을 벌이기도 했다고 말하는 사람도 있었다. 그와 함께 일했던 몇몇 남성들은 출장 중에 랜들이 이따금 광란에 가까운 행동을 하는 것을 보고서 (메스암페타민과 같은 흥분제나 알코올과 같은) 약물 문제가 있다고 의심했다고 밝히기도 했다.

법원에서 소환장을 발부받아 랜들의 고용주에게 받은 기록에 따르면, 랜들이 여직원을 성희롱했다는 주장이 여러 차례 제기되었으나 모두 무시된 것으로 드러났다. 어떤 남성 직원은 랜들이 정기적으로 여성에게 부적절한 행동을 했다고 주장했다. 아마도 랜들이 높은 판매실적을 거두어 회사에 이익을 안겨주는 영업사원이어서, 부적절한 행동에 문제를 제기했지만, 인사팀이 뭉갰을 것으로 추측했다. 그러나 여직원 성추행 관련 민사소송이 제기된 적은 없었다.

경찰의 법의학 보고서에는 수사관이 엠마가 살던 콘도 관리인과 상담한 자료가 있었다. 콘도 관리인은 청소 직원들이 객실의 카펫 아래에서 핏자국을 발견했다고 수사관에게 말했다.

랜들의 변호인을 위해 일하는 조사원은 가족과 지인들을 만나보기 위해 다른 주로 출장을 갔다. 예전 여자친구 한 명은 랜들이 자기를 "벽에 밀어붙이고, 머리에 총을 겨누었다"고 비난했다. 조사원은 그녀가 랜들을 상대로 접근 금지명령을 신청한 사실을 확인했다. 아울러 그녀는 랜들이 〔마약으로 분류되는 각성제인〕 메스암페타민을 간헐적으로 남용했다고 비난했다. 또 다른 예전 여자친구는 랜들이 "지킬과 하이드 같은 나쁜 성격"을 지녔다고 비난했다.

빌 삼촌은 내게 말할 때보다 조사원을 만났을 때 랜들에게 더 화가 난 것 같았다. 빌 삼촌은 랜들을 "병적인 거짓말쟁이"라고 불렀다. 랜들의 유죄를 암시하는 증거가 더 쌓여갔다.

랜들의 두 번째 부인은 만나기를 거부했다. 랜들의 첫 번째 아내는 바람기가 이별의 원인이었다고 확인했다. "그 작자에 대해 할 말은 그게 다예요."

***

상담하면서 랜들은 나에게 품은 경계심을 조금씩 줄여갔다. 체포된 경위를 함께 이야기했을 때 가장 두드러진 태도는 피해의식이었다. 그는 잘못을 계속 부인했다. 무심코 법의학적 증거들도 부정했다. 엠마의 시신을 감싼 방수포를 산 사실을 인정하면서도, "실수로 엠마의 집에 두고 왔다"라고 둘러댔다. 예전에 수표를 불법적으로 사용한 전력이 있어서 경찰에게 부당한 표적이 되었다고 억울함을 호소했다. 그러면서 '잊다forget'와 '용서하다forgive'를 혼동해서 "사람들이 '잊을' 수 있다면"이라고 말했다가, "사람들이 '용서할' 수 있다면"으로 재빨리 바꿔 말하기도 했다.

랜들의 말실수는 자신의 영향력을 받아들여서 '사람들이'〔부정할 수 없는 사실을 부정하는〕 거부 환상에 빠지면 문제가 잘 해결될 것이라는 비현실적인 바람을 드러냈다. 그는 "사람을 죽여 놓고 모른 척하는" 부패한 정치인에 대한 장광설도 늘어놓았다. 그리고 이상하게도 〔1960년대에 무리를 이끌며 살인을 저지른〕 찰스 맨슨을 언급하며 "그는 아무도 죽이지 않았어요"라고 말하기도 했다.

랜들은 무의식적으로 다이모닉 악성 종양임을 스스로 밝혔다.

랜들은 사건이 재판으로 넘어가면 자신이 증인석에 서고 싶다고도 했다. 자신이 가진 매력과 남성성이 재판에 유리할 것이라는 자아도취적 믿음에서 나온 생각이었다. 랜들은 "모든 것은 마케팅이에요"라고 잘라 말했다.

* * *

랜들의 이중적인 성향을 고려해서 심리적 구성을 파악할 수 있는 검사뿐 아니라, 피검사자가 검사에 정직하게 반응했는지를 측정할 수 있도록 특수하게 설계된 심리검사를 했다. 개인이 의도를 가지고 자신의 인상을 관리하는지 그리고 자기기만 경향이 어느 정도 수준인지를 측정하기 위해 간단하지만 정교하게 설계된 〈폴허스 기만 척도PDS〉[1] 검사를 했다. 그리고 피검사자가 10장의 (유채색이나 무채색으로 된) 그림과 비슷한 잉크 얼룩을 보고, 무엇으로 생각하는지를 검사자에게 말하는 〈로르샤흐 잉크 얼룩 검사〉²도 진행했다. 이 검사는 모호하다는 한계가 있다. 하지만 대다수의 심리검사처럼 심리적 증상을 묻는 말에 '예'와 '아니오'로 답하게 하면, 피검사자가 거짓으로 답하기가 쉽다. 그래서 답변을 제대로 했는지 타당성 측정을 따로 해야 한다. 〈로르샤흐 잉크 얼룩 검사〉는 모호한 내용 때문에 정상이나 일탈의 이미지를 의도적으로 꾸며 내기 어렵다. 그래서 피검사자의 심리와 정신을 꿰뚫어 볼 수 있다. 다만 이 검사는 평가체계가 무척 복잡하다. 잉크 얼룩을 인식하는 방식의 수준과 내용, 색의 사용, 그림의 유동성, 현실에 기초한 특성 등과 같은 여러 평가요소를 고려해야 한다. 질문은 이런 식이다. 사람들이 움직이고 있습니까? 그렇다면 어떻게 움직입니까? 춤을 추거나 싸움을 합니까? 감정이 드러나 있습니까?

〈로르샤흐 잉크 얼룩 검사〉를 통해 피검사자의 내면과 정서를 깊고 풍부하게 이해할 수 있지만, 결과를 평가하고 분석하는 데 시간이 오래 걸린다. 일반적으로 법의학 상황에서는 〈로르샤흐 잉크 얼룩 검사〉를 잘 사용하지 않는다. 복잡한 평가방식으로 재판에서 객관성이 비판받을 수 있기 때문이다. 하지만 나는 랜들의 말재주를 고려할 때, 이 도구를 사용할 필요가 있다고 생각했다.

랜들의 반사회적인 사이코패스 성향을 평가하기 위해 내가 사용한 가장 중요한 도구는 〈헤어 사이코패스 검사항목PCL-R〉³의 최신개정판이었다. 이 검사는 보통 행동과 특성에 관한 20개의 항목으로 평가가 이루어진다. 평가 지침서는 각각의 행동과 특성을 자세히 설명하고, 0부터 2까지 등급을 표시한다. 그래서 40점이 가장 높은 등급의 점수인데, 보통 30점 이상이면 사이코패스로 진단된다.

끝으로 심리적 기능을 평가하는 표준적인 종합평가도구인 〈미네소타 다면적 인성검사MMPI-2-RF〉도 진행했다.

랜들은 〈폴허스 기만 척도PDS〉 검사에서 긍정적 인상을 형성하려는 동기가 매우 낮고, 자기기만 동기가 높은 것으로 나타났다. 이런 양상은 자아도취적인 사람에게 흔히 나타난다. 곧 타인의 생각과 감정에 관심이 없고, 자신의 내적 감정이나 타인의 정신적 활동을 인식하지 못하거나 거의 관심이 없다. 이것은 랜들의 사회 활동에서 자기 과신과 자연스러운 자기 홍보 성향으로 드러났다. 이런 사람은 자아도취는 지나치고 자아 인식은 제한되어 있으므로, 어떤 일을 앞에 두고 의심하거나 주저하지 않는다. 자기가 원하는 것을 원하는 것은 너무도 당연하다고 생각한다.

랜들의 〈미네소타 다면적 인성검사〉 결과는 유효했다. 특히 반응양식의 측정 척도가 흥미로웠다. 랜들은 정서적인 문제가 있다는 사실을 부정했다. 〈폴허스 기만 척도〉 검사 결과에서도, 자신을 심리적·정신적으로 안정된 사람으로 생각했다.

랜들의 〈미네소타 다면적 인성검사〉의 임상 척도는 반사회적 행동, 편집증, 〔기분이 비정상적으로 고양되어 충동적이고 폭력적인 행동 등이 나타나는〕 조증에서 높게 나타났다. 이런 사람은 표준적인 사회적 가치를 잘 받아들이지 않으며, 자신이 통제하기를 좋아하므로 권위에 도전한다. 그리고 다른 사람의 감정에 관심이 없고, 사회적으로 통제하려 하며, 충동적이고 자아도취적인 경향이 있다. 따라서 다른 사람과 따뜻하고 안정적인 애착 관계를 형성할 수 없다. 조증 척도가 높은 것을 볼 때, 랜들은 양극성 장애가 아니라, 자극을 추구하고 고위험을 받아들이는 사람으로 보였다. 이로부터 비롯된 외향적이고 에너지 넘치는 모습은 비록 얕고 피상적이지만, 매력적이고 권위 있는 모습처럼 보일 수도 있었다.

편집증 척도에서 나타난 랜들의 수치 변화는 매우 놀라웠다. 랜들은 공공연한 망상으로 고통을 받지는 않았으므로 편집증은 아니었다. 그러나 그 수치는 온순한 성격 뒤에 숨겨진 타인을 향한 적대감, 원망, 불신, 경계심을 반영했다. 랜들은 자신의 교활한 동기를 다른 사람에게 투사하여 불신을 부추길 가능성이 있었다.

〈로르샤흐 잉크 얼룩 검사〉 결과도 흥미로웠다. 검사 결과로 보면 랜들은 환청이나 망상에 빠질 가능성은 전혀 없었다. 사고기능에도 장애가 전혀 없었다. 하지만 원하는 것과 원하지 않는 것을 분리해서 (비록 그것이 사실이라 하더라도) 원하지 않은 것은 헛된 희망 속에 묻어버릴 가능성이 있었다. 곧 자신이 바라는 대로만 생각할 가능성이 컸다. 이렇게 해서 걱정이나 책임에서 벗어나 일시적인 안도감을 얻을 수 있지만, 다른 사람이나 실제 상황, 심지어 자기 자신조차도 왜곡시켰다. 복잡다단한 삶으로 얼룩진 일반 성인들에게 나타나는 감정적인 고민도 보이지 않았다. 랜들에게는 강한 회피 성향뿐 아니라 감정을 느낄 때 뭔가 충격을 가장 적게 받는 방법이 있었다.

랜들은 분명히 자아도취적인 유형이었다. 하지만 〈로르샤흐 잉크 얼룩 검사〉 결과에 따르면 자기에게 충분히 주의를 집중하지 않는 것으로 드러났다. 한마디로 자기 자신에게 집중하지 않으려는 성향이 있다는 사실을 알려주었다. 이런 성향이 있는 사람은 자아 성찰을 위험하다고 생각한다. 따라서 감정적으로 불편해지지 않으려고 일부러 자기에게 집중하지 않는다. 자아 성찰을 하게 되면 자기의 불편한 모습과 맞닥뜨려야 할지도 모르기 때문이다. 그래서 깊게 고민하거나 생각해 보지 않고, 느낌에 따라 즉각적으로 반응한다. 이런 모습은 사회생활에서 랜들의 매력적인 요소였고, 랜들을 순발력이 있는 사람으로 보이게 했을 것이다. 자아도취는 강하면서 내면적 삶이 빈약하면 대인 관계에서 친밀감이 떨어진다. 랜들의 대인 관계는 교활하고 얕았다. 충동적이지는 않았지만, 위협을 받으면 폭발할 가능성이 있었다. 이런 모습은 자아도취적인 사람에게 흔히 나타나는 연약함이다. 번드르르한 겉치장이 뚫리면 가려져 있는 (정서적으로) 미성숙한 모습이 분명해지고, 때로는 폭력적인 형태로 나타난다.

랜들의 〈헤어 사이코패스 검사항목〉 검사 결과를 평가하기 위해 광범위하고 다양한 개인정보를 수집해야 했다. 이 과정이 랜들에 대한 생각을 굳히는 데 도움이 되었다.

이 도구에는 사이코패스의 두 가지 측면을 측정하는 척도가 있다. 하나는 자제력이 부족하고 생활방식이 기생적으로 나타나는 '반사회적 행동과 생활방식'이다. 다른 하나는 양심의 가책이나 공감이 부족하고 잔인하며 교활한 모습으로 나타나는 '대인 기능 장애와 냉담함'이다. 모두 20개 항목이 있고, 항목마다 0에서 2까지 점수가 매겨진다. 총점이 30점 이상이면 사이코패스 범주에 속하는 것으로 여겨진다.

랜들은 29점을 얻었다. 이 도구에 기초한 사이코패스 분류기준에 미치지 못하는 수치였다. 하지만 중요한 것은 총점이 아니라, 요소들의 점수였다. 랜들은 과거의 반사회적 행동과 생활방식을 측정하는 영역에서 상대적으로 낮은 점수를 받았다. 교도소 수감자들과 비교했을 때 랜들의 점수는 11백분위수에 해당한다. 이는 교도소에 있는 남성 100명 가운데 89명 정도가 랜들보다 점수가 더 높게 나타난다는 것을 뜻한다. 랜들에게는 문서로 만들어진 범죄기록이나 생활방식이 별로 없기 때문이었다. 그러나 감정적 잔인함과 냉담함을 측정하는 대인 기능 장애와 냉담성 영역에서 랜들은 교도소 수감자들과 비교할 때 97백분위수에 해당했다. 이 점수는 그의 입담과 교활한 성품, 허풍과 거짓말, 공감과 연민의 정도를 반영한다.

랜들에 대한 내 평가는 분명했다. 나는 랜들을 근본적으로 위험한 사이코패스로 보았다.

***

랜들의 변호인단을 만나서 내 의견을 전달했을 때 그다지 놀라워하지 않았다. 평가를 진행하면서 선임 변호사에게 꾸준히 관련된 정보를 제공했기 때문이다. 나는 랜들이 자신의 범죄를 완전히 부인해서, 살인 당시의 정신 상태를 조사할 수 없다고 변호인단에게 설명했다. 과거에 큰 폭력사건을 저지른 적이 없었고, 범죄기록은 있지만 그렇게 많지 않다는 점이 유일한 감형요소였다. 그러나 변호인단은 랜들을 계속 만나달라고 부탁했다. 이런 경우에는 판결이 나기까지 몇 년이 걸릴 수 있는데, 랜들을 관리하는 데 내 의견이 도움이 되기를 바랐기 때문이다. 다시 말해 랜들이 법적으로 선택할 방법 몇 가지를 제시해주기를 바랐다.

나는 랜들을 관리하기 위한 두 가지 접근 방식을 제안했다. 랜들은 사교성이 좋지만, 대인 관계에서는 자아도취적이다. 신중하면서도 사람과 일에 계산적이고 불신을 밑바탕에 기본으로 깔고 있다. 이런 심리적 특성 때문에 시간이 갈수록 긴장이 높아지면서 변호인과 의뢰인의 관계가 단절될 수 있다. 이를 방지하기 위해 랜들과 정기적으로 만나 정보의 흐름과 법적 절차에 관해 최신 정보를 알려주라고 조언했다. 피고인은 대부분 변호사가 자신과 자주 만나지 않거나, 현재 상황과 법적 절차를 공유하지 않는다고 불평한다. 그래서 피고인과 정기적으로 연락하고, 정보를 제공하고, 의견을 경청하고 배려할 필요가 있다. 스스로 그런 흐름과 과정의 일부로 느끼면 의심을 덜 하고, 화를 덜 낼 것이다. 그리고 시간이 지나면 더 솔직해질 수도 있다.

아울러 랜들의 조작적이고 자기 기만적인 방법을 관리해야 한다고 제안했다. 분명히 어느 시점에는 전술적 대립이 나타날 수 있다. 예컨대 랜들이 계속해서 재판에서 스스로 증인이 되기를 고집할 수도 있다. 그러면 랜들이 이용할 수 있는 선택지를 고려하도록 설득하기 위해, 압도적인 증거를 쌓아 놓고 직접 설명하는 방식이 필요할 수도 있다. 이런 대결도 어느 정도 신뢰가 쌓여야 성공할 가능성이 있다.

변호인단에게 가족 치료사가 대처하기 힘든 가족을 다루는 방법을 은유적인 문구를 들어 설명해 주었다. 먼저 친밀감이 쌓여 어느 정도 신뢰가 생기면, (다시 말해 치료언어로 '결합'이 이루어지면) 치료사는 "엉덩이를 걷어차며 등을 문지르는" 일을 번갈아 한다.

* * *

놀랍게도 랜들의 사건은 다른 사건 때문에 엉뚱한 방향으로 흘러갔다. 랜들이 수감된 교도소에서 어떤 재소자의 형사 변호사가 교도소 내부의 문서에 기초해 교도소 보안부서에서 심각한 불법 행위를 저질렀고, 지방 검사실이 이를 은폐하려 했다는 사실을 폭로했다. 그 문서는 폭발성이 강했다. 문서에 따르면, 교도관은 세간의 주목을 받은 피고인에게 불리한 정보를 얻기 위해 그가 갇혀있는 감방 부근에 (밀고자라고 불리는) 정보원을 조직적으로 배치했다. 이것은 명백한 위법이다. 수감자들이 변호인단에게 변호를 받는 상황에서 변호와 관련된 중요한 정보나 전략이 정보원을 거쳐 담당 검사에게 그대로 노출될 수 있기 때문이다. 게다가 많은 문서에 서명한 교도관들이 재판과정에서 정보원 제도의 존재를 부인했다. 교도관들은 법정에서 선서하고도 거짓말을 했다. 심지어 정보원은 살인 혐의를 받는 상습범으로, 다른 사건에도 많이 이용되었다. 자기 의뢰인이 정보원의 표적이 된 변호사에 따르면, 그 정보원은 감옥에서 특별대우와 '뇌물'도 받았다고 한다.

법률은 검찰과 변호인 모두 사건과 연관된 사실로 확인된 정보를 서로 완전히 교환하도록 규정했다. 운동장이 기울어지지 않게 예방하고, 평탄한 운동장에서 경쟁할 수 있게 하려는 규정이다. 이 사건으로 지방 검사실과 교도소 보안부서가 공모해서 (정보원으로부터 파악한 내용을 기초로) 특정 문건을 모호하게 만들어 피고인과 공유하는 것을 지연시킨 사실이 드러났다. 재판부는 결국 검찰과 교도관에게 피고인 쪽에 관련 서류를 즉시 넘기라고 명령했고, 지방 검사실이 맡은 사건 전체를 중단시켰다.

랜들은 정보 제공자 프로그램의 표적이 된 수감자가 아니었다. 그러나 이 사건을 계속 조사하면서 더 많은 부정이 공식적으로 드러났다. 기록에 따르면 랜들을 비롯한 많은 수감자가 변호사와 나눈 전화통화를 교도소 보안부서에서 은밀히 녹음했다는 사실도 드러났다. 이러한 사건이 뉴스의 머리기사를 장식하자 캘리포니아 법무장관실이 관여할 수밖에 없었다. 관련 공무원의 불명예와 비난을 완화하고, 이 사건으로 수감자들이 입을 피해를 보상하기 위해 거래가 이루어졌다고 생각한다.

최근 이 사건이 터지기 전까지 검사는 랜들에게 사형을 구형할지 말지를 아직 결정하지 않았다. 그러나 사건이 터지고 나서 검사는 사전형량 조정 협상안으로 유죄 인정과 1급 살인 두 건에 가석방 없는 종신형을 제안했다.

랜들은 이 제안을 받아들였다. 하지만 카라의 시체는 여전히 발견되지 않았다.

그리고 2019년 3월 캘리포니아의 개빈 뉴섬 주지사는 수감 중인 모든 사형수에게 사형집행의 유예를 명령했다.

***

정의가 실현되었는가? 특히 상황을 고려할 때 랜들의 사전형량 조정 협상 제안은 정당했을까? 정당한 처벌인 사형을 랜들이 피할 수 있었다는 사실에 쉽게 분노할 수 있다.

랜들이 임신한 아내와 어린 딸을 끔찍하게 살해한 증거는 강력했다. 그러나 일부 심리학자와 신경과학자는 도덕적 추론 능력이 부족하므로 사이코패스에게 형사적 책임을 면제해야 한다고 주장한다.

현행법에 따르면 범행 시점에 범죄를 저지르는 데 필요한 정신 상태를 형성할 수 있는 능력에 문제가 있다면 형사 피고인에게 범죄를 저지른 책임을 물을 수 없다. 예컨대 내가 이웃을 고의로 찔러 죽이면, 잘못된 것을 알면서도 살인을 저지른 것이다. 그런데 이웃이 나와 내 가족을 죽이러 왔다고 비합리적으로 생각해서 자기방어를 위해 행동했다고 판단되면 법적으로 용서받을 수 있다. 사이코패스는 (칼로 사람을 찌르면 사람이 죽을 수도 있다는 생각을 하므로) 비합리적이지는 않다. 하지만 피해자나 주변 사람의 삶이 어떻게 될 것인지를 정서적으로 이해할 수 없고 살인을 범죄라고 인식할 수 없다. 따라서 사이코패스는 자신의 행동을 도덕적으로 성찰할 능력이 없다고 주장하는 사람도 있다.

사이코패스는 두려움이 없고 감정과 정서적 이해가 낮은 상태로 태어나기 때문에 (물건을 훔치거나 사람을 죽이면 안 된다는 등의) 관습적 규범을 내면화하기 어렵고, 감정 조절과 공감 발달이 방해를 받는다.[4] (이런 행동을 해도 괜찮을까, 이 행동의 결과로 벌을 받을까 등을 생각하는) 도덕적 추론의 과정은 일반적으로 나쁜 행동에 제동을 걸지만, 사이코패스에게는 도덕적 추론이 불가능하다.[5] 심지어 사이코패스 성향이 있는 어린아이도 끔찍하거나 비윤리적인 행동에 부정적인 감정반응을 나타내지 않는다. 이는 그들이 도덕적 추론과 판단 능력에 근본적인 결함이 있다는 사실을 알려준다.[6]

사이코패스에게 나타나는 냉담함과 두려움 없는 특성은 어디에서 왔을까? 여러 곳으로 주의를 분산시켜 자기에게 생기는 불쾌한 생리적·정서적 반응을 무시하는 능력에 영향을 받는다는 흥미로운 연구결과가 발표되었다.[7] 이는 다른 사람의 고통을 기꺼이 감수하는 사이코패스의 특성을 설명해 준다. 저명한 신경과학자인 제임스 블레어는 일반적으로 (겁에 질린 얼굴과 같은) 다른 사람의 스트레스 신호에 반응하고, 자동으로 공격성을 억제하고 공감을 강화하는 신경인지 메커니즘을 제시했다.[8] 그리고 그것에 폭력억제 메커니즘이라고 이름을 붙였다. 하지만 폭력억제 메커니즘은 사이코패스 성향이 있는 사람에게는 의미가 없다. 사이코패스는 무관심을 통해서 다른 사람의 고통을 무시하는 능력이 있기 때문이다.

현재까지 변호에서 무죄나 감형의 요인으로 쓰이는 가장 중요한 정신적 조건은 범행을 저지를 때 비합리적인 정신 상태인지 그렇지 않은지다. 미국의 일부 지역에서는 법의 요구에 맞추어 행동할 수 없는 것도 면책 요건으로 받아들여지기도 한다. 하지만 사이코패스는 자제력이 부족하거나 비합리적인 특성 때문에 위법 행위를 저지르지 않는다. 태어날 때부터 생물학적으로 도덕적 작동원리에 결함이 있어서 범죄를 저지른다. 어떤 과학자들은 잠재적으로 무죄를 선고할 수 있는 정신장애와 마찬가지로, 사이코패스도 정신장애의 일종으로 봐야 한다고 여긴다. 범죄에 면책을 허용하는 심리적 목록이 늘어나는 것을 비판한 저명한 법률학자 스티븐 모스도 심각한 사이코패스에게 보이는 도덕적 추론의 결함은 법에서도 이해되어야 하며[9], 법적으로 이를 수용할 필요가 있다고 주장했다.[10]

그러나 캘리포니아를 비롯한 많은 주에서 사이코패스는 여전히 면책 요구 사항을 충족하는 정신장애로 보지 않는다. 전국의 많은 관할구역에서 사용되는 〈표준 형법〉은 정신질환을 앓고 있는 사람을 보호하기 위해, 반사회적인 범죄 행위 판결에 명시적으로 예외를 인정한다.[11] 그러나 일부 연구자와 법학자는 과학적인 측면으로 볼 때 사이코패스의 면책 요건을 제한적으로만 인정하는 법과 법령을 시대에 뒤떨어진 것으로 비판한다.

조슈아 그린과 그의 동료들은[12] 모든 행동의 기본적인 결정요인에 관해 흥미롭고 급진적인 관점을 제시했다. 이들은 영향력 있는 논문에서 자연의 모든 것이 물리법칙에 맞추어 지시되고, 이미 존재하는 조건에 따라 결정되며 기계적으로 작동한다고 주장했다. 곧 행동의 변천과 변화는 뇌에서 파생되고, 뇌의 기능이다. 그러므로 사이코패스도 도덕적 추론의 장애를 낳는 신경 정신과 질환이라고 주장한다.

이런 연구자들도 범죄자들이 무조건 무죄 판결을 받고 석방되어야 한다고 주장하지는 않는다. 대신에 심각한 범죄로 유죄 판결을 받은 사이코패스는 격리되고 통제되어야 할 필요성이 있다고 주장한다. 그러나 새롭게 떠오르는 이러한 신경과학적 견해는 사이코패스를 뇌 기능의 장애 상태로 보기 때문에 사이코패스의 과실 책임도 그만큼 줄어들어야 한다고 생각한다.[13]

**

사이코패스의 범죄 행위도 법적인 책임이 면제되어야 한다는 '확고한' 신경 정신과적 입장은 과학을 너머 또 다른 질문을 제기한다. 도덕성과 정신질환의 차이, 더 구체적으로는 부도덕성과 정신질환의 차이를 면밀하게 검토할 것을 요구한다. 사이코패스는 조현병과 같은 마음의 질병일까, 아니면 부도덕한 행위를 허용하는 우리의 기본적인 본성의 한 형태일까? 모든 사이코패스를 용서해야 할까, 아니면 극단적으로 법적인 예외를 두어야 할까? 조현병과 사이코패스의 차이를 어떻게 구분할까? 〈헤어 사이코패스 검사항목〉 점수는 질병과 사악함을 구분하는 경계선을 30점에서 40점 사이의 어디에 두고 있다.

내가 앞에서 인용한 사이코패스 아동에 관한 초기 연구에서는 사이코패스 아동이 도덕적 추론에 결함을 갖고 자랄 가능성이 더 크다는 사실이 밝혀졌다. 그러나 도덕적 추론에 결함이 있는 사이코패스 아동이 [정신과 육체의 발달이 한창인] 성숙기에 이르렀을 때 도덕성에서는 일부에게 차이가 있었고 잔혹함도 일부에게만 나타났다.

다시 말해 부도덕성과 냉담함이 어느 정도 관련성이 있지만 그렇다고 모든 사이코패스 아동이 범죄자가 되지는 않았다.

비유하자면 사이코패스는 당뇨병과 분명히 다르다. 당뇨병은 신체의 면역체계가 인슐린을 만드는 췌장의 베타세포를 파괴할 때 생기는 병으로, 췌장 기능에 이상이 생기면 아무도 예외 없이 제1형 당뇨병에 걸린다. 하지만 사이코패스가 아무나 예외 없이 선을 넘어 범죄나 악행을 저지르지는 않는다.

사이코패스가 사회적 규범을 내면화할 수 없는지, 더 정확하게 말하면 관습적인 도덕을 거부하고 다른 일련의 도덕 규칙에 따라 생활하는 경향이 있는지는 분명하지 않다. 사이코패스 수감자들은 교도소 문화와 관습을 따르는 데 아무런 문제가 없다. 사이코패스는 자신과 똑 같다고 생각 하는 사람이 정한 규칙은 잘 받아들인다. 감방의 우두머리가 (모든 수감자 가 참여하는 아침 운동이나 의심되는 밀고자에 대한 방침 등과 같은) 규칙을 정하면 준 수율이 꽤 높다. 뒤에서 자세히 이야기할 사이코패스 피터는 여러 심각한 중범죄로 복역하던 중에 소아성애자로 의심되는 다른 재소자를 칼로 찔 러 죽이려다 미수에 그쳤다. 이것은 사이코패스인 피터의 의무이자 교도 소 수감자가 공유하는 내부 윤리다. 수감자 사이에서 소아성애자는 가장 하찮은 대우를 받아야 한다. 이것은 (살인하지 말라는 것과 같은) 전통적인 규 범이나 더 높은 도덕적 의무에 어긋나지만, 사이코패스 나름의 윤리 규범 이자 계산된 행위이다. 이것은 사이코패스에게 합리적이고, 목적이 수단 을 정당화하는 최선의 자기 이익에 봉사하는 행위이다.[14] 사이코패스는 충성도에 가치를[15] 두는 것으로 보인다. 다시 말해 충성도는 사이코패스 적 성격을 가진 사람에게 발견되는 일종의 실용적인 도덕적 추론이다.[16]

사이코패스는 교도소 재소자의 약 25%를 차지하지만, 사이코패스와 구별되는 반사회적 성격은 약 40%를 차지한다.[17] 사이코패스와 반사회적 성격은 분명한 차이가 있다. 반사회적 성격은 흔히 냉혹하고 잔인한 범죄 행동의 이력과 함께 대인 관계에서 나타난 무자비한 범죄 충동과 범죄 행 위의 이력으로 정의된다. 예컨대 랜들의 〈헤어 사이코패스 검사항목〉 점 수 차이를 생각해 보자. 랜들은 '반사회적 행동과 생활방식' 요인 점수는 무척 낮았으나, '대인 기능 장애와 냉담함' 요인 점수는 무척 높았다.

감옥 밖에 있는 사이코패스는 미국 인구의 약 1~3%를 차지한다.[18] 그 렇다면 이들은 어디에 있을까? 마사 스타우드의 인기 있는 책의 표현을 빌리면,[19] 이들은 옆집에 살고 있다.

사업과 전문적인 분야나 정치 영역에서는 성공한 사이코패스나 기업

사이코패스로 불리는 이들이 발견된다.[20] 흥미롭게도 이러한 영역에서는 자기 중심성, 자기 확신, 공격성, 비열함과 같은 성격이 자신감으로 인식된다. 그리고 이런 사람이 전략적인 사람으로 생각될 뿐 아니라,[21] "일을 성취하는" 사람으로 평가된다. 실리주의적 성향도 자산으로 간주된다. 뭔가 악의적인 어감이 느껴지는 '자기애적 경영자'가 외향적이며 자존감이 높은 리더로 보일 수 있다. 적어도 잠시는 그럴 수 있다.

그런데 사이코패스 특성 자체가 (결과를 예상하고 나아가는 것과 같은) 자제력을 방해하지 않는 것은 분명해 보인다. 사이코패스 특성이 있는 많은 사람이 사회에서 잘 활동하고 있으며, 일부는 정점에 있다. 어떤 이들은 좋은 일에 보탬이 되는 냉철한 의사결정을 하는 데 실리적인 정서를 사용한다. 하지만 대다수는 냉혹하고 이기적인 판단을 내린다. 어떤 성공한 사이코패스는 법을 어긴다. 사이코패스 범죄는 화이트칼라 범죄의 상당수를 차지한다.[22] 그리고 어떤 사이코패스는 랜들처럼 사악하게 폭력을 저지른다. 하지만 모두 그렇게 되는 것은 아니다.

(범죄자이든 아니든) 사이코패스 성격을 지닌 개인의 행동 범위는 폭력적인 범죄부터 계산적인 전문가의 행동에 이르기까지 폭넓고 다양하다. 여느 집단과 마찬가지로 이러한 행동도 다양한 형태를 띠며, 나타나는 방식도 저마다 고유하고 미묘한 차이가 있다. 곧 도덕적 추론 능력을 변질시키는 생물학적 결과로부터 기계적으로 미리 결정되어 획일적으로 전개되지는 않는다. 성공한 사이코패스는 도덕적 의사결정에 영향을 끼치는 뇌 영역에서 평균 이상의 도덕적 추론과 인지 기능이 있다는 연구결과도 있다.[23] 따라서 누군가 사악한 범죄를 저지르려면 도덕적 의사결정이 훼손된 신경심리학적 기계장치의 결함 이상의 것이 필요하다. 도덕적 추론 능력의 결함만이 아니라면, 그것은 무엇일까?

***

앞서 보았듯이, 살인을 저지르기 전까지 랜들은 성공한 사이코패스에 가까웠다. 랜들의 도덕적 추론에는 분명히 문제가 있었다. 왜냐하면 도덕적 추론을 통해서 아내와 딸을 살해할 수 있었기 때문이다. 랜들은 성공한 많은 사이코패스처럼 적어도 평균 이상의 실행 능력을 발휘할 수 있는 잘 작동하는 뇌가 있었다. 그리고 잘 작동하는 뇌로 교활한 능력을 갖추게 되었고 영업인으로서도 성공했다. 아내와 자신의 관계에서 생긴 문제와 아내의 죽음에 관해 서로 얘기를 나눌 때, 랜들은 엠마가 자신을 기만했고 자신의 인생도 비참하게 만들었다고 엠마를 비난했다. 그리고 자신의 아내인 엠마가 자주 딸 카라를 죽이고 자기도 자살하겠다고 말했기 때문에 마치 그녀가 그렇게 한 것처럼 꾸미기 위한 알리바이를 냉담하고 치밀하게 결정해서 딸 카라를 살해한다. 한마디로 어둡게 변형된 실리주의의 [어떤 것을 자신의 경험과 연관 지어 생각하는] 자기 참조 양식을 사용해서 도덕적으로 추론했다.

심리검사 결과는 랜들의 잔인한 논리와 의사결정 방식을 알려주었다. 〈로르샤흐 잉크 얼룩 검사〉 결과는 랜들에게 사이코패스에 관한 최근 증거와 긴밀하게 연결된 바람직하지 않은 정보를 구분하는 능력이 있다는 것도 보여주었다. 랜들은 감정을 느낄 수 있는 외부 자극을 일부러 회피하는 심리적 대응전략을 사용하는 것으로 드러났다. 이러한 대응전략은 랜들의 심리적인 구성, 곧 성격의 중요한 부분이다. 이것은 도덕적이든 아니든 전혀 개의치 않는 추론 방식만큼이나 기본적으로 중요한 랜들의 성격이다. 그는 자신의 행동으로 생기는 감정적인 결과를 두 눈을 뜨고 지켜보는 불편함으로부터 자신을 보호했다. 사이코패스는 옳고 그름을 알지만, 이것이 도덕적인 결정을 내리기에 충분한 동기로 작용하지는 않는다.[24] 반도덕적 의사결정을 내릴 때 느끼는 죄책감이나 양심의 가책과 같은 감정적인 압박으로부터 차단된 랜들은 다른 사람을 자유롭게 속였고, 자신마저도 자유롭게 속인 것 같다. 그는 자신이 할 수 있는 이야기를 자유롭게 구성할 수 있었는데, "엠마가 내 삶을 비참하게 만들었다", "그녀는 나를 속였다", "엠마는 언제나 죽음을 이야기했다"와 같은 내용이었다. 도덕적으로 "오해"하고 상대방 의도를 비껴갈 수 있는 능력과 이기적인 실리주의는 임신한 아내와 딸을 살해하게 했다. 아울러 이것은 (가족을 살해하는 데 기울인) 자신의 노력을 은폐하기 위해 지속해서 머리를 짜내도록 시도할 수 있게 해주었다.

조현병과 같은 정신질환은 범행 순간에 정신착란과 비합리성이 입증되지 않는 한 면책 요소로 받아들여지지 않는다. 일반적으로 (랜들을 비롯한) 사이코패스는 일상적인 속임수부터 비양심적인 악행에 이르기까지 부도덕한 능력을 폭넓게 보여주었다. 랜들의 결함은 전체 성격에서 나타났고 도덕적 영역에서는 제한적이고 선택적이었다. 랜들의 결함은 그가 가진 성격 구성의 전체에서 비롯되었다. 랜들에게 이성의 힘은 문제가 없었다. 오히려 이성의 힘이 도덕성을 합리화해서 없애버리기 위해 독단적인 방식으로 사용되었다. 내가 보기에 이것은 정신질환이 아니라, 다이모닉의 악마성을 보여주는 것 같다.

***

모든 행동은 신경해부학, 타고난 기질, 초기의 돌봄 관계의 질을 비롯한 여러 가지 원인에서 비롯된다. 그러나 어떤 것도 결정적이지 않고, 생물학적 조건이 운명도 아니다. 인간의 모든 삶과 정체성은 뇌를 통해 처리되지만, 뇌에 속하는 것은 아니다. 신경과학자 로버트 사폴스키는 사이코패스를 법적으로 변호할 수 있는 정신장애로 받아들인다. 그렇지만 신경적인 취약성을 지닌 사람이 모두 사이코패스의 길을 가지 않는 이유를 설명할 수는 없다고 인정했다.[25] 사이코패스를 조사한 집단통계도 마찬가지다. 추상적이고 과학적인 관점을 가지고 하늘에서 숲을 내려다보면, 숲속에 뒤엉킨 다양한 나무의 모습을 볼 수 없는 것처럼 집단통계만으로 사이코패스의 세부적인 차이와 특징을 구체적으로 파악하기 어렵다.[26] 도덕적 의사결정과 추론은 개인의 고유한 역사와 살아온 경험의 열매에서 나온다. 그래서 독특한 성격을 지닌 개인의 정체성은 많은 부분이 생물학적으로 예측되지도 않고, 분명히 결정되지도 않는다.

많은 이들이 랜들과 유사한 생물학적 구성을 지니고 있지만, 정상적으로 다른 사람을 섬기는 일에 종사하는 사람도 많다. 어떤 이들은 사이코패스가 되지만, 어떤 이들은 고귀한 대의를 위해 일한다. 위험도가 높은 직업에 종사하는 이들도 있다.[27] 힘든 업무환경에서 일하는 항공기 조종사와 공항 관제사를 떠올려 보자. 그들의 업무 수행력은 감수성과 열정이 평균보다 낮을수록 좋다.[28] 성공한 많은 이가 사이코패스와 감정이 유사할 가능성이 크다. 그러나 불행하게도 랜들은 사악한 잠재력의 최극단을 받아들여서, 자신의 인간성을 부정했다.

참을 수 없는 분노의 폭발

진정으로 사악한 모든 것은 순수함에서 시작된다.

— 어니스트 헤밍웨이

톰 존스의 히트곡 〈딜라일라〉를 술집에서 친구들과 함께 따라 부르거나 차 안에서 즐겨 듣던 기억이 떠오른다. 그때는 20대였고, '딜라일라'라는 이름이 마음에 들었다. 섹시하고 이국적이었다. 톰 존스의 깊고 힘찬 목소리와 강렬한 리듬이 힘을 북돋아 절로 기분이 좋아졌다. 이것은 내가 법의학 심리학자로 경력을 시작하기 전이었고, 그때까지만 해도 가사에는 그다지 신경을 쓰지 않았다. 이런 구절의 가사를 듣고도 그랬다.

"그녀는 웃으며 거기에 서 있었지.
내 손에는 칼이 들려 있었고,
그녀는 더 웃지 않았지."

내 젊음과 함께 내 순수함도 이미 지나갔다. 이제 이 노래를 들으면 스튜와 니컬렛의 사례와 같은 수많은 비극적인 기억이 떠오른다. 1년 정도 이어지던 두 사람의 동거는 파멸로 끝났다. 경찰은 큰소리로 고함치며 위협하는 소리를 들은 이웃들에게 이미 몇 차례 신고를 받았다. 대부분 남자가 위협하는 소리였다. 그때까지 가정폭력 혐의로 신고된 적이 없는 집이었다. 스튜와 리컬렛은 근본적으로 경제적 문제와 기질 차이, 성생활에 관한 관심의 차이 등으로 서로 문제를 안고 있었다. 30대 중반인 니컬렛은 이혼한 경험이 있으나 아이는 없었다. 여동생 엘리자베스 말에 따르면, 니컬렛은 섹시한 이름처럼 남자들의 눈길을 사로잡는 타고난 감각이 있었다. 그녀는 재치가 있고, 밝고 활달했다. 성질은 조금 급한 편이었으나, 늘 장난기 어린 미소를 머금고 있었다. 사진으로 보았을 때 아주 예쁘지는 않았으나, 길고 불그스레한 갈색 머리와 부드러운 이목구비, 반짝이는 눈동자로 다른 사람들의 눈길을 사로잡을 것 같았다. 평균보다 키가 크고, 머리카락은 곱슬곱슬하며, 약간 통통한 편이었다. 모델과 같은 체형은 아니었으나, 단정한 외모와 몸짓은 매력을 느끼게 했다. 똑똑하고 말솜씨도 좋았는데, 대형 법률사무소에서 법률보조원으로 일하면서 익힌 기술이었을 것이다.

스튜는 니컬렛보다 4살쯤 어렸다. 밝은색 눈과 금발 머리를 지닌 스튜는 전형적인 캘리포니아 사람처럼 보였다. 키는 180㎝ 정도였으나, 근육질의 체격 때문에 더 커 보였다. 소규모 자영업을 운영하고 있었으나, 상황이 그리 좋은 편은 아니었다. 그리고 니컬렛과 결혼하기 전에 얻은 아들이 있었으나, 친엄마와 함께 다른 주에 살아서 자주 만나지는 못했다. 아들에게 애착도 없어서, 양육비 때문에 커진 경제적 어려움에 불만이 많았다.

하지만 스튜는 아들과 관계가 그리 가깝지 않은 것에 죄책감도 느꼈다. 스튜는 냉정하고 존재감 없는 아버지를 둔 결손가정에서 태어났다. 스튜는 고등학교에 다닐 때 아들의 친엄마와 사귀었다. 그녀는 고등학교를 졸업한 지 얼마 지나지 않아 임신했고, 스튜는 자기 아버지처럼 되지는 않겠다고 다짐했다. 하지만 그런 다짐과는 달리, 두 사람 관계는 금세 무너졌다.

여러 면에서 니컬렛과 스튜는 그다지 어울리지 않았다. 니컬렛은 전문적이고 외향적이었으며 상냥하고 활달하고 눈치가 빨랐다. 빼어난 말솜씨로 자주 대화를 통제하거나 논쟁을 주도했다. 그녀의 여동생 엘리자베스는 내게 이러한 사실을 분명히 암시했고, 필요하다면 니컬렛에 관해 더 많은 이야기를 해줄 수 있다고 덧붙였다.

스튜는 니컬렛 같은 여성이 매혹될 만한 외모였지만, 성격이 니컬렛과 아주 달랐다. 니컬렛의 외향성은 스튜의 차분함과 궁합이 잘 맞았다. 하지만 스튜는 말로 자신을 표현하는 일에 서툴렀다. 뭔가 말보다는 행동으로 표현하는 것에서 더 기쁨을 찾는 유형이었다. 스튜는 니컬렛의 법률사무소에서 일어나는 음모와 뒷이야기를 듣는 데 그다지 관심이 없었다. 스튜에게 니컬렛의 법률사무소는 낯선 세상이었다. 게다가 스튜가 겪은 삶의 우여곡절은 그의 영혼을 미묘하게 갉아먹었다. 스튜는 고등학교 다닐 때만 해도 다른 사람에게 동경의 대상이었으나, 사회에 나와서는 경험과 지위가 보잘것없었다. 그뿐만 아니라 너무 이른 나이에 아빠가 되면서 책임감과 중압감에 시달려, 아빠의 역할은 오래가지 못했다. 스튜의 운명은 아버지가 없는 결손가정에서 어머니가 돈을 벌러 나간 사이에 온종일 집에 갇혀서 방치되어 자란 아이에게 흔히 생길 수 있는 상처받은 영혼의 맨 꼭대기에 위태롭게 매달려 있었다. 생계를 책임져야 하는 무거운 짐을 짊어진 스튜의 어머니는 경제적으로 어려움을 겪었다. 하지만 그녀는 경제적으로나 정서적으로 최선을 다했다.

스튜는 풋풋한 외모였지만, 나이든 남자에게서 흔히 나타나는 부담감과 피곤함을 감추지 못했다. 내가 그를 만났을 때 정말로 나른하고 기운 없어 보였다. 감추어진 상처와 좌절감을 말없이 드러낸 모습은 살인이 저질러지기 훨씬 전에 형성된, 깊고 수동적인 체념을 보여주는 듯했다.

엘리자베스의 말에 따르면, 니컬렛은 적어도 연애 초기에는 스튜가 "듬직하고 조용한 사람"처럼 보여서 마음이 끌린 것 같았다. 분명히 스튜에게는 망설이는 성격에서 나타나는 긍정적인 부드러움이 있었다. 하지만 시간이 지날수록 우울한 성격이 분명히 드러났다. 스튜는 감정을 억누르는 성격으로 겉보기보다 성생활에 관심이 없었다. 그리고 나이가 들면서 성생활에 관심도 줄어들었다. 그래서 여성으로서 성적 매력을 중시하던 니컬렛을 실망하게 했다. 말다툼을 할 때면 니컬렛은 말과 논리로 스튜를 억눌렀다. 여동생이 지적했듯이, 니컬렛은 말을 날카로운 창처럼 휘두를 수 있었다. 그녀의 말은 스튜를 무지막지하게 두들겨 팼다. 스튜는 도저히 말로는 상대할 재간이 없었다. 스튜는 더욱더 가라앉았다. 스튜는 니콜렛과 더욱 멀어지고 그녀에게 무관심해졌다. 상황은 갈수록 더 나빠졌다. 그래서 니컬렛은 어찌할 수 없는 상황에 더 화가 났을 것이다.

스튜는 열등감과 굴욕감을 느꼈다. 그의 무반응은 방어적인 행동이었으나, 수동적인 공격이기도 했다. 니컬렛은 스튜에게 얻을 수 없는 것을 점점 더 갈망했다. 그녀는 습관적으로 짜증을 냈고, 거칠게 화를 내기도 했다. 역설적으로 살인사건이 벌어지기 전까지 자제력이 아슬아슬해 보인 사람은 스튜가 아니라 니컬렛이었다.

그들은 마침내 헤어지기로 했다. 스튜가 가방을 싸고 떠날 준비를 할 때 부엌에서 말다툼이 벌어졌다. 이렇게 시작된 것이 마지막이 될 줄 누가 알았을까? 스튜가 말했듯이, 니컬렛은 성생활에 무관심하고 무능력하다고 다시 몰아붙이며 그를 부끄럽게 만들었다. 이유는 알 수 없지만, 그 순간 관계의 파멸이 시작되었다. "정신을 놓아버렸어요." 순식간에 억눌린 모든 것이 되새겨지며 거침없이 정점으로 치달렸다. 부엌 조리대 위에 있던 칼을 집어 든 기억도 없이 스튜는 니컬렛의 가슴을 찔렀다. 니컬렛은 바닥에 쓰러져 움직이지 않았다. 스튜는 그때 무슨 일이 있었는지 잘 기억하지 못했다. 피가 많이 흐르지는 않았으나, 죽어가던 니컬렛의 몸에서 피가 꿀렁거리는 소리를 내며 새어 나오던 장면이 기억에 남았다. 그리고 그토록 힘세던 여자가 마치 헝겊 인형처럼 쓰러진 모습만 생생히 떠올랐다. 생명이 빠져나간 니컬렛은 눈을 뜬 채 멍한 얼굴로 부엌 바닥에 누워 있었다. 조롱은 끝났다.

*　*　*

처음에 스튜는 2급 살인죄로 기소되었다. 검시관은 니컬렛의 흉부 부상이 사망에 이르게 한 직접적인 원인으로 보인다고 통보했고, 검사는 부검 결과를 스튜가 의도적으로 살인을 목표로 범행을 저지른 증거로 삼았다.

스튜에 대한 평가는 변호인의 요청으로 이루어졌다. 나는 그의 이력을 상세하게 검토한 다음에 몇 가지 진단검사를 바탕으로 평가를 진행했다. 스튜에게는 어린 시절과 청소년기에 폭력을 저지른 전력이나 흔적이 보이지 않았다. 니컬렛을 만나기 몇 해 전에 술집에서 주말에 싸움을 벌인 일을 제외하고는 범죄 전력이 거의 없었다. 그 일에 대해서 스튜는 방어를 위한 정당한 행위였으나, "그냥 넘어가고 싶어서" 기소를 받아들였다고 밝혔다. 이 밖에 열아홉 살 때 코카인을 소지한 혐의로 유죄 판결을 받은 적이 있었다.

스튜의 연약한 심리와 산산이 흩어진 정서적 뼈대는 격려나 지지가 없는 가정에서 자란 것에서 비롯되었다. 스튜는 수동적이고 곱씹는 기질 때문에 가벼운 불안증을 보였다. 아울러 자기를 바라볼 때 회의감으로 가득 찼다. 이는 소극적인 기질과 함께 그를 방어적으로 만들고, 갈등에 정면으로 맞서지 않고 물러서게 했다. 그러나 극심한 폭력의 이력은 없었다.

스튜의 심리검사 결과는 예상했던 것과 같았다. 〈성격 평가 검사PAI〉에서 스튜의 답변은 간단하고 정직했다. 임상적으로 약간 불안과 우울, 애절하고 서글픈 성격 유형에 해당하는 수치를 나타냈다. 이러한 감정을 이겨내려는 그의 싸움은 오래 지속하였다. 폭력 성향을 보여주는 증거는 없었다.

스튜의 폭력 가능성을 알아보기 위해 〈폭력 위험 평가HCR-20〉[1] 검사도 진행했다. 여기에는 미래의 폭력 위험과 밀접하게 연관된 과거의 폭력, 성격 유형, 관계 유형 등 20개 항목이 포함되어 있다. 이 20개 항목 점수를 기준으로 피검사자의 잠재적인 폭력 행동은 저·중·고의 세 위험집단으로 분류된다.

스튜는 중간 위험집단에서도 가장 낮은 것으로 판단되었다. 성격은 폭력적이지 않았다. 그러나 폭행 혐의와 마약 사용으로 유죄 판결을 받은 전력이 있고, 자아 인식과 사회적 지원에 대한 접근이 제한적이었다. 폭력적인 부부싸움으로 이웃들이 경찰에 신고한 일도 있었다. 무엇보다 부부 관계가 돌이킬 수 없이 깨져 후회와 원망을 품게 되면서 좌절에 대처하는 내성이 낮아졌다는 점이 중요했다.

스튜의 변호인 존 헤너리 씨는 배심원들이 2급 살인이 아니라 과실치사를 선택하는 데 내 증언이 도움이 될지 물었다. 나는 확신이 서지 않았다. 가정폭력으로 경찰에 신고된 일은 예전에 폭행으로 유죄 판결을 받은 사건과 함께 문제가 될 소지가 있었다. 하지만 다른 걱정거리가 눈에 띄었다. 스튜는 폭력적인 사람이 아니었으나, 강렬한 감정을 조절하고 관리하는 데 문제가 있었다. 그래서 가까운 관계에서 감정을 통제하는 능력이 부족했다.

스튜의 변호인은 수잔 던컨 검사와 협상을 진행했다. 검사는 언니의 죽음으로 절망한 상태에서도 스튜에게 동정적인 태도를 보인 엘리자베스를 만나 조사를 했다. 당연히 검사들은 피해자 가족의 태도와 바람에 관심이 많다. 이 때문인지 몰라도 사랑하는 사람을 죽인 범죄자에게 던컨 검사는 이례적으로 무척 긍정적인 반응을 보였다.

재판이 시작되기 몇 주 전에 검사는 스튜에게 단기 2급 살인죄를 적용하기로 했다. 이렇게 되면 스튜는 유죄 판결을 받아도 종신형을 살게 될 가능성은 없다. 던컨 검사는 변호인이 과실치사를 주장한다면, 재판에서 배심원의 결정에 맡기겠다고 말했다. 결국 스튜는 검사의 기소를 받아들였고, 판사는 서명했다. 그래서 스튜는 15년형을 선고받고 주립교도소에 수감되었다.

***

스튜와 니컬렛의 비극적인 결말은 대다수의 살인사건처럼 법적·법의학적으로 복잡하지 않았다. 하지만 사이먼과 아내 조이 사이에 벌어진 살인사건은 그렇지 않았다. 40년이 넘는 결혼생활 끝에 사이먼은 조이를 목 졸라 죽였다. 이 사건은 두 사람이 늘 해오던 새벽의 일상에서 일어났다. 알코올중독자이던 조이는 평소처럼 술에 취했다. 사이먼은 아내가 화내는 소리 때문에 며칠 동안 줄곧 잠을 잘 수 없었다.

누군가를 목 졸라 죽이는 것은 칼로 찔러 죽이는 것과 질적으로 다르다. 사람을 맨손으로 죽이는 데는 시간이 걸리기 때문이다. 하지만 조이가 죽음에 이르기 전에 사이먼이 마음을 가라앉히고 범행을 멈출 시간이 있었는지는 의문이다. 검찰은 사전에 계획을 세워 의도적으로 저지른 악의적인 1급 살인 혐의로 사이먼을 기소했다. 하지만 의도와 계획의 정확한 정의와 시간은 상황에 따라 달라질 수 있다.[2] 누군가를 죽이겠다는 결정은 한순간에 내려질 수 있다. 그렇다면 조이가 죽음에 이르기 전에 목 조르는 행위를 멈출 충분한 시간이 있는데도 사이먼은 그냥 계속하겠다고 결정했을까? 사이먼은 성급하고 충동적으로 살인을 했을까, 아니면 미리 그녀를 죽일 생각을 하고 그때를 선택했을까?

검찰은 사이먼이 몹시 흥분된 상태에서 살인을 저지른 것이 아니라, 의도적으로 살인을 저지른 것으로 결정했다. 그래서 사이먼을 1급 살인 혐의로 기소했다. 사이먼이 몹시 흥분된 상태에서 살인을 저질렀다고 검찰이 인정했다면 그를 과실치사라는 덜 심각한 혐의로 기소할 수도 있었다. 살인을 과실치사로 보는 것은, 살인자가 '어떤 강렬한 정념'에 휩싸여 몹시 흥분된 상태에서, 곧 매우 도발적인 상황에서 희생자를 살해한 사실이 드러나야만 고려될 수 있다. 과실치사에 의한 살인으로 인정되려면 두 가지 조건이 있다. 도발과 살인 사이가 제한된 짧은 시간이어야 한다. 곧 '합리적인 사람'이라도 '냉정'을 되찾고 평정을 회복할 만한 시간이 없어야 한다.[3] 그리고 단순히 분노하는 것만으로는 충분치 않다. 분노가 살인자의 일상적인 이성과 앞날을 돌아볼 능력을 손상시킬 정도여야 한다.

사이먼은 감옥에서 25년을 보내야 할 처지에 놓였다. 이미 70대 초반이므로 유죄가 확정되면 최소 형량을 받더라도 종신형이나 마찬가지였다.

사이먼은 살인사건이 일어난 그 날 바로 체포되었다. 그리고 내가 사이먼을 맨 처음 상담한 것은 체포되고 일주일이 지난 뒤였다. 살인사건이 일어나고 얼마 지나지 않은 시기에 감정 상태를 엿볼 수 있었기에, 상담은 도움이 되었다. 그 뒤 딸도 만났는데, 그녀는 사건 당시의 사이먼을 "산산이 부서진 남자"라고 표현했다. 그것은 적절한 묘사였고, 상담하러 교도소의 변호사 접견실로 들어오던 사이먼을 본 첫인상과도 매우 비슷했다. 사이먼을 만나기 전에 읽어본 의료기록과 경찰 보고서에는 키가 180㎝이고, 몸무게는 평균으로 적혀 있었다. 하지만 실제로 본 첫인상은 기록과 너무 달랐다. 키부터 20㎝는 작아 보였다. 등은 굽었고, 뼈가 보일 정도로 앙상했으며, 동작도 느리고 주춤거렸다. 복도를 따라 힘없이 다리를 질질 끌며 걸어와서 간신히 좁은 부스 안으로 들어왔다. 요청하지도 않았는데 교도관이 수갑을 풀어주었다. 살인자의 폭력 가능성을 걱정하지 않는다는 신호였다. 사이먼은 교도관에게 가벼운 미소로 감사를 표시했다. 비쩍 말라 시든 체형에 죄수복은 더럽혀져 있었다. 머리카락은 희끗희끗하고 오래 감지 않은 것처럼 엉켜 있었다. 마치 삶을 포기하고 길을 잃은 영혼처럼 보였다.

내가 처음 만났을 때 사이먼은 교도소에서 특별 감시를 받았다. 이는 자신뿐 아니라 다른 사람에게 위험한 존재로 여겨졌다는 뜻이다. 사이먼은 아직 약을 처방받은 상태는 아니었으나, 분명히 잠재적인 위험이 있는 사람으로 판단되었다.

사이먼의 말은 나이와 외모에 비추어 '활동적인' 사람처럼 놀랄 만큼 빨랐다. 지친 듯한 모습과 잘 어울리지 않는다는 인상을 주었다. 사이먼의 〔기분이나 감정을 잘 조절하지 못해 비정상적인 정서 상태가 지속하는〕 기분 장애를 관찰할 수 있는 최초의 모습이었다. 상담을 마친 뒤 사이먼은 기분 안정제를 처방받았으나, 첫 만남에서 살인사건 당시의 정신 상태를 엿볼 수 있었다.

사이먼은 나와 첫 상담을 하는 동안에는 적어도 정신병자가 아니었다. 청각적 환각이나 시각적 환각이 없었고, 미친 망상도 없었다. 단지 수감 생활에서 감수해야 하는 끊임없는 소음 때문에 "늘 긴장하고 신경이 곤두선" 상태라고 밝혔을 뿐이다. 예민했으나, 상담을 진행하는 데 문제는 없었다. 사이먼은 지난 몇 년이나 몇 달 보다 마음이 훨씬 차분해졌으며, 잘 자고 잘 먹고 잘 지내는 편이라고 말했다. 자살할 생각이 없는데, 정신과 의사가 왜 자신을 지켜보게 했는지 이해할 수 없다고 말했다. 잠을 잘 자서 그런지, 집중력이 좋아진 것 같다고도 했다. 사고방식은 정신병 징후가 전혀 없이, 명료하고 조직적이었다. 하지만 나중에 항우울제인 프로작과 불안증 환자에게도 사용되는 항정신병 약물인 자이프렉사를 처방받았다.

비록 허약하고 예민했으나, 사이먼의 태도에는 이상하게 평화로운 면이 있었다. 마치 새로운 일을 시작할 때 되도록 모든 것을 즐겁게 받아들이는 것처럼, 미소는 부드럽고 갈색 눈은 활기가 넘쳤다. 그는 웃음을 보이며 "내가 바로 이곳의 연장자라오"라고 말했다.

나는 상담을 진행하면서 '부서진 남자'로 생각한 사이먼에 대한 첫인상을 조정해야 했다. 어쩌면 내가 마주한 이 사람은 오랫동안 심리적으로 무너졌다가 편안함을 되찾은 남자일지도 모른다. 이 사람의 후줄근한 태도는, 알코올중독에 빠진 사랑하는 아내에게 끊임없이 고통을 당하면서도 결코 아내를 포기할 수 없었던, 어쩌면 오랫동안 짊어지고 있던 무거운 짐을 벗어 던진 안도감의 결과일지도 모른다. 나는 평소와 마찬가지로 사이면에게도 지나간 삶에 관해 물었다. 그러면서 그를 판단할 시간을 확보하며 서서히 평가를 시작했다. 사이먼의 이력은 거의 모든 면에서 주목할 만한 것이 없이 평범하기 그지없었다. 그는 노스캐롤라이나에서 태어났고, 부모와 세 명의 형이 있는 전통적인 가정에서 자랐다. 어머니는 전업주부였고, 아버지는 공업회사에서 임원으로 일했다. 사이먼은 어린 시절을 행복한 때로 기억했다. 낮은 수준의 불안감이 있었지만, 정상적인 생활을 방해하는 수준은 아니었고 전혀 문제가 되지도 않았다. 학교에서 쉽게 주의가 산만해졌지만, 학업이나 행동에 문제가 되지 않았다. 대체로 학교생활을 잘했고, 대학에서는 공학을 전공했다. 전기공학과를 졸업했지만, 일하면서 흥미를 잃었다. 그리고 영업이나 관리직에 돈을 벌 기회가 더 많다는 사실을 알고, 대부분 직장생활을 영업과 관리 분야에서 전문적인 경력을 쌓으며 보냈다. 살인사건이 벌어진 것은 퇴직한 지 몇 년이 지난 뒤였다.

사이먼은 법을 어긴 적이 거의 없었다. 극심한 폭력을 저지를 가능성을 예고하는 공격성을 보인 사례도 없었다. 고등학교나 대학에서도 약물을 사용한 적도 없었다. 직장에 다닐 때는 술을 꽤 오래 마셨지만, 초기에는 과음하지 않았다. 대학에 다니면서 술을 마시기 시작했으나 결코 문제가 될 정도는 아니었다. 다른 친구들과 달리 음주운전 단속에 걸린 적이 한 번도 없다는 사실을 사이먼은 자랑스럽게 여겼다. 그러나 시간이 지나면서 여행을 하거나, 업무를 위해 저녁 식사를 하면서, 고객이나 동료와 함께 늦은 밤까지 친목을 다지며 음주량이 점차 늘어났다. 음주문제가 심각해지면서, 아내인 조이에게도 영향을 끼쳤다.

사이먼은 40대까지 정신 건강에 아무 문제가 없었다. 하지만 "뜬금없이 정신 건강에 이상이 나타났어." 비정상적으로 긴 출장 끝에 〔기분이 고양되어 전반적인 정신과 행동에 문제를 보이는〕 조증 상태로 집에 돌아왔다. 가족들에게 자신이 신성한 영혼을 가지게 됐다고 밝히면서 "성서를 받아 쓰라고 말했다." 잠시 입원을 했고, 〔조울증이라고도 불리는〕 양극성 장애 진단을 받았다. 사이먼은 성인 시절 꽤 많은 시기에 조증과 유사한 (전문용어로는 경조증이라고 하는) 증상을 보여 왔다는 사실을 인정하며, 이 시기를 이렇게 표현했다. "너무 미쳐 있었어. 그리고 성서도 … 나는 불가지론자야!"

사이먼은 병원에서 처방받은 약을 기억하지 못했고, 치료도 계속 받지 않았다. 하지만 인식이 명료해졌고, 부부는 사이먼의 조증이 재발하지 않도록 주의해야 할 필요성을 절감했다. 사이먼이 조증의 행동을 보이는지 주의 깊게 살펴보고 알려주는 역할을 아이들이 맡았다. 놀랍게도 사이먼은 체포될 때까지 기분 장애와 관련해서 표준적인 치료를 받은 적이 없었다. 살면서 계속해서 자기의 증상을 그리 중요치 않은 문제로 여겼다.

다음 상담에서는 결혼생활과 부인 조이와 관계는 어땠는지 살펴보았다. 두 사람은 소개로 만나서 2년 정도 사귄 후에 결혼했다. 처음 애들을 낳아 키울 때는 결혼생활이 꽤 좋았다. 하지만 아이들이 대학에 입학한 뒤부터 뭔가 바뀌었다. "우리는 아이들이 아니라, 이제 서로를 마주 보게 됐어요." 돌이켜보면, 두 사람은 이때 서로 아주 다르다는 사실을 깨달았고 사이도 점점 멀어졌다. 사이먼은 내성적인 성격이었지만, 조이는 친구가 많고 사교적인 성격이었다. 이런 차이로 말미암아 사이먼이 퇴직하고 집에 오랜 시간을 함께 있게 되면서 두 사람 사이에 뚜렷하게 긴장이 생겼다. 사이먼은 일부러 조이처럼 사교적인 사람으로 보이고 싶지 않았다. 그래서 두 사람은 함께 술을 마시면서 갈등을 해결했다. 사이먼은 성과를 요구하는 업무와 자주 출장을 다녀야 하는 직장생활이 결혼생활에서 생기는 어려움과 한계에 예방접종 구실을 하며 큰 도움이 되었다는 사실을 뒤늦게 깨달았다.

사이먼이 은퇴한 뒤에 부부는 함께 술을 많이 마시기 시작했다. 은퇴하기 전까지만 해도 사이먼은 드물게 과음하기도 했으나, 집에서는 그리 많이 마시지 않았다. 그는 자신의 음주 문제를 심각하게 여기지 않았다. 음주는 직장생활의 필요에 따른 자연스러운 행위였을 뿐이다. 조이도 그때까지는 사교적인 술꾼에 지나지 않았다.

하지만 사이먼이 은퇴하고 몇 년 사이에 두 사람 모두 알코올에 중독되었다. 한때는 오후 3시 이후가 되면 칵테일을 마시는 것이 그들의 일상이었다. 그리고 시간이 지나자 더 일찍부터 술을 마시자고 서로 신호를 보내기 시작했다. 사이먼과 조이의 음주 상태와 방식이 너무 나빠지면서 두 자녀와 손자·손녀들과 관계도 끊어졌다. 사이먼은 딸 마사와 유독 사이가 좋았는데, 마사는 엄마 아빠와 몹시 불쾌한 대화를 나눈 뒤로더는 찾아오지 않았다. 딸 마사의 두 자녀 앞에서 일어난 일이었다. 막내아들 존과도 멀어졌다.

살인사건이 일어나기 5년 전에 사이먼과 조이는 술을 끊기로 결심했다. 두 사람은 지역 병원에서 치료를 받으려고 했지만, 입원 요건을 갖추지 못했다는 말을 들었다. 대신에 지역 병원에서는 외래환자 치료 프로그램을 추천했고, 부부는 중독 전문의에게 상담을 받았다. 의사는 음주를 줄이는 데 도움이 되도록 부부에게 항불안제와 수면제를 처방했고, 〔알코올 의존이나 중독에서 벗어나려는 사람들이 서로 돕는 활동을 하는〕 '익명의 알코올중독자' 모임에 참여하라고 권했다.

사이먼은 술을 마시는 것이 자녀·손주들과 관계를 파괴한다는 사실을 깨닫고, 금주를 진지하게 고민했다. 그러나 조이는 금주를 사이먼만큼 절실하게 여기지 않았다. 그녀는 술을 끊지 않았다. 이 순간 상담을 하던 사이먼의 태도가 갑자기 바뀌었다. 고통스러운 곳을 표류하는 것 같았다. 시선을 돌리고, 팔을 조금 움직이며 몸을 웅크렸다. 불안한 생각으로 표정이 굳었다. 잠시 뒤에 사이먼은 고개를 들고 이렇게 말했다. "내가 조이를 알코올중독에 빠뜨렸어요. 술을 마시게 했어요." 자신이 은퇴하고 몇 년 동안 조이는 과음한 적이 없었다. 하지만 시간이 지나면서 매일 저녁 술을 마시기 시작했다. 사이먼은 가끔 익명의 알코올중독자 모임에 참여하거나 도우미와 연락을 주고받은 덕분에 음주를 멈출 수 있었다. 자녀들을 다시 만나려는 강한 열망이 가장 큰 동기가 되었다. 꾸준히 마사와 존에게 연락했으나, 술 때문에 둘 다 손주들과 함께 찾아오려 하지 않았다. 그러다 사이먼이 술을 끊으면서 상황이 조금 나아졌다. 자녀들은 낮에 잠시 집에 들르거나, 가끔 손주들과 함께 집에 찾아오기 시작했다. 조이는 마사나 존이 집에 오기 전이나 있는 동안에는 술을 마시지 않았다. 사이먼은 특히 마사를 더 자주 만날 수 있게 되어 고마웠다. 어릴 때부터 사이먼과 마사는 특별한 유대감이 있었다. 사이먼은 두 자녀와 심리적 유대감을 회복하는 것이 금주에 큰 도움이 되었다고 말했다.

하지만 조이는 시간이 지나도 술을 계속 많이 마셨다. 살인사건이 일어날 무렵에 조이는 자녀들과 완전히 멀어졌고, 많은 시간 대부분 사이먼에게 "화를 냈다." 자녀들은 사이먼의 휴대전화로만 연락하고, 집 전화로는 일절 연락하지 않았다. "애들은 엄마와 이야기하기를 원치 않았어요."

사이먼은 나에게 자식들을 만나 이야기를 해보라고 권했다. "가족 문제를 설명해 줄 수 있을 거예요." 그의 제안에 동의했지만, 다음 상담시간에 조이의 죽음을 둘러싼 상황에 관해 먼저 이야기를 나눠보자고 말했다. 여러 심리검사도 해야 한다고 알려주자 "좋아요"라고 대답했다.

나는 사이먼이 숨길 것도, 가면을 쓸 이유도 없는 사람이라는 인상을 받으며 상담을 마쳤다. 질문에 대답하는 것을 들으면서, 가정생활과 결혼생활 말고는 특별히 따로 이야기할 만한 것이 없다고 판단했다. 맨손으로 조이의 목을 졸라 죽인 날 지닌 분노와 마음의 상태를 살펴볼 때도 솔직함과 개방적인 태도가 계속되기를 바랐다.

**

조이는 살인사건이 벌어진 날 오후 3시부터 술을 마시기 시작했다. 밤새 술을 마시고, 온종일 잠을 자는 것이 조이의 일과였다. 사이먼은 "그날 그녀는 최악이었다"고 말했다. 당시에 사이먼은 아파트에 투자해서 손해를 보는 바람에 부부의 가계에 생긴 경제적 문제를 해결하려고 안간힘을 썼다. 투자에서 발생하는 수익으로 내려고 전년도 세금을 내지 않았으나, 생각처럼 되지 않았다. 스트레스의 덫에 걸린 기분이었다. 그는 도저히 해결책을 생각해낼 수 없었다. 조이는 몇 달간 하루도 빠짐없이 "세금 문제를 해결하라"고 잔소리를 해댔다. 이날 늦은 오후에도 가계 문제를 놓고 잔소리를 퍼붓기 시작했다. "내가 어리석은 결정을 했다고 나무랐어요." 여기에 그치지 않고 조이는 사이먼이 저지른 사사로운 실패를 늘어놓았다. "침실에 페인트칠을 제대로 한 적이 있어요? 운전면허증을 때맞추어 갱신한 적이 있어요?" 사이먼은 조이가 지적한 일이 모두 사실이라고 인정했으나, 자기를 만성적으로 피로하게 했다고 한숨을 쉬며 말했다. "그녀의 장광설을 듣는 것"만으로도 지쳤다.

조이는 가계에 곤란한 문제를 일으켰다며 사이먼을 계속 "바보 같은 멍청이"라고 불렀다. "그녀는 알코올중독에 빠져 있었어요. … 나를 물리적으로 공격하려고 했어요. … 그런 일이 계속되었어요. … 정말 끔찍했어요." 조이가 계단을 내려가다가 벽에 걸린 두 자녀의 사진을 밑으로 내던진 적도 있었다. 사이먼은 화가 났지만, 꾹 눌러 참으며 "이제 그만하자"라고 달랬다. 그녀가 넘어지거나 다친 적도 있어서, 혹시 그런 일이 다시 생길까 봐 꾸준히 지켜보았다.

하지만 굳이 그녀를 지켜볼 필요가 없었다. "미친 듯이 나만 따라다녔어요." 사이먼이 돈 문제와 조이에 대한 걱정으로 수면이 부족 상태에서 이런 모든 일이 벌어졌다. 살인사건이 일어나기 전 일주일 동안 사이먼은 "감정적으로나 육체적으로나 완전히 지쳐 있었다."

이른 오후부터 술을 마시기 시작하면서 조이는 점점 더 짜증이 심해졌고, 말도 많아졌다. 여러 해 동안 이런 일이 반복됐다. 조이가 이런저런 이유로 잠시 입원했을 때 비로소 잠을 제대로 잘 수 있었다. 지난 5년 조이는 병원에서 여러 차례 알코올중독 치료를 받았지만, 퇴원하면 다시 술을 마셨다.

살인사건이 발생하기 한 달 전쯤 조이의 음주가 더 심해졌다는 사실을 알아챘다. 사이먼은 그녀가 돈 문제를 걱정해서 그런 것 같다고 생각했다.

살인사건이 벌어진 저녁에 조이의 술주정이 극에 달했다. 그녀는 위스키를 평소보다 많이 마셨다. "돈 문제를 가지고 … 밤새 나를 못살게 굴었어요." 조이는 시비를 걸고, 불평하고, 위협했다.

사건은 오전 1시 30분 무렵에 벌어졌다. 사이먼은 조이를 아래층 거실에 남겨두고 자정쯤에 잠을 자려 했다. 조이는 "화를 내면서" 텔레비전 소리를 최고로 높였다. 매일 밤 사이먼을 괴롭히는 방식이었다. "그녀가 술에 취하면 짜증과 분노를 전달하는 방식이었어요." 조이를 달래며 잠을 자기 위해 텔레비전 소리를 낮췄다.

그러자 조이는 사이먼을 쫓아 위층으로 올라왔다. 보통은 텔레비전 소리가 다시 천둥처럼 울리고 사이먼을 쫓아 이 층으로 올라오지는 않았다. 하지만 이날은 날카롭게 비명을 지르며 침실로 뛰쳐 들어왔다. 사이먼은 침실을 나와서 손님을 접대할 때 쓰는 방으로 갔다. "그냥 잠을 좀 자려고 했어요. 하지만 조이가 미친 듯이 나를 따라다녔습니다." 그녀는 분노로 가득 찬 욕설을 퍼부어대며, 사이먼의 성격을 비난했다.

살인은 손님 접대용 침실에서 저질러졌다. 사이먼이 걱정하며 그만하자고 말했지만, 조이는 욕설을 멈추지 않았다. 텔레비전은 천둥소리를 내고 있었다. "뭔가 깊은 곳에 있는 공포의 심연으로 빠져드는 듯했어요." 사이먼은 조이의 목을 움켜쥐고 조르기 시작했다. "정신이 하나도 없었어요. 머릿속이 몹시 거칠어졌지요." 그는 슬픔에 잠겨 말을 잇지 못했다. "본능에 사로잡힌 순간이었어요. 내 앞에 있는 것을 움켜쥐었고 … 마치 머릿속에서 뭔가 미친 듯이 폭발한 것 같았어요. 정신 줄을 놓았던 거죠. … 나에 대한 통제력을 완전히 잃었던 거예요." 사이먼에게 그녀를 목 졸라 죽이면서 무슨 생각을 했는지 물었다. 사이먼은 그녀를 목 졸라 죽이는 데 얼마나 오랜 시간이 걸렸는지 말하지 못했다. 말한다 하더라도 아무 의미도 없었을 것이다. 시간에 대한 생각이나 관념 자체가 없는 상태였기 때문이다. "좀비 같았어요." 사이먼은 생각을 넘어서 있었다.

사이먼에게 조이가 죽기를 바랐는지 묻자 그렇지 않다고 대답했다. "무슨 일이 일어났는지 이해하는 데 대여섯 시간쯤 걸렸어요." 자기가 잠을 잤는지, 집 주변을 돌아다녔는지 인식하지 못했다. 어두운 현실을 똑바로 바라보기 전에, 조이를 안아 침대에 눕혔다. 그리고 그녀가 깨어나기를 바라는 듯 계속 쳐다보았다. "어쩌면 꿈일지도 몰라. 잘 모르겠어. 아내가 죽었다고? 내가 목을 졸라서? 뭘 해야 하지?" 두려움에서 벗어나기 위해 스스로 목숨을 끊을 생각도 했다. "소리치고, 비명을 지르며, 물건을 던졌어요. 뭔가 멈추고 싶었어요."

날이 밝자 사이먼은 집을 떠나기로 했다. 왜 그랬는지 이유를 말하지는 못했다. 만약 총을 사용할 수 있었다면, 자살했을 것이다. 차에 올라타서 운전을 시작했다. 기차 앞으로 걸어가거나, 목을 매거나, 자살하는 것을 생각했다. 어떤 자녀에게 전화해야 할까? 자신을 "지지하는" 마사에게 연락하기로 결심했다.

조이와 가끔 산책하던 인근 공원 옆에 차를 세웠다. 그리고 직장에 출근해서 일하고 있는 마사에게 문자를 보냈다. 전화를 걸어달라는 내용이었다. 잠시 뒤에 마사가 전화했고, 사이먼은 자신이 저지른 일을 말했다. 처음에 마사는 조이가 그냥 자다가 죽었다고 생각해 그의 말을 믿지 않았다. 마사는 사이먼에게 다시 술을 마시기 시작했는지 물었다. 사이먼은 마사에게 엄마를 죽였다고 분명히 말하며, 자신도 죽을 것이라고 했다. 그러자 마사는 그러지 말라고 애원하면서 경찰에 전화하라고 했다. 사이먼은 그렇게 했다. 마사는 집으로 돌아가라고 간청했다. 사이먼이 집에 도착하자, 경찰차 여러 대가 와 있었다.

사이먼은 곧바로 체포되어 조사를 받았다. 나는 사이먼의 조사 영상을 보았다. 수사관들은 사이먼에게 사건 당시에 무슨 생각을 했는지 거듭 물었다. 사이먼은 조이를 목 졸라 죽이면서 "호의를 베푸는 것으로 생각했다"라고 말했다. 나는 이 말의 의미를 물었다. 하지만 사이먼은 자신이 그렇게 말한 것을 기억하지 못했다. 조사를 받을 때 사이먼은 무감각한 상태였다. 내가 살인 당시 심정이 어떠했는지 묻자, "그냥 귀신을 좇아내고 싶었어요. 아내를 죽이고 싶지 않았습니다"라고 슬픈 목소리로 말했다.

이토록 오랫동안 아내에게 질책과 괴롭힘을 당하면서도 왜 아내 곁을 떠나지 않았는지 물었더니 사건이 일어나기 6개월쯤 전에 아내와 부부 상담을 하러 간 일을 꺼냈다. 여러 차례 상담을 한 뒤에 치료사는 사이먼을 따로 만나서 이혼할 것을 권했다. 조이가 치료할 수 없을 정도로 심각한 알코올중독자라는 이유에서였다. 조이는 살해되기 2~3주 전쯤에 마지막으로 병원 치료를 받았다. 조이는 술을 더 많이 사려고 실랑이를 하다가 가벼운 접촉사고를 당했고, 사이먼은 그녀를 병원에 데려갔다. "그녀는 취해 있었고, 위스키를 파는 가게에서 나오던 길이었어요. 조이에게 술을 사줄 수는 없었어요." 그래서 이혼하고 떠날 생각도 해보았다. "하지만 그럴 수 없었어요. 그녀를 돌보아야 했어요." 두 사람은 40년이나 결혼 생활을 유지했다. 그리고 사이먼은 늘 결혼은 영원하다고 생각했다.

***

사이먼의 나이와 양극성 장애의 병력, 과거의 알코올중독 등을 고려할 때 신경심리학적 평가를 할 필요가 있다고 생각했다. 그래서 〈신경 심리 상태 평가를 위한 반복 가능한 종합검사RBANS〉를 실시했다.[4] 이것은 노인의 인지기능 문제를 폭넓게 평가하기 위해 사용되는 검사다. 특히 평가 과정이 간단해서, 노인들에게 부담이 될 수 있는 포괄적인 신경심리학적 도구보다 힘이 덜 들고 시간도 덜 걸린다. 사이먼은 기억력·언어·주의력·시공간 인식능력을 비롯한 모든 영역에서 평균 이상이었다.

[검사에서 다른 사람에게 좋게 보이거나 좋은 인상을 주려고 하는] 사회적 바람직성과 증상 왜곡을 살펴보기 위해 〈폴허스 기만 척도PDS〉와 〈꾀병 증상 검사SIMS〉도 했다. 검사 결과로 볼 때 사이먼이 질문에 정직하게 응답했다는 사실이 입증되었다.

사이먼은 체포되기 전에 오랫동안 극심한 스트레스를 받았다. 그래서 〈트라우마 스트레스 검사TSI〉도 실시했다.[5] 이 검사는 어린 시절이나 최근에 발생한 트라우마의 영향을 비롯해 트라우마의 급성·만성 증상을 평가하도록 설계되었다. 타당성 수치가 정상범위 안에 있어서 사이먼이 검사항목에 솔직하게 응답했다는 사실을 보여주었다. 검사 결과로 나타난 임상 척도는 사이먼이 절망감, 자존감 위축, 슬픈 감정을 겪고 있음을 나타냈다. 아울러 상대적으로 자신의 필요와 감정은 잘 인식하지 못하고, 다른 사람이 우선하는 것을 더 중요하게 여기는 경향이 있다는 사실도 보여주었다. 이는 부부관계에 대한 설명과도 일치했다. 전반적인 결과는 외상 후 스트레스 장애로 고통받는 사람과 일치하지는 않았다.

〈성격 평가 검사PAI〉도 실시했다. 검사 결과 사이먼의 사고과정은 혼란과 주의력 산만, 일시적인 우울증과 경조증 성향 때문에 집중하는 데 어려움을 겪을 가능성이 큰 것으로 밝혀졌다.

***

사이먼의 딸 마사는 나와 만나기를 간절히 원했다. 마사와 사이먼은 사이가 아주 가까웠다. 두 사람은 일주일에 두세 번 정도 마사의 점심시간에 정기적으로 만나서 서로 이야기를 나누었다. 대부분 어머니의 알코올중독을 걱정하는 내용이었다. 마사는 행복한 어린 시절을 보냈다는 사실을 내가 알아주기를 바랐다. 몇 년 전 어머니의 음주가 심각해진 뒤부터 부모님과 갈등이 생겼다. 그녀는 한때 부모님의 집을 찾아가지 않았고 아이들을 데려가는 것도 거부했다. 하지만 살인사건이 일어나기 1년쯤 전부터는 가끔 아이들 없이 혼자 잠시 부모님을 찾아갔다.

어렸을 때 부모님은 술 때문에 문제를 일으키거나, 결혼생활에 문제를 일으키지 않았다. 아버지는 훌륭한 사업 감각으로 언제나 가족들을 "보호했다." 어머니는 사교적이지만, 정서적으로는 차가웠다. 하지만 어릴 때 학대는 전혀 없었다.

마사는 어머니의 술이 문제가 되자, 아버지가 바뀌는 것을 알아차렸다. 조이가 죽었을 때 "아빠는 육체적으로나 정신적으로나 빈껍데기만 남은 상태였어요." 살인사건이 일어나기 얼마 전에 찾아갔을 때, "아빠의 몸 상태를 보고는 너무나 큰 충격을 받았어요. 나를 키워준 사람이 아니었어요." 아버지는 허약했고 "앙상한 자루처럼" 보였다.

마사는 사건이 일어나기 며칠 전에 부모님을 마지막으로 찾아갔다. 그녀는 아버지한테 전화를 받았다. "네 엄마가 미쳤어. 나한테 심하게 화를 내는구나." 마사가 친정집에 도착했을 때는 늦은 오후였고, 어머니는 잠을 자고 있었다. 그녀는 아버지를 진정시키고 돌아왔다. 마사는 일주일쯤 전에 일어난 다른 일에 관해서도 말해주었다. 이번에도 아버지한테 조이가 "화를 낸다"는 전화를 받았다. "사진을 바닥에 던지고 … 통제할 수 없는 상태야." 아버지에게 911에 전화하라고 조언했다. 구급대원들이 왔다. 조이가 아픈 상태이고, 알코올중독이라고 알려주자, 그들은 조이를 병원으로 데려갔다.

마사는 잠시 직장에서 나와서 병원으로 갔다. 어머니는 침대에 누워 있었고, 아버지는 간호사와 함께 어머니를 옆에서 지켜보았다. 사이먼은 컵에 물을 따라서 어머니에게 주었다. "엄마가 아빠 얼굴에 물을 뿌렸어요. 아빠는 그냥 참고 있었고요." 사이먼은 부끄럽고 굴욕적인 표정으로 바닥만 내려다보았다.

살인사건이 일어난 날에 마사는 아버지에게 "전화해"라는 문자를 받았다. 그녀는 회의를 하고 있으므로 끝나는 대로 빨리 전화하겠다고 문자를 보냈다. 아버지에게 다시 문자가 왔다. "긴급. 되도록 빨리 전화해." 회의를 중단하고 마사는 사이먼에게 전화했다. "아빠의 목소리는 완전히 망가진 상태였어요." 사이먼의 목소리는 "몹시 혼란스러워하는" 것 같았고, 호흡도 불안하고 가늘었다. "끔찍한 일이 일어났어. 엄마가 죽었어." 사이먼은 반복해서 말했다. "엄마가 죽었어. 내가 그랬어." "아빠가 뭔가 충격을 받아 정신을 잃은 것 같았어요."

처음에 마사는 믿기지 않아서, 조이가 자다가 죽은 게 틀림없다고 생각했다. 하지만 사이먼은 "아니, 그렇지 않아. 목을 졸랐어. 내가 제정신이 아니야"라고 말하며, "자살할 생각이야"라고 덧붙였다. 마사는 내게 말하는 동안 온몸을 떨고 있었다. 마사는 아직도 사이먼이 조이를 죽인 사실을 믿지 못하는 것 같았다. 마사와 통화하면서 사이먼은 울기 시작했다. "내가 무슨 짓을 한 거야? 나 자신과 아내, 아이들, 손주들의 삶을 망쳤어." 마사는 사이먼에게 911에 전화하라고 애원했다. 사이먼은 그러겠다고 말하고 전화를 끊었다. 잠시 뒤에 사이먼이 다시 전화로 집으로 돌아가는 길이라고 말했다. 마사가 집에 도착했을 때, 사이먼은 수갑을 차고 경찰차 뒷좌석에 앉아 있었다.

상담을 마치면서 마사는 내게 이렇게 말했다. "내 인생 전부를 걸고 말씀드리는데, 아빠는 정말 너무나 온순한 사람이에요. 이것은 말이 안 돼요. 아빠는 완전히 부서진 상태 같아요."

마사는 집 서재에서 찾아낸 아버지의 일기장을 가져왔다. 사이먼은 사건이 일어나기 2년쯤 전부터 일기를 쓰기 시작한 것으로 보인다. 상담을 마친 뒤에 나는 찬찬히 그 기록을 읽었다.

일기에는 사이먼이 3개월 전에 아내를 위해 쓴 시가 있었다.

사랑해.

당신을 떠나지 않을 거야.

무슨 일이 있어도

죽음이 우리를 갈라놓을 때까지.

***

　내가 아직 사이먼의 변호인과 관계를 유지하고 있을 때, 정신 이상 가능성을 변호 전략으로 써도 좋을지 평가해 달라는 요청을 받았다. 사이먼은 계획적이고 의도적인 1급 살인 혐의로 기소되었다. 변호인은 사이먼이 조이의 목을 졸랐을 때, 치료받지 못한 양극성 장애를 앓고 있어서 현실감을 잃고 자기가 무슨 짓을 하고 있는지 전혀 알지 못한 것이 아닌지 궁금히 여겼다.

***

　평가를 마친 뒤 사이먼의 변호인단을 만났다. 나는 변호인단에게 살인 당시에 사이먼이 정신 이상 상태였다고는 생각하지 않는다고 말했다. 사이먼은 정신병자도 아니었고, 자신의 행위가 잘못된 것임을 알지 못하는 상태도 아니었다. 조이의 목을 졸라 죽이는 동안에 감정을 통제하지 못하는 분노 반응의 상태였다. 조심성 없이 충동적으로 행동했으나, 정신 이상이나 비합리적인 정신 상태는 아니었다. 사이먼이 양극성 장애를 앓고 있었으나, 이것이 살인의 주된 원인은 아니었다.

부부의 불화, 조이의 알코올중독과 언어적·신체적 학대, 조이를 분리하려는 의지와 능력의 부재로 사이먼이 살인을 저지르게 되었다. 이런 이유로 사이먼은 계속되는 조이의 학대에 감정이 고갈되어 무력감에 빠지고 굴욕감을 느꼈다. 살해되기 얼마 전에 병원에서 조이가 사이먼에게 물을 뿌린 사건을 예로 들 수 있다. 그리고 이 모든 것이 평소와 다르게 갑자기 치명적인 폭력으로 분출되면서 사이먼을 완전한 파멸로 이끌었다.

변호인단은 진단검사와 평가결과를 근거로 과실치사를 합리적인 대안으로 볼 수 있을지 물었다. 나는 증거에 비추어볼 때, 과실치사가 정당한 혐의라고 확신했다. 사이먼은 범죄기록이 없었고, 폭력과 관련된 전과나 과거 이력도 없다. 아내를 학대하지도 않았다. 아내의 알코올중독과 극심한 멸시와 적대감에도 아내에게 헌신했다는 주장은 믿을 수 있었다. 마사는 아버지가 평생 어머니를 사랑하며 책임감 있게 행동했다고 말했다. 나중에 사이먼이 바뀌기는 했다. 이유는 조이의 알코올중독과 서로 도움이 되지 않으면서도 알코올로 공생하는 방식의 결혼생활 때문이었다. 역설적으로 사이먼이 결혼생활을 지키려는 불굴의 헌신도, 조이의 무자비한 폭행, 만성적인 불면증, 치료되지 않은 양극성 장애와 함께 끔찍한 발작을 불러일으킨 요소였다. 딸인 마사가 이런 사실을 모두 확인했다. 두 자녀 모두 아버지를 계속 믿고 지원했다. 자발적인 과실치사 혐의가 충분히 일리가 있어 보였다.

그렇지만 검찰과 협상이 쉽지는 않으리라고 생각하며 회의실을 나왔다. 검사는 사이먼을 1급 살인 혐의로 기소했다. 이유는 사이먼이 미리 의도를 품고, 계획을 세우고, 이리저리 상황을 검토해서 조이를 죽였기 때문이라고 주장했다. 조이의 알코올중독에서 생긴 파괴적인 행동으로 사이먼이 손으로 쥐어 짜낼 때까지 일정 기간 끓어오른 복수심을 품고 있었다는 점을 검사는 살인이 계획적이고 의도적이었다는 증거로 여겼다.

그러나 사이먼이 계획과 의도를 가지고 범죄를 저질렀다면, 살인을 결정하기 전에 미리 상황을 판단하고 여러 가지를 신중히 고려해야 했을 것이다. 나는 사이먼에게는 조이를 죽이려는 은밀한 계획 따위는 없다고 확신했다. 원통함, 그렇다. 사이먼은 아내의 학대와 아내가 자기를 대하는 방식에 괴로워했다. 두 사람의 결혼생활은 문제가 많았지만, 다른 사람도 모두 그 정도 문제는 있다. 그러나 사이먼과 조이의 고달픔은 다른 사람보다 대부분 다루기 어렵고 무거웠다. 사이먼은 끊임없이 예민한 상황에 놓였고 공격을 받았다. 하지만 사이먼은 문제의 근원인 조이에게 묶여 있었다. 모든 증거를 놓고 보건대, 사이먼은 끝까지 조이에게 엄청난 억제와 헌신을 한 것 같다. 모든 것을 놓아버릴 때까지.

또 다른 문제도 있을 수 있었다. 법에는 살인을 저지르는 순간에 상황을 판단하는 시간과 피해자가 죽음에 이른 시간 사이에 특정한 시간적 제한 규정이 없다. 따라서 검사는 사이먼이 목을 조르는 동안에 살인을 멈출 시간이 있다고 믿을 가능성이 있었다. 그러나 이런 주장은 생각이 너무 멀리 나간 것처럼 보였다. 죽이는 데 시간이 조금 걸리겠지만, 그때까지 사이먼의 사고력과 상황 판단능력은 생명을 유지하는 것에만 얽매여 있었다. 사이먼에게 어느 정도 과실은 있겠지만, 계획적이거나 의도적인 상태는 아니었다. 사이먼이 조이를 목을 졸라 죽인 것은 강렬한 감정적 반응이었다. 그때 사이먼의 심리적 자원은 고갈된 상태였고, 감정이 일으키는 힘은 원초적이었다.

* * *

예심에서 사이먼의 자녀들은 아버지를 지지하는 증언을 했다. 예심을 마친 뒤 검사는 다른 사람을 면담하고, 경찰과 법원의 문서를 다시 검토했다. 그리고 내 평가를 전달받은 뒤에 살인에서 자발적 과실치사로 혐의를 바꾸어 기소하는 데 동의했다. 사이먼의 비폭력적인 과거 이력, (비록 역기능을 했으나) 아내와 결혼에 헌신한 증거, 무엇보다 자녀들의 증언이 검사를 그런 결정으로 이끈 것 같다. 사이먼은 스스로 한계에 부닥친, 비난할 수 없는 남자였다.

***

뜻밖에도 과실치사 법규를 비판하는 목소리는 그리 크지 않다.[6] 정신 이상 변호가 '교도소를 벗어나기 위한 통행증'이라고 조롱받는 것과 확실히 다르다. 하지만 법에서 황무지처럼 방치되어 있지만, 과실치사 혐의의 유죄 판결 결과는 논란을 불러일으킬 소지가 많다고 생각한다. 정신병이 없이 고의로 다른 사람을 살해한 피고인이 3년 이하의 징역만 받을 수 있기 때문이다. 어떤 상황이든, 고의로 다른 사람의 목숨을 빼앗은 사람을 그렇게 가볍게 처벌하는 이유는 무엇일까? 정신 이상과 과실치사를 바라보는 여론은 왜 다르게 나타날까? 정신 이상은 살인죄가 완전히 면책되지만, 과실치사는 일단 살인죄가 인정되고 난 다음에 부분적으로 면책되기 때문일 수도 있다. 곧 과실치사는 형량은 줄어들지만, 어쨌든 피고인의 살인죄가 유죄로 확정된다. 어쩌면 우리가 감정적 통제력을 상실한 사람의 처지가 되어, 과실치사를 저지른 감정적 반응에 쉽게 공감할 수 있기 때문일 수도 있다. 하지만 우리가 정신 이상을 이해하기는 훨씬 어렵다. 심지어 위협적이기도 하다.

과실치사 변호는 법조계에서 젠더 문제를 둘러싼 논란도 불러일으켰다.[7] 과실치사 변호 방식은 영국 관습법에서 처음 확립되었는데, 어느 한 사람이나 다른 사람이 자신의 명예를 방어할 필요가 있다고 주장하면서 서로 합의한 일대일 결투 관행을 법으로 처벌하는 과정에서 등장했다.[8] 이런 대결 과정에서 사람이 자주 죽었다. 그런데 살인 자체는 고의적이었으나, 악의가 아니라 자기의 남자다움을 지키기 위한 행위였다. 비난을 받아 마땅하지만, 이러한 살인을 부분적으로 용서해주는 대안으로 과실치사 혐의가 등장했다. 그래서 지금도 과실치사는 '격정의 열기'나 '피의 열기'라는 별명으로 불린다.

그 뒤 과실치사는 배우자가 간음하는 것을 목격한 사람한테까지 확대 적용되었고, 시간이 지나면서 합리적인 사람의 열정이 살인적인 분노로 불타오르는 상황까지 확대되었다. 아내가 애인과 함께 침대에 누워 있는 것을 목격한 남자가 전형적인 사례. 실제로 과실치사 법규는 바람을 피운 배우자나 애인을 죽인 남성에게 가장 유리하다. 거의 독점적이라고 할 정도다.[9] 모든 유형의 격정적인 상황에서 남성은 여성보다 훨씬 더 높은 비율로 살인을 저지르기 때문이다.[10]

과실치사 법규는 여성에게 흔히 일어나는, 되풀이되는 육체적 학대와 폭력을 견디다 못해 남편을 살해한 상황에는 잘 적용되지 않는다. 이러한 살인은 보통 학대의 순간이 아니라, '냉각기'[11]를 거쳐 시간이 지나서 발생하기 때문이다. 따라서 학대한 사람을 살해한 여성은 과실치사가 아니라 정당방위나 매 맞는 여성 증후군을 살인의 부분적인 면책 요인으로 내세운다.[12] 하지만 이것은 보복살인과 유사한 행위로 여겨지면서 법적으로나 도덕적으로 잘 받아들여지지 않는다.

현대 과학은 강렬한 감정과 이를 조절하는 것을 어떻게 말하고 있을까? 일관되게 밝혀진 사실에 따르면, 분노와 공포를 비롯한 모든 감정은 자극적인 사건 이후에도 계속 곪아간다.[13] 사실 강력한 감정은 행동으로 표출될 때까지 시간이 지날수록 커지는 경향이 있다.[14] 분노는 행동의 필요성과 긴급함을 촉구하지만, 두려움은 무질서하고 전형석인 회피를 유발한다. 분노는 저절로 자신감을 불러일으키지만, 두려움은 망설임과 무력감을 불러온다. 자극적 도발은 감정적 반응 외에도 자기가 처한 상황을 정확하게 평가하지 못하도록 방해한다.[15] 곧 판단, 이성, 합리적인 의사결정을 방해한다.

분노와 두려움은 남성과 여성 모두에게 반응적인 폭력을 일으키는 가장 흔하고 기본적인 감정이다. 그래서 나는 분노와 두려움에 초점을 맞춘다. 과실치사 법규는 남성에게 유리한 '피의 열기' 형태의 반응을 더 많이 인정하는 편이다. 공포감과 무력감, 그에 뒤따르는 수치심을 안고 살아온 여성은 과실치사 법규가 처음 고안되고 적용된 남자와 매우 비슷한 심리 상태를 지닌다. 매 맞는 여성 증후군의 선도 연구자인 레노어 워커는 학대받고 살해당하는 여성의 무력함을 강조하는데,[16] 굴욕과 수치심, 만성적인 공포, 무력감은 모두 분노의 전조이다.[17] 가정폭력을 당하는 상황에서 여성은 처음에 자기의 감정적 반응을 모호하게 의식하고 명확하게 드러내지 않는다. 그러나 시간이 지나면서 이러한 감정이 처리되고 느껴지면서 학대와 억압에 대한 강렬한 분노와 고통스러운 감정의 덩어리가 인식된다. 그리고 이렇게 서서히 쌓여가는 만성적인 상처는 결국 정상적인 의사결정과 추론능력만이 아니라, 정서적 안정성도 훼손한다. 그리고 행동으로 나서게 한다. 그런 분노는 종류가 다른 '피의 열기'이며, 더 오래가고 점진적으로 만들어진다. 시간이 지날수록 커지므로, 이 분노는 가열과 냉각의 기간이 명확하지 않다. 마침내 분노가 분출되는 순간은 크고 작은 학대와 굴욕적인 일이 있고 난 뒤 어떤 순간일 수 있다. 그렇게 터져 나오는 것은 반응적 폭력으로, 다른 남자와 침대에 누워 있는 아내에게 남자가 폭력을 가하는 것과 다르지 않다.

과실치사를 인정하는 법규를 놓고 보면, 사법 제도는 오래전부터 인간의 연약함을 인정해 왔다. 현대 과학과 지식은 인간에게 명백한 냉각기를 넘어 곪을 대로 곪아서 폭력으로 이어질 수 있는 잠재된 감정이 있다는 사실을 밝혀냈다. 학대받고 살해위협을 느끼는 여성이 감정적으로 반응할 가능성이 더 크다. 정상적인 성향의 남성과 여성 모두 끔찍한 폭력 행위를 저지를 수 있다. 이러한 인간의 연약함은 1862년부터 다음과 같이 법적으로 인정되었다.

고의적이라 할지라도 …… 사악함, 잔인함, 무모한 성향 때문이 아니라 이성의 통제가 방해를 받아서 저질러진 살인 행위는 법적으로 살인보다 덜 극악한 범죄로 보아야 마땅하다. 이는 인간 본성을 너그럽게 인정하고, 법이 인간 본성에 기초해 만들어진다는 사실을 인정하기 때문이다.[18]

이처럼 법은 인간의 기본적인 선량함 위에 걸터앉아 살아 움직이는 인간의 파괴적인 폭력 가능성을 암묵적으로 긍정한다.[19]

08.

친부모의 영아살해

나는 슬픔으로 만들어진 여자다.

— 에우리피데스, 《메데이아》

치과의사는 항상 기분 좋게 나를 반겨준다. 나는 대체로 가장 이른 시간에 예약한다. 이렇게 일정을 짜면, 교도소로 가서 법의학 진단검사나 평가를 한 뒤에 뭔가 먹을 만한 시간이 생긴다. 오후에 개인 환자들과 만날 약속도 잡을 수 있다. 내가 치료를 받으러 진료실로 들어가자, 여느 때처럼 소레이 박사가 하루를 활기차게 시작하려고 휘파람을 불며 뭐라 말하는 소리가 들려왔다. 소레이 박사는 활짝 웃으며 밝은 목소리로 인사를 했다. 그리고 유쾌한 농담으로 나를 맞이했다. 정장에 넥타이를 매고 있는 나를 가리키며 간호사에게 "이사벨, 뭔가 세련되어 보이지 않나요?"라고 했다. 그리고 보라색 의료용 장갑을 끼고 구강검사를 시작하며 "음, 그 사이에 뭐가 달라졌나요?"라고 물었다. 하지만 이미 나는 안절부절못한다.

적어도 지난 10년 동안 늘 그랬듯이, 소레이 박사는 자신의 전문성을 드러내듯 온몸을 펑퍼짐하게 가리는 수술복을 입고 있다. 소레이 박사는 이 옷이 무척 편하다고 했는데, 어쩌면 몇 년 동안 계속 살이 쪄서 펑퍼짐한 수술복이 편하게 느껴질 수도 있을 것 같다. 적어도 내가 생각하기에는 그랬다. 어쨌든 소레이 박사는 무척 편안한 분위기를 연출했다. 하지만 모든 편안함에는 늘 대가가 따르기 마련이다.

소레이 박사의 쾌활함은 결코 강요된 것 같지 않았다. 첫 예약환자로 아침 일찍부터 활기찬 분위기를 누릴 수 있어서 늘 고맙게 생각했다. 이날 소레이 박사는 내게 질문을 했는데, 상당히 의미심장하게 느껴졌다. "본인이 우울하거나 짜증 난 상태라면 정서적으로 고통을 받는 환자들을 상담할 때 어떻게 대처하세요?" 그러면서 소레이 박사는 자기는 기분이 나쁠 때면 그냥 묵묵히 일만 한다고 혼잣말로 중얼거렸다. 치과의사가 하는 일은 어느 정도 기술적인 것이라 그리 많은 감정 투자를 요구하지 않는다. 그래서 소레이 박사의 질문을 듣고 깜짝 놀랐다. 20년 넘게 만나왔으나, 치과의사인 소레이 박사가 환자에게 시큰둥해하는 모습을 전혀 보지 못했기 때문이다. 그래서 심리분석가로 일하기 시작하면서 나 자신의 감정을 강하게 통제한다는 사실이 드러난 것은 아닌지 궁금했다. 우연하게도 이날 아침 나는 우울한 상태였다. 하지만 우울한 기분을 드러내지는 않았다. 병원 직원에게도 따뜻하게 인사했고, 소레이 박사와 늘 하던 대로 이런저런 이야기를 나누었다. 필요에 따라 기분을 능숙히 감출 수 있으므로, 어둡고 우울한 기분이 겉으로 드러났다고 생각하지는 않았다.

내 우울함을 이해할 단서를 굳이 특정해야 한다면, 그렇게 할 수 있다. 직업적인 실망감, 아내나 동료와 논쟁, 정치문제를 둘러싼 언쟁, 돌아가신 부모님 생각, 어린 시절을 그리워하는 향수 등 온갖 이유를 설명할 수 있다. 하지만 나는 이런 것이 대부분 허구임을 안다. 내 우울함이 훨씬 복잡하고, 정신분석가의 표현을 빌리면 '중층결정'된다는 사실을 안다. 곧 내 우울함은 변덕스럽고 잡다한 심리적 근원이 있으며 언제나 나의 일부였다. 브루클린 남부에서 걱정거리나 할 일이 별로 없던 어린 시절에 길거리 야구를 하며 친구들과 놀다 보면 가끔 구름이 끼었다. 그래도 나는 멋있게 보이려고 선글라스를 끼고 싶었다. 하시만 '우울한 기분'이 들기 시작하면, 한여름 태양을 가릴 정도로 어두운 그늘이 우울한 기분을 더 악화시켰다. 그러면 멋있게 보이는 것도 아무런 가치가 없었다. 몇 년 뒤 정신치료를 받을 때 나를 담당한 정신분석가가 "우울한 어린 소년이었군요"라고 말할 때까지 내가 느끼는 감정을 이해하지 못했다. 하지만 이제는 아주 뚜렷이 이해한다.

소레이 박사는 생각한 것보다 나를 더 잘 알고 있었을까? 아니다. 내가 치료용 의자에 누워 있을 때, 치아와 구강 상태를 살피면서 치과의사로서 그저 이런저런 말을 했을 뿐이라고 생각했다. 이날 오전에 교도소에서 법의학 평가를 하기로 되어있었다. 하지만 약속을 미루기로 했다. 법의학 평가를 하기에는 내 기분이 너무 산만했다. 내 모든 것을 다해 집중해야 할 만큼 평가하기 쉽지 않은 일이 예정되어 있었기 때문이다.

***

내가 평가를 의뢰받은 사람은 정신질환이 명백한 상태에서 10개월 된 딸을 살해한 엄마였다. 판사는 피고인의 정신 이상 평가가 필요하다는 변호인의 주장을 받아들였다. 그래서 2명의 전문가를 선임했는데, 1명은 변호인이, 1명은 검찰이 추천했다. 변호인이 추천한 사람이 바로 나였다. 이런 평가는 전문적으로나 감정적으로나 쉽지 않다. 정신을 딴 곳에 팔지 않고, 피고인의 감정에 오롯이 집중해야 했다.

이날 아침, 나는 감정적으로 괴로웠다. 소레이 박사의 병원을 떠날 때는 아직 이른 시간이었으나, 이미 지치고 흔들리는 느낌이 들었다. 완전히 엉망진창은 아니지만, 유아 살해범인 재니스와 처음 만날 만큼 좋은 상태는 아니었다. 사무실로 가는 길에 스타벅스에 들러 커피를 마셨다. 소레이 박사가 한 시간 동안 뜨거운 음료를 마시지 말라고 했지만, 진한 커피가 필요했다. 이날 아침에 서류 작업과 보고서 편집을 하고, 오후에 있을 개인 상담을 준비했다.

정신분석 환자와 개인 상담을 진행할 때에는 기분이 가라앉아 우울해도 그다지 문제가 되지 않는다. 이미 감정적 유대가 잘 형성됐고 오래 상담을 함께한 환자나 내담자는 유대가 더욱 잘 형성됐기 때문이다. 가끔은 우울한 느낌이나 우울한 상태가 오히려 도움이 되기도 한다. 나는 결코 낙담하거나, 기쁨을 잊거나, 냉담해지지 않는다. 약이 필요한 적도 없다. 그런 기분과 정서는 왔다가 결국은 사라지는 어두운 고통이자, 감당할 수 있는 고통이다. 나는 정신분석가로서 오랫동안 미묘한 정서적 틱장애와 정신적 고통을 겪은 환자와 함께 일해 왔다. 이런 고통의 근원을 이루는 요인은 다양하고 식별하기도 쉽지 않다. 특정한 공간에서 치료과정을 함께해온 환자와 같은 마음이 되는 것은 치료에 도움이 된다. 나는 본능적으로 그렇게 감정적 수렁을 함께 헤어 나오는 것을 중요하게 생각한다. 꼭 필요한 것은 아니지만, 환자와 같은 마음이 되는것은 오랜 기간 집중해서 치료하는 데 중요한 자산이 될 수 있다. 이것이 정신분석가에게 시무룩하거나 우울한 경향이 나타나는 이유다. 이름조차 알 수 없는 다른 이의 감정에 얼룩진 상처를 희망을 품고 조사할 수 있는 사람은 아무도 없을 것이다. 그러한 일은 고통을 공유하고, 고통을 초월하려는 헌신에서 시작된다.

내가 아는 한, 민사사건을 다루는 변호사보다 형사사건을 다루는 변호사에게 이런 종류의 음울하고 어두운 정체성과 문제가 있는 사람에게 기울이는 헌신성이 자주 보인다. 범죄를 다루는 일에 종사하려면, 그림자를 향해 휘청거리는 삶을 받아들이고 익숙해질 필요가 있다.

***

정신 이상 여부를 판별하는 재판을 마치고, 하루 반나절에 걸친 숙고 끝에 유아 살해범 재니스는 1급 살인 혐의로 유죄 판결을 받았다. 재판 과정에서 검사는 그녀가 남편에게 복수하기 위해 딸을 죽였다고 설득력 있게 주장했다. 검사 쪽 전문가를 비롯해 두 명의 전문가는 재니스가 제정신이 아니었다고 주장했다. 처음 구금되었을 때 진단했던 두 명의 교도소 정신과 의사도 그녀가 정신 이상이었다고 증언했다. 하지만 배심원단은 재니스가 제정신이었다고 판단했다.

***

해가 구름 사이를 뚫고 반짝이며 떠오르던 10월의 어느 이른 아침에 911상황실 근무자는 넋이 나간 여성에게 전화를 받았다. "방금 내 딸을 찔렀어요." 나는 녹음된 통화 내용을 들어보았다. 상황실 근무자는 믿을 수 없다는 듯이 물었다. "뭘 했다고요?" 재니스가 대답했다. "내 딸을요." 상황실에서 다시 물었다. "알겠습니다. 무엇으로요?" 재니스가 소리쳤다. "칼이요. 제발, 도와주세요."

상황실 근무자는 생명이 위협받는 순간에 걸려온 전화를 많이 받아보앗을 텐데도, 방금 일어난 일의 심각성을 받아들이지 못하는 것 같았다. 상황실 근무자는 다시 처음으로 되돌아가서 재니스에게 "구급요원이 필요합니까?"라고 여러 번 물었다. "물론이지요!" 재니스가 소리쳤다. 절망과 공포를 외치는 것처럼 들렸다. 하지만 이 상황은 나중에 법정에서 재니스의 살인 동기가 분노와 복수임을 보여주는 불리한 증거로 쓰였다.

재니스와 상황실의 전화가 끊겼다. 상황실 근무자는 전화를 다시 연결하며 재니스에게 구급대원이 가는 중이라고 말했다. 정서적인 안정을 되찾은 듯한 상황실 근무자는 침착하려고 노력하면서 재니스와 계속 대화를 나누었다. 상황실 근무자는 아기의 나이와 이름을 물었다. 뒤에서 경찰차의 사이렌 소리와 함께 "바닥에 엎드려!"라고 명령하는 소리가 들렸다. 통화는 그렇게 종료되었다.

재니스의 딸 킴벌리는 병원에 도착하기 전에 숨졌다. 가슴을 깊게 찔려 이미 살아날 가망이 거의 없었다. 재니스도 가슴 여러 군데 자해를 해서 응급수술을 받아야 했다. 그리고 사건이 벌어지고 일주일이 지난 뒤에야 비로소 병원에서 경찰과 상담을 할 수 있을 정도로 상태가 안정되었다.

재니스는 병원으로 실려 가던 구급차 안에서 경찰에게 잠시 조사를 받았다. 의식이 들락날락할 때 경찰은 유죄를 입증하기 위한 것으로 보이는 질문을 했다. "당신이 아이를 찔렀죠?" 잠시 뒤에는 "잘못된 일인 줄 알고 있었죠?" 그녀는 반응이 없거나, 논점에서 벗어나 남편인 리처드에 관해 중얼거렸다. "그에게 애원했어요." 경찰이 물었다. "그래서 남편에게 화를 냈나요?" 여러 차례 같은 질문이 되풀이되자, 재니스는 순간적으로 실망감을 느낀 듯 불쑥 이렇게 말했다. "내 말 듣고 있어요?" 재니스는 의미 있는 말을 거의 하지 않았다. 대답은 대부분 잘 들리지 않거나 조리가 없었다. 상태가 위독했고, 심리적으로도 방향감각을 상실하고 있었기 때문인 듯했다.

병원에서 의사가 응급 치료를 하는 동안 정신이 돌아온 재니스는 사건이 벌어진 날 이른 아침에 물을 마시러 부엌으로 갔다고 수사관에게 진술했다. "무서운 생각을 했어요. … 리처드가 내 딸을 데려가고 있었어요." 수사관은 칼로 찌른 순간으로 돌아가 반복해서 물었다. 재니스는 겁에 질려 칼을 바라본 일을 떠올렸다. 그리고 비논리적으로 대답했다. "생각하고 있었어요. … 젊은이가."

"칼은요?" 수사관이 물었다. "아이를 다치게 하고 싶지 않았어요. 가족을 구하고 싶었어요. … 우리를 고문하고 있었어요." 리처드에게 복수하기 위해 킴벌리를 칼로 찌른 것인지 묻자 이렇게 대답했다. "하느님 맙소사. 이런, 말도 안 돼. 그가 이렇게 하기를 원했어요. 그에게 애원했어요."

수사관은 재니스의 결혼 관계에 관해 물었다. 재니스의 대답은 모순되고 혼란스럽고 이상했다. "나를 2미터 아래에 묻어버리겠다고 협박하는 소리도 들었어요. … 나와 아기를 해치려 했어요." 하지만 잠시 뒤에는 이렇게 말했다. "리처드는 우리를 해치려고 한 적이 없어요." 재니스는 조사를 받는 동안 리처드가 킴벌리를 그녀에게서 떼어놓으려 했다는 말을 여러 번 되풀이했다.

재니스는 자신이 아이를 (한 번에) 얼마나 많이 찔렀는지 전혀 알지 못했다. 자기 자신을 찌른 기억도 없었다. 조사를 마칠 때가 되자 수사관은 사건을 가족에게 어떻게 말하려 했는지 물었다. 재니스의 대답은 이상했다. "그가 알고 있었어요. … 나의 다음 행동이 무엇인지 그는 정확히 알고 있었어요." 수사관이 물었다. "누구 말인가요?" 그녀가 대답했다. "리처드."

킴벌리가 죽은 지 일주일이 지날 때까지 재니스는 병원에 입원해 있었다. 검찰은 그녀를 여성교도소로 이송하기 위해 퇴원을 요청했다. 병원의 정신과 의사는 재니스를 상담한 뒤 추가평가를 위해 이송을 3일 정도 보류할 것을 권고했다. 재니스는 정신적으로 불안정했고, 자살할 위험이 있었다. 그러나 병원으로 온 경찰들은 단호히 그녀를 교도소로 옮겨야 한다고 했다. 경찰은 의사에게 재니스를 교도소의 정신과 병동에 입원시켜 세밀히 관찰하겠다고 했다. 결국 의사는 이송을 받아들여 퇴원명령서를 작성했다.

＊＊＊

재니스를 검사하기 전에 나는 경찰과 병원의 보고서를 폭넓게 검토하고, 가족과도 상담했다.

먼저 재니스의 남편 리처드를 만났다. 리처드가 동의할지 확신할 수 없었으나, 재니스의 변호인 롭 플로레스 씨가 연결해주었다. 리처드는 슬프고 부드러운 미소로 나를 맞았다. 40대 중반인 그는 2교대 근무를 마친 창고에서 내 사무실로 곧장 왔다. 보통 오후 4시에 일을 시작해서 자정까지 근무했는데, 그날 아침에는 8시에 일을 끝내고 곧바로 왔다. 리처드는 정서적·육체적으로 모두 지쳐 보였다. 당연히 그럴 만하다고 생각했다.

리처드는 재니스와 결혼한 지 4년이 지났다. 두 사람은 7년 정도 알고 지냈고, 샌프란시스코에서 2년 정도 함께 살았다. 하지만 서로 안고 있는 문제가 있었다. 리처드에게는 마약 문제가 있었다. "필로폰을 했어요." 대마초도 많이 피웠다. 며칠 밤을 집에 들어오지 않은 적도 있었고,

몇 건의 불륜도 인정했다. 재니스는 길거리 마약을 한 적이 없었다. 그녀의 문제는 "불안정한 감정이었어요. 재니스는 평소에는 괜찮았고 행복해했어요. 그런데 어떤 날은 … 짜증을 내고 슬픔에 빠져 지냈어요." 리처드의 약물 남용은 상황을 더 악화시켰다. 리처드가 집에 오지 않을 때, 재니스는 그가 여자와 함께 있다고 추측했다. "나한테 소리를 지르기는 했지만, 결코 폭력적이지는 않았어요. 심각한 일은 없었고, 주먹으로 팔을 몇 대 맞은 정도가 다예요." 그녀의 작은 몸집 때문에 나쁜 일이 벌어지지는 않았다. 경찰은 몇 차례 신고를 받았으나 둘 다 체포되지는 않았다. "재니스가 지나치게 감정적이기는 했으나, 내가 상황을 더 나쁘게 만들었어요."

재니스는 리처드와 헤어지고, 가족과 더 가깝게 지내려고 어릴 때 자란 남부 캘리포니아로 돌아가기로 했다. 재니스가 떠나고 1년도 지나지 않아 리처드는 약물치료 프로그램에 참여했다. 그리고 두 사람은 처음에 전화로 소식을 주고받다가, 가끔 주말에 다시 만나기 시작했다. 그러다 리처드는 재니스와 좀 더 가깝게 지내려고 남부 캘리포니아로 이사하기로 했다.

리처드는 4년 넘게 마약을 하지 않았다. 재니스는 계속 불안정한 모습을 보였으나, 다시 만나기 전보다는 덜 불안정했다. 칼부림 사건이 일어나기 6개월 전까지만 해도 그랬다. 그런데 킴벌리가 태어난 지 얼마 지나지 않아 재니스의 할머니가 심장마비로 갑작스럽게 세상을 떠났다. 세 살 때부터 할머니 밑에서 자란 재니스는 상실감으로 큰 충격을 받았다. 재니스가 어릴 때 아버지는 확실치 않은 이유로 교도소를 들락거렸다. 그리고 얼마 뒤에 약물에 빠진 재니스의 엄마는 "재니스를 자기 어머니 집에 내팽개치고 떠나버렸어요. 그래서 재니스는 할머니를 엄마처럼 사랑했어요." 할머니가 세상을 떠나기 전까지 재니스는 매일 할머니와 대화를 나누었다. 심지어 샌프란시스코에 몇 년 살 때도 하루도 빠짐없이 할머니와 전화로 대화를 나누었다.

리처드는 재니스의 정서적 문제 때문에 산후우울증이 생길까 걱정했으나, 그런 일은 일어나지 않았다. 하지만 재니스는 할머니가 돌아가신 뒤에 매우 우울해졌다. 처음에 리처드는 "통상적인 슬픔"이라고 생각했다. 그녀가 "섬뜩할 만큼 정말로 우울해지기" 전까지는 그랬다. 재니스는 아기를 돌보다 아무 때나 침실로 들어가 버렸다. 말도 많이 하지 않았다. 재니스는 마른 편이고 먹성도 좋지 않았으나, 이제 전보다 먹지 않아서 생기마저 없어 보였다. 그녀는 자살하고 싶다는 말을 하지는 않았지만, 자기가 없으면 킴벌리가 더 잘 살 것 같다고 말했다. "절대 그렇지 않다고 말해주었어요." 과거에 그녀는 "이중성격"에 가까웠다. 특히 말다툼이 끝난 뒤에는 짜증과 우울함 사이를 오가는 모습을 보였다. 하지만 이번에는 달랐다.

재니스는 아기를 계속 돌보았다. 그런데 리처드는 저녁에 일하러 갈 때 아기를 재니스와 함께 남겨두는 것이 걱정되었다. 리처드는 재니스의 사촌인 필리스에게 재니스가 특히 힘들어 보이는 저녁 시간에 함께 있어 달라고 부탁했다. 필리스는 그렇게 하겠다고 했다. 필리스는 리처드에게 재니스가 약간 문제가 있지만, 그래도 아기와 잘 지낸다고 말했다.

리처드는 재니스의 상태가 계속 악화하였다고 말했다. 사건이 일어나기 2~3주쯤 전에 필리스에게서 병원 응급실에 있다는 전화를 받았다. 갑자기 겁에 질린 재니스가 911에 전화를 걸어서 "집에 일이 생겼어요"라고 신고했다. 편집증에 빠진 재니스는 어떤 영적인 힘이 자신과 아기를 해칠 것이라고 주장했다. 경찰이 도착해 재니스를 만나고, 정신과 검사를 받게 하려고 지역 병원으로 데려갔다. 그들은 재니스에게서 전화번호를 알아내서, 필리스에게 병원으로 와서 아기를 데려가라고 연락했다.

의사는 재니스에게 정신착란 증상이 있으므로 정신과 치료가 필요하다고 말했다. 그러자 재니스는 간호사에게 이렇게 말했다. "날 천천히 죽일 셈이야?" 재니스는 몇 시간 후 퇴원했다. 그날 밤, 리처드는 재니스가 욕을 하며 "나가!"라고 외치는 소리를 듣고 잠에서 깼다. 다음날 리처드는 재니스를 주치의에게 데려갔다. 의사는 그녀가 우울증이 심하다고 말했다. 재니스는 집에 악마가 출몰한다고 믿었다. 재니스는 자살 충동은 부인했다. 의사는 재니스에게 항우울제인 렉사프로를 처방했고, 정신과 치료를 권했다.

캘리포니아 북부에 살던 리처드의 부모가 잠시 와 있겠다고 했으나, 재니스는 이를 거절했다. 리처드의 어머니가 재니스와 통화를 했다. 그러고는 놀라서 곧바로 리처드에게 전화를 걸어 재니스의 말이 "앞뒤가 안 맞고 … 터무니없다"라고 했다. 리처드가 집에 도착했을 때, 재니스는 침실 벽장에 웅크리고 앉아서 울고 있었다. 재니스는 항우울제를 복용하는 것에는 동의했지만, 정신과 전문의와 상담하는 것은 거부했다.

칼부림 사건이 있기 전날에도 리처드는 걱정이 되었다. 재니스가 지역 성당에 전화를 걸어서 신부에게 집으로 와서 귀신을 쫓아줄 수 있는지 물어보는 것을 우연히 들었다. 그녀는 리처드에게 그날 일을 쉴 수 없는지 애원하듯 부탁했다. 리처드는 재니스에게 말했다. "가야 해. 내가 전화해서 잘 있는지 확인할게." 리처드는 다시 일을 빠지고 싶지 않았다. 일주일 전에 일을 마치고 집에 돌아와 보니 재니스와 아기가 없었다. 재니스는 집안의 악마가 무서워서 호텔로 갔다. 리처드는 재니스와 아기를 집으로 데리고 와서 이틀 집에 함께 있었다. 리처드는 재니스 곁을 벗어나고 싶지 않았지만, "돈을 벌 직장을 잃을 수는 없었다." 그는 필리스에게 전화해서 재니스와 아기를 하룻밤 재워줄 수 있는지 물어보기로 했다. "재니스가 정말 힘든 시간을 보내고 있어." 필리스는 흔쾌히 동의했다.

회사에서 몇 시간을 보낸 뒤에 리처드는 전화를 걸어서 재니스와 통화했다. "재니스의 목소리는 좋아 보였어요. 필리스도 '괜찮아요. 아기도 잘 지내요.' 그랬거든요. 마음이 놓였습니다." 일을 마친 뒤에 리처드는 집으로 가서 잠을 잤다. 다음 날 아침에 필리스의 집으로 가서 재니스와 킴벌리를 데려올 계획이었다. 하지만 병원에서 만나자는 경찰의 전화를 받았다. 아내가 아기를 찔렀다는 연락이었다. 병원에서 킴벌리의 사망 소식을 들었다.

"좋은 엄마였어요." 리처드가 말했다. "아기를 먼저 생각했어요. 아기에게 무슨 짓을 할지 걱정하지 않았어요." 리처드는 재니스의 '정신 상태', 곧 그녀가 잘 지낼 수 있을지를 걱정했다. 리처드는 재니스의 우울증이 너무 심각해져서 언젠가 그녀가 자살하게 되지는 않을까 걱정했다.

***

필리스는 사건이 벌어지기 전까지 재니스와 많은 시간을 보냈다. 그래서 나는 필리스를 만나보는 것이 특히 중요하다고 생각했다. 리처드처럼 필리스도 상황을 말해줄 준비가 되어있었다.

몇 가지 소개 절차를 거친 뒤에 함께 시간을 보내면서 재니스와 아기의 관계를 어떻게 보았는지 내가 묻자 "재니스는 아기를 정말 많이 사랑했어요"라고 바로 대답했다.

살인을 저지르기 몇 주 전에 재니스가 울먹이며 필리스에게 전화를 걸어서 "깡패들이 나를 쫓아오고 있어"라고 말했다. 며칠 전에는 경찰이 자기를 "감시하고 있다"라며, 경찰에 대한 편집증을 드러내기도 했다. 그러면서 "많이 울었다." 자기 통화 내용이 도청되고 있다고 두려워하면서 필리스에게 "나를 위해 기도해 줘요"라고 부탁했다.

필리스는 할머니가 돌아가신 뒤에 그녀에게 나타난 변화를 알아차렸다. 우울증만이 아니었다. 편집증도 있었다. 행동은 비정상적이었고, 편집증이 겉으로 드러났다. 재니스는 통화 내용이 도청된다며 비합리적인 말을 자주 했다. 범행 일주일 전에 종교를 믿지도 않으면서 필리스에게 불교 사찰을 찾아달라고 부탁했다. "누가 나한테 사악한 마법을 걸었어." 그래서 이 말은 무척 이상해 보였다. 필리스는 "사악한 마법 같은 것은 없어"라고 말하며 안심을 시켰다.

필리스가 보기에 재니스가 최근에 보인 행동이 심상치 않았다. 그래서 리처드가 그녀와 함께 있어 달라고 요청했을 때 흔쾌히 승낙했다. 제니스는 집 안에 있는 귀신을 무서워했다. 필리스의 집에 리처드네 식구가 도착했을 때 그녀는 훌쩍이고 있었다. 리처드는 일하러 가기 전까지 그녀를 달래려 애썼다. 필리스가 저녁 식사를 차려 주었지만, 그녀는 많이 먹지 않았다. 식사를 마친 뒤 그녀는 아기를 재웠고, 둘은 이야기를 나누었다.

재니스는 필리스에게 불교 사찰을 찾았는지 물었다. 그녀는 큰 사찰을 원했어요. 필리스는 그녀에게 "내일 사찰을 찾아줄 테니 사악한 마법을 없애버려"라고 농담처럼 말했다. 그녀는 이사하고 싶다고 했다. "우리 집은 귀신이 많아서 이상해." 그러나 남편이 "허락하지 않아"라고 했다.

다음 날 아침, 오전 6시 무렵에 필리스는 큰소리를 듣고 잠에서 깼다. 재니스가 911에 전화를 걸어서, 아기를 칼로 찔렀다고 소리치고 있었다.

무슨 일이 일어났는지 모른 채 필리스는 침대에서 벌떡 일어나서 재니스의 방으로 갔다. 그곳에서 담요에 싸인 아기와 재니스를 보았다. 재니스와 담요는 피범벅이 되어있었는데, 자해한 상처에서 흘러나온 피였다. 나중에 확인된 일이지만 아기의 몸에서 흘러나온 피도 있었다. 아기는 가슴을 칼에 찔렸다.

　필리스는 경찰과 구급대원이 도착할 때까지 얼어붙은 채 부들부들 떨며 서 있었다고 울면서 이야기했다. "재니스는 킴벌리를 사랑했고, 언제나 아기를 건강하고 행복하게 지키려 했어요." 필리스는 강조해서 말했다. 재니스는 "악의가 없었어요. 확실히 정신적 문제 때문이에요." 뒤이어 필리스는 "재니스의 집안에 정신적인 문제가 있었어요"라고 말했다. 재니스의 어머니는 아이를 버리고 떠났고, 아버지는 교도소에서 여러 해를 보낸 '정신병 환자'였다는 것이다.

＊＊＊

　부모가 아이를 살해하는 일은 생각만큼 드물지 않다. 미국국립보건원 연구에 따르면, 지난 32년 동안 범인이 체포된 살인사건 가운데 15% 정도는 자식살해 사건이었다.[1] 대부분 친부모나 의붓아버지·의붓어머니가 저지른 일이었다. 여러 해 동안 이루어진 수많은 연구로 어린아이를 살해한 성인의 동기도 밝혀졌다.[2] 여러 연구가 비슷한 결론에 도달했는데, 모두 기본적으로 법의학 정신과 의사인 필립 레스닉이 1970년대에 확인한 결과를 반영했다.[3] 필립 레스닉은 자식살해 사건을 검토해서 5개 집단으로 분류했다. 5개 집단은 어느 정도 겹치기는 하지만 고유한 특징이 있다. 첫 번째 이타적인 집단은 현실의 고통이나 상상의 고통 때문에 자녀를 죽인 부모이다. 두 번째 극심한 정신병 집단은 비합리적인 동기 때문에 살인을 저지른 부모이다. 세 번째 원치 않은 아이 집단은 육아를 방해물로 인식한 부모이고, 네 번째 치명적인 학대 집단은 방치와 학대 과정에서 의도치 않은 결과로 자녀를 사망하게 한 부모이다. 끝으로 다섯 번째 배우자 보복 집단은 배우자나 상대에게 고통을 주려고 자녀를 죽인 부모이다.

기록과 가족 상담을 살펴본 결과, 재니스의 비극적인 상황에 들어맞는 집단이 있었다. 나는 재니스를 비이성적인 정신병자로 의심했다. 물론 실제로 그녀를 만나기 전까지는 직감일 뿐이다. 틀린 적도 있지만, 나는 첫 느낌을 믿는 편이다. 하지만 평가에 깊게 들어갈 때까지 첫 느낌은 바뀔 가능성이 있으므로 잠시 제쳐 두어야 한다. 실제로 재니스를 상담해서 모든 정보를 수집하기 전까지는, 기록에는 분명하게 나타나지 않았더라도, 재니스가 삶을 만성적으로 괴로워했을 가능성도 배제하지 않았다. 이것도 살인적인 분노의 순간을 불러올 수 있기 때문이다.

***

3주 동안 재니스를 검사하고 평가했다. 기록으로 재니스의 체격이 작다는 사실을 미리 알았다. 실제로 키가 155cm에 몸무게가 45kg인 재니스는 얼핏 보기에 어린아이 같았다. 물결치는 머리칼은 어깨까지 내려왔고, 색깔은 눈동자와 똑같이 갈색이었다. 약간 자의식이 강한 그녀는 상담 초기에는 가끔만 눈을 마주쳤다. 상담과정에서 보여준 태도는 줄곧 직선적이고 신중한 편이었다. 필요한 경우 질문에 대답하기 전에 생각할 시간을 갖기도 했다.

검사를 시작할 때 재니스는 항정신병 약물인 자이프렉사와 기분 안정제를 복용하고 있었다. 교도소 기록에 따르면 기분 안정제는 처음에는 항우울제인 렉사프로가 투약되다가, 라믹탈과 데파코트로 잇달아 바뀌었다. 재니스는 현실 왜곡 없이 자기 생각을 명확하게 표현하며 변호인이 "그 문제를 이야기할 수 있게" 나를 보내줘서 기쁘다고 말했다. "무슨 일이 일어났는지 이해하려면 남은 삶 동안 상담이 필요해요." 나는 그녀에게 우리가 만나는 목적은 정신 이상 여부를 평가하는 것이라고 알려주었다. 그녀는 이해했지만, "무슨 일이 일어났는지 알아내는 데 도움이 필요해요"라고 부탁했다. 몇 가지 기본적인 개인정보를 살핀 뒤에 우리는 서둘러 킴벌리가 살해된 상황을 탐색하기 시작했다.

재니스는 911에 전화한 일을 설명하는 것으로 이야기를 시작했다. 재니스는 담요에 싸여 피범벅이 된 킴벌리를 안고 있었다. 그녀는 911에 전화를 해서 도움을 요청했다. "(상황실 근무자) 목소리가 진짜였으면 했어요." 나는 그녀에게 그날 아침 사건이 일어나기 전의 상황을 이야기해 달라고 요청했다. 그녀는 일찍 일어났고, 부엌에 들어갔던 것을 기억해냈다. "왔다 갔다 하면서 울었어요. 정확한 이유는 모르겠어요." 그녀는 물을 마시고 창밖을 멀리 바라보았다. 뭔가 이상하다고 느꼈고, 무슨 이유에서인지 "리처드로부터 킴벌리를 보호해야 한다고 느꼈어요." 자기와 킴벌리를 죽이는 것만이 유일한 선택이라고 생각했던 일을 떠올렸다. 마지막 기억은 부엌 탁자 위에 있던 칼과 가위를 본 것이었다. 칼을 집어 든 기억이나, 부엌에서 킴벌리의 방으로 걸어간 기억이 없었다. 자기를 찌른 기억도 없다고 했다. 경찰에게 말했듯이, 킴벌리의 얼굴색이 창백해진 것을 보았다고 기억했다. "정신을 차리고 뭔가로부터 빠져나왔어요. 그때 911에 전화했던 거예요."

재니스는 칼부림이 일어나기 전날 공포를 느꼈다. 그녀는 확신했다. "그 집에 뭔가 악마 같은 게 있었어요. 초자연적인 것, 집에 귀신이 들어 있는 줄 알았어요. 누군가 내게 나쁜 주문을 걸었어요." 그녀는 리처드가 그랬을 것으로 생각했다. "그가 아기를 데려가려고 했어요. 나는 자주 침대에서 일어나 '내 아기 어디 있어?'라고 말했어요." 리처드가 자신을 괴롭혔다고 의심했지만, 그날 밤 리처드가 없는 집에 킴벌리와 함께 있기가 너무 무서웠다. "그래서 하룻밤 보내려고 필리스의 집으로 갔어요. 그 일이 일어난 곳이지요."

필리스의 집에서 저녁 식사를 마치고 킴벌리를 재웠다. 두 사람은 잠시 이야기를 나누었다. "별다른 이야기는 안 했어요." 그때는 "마약에 취한 기분이었어요. 아무것도 진짜처럼 보이지 않았지요. 초점이 맞는 게 없었어요. 지금 선생님에게 이야기하는 것과 같아요. 진짜인지, 아니면 내가 헛것을 보고 있는지?" 재니스는 언제 잠자리에 들었는지 기억하지 못했다. 하지만 몇 주 동안 밤에 잠을 거의 자지 못했으나, 그날 밤에는 잘 잤다.

경찰과 구급대원이 도착한 뒤 재니스는 병원으로 옮겨졌다. "사람들이 무척 많았어요." 팔과 가슴에 30여 군데나 상처를 입어서 응급수술을 받아야 했다. 아무런 고통도 느끼지 못했고, 자기에게 무슨 짓을 했는지 기억도 없었다. 킴벌리를 찌르기 전에 그랬는지, 나중에 그랬는지도 알지 못했다.

재니스는 킴벌리를 임신하고 나서 우울한 적이 없었다. 그러나 할머니의 죽음으로 황폐해졌다. "할머니는 내게 모든 것이었어요." 장례를 치르고 얼마 지나지 않아 "내가 평범한 상태가 아니라는 사실을 알았어요. 딸에게 무슨 일이 생긴 줄 알았지요. 킴벌리가 내 딸이 아니라고 생각했어요. '할머니 어디 계세요?'라고 외쳤어요."

"잠을 잘 수 없었어요. 점점 말라갔지요. 이상해진 것 같았어요. 리처드를 믿을 수 없었어요. 어쩌면 그가 나한테 이런 짓을 하고 있을지 모른다고 생각했어요." 리처드가 아기에게 "뭔 짓을 한다"고 생각해 아동 학대 신고서를 제출한 적도 있었다. 그녀는 몇 주 동안 "사람들이 말을 걸지 않는다"고 느꼈다. 그래서 리처드가 "뭔 짓을 했다"라고 확신하게 되었다. "뭔지는 모르겠어요. 리처드가 내게 부두교 의식 같은 짓을 했을지도 모른다고 생각했어요."

칼부림이 일어나기 1주일 전에 리처드는 그녀를 주치의에게 데려갔다. 의사는 항우울제를 처방하며, 정신과 의사에게 진찰을 받으라고 권했다. "의사를 믿지 않았어요. 항우울제로 나를 중독시키고 있다고 생각했어요."

우리가 두 번째 상담을 위해 만났을 때, 재니스는 함께한 시간이 예상보다 더 고통스럽다고 말했다. 그녀는 무슨 일이 일어났는지 말하고 싶었지만, 절망이 뒤따랐다. 회복하는 데 며칠이 걸렸다. "그 일이 일어난 뒤로 그 일을 떨쳐버리려고 애쓰고 있어요." 그녀는 킴벌리에게 했던 일을 곱씹어 생각하며 어떻게 될지 두려워했다.

***

재니스의 증상을 검사하기 위해 〈밀러 법의학적 증상 평가검사 M-FAST〉와 〈미네소타 다면적 인성검사MMPI-2-RF〉를 실시했다. 상담과 개인기록으로 그녀가 적어도 정상적 능력을 갖췄고, 인지 기능도 특별히 제한되지 않았다는 사실을 확인할 수 있었다. 그래서 지능검사를 할 필요가 없었다. 그녀는 학교에 다닐 때 학업에는 그다지 관심이 없었으나, 좋은 학생이었다. 고등학교를 졸업한 뒤에는 부동산 중개업 면허를 따서 관련 업체에서 경력을 쌓기 시작할 때까지 다양한 일을 했다.

가끔 개인의 건강문제와 이력을 자세히 살펴보면, 자각하지는 못했지만 인지 기능에 영향을 준 요소들이 발견되기도 한다. 그러나 재니스에게는 중요한 병력이 없었다. 전에 정신과 치료를 받은 적도 없었다. 부작용을 일으킬 만한 약을 오래 복용한 적도 없었다.

이 사건이 있기 몇 년 전에 리처드와 다툰 문제를 제외하고는, 형사사건으로 고발을 당하거나 체포된 기록도 없었다. 곧 그녀의 이력은 기본적으로 특이할 정도로 깨끗했다.

〈밀러 법의학적 증상 평가검사〉는 정신병 증상을 과장하거나 꾸며대는 사람을 식별한다. 재니스에게는 이 두 가지 가정에 해당하는 증거가 발견되지 않았다. 〈미네소타 다면적 인성검사〉의 타당성 척도점수는 정신병 증상을 속이지 않았다는 추가 증거를 제공해주어, 〈밀러 법의학적 증상 평가검사〉의 결과를 뒷받침해주었다. 타당성 척도의 결과는 오히려 최선을 다해서 정신과적 증상을 최소화하려고 노력한 것으로 나타났다. 그러나 〈미네소타 다면적 인성검사〉의 결과는 의기소침하고 [사회적 소외나 학대 또는 사랑하는 사람을 잃은 것으로부터 생기는] 임상 우울증을 앓고 있는 사람과 똑같이 나타났다. 긍정적인 감정이 없었고, 자기 파괴적인 사고에 취약했다. 그녀는 사람들에게 소외감과 불신을 느꼈다. 이런 결과는 불안정한 기분으로 고통을 받는 사람과도 일치했지만, 양극성 장애의 수준은 아니었다.

재니스의 내면을 더 깊게 들여다보기 위해 검사 결과를 그녀와 함께 검토했다. 주관적인 시각에서, 재니스는 정서적으로 부족한 부분을 무척 잘 알았다. 그녀는 과거의 자신과 달리, 기쁨 없이 공허함만 느꼈다. '정상적인 자아'가 언제 사라졌는지는 말하지 못했지만, 사건이 벌어지기 전에 일어난 일인 것만큼은 확실했다. 편집증적인 생각도 줄기는 했으나, 여전히 어느 정도 존재했다. 그녀는 아직도 자신이 악의 세력에 사로잡혔거나, 집에 귀신이 있다고 믿었다. "가능하지요. 그런데 무슨 일이 있었는지는 모르겠어요."

나는 재니스를 정신병을 동반한 심각한 우울증으로 진단했다. 킴벌리를 살해할 당시 제정신이 아니었고 정신병 때문에 자기가 하는 행동의 본질과 목적을 알지 못했다. 곧 살인을 저지른 순간에 살인 행위가 잘못되었다는 사실을 알지 못했다.

***

나는 재니스의 재판에서 유죄 여부를 판별하는 단계와 정신 이상 여부를 판별하는 단계에서 모두 증언했다. 정신 이상에 관한 캘리포니아 법체계가 재니스 재판 결과에 어떤 영향을 끼칠 수 있는지도 이해할 필요가 있다. 피고인은 사건의 사실에 관해 먼저 재판을 받아 유죄나 무죄 판결을 받는다. 과실이 있다고 판단되면, 정신 이상을 판별하는 단계로 넘어간다. 그리고 제정신으로 밝혀지면 유죄가 확정되고, 정신 이상으로 밝혀지면 무죄가 될 수 있다.

유죄 여부를 판별하는 단계의 재판에서 내 증언은 평소와 마찬가지로 변호인의 요청에 답변하는 것으로 시작되었다. 플로레스 변호사는 배심원단이 내 전문성을 알 수 있게 자격과 경험을 밝혀달라고 요청했다. 그리고 킴벌리를 살해하기 전과 살해한 순간, 살해한 뒤에 나타난 재니스의 정신 상태를 알 수 있도록 구성된 일련의 질문을 했다.

나는 먼저 조사과정을 설명했다. 사건이 일어나기 약 6개월 전에, 재니스가 킴벌리를 낳은 지 몇 달도 되지 않아 할머니가 갑작스럽게 죽었다. 할머니는 그녀를 키워주었고 무척 가깝게 지냈기 때문에 재니스는 우울증에 빠졌다. 할머니의 갑작스러운 죽음으로 생긴 재니스의 우울증은 예상할 수 있는 슬픔의 반응을 넘어서 편집증적인 정신병을 동반한 심각한 우울증으로 확대되었다. 재니스에게 생긴 리처드에 대한 망상, 사악한 마법, 귀신들림 등과 같은 증상을 설명했다. 마침내 살인사건이 벌어지기 이틀쯤 전에 남편은 재니스를 주치의에게 데려갔다. 항우울제를 처방받았지만, 편집증이 너무 심해서 남편한테는 약을 먹겠다고 했지만, 실제 복용하지 않았다.

재니스가 비이성적으로 사고하고 정서적으로 불안해 지면서 가족들의 걱정은 더욱 커졌다. 남편에 따르면, 재니스는 때때로 우울증에서 어지럼증으로 바뀌었다. 그녀는 더욱 위축되고 짜증이 늘어났다. 그리고 마침내 심한 무력감과 우울증에 빠졌다. 남편과 사촌 필리스에게 들은 대로 재니스가 편집증을 앓고 있다고 설명했다. 재니스는 살인사건이 벌어지기 얼마 전에 필리스에게 "나를 위해 기도해 달라"라고 부탁했다. 그리고 사건이 일어나기 전날 밤에 집에서 귀신이 나올까 두려워서 아기와 함께 집을 나갔다.

할머니가 죽었을 때부터 살인사건이 벌어질 때까지 나는 재니스의 정신 상태가 점점 더 혼란스럽고 무질서해졌다고 설명했다. 우울증 증상은 망상과 편집증으로 발전하면서 갈수록 더 심해졌다. 나는 재니스를 있는 그대로 소개했다. 정신병적 우울증의 진실성을 확인해주는 검사 결과도 설명했다.

여기에서 캘리포니아의 법을 이해하는 것이 중요하다. 유죄 여부를 판별하는 단계의 재판에서 전문가는 피고인의 정신 상태에 관한 증거를 제시할 수 있다. 그러나 전문가는 피고인이 문제의 정신 상태 조건을 갖췄는지는 직접 의견을 제시하지는 못한다. 모든 증인의 의견을 듣고 사실 여부를 판단해서 결정하는 것은 배심원단의 몫이다. 그래서 재니스의 경우에는 킴벌리를 죽일 때까지 병이 악화했다는 증거만 제시할 수 있었다. 나는 그녀의 정신질환이 실제로 살해의 의도를 형성할 능력을 훼손했는지, 그녀가 미리 숙고와 계획을 거쳤는지 주장할 수 없었다. 내가 그렇게 했다면, 판사는 잘못이라고 지적했을 것이다. 그러나 정신 이상 여부를 판별하는 단계의 재판에서는 피고인의 심리 상태에 관해 의견을 제시할 기회를 합법적으로 얻을 수 있다.

크리스텔 검사의 반대 심문은 재니스의 이력을 파고드는 일련의 질문으로 시작되었다. "피고인은 살인을 저지르기 전까지 만성적인 우울증 병력이 없었습니다. 그렇지 않나요?" 나는 그녀의 우울증 증상의 발달과정을 간략히 설명했다. 크리스텔 검사는 법정을 가득 채울 정도로 쩌렁쩌렁한 목소리를 가진, 큰 키의 중년 남자였다. 그는 "그녀는 정신병으로 병원에 입원한 적도 없었습니다. 그렇지 않나요?"라고 물었다. 나는 "예"라고 대답했다. 그러자 검사는 "그런데 박사님, 그녀는 최근에만 정신병약을 처방받지 않았나요?"라고 물었다. 나는 다시 "예"라고 대답했다. "사건이 일어날 때까지 그녀는 기억력에 문제가 있었던 적도 없습니다. 그렇지 않나요?" 나는 "예"라고 대답했다. 그러자 검사가 물었다. "그때 그녀는 치명적인 무기를 집어 들고 자신이 무슨 짓을 하고 있는지 알고 있었습니다. 그녀는 숟가락이나 햄버거를 집지는 않았습니다. 그렇지 않나요?" 나는 다시 그렇다고 대답했으나, 의식저하와 인지능력의 왜곡이 나타나고 있었기 때문에 당시 그녀의 결정은 왜곡되었고, 사건에 대한 기억에도 영향을 끼쳤다고 덧붙였다. "조금 편의적이지 않나요, 레티에르 박사님?" 나는 그렇지 않다고 대답했다. 그리고 심리검사 결과와 그녀의 행동을 지켜본 가족들의 설명 그리고 다른 증거들로 그녀의 정신 문제가 신뢰할 만하다는 사실을 확인했다고 덧붙였다.

예상했던 대로 꼬박 이틀 동안 숙고한 끝에 배심원단은 재니스의 살인 혐의에 유죄 판결을 내렸다. 그러나 재니스가 궁리하고 계획을 세워 범행을 저질렀는지는 배심원들의 의견이 엇갈렸다.

***

정신 이상은 법률상 〔새로운 증거 등을 제시하여 항변하는〕 '적극적 변호'에 해당한다. 이는 재니스가 살인사건을 저지를 때 제정신이 아니었다는 ('그럴 가능성이 크다는 의미'에서) 유력한 증거를 변호인이 제시해야 한다는 것을 뜻한다. 유죄 여부를 판별하는 단계의 재판에서 재니스가 무죄로 추정되었다면, 그녀의 살인이 ('증거에 기초한 유일한 논리적 결론'이라는 의미에서) 합리적 의심을 넘어 유죄임을 입증하는 것은 검찰의 책임이자 부담이었을 것이다. 이제 재니스가 기소된 혐의에 유죄 판결을 받았으므로, 범행 당시에 제정신이 아니었음을 입증하는 것은 피고인의 부담이 되었다.

직접 심문을 하면서 플로레스 변호사는 살인 혐의에 유죄를 판결한 배심원단 앞에서 재니스의 정신 상태를 조사한 결과와 결론에 대해 나에게 일련의 질문을 했다. 플로레스 변호사는 유죄 여부를 판별하는 단계에서 내가 말했던 것과 본질에서 같은 내용을 많이 되풀이했다. 그러고는 정신 이상 여성이 유아를 죽이는 이유를 설명하는 내 보고서의 한 부분을 언급하며, "무슨 말인지 설명해 주시겠습니까?"라고 요청했다. 나는 그 내용을 최대한 알기쉽게 설명했다.

유아를 다치게 하거나 죽이고 자해하는 정신 이상 엄마들은 불행한 삶에서 영아를 구하기 위해 그렇게 해야 한다는 비이성적인 확신을 공통된 동기로 가진다.[4] 그것은 막무가내인 배우자나 사악한 힘과 같은 강력한 위험에서 보호하려는 동기일 수 있다. 죽음이 유일한 선택지가 되고, 미친 듯이 사악한 세상에서 아기를 엄마 없이 홀로 내버려 둘 수 없다고 생각한다. 그래서 자살 행동은 유아살해와 매우 자주 관련이 있다. 재니스와 킴벌리의 사례는 이러한 일반적인 양식에 잘 들어맞는다. 그녀는 킴벌리와 자신을 칼로 찔렀다. 엄마가 그러한 퇴행적인 정신 상태에 있을 때, 아기는 자신과 분리될 수 없는 것으로 인식된다. 그래서 한 사람에게 일어난 일은 다른 사람에게도 반드시 일어나야 한다.

살인사건이 발생하기 몇 달 전에 재니스가 초자연적인 힘이 그녀에게 내려오고 있다는 믿음으로 점점 우울해지고 망상을 갖게 되었다고 나는 반복해서 강조했다. 재니스에게 리처드는 악인의 대표자가 되었다. 경찰의 조사과정에서 한 수사관이 재니스에게 리처드에 대한 복수로 킴벌리를 찔렀는지 물었다. 그녀는 어리둥절한 표정으로 "아니요. 리처드가 내게 그런 거예요"라고 대답했다. 이것은 다시 그녀의 망상에 대한 증거가 되었으며, 그 망상 안에 리처드가 포함되어 있었다. 기이하게도 이 살인은 고통받는 삶을 막으려는 염원에서 촉발되었다.

마지막으로 변호사는 내게 재니스의 정신질환이 범행 당시에 행동을 인지하는 능력을 훼손했다고 생각하는지 물었다. 나는 그렇다고 대답했다. 정신병적인 우울증이 그녀의 결정과 치명적인 행동을 의식적으로 인식하는 능력을 왜곡시켰다.

크리스텔 씨는 경험 많은 검사였다. 반대 심문은 날카로웠고, 사건에 대한 전반적인 이론에 초점이 맞추어져 있었다. 일부 풋내기 동료들처럼 내 증언의 모든 요점을 직접 공격하지 않았다. 대신에 자신의 관점에 맞게 구체화한 몇 가지 쟁점을 적용해서 배심원단에게 전달함으로써 주요 문제를 의도한 대로 해결하려 했다. 미숙한 소송대리인과 크리스텔 검사의 차이는 정육점에서 식칼을 휘두르는 주인과 조심스럽게 환부에 수술용 칼을 겨누는 외과 의사로 비유할 수 있다.

크리스텔 검사는 재니스의 기억력 문제를 도전적으로 치고 들어오면서 반대 심문을 시작했다. 크리스텔 검사는 "재니스는 킴벌리를 찌른 뒤에 바로 나와 911에 신고했습니다. 아무것도 기억할 수 없는데 기억하다니, 어떻게 이게 가능하죠?"라고 내게 물었다.

내 전문적인 경험에서 이런 종류의 반응이 드문 일은 아니라고 대답했다. 정신병적으로 왜곡된 믿음이 행동으로 옮겨지면, 구체적인 결과를 낳아 마침내 현실에 비추어 인식된다. 그때 정신병 환자는 자신의 행동이 미친 짓임을 인지할 수 있다. 나는 병원에서 임상 실습을 할 때 겪었던, 자신의 룸메이트를 매우 심각하게 폭행한 망상 환자의 사례를 들었다. 이 환자는 상처를 입고 겁에 질린 룸메이트를 본 뒤에 곧바로 자기의 두려움과 분노가 잘못된 것임을 깨달았다. 재니스는 킴벌리의 얼굴에서 생명의 흔적이 사라져가는 것을 보았을 때 비슷한 종류의 현실 인식이 시작되었다.

검찰은 재니스와 리처드의 결혼을 심각한 문제로 부각하고 싶어했다. 플로레스 변호사는 크리스텔 검사가 재판 초기에 리처드가 증인으로 소환되어 반대 심문을 받을 때 유독 가혹했다고 알려줬다. 크리스텔 검사는 반대 심문에서 리처드의 약물 남용과 성관계, 가정폭력 신고 이력 등을 제시했다. 플로레스 변호사는 "검사는 리처드를 양아치처럼 보이게 하고, 재니스를 신경증 마녀로 만들려고 했어요"라고 말했다.

검사는 리처드와 재니스가 과거에 헤어지게 된 약물 문제를 들고 나왔다. 그리고 부부가 최근 겪고 있는 경제문제와 관련된 출석요구서를 제시하며, 경제적인 스트레스가 결혼생활에 문제를 일으킬 수 있다는 데 동의하는지 물었다. 나는 모든 사람이 돈 문제로 스트레스를 받는다는 데 동의했다. 그러자 검사는 사건 직후에 이루어진 재니스의 진술을 요약한 경찰 보고서를 읽었다. 수사관이 (킴벌리를 찌른 것에 대해) "미안한가요?"라고 물었다. 그러자 재니스는 "그가 미안해하나요?"라고 대답했다. 그녀의 남편을 가리키는 말이다. 크리스텔 검사는 그녀가 비아냥대듯이 "톡 쏘는 말투"로 말했다는 데 동의하는지 물었다. 나는 아니라고 대답했다. 내게 그녀의 말은 망상에 근거한 소리로 들렸다. "그건 선생님 생각이고요. 그렇죠?"라고 검사가 물었다. 나는 내 훈련과 경험을 바탕으로 그렇게 생각한다고 대답했다.

간단히 추가 심문을 하면서 플로레스 변호사는 결혼생활의 불화가 킴벌리의 죽음에 영향을 끼쳤다고 생각하는지 내게 물었다. 재니스와 리처드 사이의 정서적 어려움은 결혼하기 전에 있었다. 최근 몇 년 동안, 특히 재니스의 정신병이 표출되고 킴벌리가 죽을 즈음에 리처드는 아내를 매우 지지하고 걱정했다고 나는 대답했다. 필리스가 확인해준 것보다 리처드는 아내를 더 걱정했다. 리처드는 몇 년 동안 마약을 하지 않았고, 직장생활도 성실하게 했다. 어쨌든 최근 몇 년 리처드와 재니스의 결혼생활은 안정적이었다. 편집증이 있을 때도 재니스는 리처드가 곁에 있기를 바랐다. 아이의 죽음으로 마음이 황폐해진 상태에서도 리처드는 재니스를 정신은 매우 아프지만 좋은 엄마라고 계속 얘기했다. 그리고 그녀를 지지했다.

나는 정신 이상 여부를 판별하는 단계의 재판에서 최종 전문가였다. 나와 검찰 쪽의 두 전문가는 재니스가 칼을 휘둘렀을 때 제정신이 아니라 정신 이상 상태였다고 말했다.

***

여성은 일반적으로 남성보다 덜 폭력적이며, 근본적으로 양육을 중시하는 심성을 지니고 있다고 여겨진다.[5] 법원과 배심원단은 폭력적인 여성을 동정적인 시각으로 바라보는 경향이 있으며, 그런 행동을 흔히 외부 스트레스나 호르몬 요인의 영향으로 돌린다.[6] (최근 몇 년 동안 증가 추세를 보이듯이) 여성도 폭력을 행사할 능력을 지니고 있지만,[7] 선천적으로 남성이 더 공격적이다. 실제로 대부분 사회적 폭력은 남성이 저지른다. 그러나 여성주의 법학자들은 이런 시각을 남성 우월주의적이고, 근본적으로 성차별적인 법 기준이라고 비판해왔다.[8]

그러나 엄마는 자식을 살해한 행위에 대한 책임을 남성보다 덜 진다. 남성보다 출산·양육의 스트레스와 관련된 생물학적·심리적 요인에 더 취약하다는 사실이 법원에서 받아들여지기 때문이다. 사회에서는 비판을 받지만, 내가 증언에서도 강조했듯이 아이를 죽이는 여성의 동기는 이타적인 심리적 이유가 90%를 넘는다. 남자는 여성 배우자에게 복수하기 위해 신체적인 학대를 저질러서 아이를 죽일 가능성이 훨씬 더 크다.[9] 이처럼 자식을 살해한 엄마는 아버지보다 제정신이 아닌 것으로 밝혀지거나, 1급 살인보다는 과실치사와 같은 낮은 혐의로 유죄 판결을 받을 가능성이 더 크다.[10]

다른 많은 엄마처럼 재니스도 망상이 있었고, 정신병적 우울증에 시달렸다. 여러 면에서 대다수 사람보다 동정을 받을 만한 피고인이었다. 하지만 재니스에게는 자식을 죽인 어머니의 일반적인 특징이 별로 없었다.[11] 마약이나 알코올 남용 이력이 없었고, 심각한 정신병 이력과 아동 학대·방치 사례도 없었다. 그녀는 범죄 전과가 없었다. 성격 장애를 암시하는, 대인 관계에서 문제를 보이는 넓은 범위의 병력도 없었다. 범행 당시에 재니스의 결혼생활은 심각한 우울증에서 비롯된 문제를 제외하고는 안정적이었다. 그녀와 리처드는 경제적으로 문제가 있었다. 하지만 그는 계속 일했고, 정서적으로도 도움이 되었다.

그렇다면 재니스가 킴벌리를 죽였을 때 제정신이었다고 판단된 이유는 무엇일까? 무슨 일이 일어났던 것일까?

몇 가지 요인이 차이를 만들어낸 것 같다. 첫째, 아마 가장 중요했던 것은 재니스한테 광범위한 정신과 병력이 부족했다는 것이다. 내 경험만이 아니라 여러 임상 문헌에서도 일관되게 주장하듯이, 피고인이 조현병과 같은 주요 장애의 광범위한 정신과 병력이 있는 경우에는 덜 가혹하게 다루어진다. 재니스는 오랜 정신병력이 없었고 정신병원에 입원한 적도 없었다. 나는 그녀를 정신병적 우울증으로 진단했는데, 이는 사람을 심각하고 쇠약하게 만드는 상태이다. 그렇지만 사람들은 조현병과 다르게 정신병적 우울증을 불길하고 심각한 병으로 잘 받아들이지 않는다. 그래서 재니스가 킴벌리를 죽였을때 제정신이 아니었다고 판단하기가 쉽지 않았을 것이다.

어떤 법학자들은 여성을 남성보다 스트레스에 더 취약하고 약한 존재로 보는 관점이 성차별적이고 남성 우월주의적이라고 주장한다. 이들의 주장은 이렇다.

여성이 남성보다 약하지 않다는 반대의 증거가 있지만, 여성은 본질에서 수동적이며 공격적이지 않다는 고정관념이 여전히 남아 있다.[12] 그러나 여성을 남성보다 약한 존재로 보는 이런 견해는 법원·사회·언론에서 조장한 단순한 이분법일 뿐이다. 남성 중심의 이분법에 따르면, 공격적인 여자는 미쳤거나 나쁘다.[13] 여성이 화를 내거나 공격적으로 행동하는 것은 극심한 스트레스나 만성적인 정신질환과 같이 스스로 통제할 수 없는 충동적인 힘의 결과여야 한다. 곧 화를 내거나 공격적인 행동을 하는 여성은 부자연스럽고 제정신이 아닌 게 틀림없다. 만성적인 정신질환이나 정신병을 앓고 있지 않으면서 공격적으로 행동하는 여성은 '나쁜' 여자임이 확실하다.

나는 여성주의 학자들의 이러한 법적 시각에 완전히 동의하지는 않는다. 그러나 남성 중심의 이분법적인 주장이 배심원단이 재니스를 미친 사람이 아니라, 나쁜 사람으로 인식하게 하는 데 영향을 주었다고 확신한다. 재니스는 조현병이나 양극성 장애로 진단을 받지 않았다. 그래서 일반적으로 미친 사람이 저지르는 전형적인 유아 살해자와는 달랐다. 그녀는 오랜 정신과 병력이 없었다. 정신병은 할머니가 돌아가신 뒤에야 찾아왔다. 이런 이력을 놓고 보면, 재니스가 킴벌리를 살해할 때 자기가 무엇을 하는지 모를 정도로 아프고 방향감각이 흐려졌다는 것을 배심원단이 받아들이기는 어려웠을 것이다. 게다가 그녀는 아기를 죽이고 정신 이상으로 간주하는 엄마에게서 일반적으로 볼 수 있는 사회 심리적 스트레스와 불리한 상황도 겪지 않았다. 법정에서 제시된 이미지와 관계없이, 그녀는 상당한 정도로 사회 심리적 지지를 받았다. 여기에는 필리스와 남편 리처드의 지지도 포함되었다. 역설적으로 이 때문에 검사는 더 편안하게 배심원단에게 재니스가 '나쁘다'고 확신시키고, 분노에 가득 찬 복수를 위해 킴벌리를 죽였다고 설득할 수 있었을 것이다.

크리스텔 검사는 평결이 내려진 뒤에 가진 기자회견에서 재니스가 계획적이고 의도적으로 킴벌리를 죽였다고 말했다. "그녀는 … 화가 나 있었고, 이기적이었다. … 남편에게 복수해서 관심을 끌려고 몸부림친 여자였다." 나는 크리스텔 검사가 정말 그렇게 믿었는지 궁금하다.

성도착과 성폭력

하나의 죄악이 또 다른 죄악을 자극하는구나.
살인은 연기의 불꽃처럼 욕정에 가깝다.

— 셰익스피어의 《페리클레스》

주말에 집으로 가기 전에 문자메시지를 확인했다. 형사사건을 전문으로 맡는 빌 보헨스키 변호사가 내게 메시지를 길게 남겼다. 몇 년 전 그가 지역의 국선변호인 사무실에서 일한 뒤부터 서로 알고 지냈다. 빌 변호사는 냉철하고 날카로운 지적 능력을 갖춘 독특한 사람으로, 법학전문대학원에 들어가기 전에 학부에서는 물리학과 공학을 전공했다. 그는 흔들리지 않는 눈길과 흠잡을 데 없는 논리로 단순한 대화마저 반대 심문처럼 느끼게 했다. 하지만 가끔은 유치한 말이나 농담을 던지며 웃음을 터뜨리기도 한다. 빌은 이야기를 들어주는 사람에게 얼마간 이완된 안도감을 줄 필요가 있다는 사실을 잘 아는 변호사였다.

빌은 최근에 체포된 피고인을 대리하도록 법원에서 선임되었다. 그는 문자메시지에 웃음 표시와 함께 "머리를 좀 함께 나눌 필요가 있을 것 같습니다"라는 말을 남겼다. 의뢰인 레이는 20대 후반의 결혼한 아프리카계 남성이었다. 빌은 의뢰인이 말투가 부드럽고 태도도 협조적이라며 이렇게 말했다. "미친 것처럼 보이지는 않습니다." 그러나 "뭔가 잘못되었어요." 그리고 레이가 성폭행 혐의로 체포되었으나, 검사가 곧 더 많은 혐의로 기소할 것 같다고 설명했다. 빌은 레이가 연쇄 강간과 살인 혐의로도 기소될 것 같다고 했다. 이는 유죄로 판결되면, 사형이 선고될 수도 있다는 뜻이었다. 빌이 보낸 문자메시지는 사건에 관한 경찰 기록을 비롯한 자료를 보내겠다는 말로 끝맺었다. 범죄의 성격과 밝혀진 사실을 놓고 볼 때, 아무래도 빌이 쉽지 않은 일을 맡은 것 같았다.

***

처음 내가 기록을 받았을 때, 검찰은 레이에게 이미 두 건의 강간살인 혐의와 여섯 건의 강간 혐의를 더 제기한 상태였다. 그리고 레이는 더 많은 강간 사건과 살인사건의 용의자로도 의심받았다.

사건은 한 여성이 모텔에서 살해되었다는 신고를 받고 경찰이 출동하면서 처음 드러났다. 피해자는 바지와 속옷이 거의 벗겨진 상태로 발견되었다. 그녀는 무릎을 꿇은 채 침대에 몸을 기대고 있었다. 강간을 당하고 목이 졸려 살해된 것으로 보였고, 이는 부검으로도 확인되었다.

경찰은 모텔 객실을 수색하다가 전화번호가 적힌 종이 한 장을 찾아냈다. 번호를 추적해보니 레이의 휴대전화로 밝혀졌다. 곧 경찰의 조사를 받았으나, 레이는 살인사건이 벌어진 모텔에 간 적이 없다며 혐의를 부인했다. 그러나 모텔 출입구로 나가는 그의 모습이 찍힌 영상이 확인되었다. 그래서 레이에게 영장이 발부되어 디엔에이가 채취되었고, 피해자의 몸에 남은 정액의 디엔에이와 그의 디엔에이가 일치한다는 사실이 확인되었다. 죽은 여성은 미네소타에서 최근에 이곳으로 온 젊은 매춘부로 밝혀졌다.

레이는 처음에는 한 건의 강간살인 혐의로만 기소되었다. 하지만 검찰과 경찰이 추가로 진행한 조사과정에서 여러 건의 강간 사건에도 연루되었다는 증거가 발견되었다.

모든 사건은 소름이 끼칠 정도로 비슷했다. 여성들은 기절할 때까지 힘으로 제압되었고, 죽을 지경까지 목이 졸리고, 강간을 당했다. 생존한 세 명의 여성이 범행을 자세히 증언했다. 한 사건은 피해자가 직원으로 일하던 모텔에서 발생했다. 진술에 따르면, 그녀가 객실을 정리하고 있는데 레이가 들어와서 수건을 더 달라고 했다. 언제나 그랬듯이, 레이는 무척 예의 바르고 밝은 표정이었으며 겸손했다. 그녀는 위험해 보이지 않아 마음을 놓았다. 레이는 수건을 챙겨주어 고맙다고 말하고 방을 나갔다. 하지만 잠시 뒤에 다시 돌아와서 거칠게 폭행했다. 그리고 그녀를 바닥에 쓰러뜨리고 목을 조르자, 그녀는 버티다가 정신을 잃었고, 얼마 뒤에 깨어났다. 그녀는 강간을 당했지만 살아남았고, 그 일을 경찰에 신고했다.

이것이 레이가 범행을 저지르는 방식이었다. 다시 말해 강간살인 사건을 조사하는 경찰이 범인의 '서명'처럼 여기는 그의 고유한 범행수법이었다.[1]

생존자들은 모두 비슷한 단어를 사용해 자기를 공격한 남자를 묘사했다. 그 남자는 "온순해 보였고", "착해 보였고", "예의가 발라 보였다." 빌이 문자메시지에서 묘사한 것과 비슷했다. 레이의 행동에는 일관성이 있었다. 마음을 놓게 한 뒤에 원초적인 폭력을 사용했고, 목을 졸라서 희생자를 기절시키거나 죽음에 이르게 했다. 그리고 강간을 했다. 희생자들은 모두 비슷한 타박상과 상처를 입었다. 그들에게서는 질 출혈과 얼굴 여러 곳에서 찰과상, 등을 깨문 자국 등이 발견되었다. 그리고 모든 희생자들에게 후유증으로 피부에 반점 모양으로 출혈이 있었다. 출혈은 대부분 목과 귀의 혈관에서 발생했다. 그래서 살아남은 피해자들은 얼굴이 발갛게 달아올랐고 눈은 두려움으로 가득 차 있었다.

디엔에이와 지문을 비롯한 물리적 증거는 레이가 사건과 깊게 관련된 사실을 뚜렷이 보여주었다. 3명의 생존자도 마찬가지였다. 게다가 경찰은 그의 집을 수색하면서 몇몇 피해자의 것으로 추정되는 소지품도 찾아냈다. 모텔에 의식을 잃은 채 남겨졌으나 목숨을 건진 피해자가 지닌 노트북과 같은 것들이었다.

증거가 쌓일수록 기소 내용도 늘어났다. 그러나 마치 희망을 버리지 않은 듯, 레이의 원초적인 부정이 계속되었다. 레이는 끈질기게 자신의 결백을 주장했다.

***

처음 전달받은 자료와 문서를 검토한 뒤, 레이를 만나기 전에 빌에게 먼저 전화를 걸었다. 그리고 빌이 구체적으로 무엇을 목표로 생각하는지 물었다. 답변은 분명하지 않았다. 그 시점에 빌은 레이의 심리를 더 잘 이해할 수 있기만을 바랐다. 빌은 자기 의뢰인이 '특수정황'의 살인 혐의를 받고 있다는 사실을 상기시켰다. 형법에서 '특수정황'은 범죄가 저질러진 조건이나 피고인의 특정한 행동을 더 크게 처벌해야 한다는 것을 뜻한다. 빌은 검사가 구형을 최종적으로 결정할 때 사형이나 가석방 없는 종신형에서 감형을 받을 수 있기만을 바란다고 말했다.

레이와 첫 상담을 하려고 교도소로 운전을 하고 가는 동안에 특정한 유형의 피고인과 상황이 가져다주는 낯익은 불안에 빠졌다. 나는 논쟁의 여지가 없는 것을 논박하는 정신이상자들을 잘 안다. 그들은 현실을 부정하는 일에 도전한다. 벌어진 일을 아직 똑바로 바라볼 준비가 되지 않았거나, 자기가 빚어낸 현실과 씨름하는 사람일 수 있다. 그러한 싸움이 양심이 있다는 점을 보여주는 것일 수도 있다. 점점 커지는 죄책감과 수치심을 마주할 시간이 필요하기 때문이다. 마약이나 술에 취한 상태에서 범죄를 저지른 일부 피고인이 이런 모습을 자주 보인다. 나는 시치미를 떼면서 숨기거나, 조작하거나, 노골적으로 거짓말하는 피고인에게 참을성이 없고 덜 관대한 편이다. 하지만 나는 길고 복잡한 법의학 조사를 책임져야 한다. 그래서 좋거나 싫다는 판단을 억누르고, 맡은 일을 해야 한다고 되새겼다.

어쨌든 나는 이성을 가지고 발뺌을 하는 사람보다는 정신적으로 흐트러진 사람을 만나서 상담하는 일이 더 편했다. 무척 역설적이라는 생각이 들었다.

무엇이 중요한지 계속 신경 써서 돌아보면서, 빌이 레이의 심리를 더 잘 이해할 수 있게 도와야 하는 내 역할을 되새겼다. 빌은 사형 구형 여부를 결정하기 전에 피고인의 (학대나 정서적 방치 이력과 같은) 정상참작 요소를 준비해서 검사와 만나려 했다. 그러면 끔찍한 범죄자라 하더라도 가석방 없는 종신형을 주장할 기회를 얻을 수 있을 것이다. 빌은 레이의 검사 결과에서 변호에 도움이 될 만한 심리학적 정보를 얻을 수 있기를 바랐다.

저지른 범죄의 심각성과 수준을 놓고 보면, 감형이 꽤 과감히 이루어져야만 레이는 생명을 유지할 수 있을 것이다.

***

강간은 대부분 의도적인 범죄다. 이는 곧 검사가 범행 당시 피고인의 정신 상태가 어떠했는지 고려할 필요가 없다는 것을 뜻한다. 레이의 행동 자체가 의도와 목적을 드러냈기 때문이다. 아울러 강간 과정에서 세 명의 피해자가 목숨을 잃어서 사형 선고가 가능할 정도로 심각한 사건이 되었다. 우선 레이를 인간적으로 이해하고 싶었다. 그래서 강간할 때 어떤 생각을 했는지 그에게 물어볼 필요가 있었다. 하지만 망설여졌다. (레이가 제정신이 아니었다면 당연히 이 질문을 했을 것이다) 제정신인 사람에게 강간할 때 어떤 생각을 했는지 물어보는 것은 참으로 난감하고 어색한 질문이다. 그런데도 이 질문을 피하지 않았다. 왜냐하면 만일 이 질문에 레이가 입을 열어 강간하면서 가진 생각을 살짝 엿볼 수 있다면 레이의 심리적 동기와 기질을 조금 더 풍부하게 이해할 수 있기 때문이다.

레이가 상담실로 걸어오는 모습을 보며, 나는 생존한 피해자들이 레이를 묘사한 말을 떠올릴 수 있었다. 레이는 두 명의 교도관과 함께 복도를 천천히 걸어왔다. 교도관은 그에게 수갑을 채우지 않았다. 165㎝ 정도의 작은 키였고, 체격은 단단해 보였으나 지나치게 근육질은 아니었다. 걸음걸이는 평범했고, 머리는 바싹 자른 상태였다. 많은 피고인과 달리 팔이나 손가락과 목에 문신을 새기지 않았고, 면도를 해서 피부가 깨끗했다. 외모가 단정했고, 평범해 보였다.

상담실 안으로 들어온 레이는 악수하며 미소를 지었다. 한 교도관이 못마땅한 표정을 지었으나, 평소처럼 "접촉하지 말라"라고 경고하지는 않았다. 매우 폭력적인 수감자들은 안전을 위해 발목을 의자 아래 기둥에 고정해 움직이지 못하게 하지만, 교도관은 그렇게 하지 않았다. 모든 성범죄자에게 적용하는 표준적인 '인권 지침'에 따라, 상담실에 들어올 때까지 두 명의 교도관이 지키고 있었다. 그러나 레이가 연쇄살인 혐의를 받는 피의자이자 사형 선고를 받을 수 있는 피고인이라는 사실과 비교하면, 감시는 생각보다 느슨했다. 놀라웠다.

예상대로 레이는 평범하고 유쾌한 모습이었다. 태도는 위협적이지 않았고, 목소리는 매우 낮고 가벼워서 가끔은 집중을 해야 무슨 말인지 알아들을 수 있었다. 레이의 가볍고 유쾌한 모습을 보면서, 자기 생각과 삶을 다른 사람과 피상적으로 공유한다는 사실을 알 수 있었다. 시간이 지나면서, 그 이유가 심리적 발달이 매우 왜곡되어 자의식이 취약하기 때문이라는 사실도 알 수 있었다.

레이는 어머니와 두 명의 누나 밑에서 자랐다. 어린 시절이 아주 평온하지는 않았으나, 별문제 없이 평범했다. 학업부진아로 진단받지는 않았지만 학습 장애가 조금 있어서, 초등학교에 다닐 때 학습 지원 전문가에게 도움을 받았다. (그의 어머니는 나중에 레이의 학습 장애에 관해 다른 경험을 알려주었다.) 행동이나 감정적 어려움은 없었다. 어머니는 "엄격"했으나, 아이들에게 필요한 것을 모두 마련해주려고 온종일 일한 "위대하고 사랑스러운 엄마"였다. (레이의 아내는 시어머니를 매우 다른 시각으로 보았다.) 어릴 때 누나들이 마치 대리모나 다름없는 역할을 했고 성인이 된 뒤에도 서로 가깝게 지냈다.

의미심장하게도 내가 먼저 말을 꺼낼 때까지 레이는 아버지의 부재에 관해 일절 언급하지 않았다. 초등학교 2학년 때 학교에서 집으로 돌아오는 길에 아버지를 처음 보았다고 말했다. "어떤 상황인지는 잘 몰랐어요. 무슨 일 때문인지 모르겠지만 자주 감옥에 있었어요."

아버지는 가끔 찾아오기는 했으나 가족과 함께 살지 않았다. "몇 년 동안 아버지를 보지 못했지요. 아버지가 또 감옥에 들어갔다고 들었어요."

상담할 때 레이는 아버지가 집에 찾아온 이유가 누나를 보기 위한 것이라고 말하지 않았다. 그러나 어머니와 상담할 때 아버지가 레이를 무시했다는 사실을 처음 알게 되었다. 그래서 나중에 다시 상담하면서 이 이야기를 꺼내자, 레이는 어머니와 누나들과 가깝게 지낸 것만으로도 충분했다고 무시하듯이 말했다. 레이와 "외출을 함께 해준" 외삼촌도 있었다.

무엇이든 쉽게 부정하는 레이의 태도는 이 사건으로 체포되기 전에 있었던 일을 합리화하는 것에서도 잘 드러났다. 체포되기 얼마 전에 수표 위조 혐의로 기소되었는데, 그는 이를 "오해"라고 잘라 말했다. 당시 고용주를 언급하며, "사장이 현금으로 바꿀 수 있는 수표를 줬어요. 그래놓고는 내가 수표를 위조했다고 말하는 거예요." 하지만 그는 위조를 부인하면서도 고발된 이유를 설명하지 못했다. 수표 위조 사건은 강간살인 혐의가 제기되면서 밝혀졌다.

레이는 2년 전에도 경리 보조로 일하던 작은 회계법인에서 컴퓨터를 훔친 혐의로 체포된 적이 있었다. 그는 절도를 인정하면서도. "누군가 내게 돈을 준다고 제안했어요. 멍청한 행동이었어요"라고 변명했다. 이어서 "그냥 끝내고 싶어서" 유죄를 인정했다고 별문제 없다는 듯이 말했다.

전과 기록을 검토하면서, 그가 사는 집이 두 차례나 소란스럽다고 경찰에 전화로 신고된 적이 있다는 사실을 알게 되었다. 아내와 두 살짜리 남자아이 그리고 열한 달 된 여자아이가 함께 사는 집이었다. 하지만 그 일로 체포되거나 기소되지는 않았다. 나는 무슨 일이 있었는지 알려달라고 했다. "마누라가 내 목을 잡았어요. 그리고 나를 몇 대 때렸지요. 911에 전화했어요. 마누라는 스트레스를 받은 상태였고, 정신과 약을 먹고 있었어요." 그러더니 레이는 갑자기 흐느껴 울며 말했다. "나는 결코 여자를 해칠 수 없어"

두 번째 만남에서 우리는 레이의 성적인 문제와 결혼 이력에 관해 이야기를 나누었다. 레이는 포르노를 즐겨 보았다. "집단 섹스 포르노를 좋아하죠." 하지만 가학적이고 피학적인 성적 욕망이나 폭력적인 성적 환상에 자극을 받는다는 사실을 인정하지는 않았다. 레이는 여자들이 자기한테 "늘 추파를 던진다"고 투덜거렸다. 흥미롭게도 "요즘" 여성들이 "섹스에 집착하는 행태"를 보인다며 불평을 쏟아놓았다. "그들은 내면을 보지 않아요." 그러면서 자기가 여성 중심의 가정에서 자랐다는 사실을 상기시켰다. 그래서 이런 성장배경 때문에 자신은 여성을 존경한다는 말이 이어질 것으로 나는 예상했다. 그런데 뜬금없이 "내가 더 높은 도덕적 기준을 갖고 있어요"라고 말했다. 잠시 어리둥절한 표정으로 그 말이 무슨 뜻인지 내가 묻자, 그는 성적 행동에 여자들보다 자신이 "조금 더 신경 쓴다"는 뜻이라고 대답했다. 여자와 달리 자신은 "내면을 본다"는 것이다. 레이는 짧은 시간이지만 이렇게 여성을 낮추어 보는 태도를 분명히 보여주었다.

레이는 지금껏 살아오면서 늘 여자들이 자기보다 섹스에 더 관심이 많다는 점을 알게 되었다. 11살 때 자신을 성적으로 이용한 누나 친구와 성 경험이 시작되었다. 자기보다 네다섯 살 정도 나이가 많은 누나 친구는 몇 년간 레이를 돌보아주기도 했다. 둘은 "소꿉장난"을 했다. 누나 친구가 그렇게 불렀다. 처음에는 애무하는 것으로 시작했다. 시간이 지나며 "20번에서 30번 정도" 성관계를 갖기에 이르렀다. 그는 이 사실을 가족에게 밝히지 않았다. 이 일이 자신에게 어떤 영향을 미쳤는지 물어보았다. "바탕을 섹스에 둔 사람을 원치 않았어요. 여자들에게 내 몸을 보여주고 싶지 않았다고요."

레이는 고등학교 때에도 누나의 또 다른 친구가 자기를 유혹했다고 말했다. 여자들이 자신에게 "늘 추파를 던진다"고 다시 한번 강조했다. 여자친구들은 언제나 자기에게 관심을 두기보다 섹스에 더 관심이 많았다.

아내 타냐도 다른 여자와 마찬가지로 자기보다 섹스에 더 관심이 많았다. 아이들이 태어난 뒤에도 날마다 섹스를 원했다. 아내는 그가 때리고 머리카락을 잡아당기기를 바랐고 항문 섹스도 좋아했다. 심지어 아내가 자기를 스트립 클럽에 데려갔다. 내가 믿을 수 없다는 표정을 짓자, 레이는 눈치를 채고 "사실이에요"라고 말했다.

부부생활은 정상적이었다. 둘의 "최고의 섹스"는 말다툼을 하고 나서 이루어졌다. 레이는 자기의 관심을 받으려는 타냐의 시도를 무시하면서 그녀를 애태우고 자극하고 조롱했다. "나와 몸을 섞겠죠. 일부러 그랬어요. … 그녀가 나한테 덤벼들게 했어요. 물고, 할퀴고, 목을 조르려고 움켜쥐어요." 이런 과정이 자기를 흥분시켜 거친 섹스로 이어졌다고 인정했다. "나보다 마누라가 더 거친 것을 좋아했어요." 타냐를 위해서 일부러 그녀를 애태우고 조롱했다는 것이다. 거친 행동과 섹스로 아내는 우울증과 짜증을 달래고 해소하면서 해방감을 느꼈다고 말했다.

일부러 아내를 자극하고 부추겨 마치 제사 의식에서나 볼 수 있는 성적인 '춤'을 추게 한 것은, 레이의 특징적인 강간 방식을 거울에 비추어 반대편에서 바라보는 것 같았다. 레이는 강간할 때 여성의 성적 취향에 조롱당하고 자극받았다. 그러고 나서 공격하고, 목을 조르고 깨물었으며, 위험할 정도로 거친 섹스가 뒤따랐다. 그것은 해방감이었다.

마치 히말라야를 자로 재려는 것처럼, 레이는 어처구니없게도 자기가 아내를 일부러 자극하고 부추긴 다음에 가진 성관계와 강간 살해를 할 때 가진 성관계가 서로 본질이 같다는 것을 의식적으로 망각했다. 레이가 부정한 것은 다름 아니라 바로 자신이었다.

***

　레이와 두 번째 상담을 마치고 나서, 그의 가족을 만나볼 때가 되었다고 판단했다. 그러나 어머니 래드클리프 부인과 연락하는 데 어려움을 겪었다. 그녀는 계속 내 전화 메시지에 응답하지 않았다. 타냐는 곧바로 응답했으나, 아이들을 돌봐줄 사람을 찾는 데 문제가 있었다.
　그러다 운 좋게 래드클리프 부인과 연락이 닿았고, 만날 약속을 잡았다.
　래드클리프 부인은 직장에서 내 사무실까지 먼 거리를 운전해 왔지만 몇 분 일찍 도착했다. 언제나 약속 시각에 맞추어 제때 도착하는 방법을 그녀가 먼저 이야기하면서 상담은 시작되었다. 대기실에서 그녀를 처음 보았을 때부터 '칼 같다'는 말이 머리에 떠올랐다. 그녀는 다양한 색조의 보라색 스카프를 어깨에 두르고, 세련된 검정 옷을 입고 있었다. 구두와 지갑도 서로 잘 어울렸다. 작은 키에 조금 살집이 있는 아프리카계 여성인 래드클리프 부인은 두드러지게 똑바른 자세로 앉았고, 군인처럼 뻣뻣하고 표정이 없었다. 연방수사국이나 마약단속국 직원이나 보안과 관련된 업무를 오랫동안 담당한 환자들과 상담했을 때를 떠올리게 하는 매우 사무적인 태도와 굳은 표정이었다.
　이미 레이와 두 차례 상담하면서 어린 시절에 관해 알아보았다. 이제는 말 그대로 '믿을 만한 소식통'에게 레이의 어린 시절 이야기를 들어보고 싶었다.
　내 계획으로는 처음에 래드클리프 부인에게 레이의 어릴 때 성장 과정과 가족관계를 물어보면서 상담을 시작할 생각이었다. 그래서 나는 서로 친근해질 시간을 벌기 위해 몇 가지 사교적인 말을 던지며 질문을 시작했다. "만날 수 있게 되어 반갑습니다." 하지만 소용이 없었다. 래드클리프 부인은 차가운 금속 같은 눈으로 나를 노려보기만 했다. 나중에 타냐를 상담하면서 시어머니를 엄하고 차갑다고 표현하는 말을 들었을 때 이 눈초리가 떠올랐다.

래드클리프 부인은 명절이 다가오는데 아들이 감옥에 갇힌 상황에 화를 냈다. (그녀와 상담은 11월 초에 이루어졌다.) 그녀는 레이의 수표 위조 의혹을 언급하면서, "이미 다른 사건으로 법정에서 다투고 있다"고 말했다. 레이가 받는 혐의를 가볍게 생각하는 것 같아서 순간적으로 기가 막혔다. 그래서 나는 레이의 혐의가 점점 더 심각하다는 것을 상기시키며 조금 날카롭게 반응했다. 하지만 그 순간 대화의 안전지대를 없애버렸다는 사실을 깨달았다. 래드클리프 부인은 방어적으로 반응하면서 레이가 아프리카계 미국인임을 강조했다. 그녀는 화를 내면서 레이가 받는 혐의에 인종적인 요소가 개입되었을 수 있다고 주장했다. "그 애는 늘 아무 이유도 없이 경찰에 잡혀가요!" 거의 순간적으로 그녀의 태도는 처음에는 슬픔으로, 그다음에는 고뇌에 찬 공포로 바뀌었다. 레이가 체포되었다는 사실이 언론에 보도되었을 때를 이렇게 표현했다. "온 세상이 뒤집히고 미쳐가는 것 같았어요." 그녀는 언론의 주장을 믿을 수 없었고, 여전히 믿지 않았다. "이상하고 황당하지요. 레이는 평생 여자와 함께 살았어요. 여자를 존중하는 법을 배웠어요." 나는 마음을 가라앉히고, 그녀가 겪고 있는 일을 감히 상상조차 할 수 없다고 위로했다. 그러자 그녀는 내 성급함을 잊고, 경계심을 풀었다.

우리는 레이의 어린 시절에 관해 이야기를 시작했다. 레이는 그녀와 두 누나의 보살핌을 받으며 자랐다. 말과 의사소통 능력의 발달이 더디게 된 것을 제외하고는 기본적으로 정상이었다. 레이는 초등학교에서 언어 치료를 받았다. 어렸을 때 겪은 언어적 어려움은 레이의 학습 장애와 언어적 표현능력의 한계 그리고 조용한 성향을 암시했다. 래드클리프 부인은 "그 애는 혼자 있었다"라고 했다. 래드클리프 부인의 말을 통해서 레이의 내면적인 성향이 풍요롭고 파괴적이고 환상적인 삶의 토양이 될 수도 있었다는 생각이 들었다.

래드클리프 부인은 스스로 과잉보호하는 부모이자 가르침이 엄격한 사람이며 편부모는 반드시 엄격해야 한다고 단호하게 말했다. 아이들의 아버지는 모두 같지만, 가족으로 함께 살지는 않았다. 아이들의 아버지는 레이가 어릴 때 "가끔 집에 왔다 갔다 했다." 거의 실직 상태나 다름없던 아이들의 아버지는 다른 여성과 살거나, 절도나 보호 관찰 위반과 같은 가벼운 범죄로 교도소를 들락거렸다. 강도죄로 복역한 적도 있었다.

래드클리프 부인은 아이들을 절대 학대하지는 않았지만, 훈육을 위해 가끔 체벌했다는 사실을 내가 알아주기를 바랐다. 그녀는 레이가 어떤 식으로든 학대당했다고 생각하지는 않았다. 레이는 초창기 학교생활에서 행동에 사소한 문제를 보였는데, 학습 장애 때문이었다고 밝혔다. 레이는 결코 학교를 좋아하지 않았고, "꾀병"을 많이 부렸다. 그는 독해와 언어 능력의 발달이 지체되어 특수교육을 받았다.

래드클리프 부인은 레이가 자라는 동안 어떤 특이한 행동이 있었는지 또는 정서적으로 어떤 문제가 있었는지 전혀 알아차리지 못했다. 내가 묻지도 않았는데, 레이가 어릴 때 동물을 못살게 굴거나, 불을 지른 적이 없다고 주장했다. 그녀의 말에 따르면 레이는 심지어 오줌싸개도 아니었다. 그러다 잠시 뭔가 생각하는 듯하더니, 어린 시절에 "레이는 포옹과 입

맞춤이 필요하지 않았어요"라고 말했다. 그리고 머뭇거리다 용기를 내서 "어린 시절에 그이가 레이를 거부했어요"라고 덧붙였다. 그녀가 말한 그이는 레이의 아버지였다. 그녀는 그 이유를 이해하지 못했고, 남편에게 이유를 묻지도 않았다. "어째서인지 남편은 레이를 자기 아이라고 믿지 않았어요. 남편은 딸들과는 전화도 하고 말을 나눴어요. 하지만 아들한테는 말도 걸지 않았어요." 레이가 아버지와 통화한 적도 있지만 "통화를 한 뒤에는 늘 상처를 받고 화를 냈을 거예요."

몇 번 아이들을 찾아왔을 때 아버지는 딸들과 함께 외출했다. 하지만 "아들은 집에 남겨두려고 했어요." 레이는 실망하고 슬퍼했다. "레이는 일찍부터 스위치를 켜듯이 화를 돋우는 법을 배웠어요." 특히 집에 있는 여자들에게 그랬다. 한 누나가 뭔가 화를 내면 "레이는 타오르는 불길에 휘발유를 끼얹듯 화를 돋우는 방법을 찾았어요." 그리고 누나들이 더 크게 화를 내면 오히려 웃었다. "레이는 사람들이 화내는 모습을 즐겼어요."

어릴 때 레이는 래드클리프 부인의 남동생인 윌리엄과 가까이 지냈다. 하지만 "윌리엄은 별 도움이 되지 않았다." 그는 레이에게 늘 이런 식으로 말했다. "네가 집안의 가장이야. 여자를 휘어잡아." 상담을 끝마칠 때가 되자, 불행하게도 래드클리프 부인은 다시 원래대로 부정의 마음 상태로 되돌아갔다. "모든 게 이상하다고 생각해요. 레이는 여성을 존중할 줄 알아요." 그녀는 다가오는 명절에 레이가 집에 있기를 바랐다.

***

레이의 다음 상담은 어머니와 만난 지 2주쯤 지난 뒤에 있었다. 레이는 대화를 시작하자 자기가 교도소에 수감된 기간을 이야기하며, 자신이 수감된 것이 부당하다는 어머니의 불만을 그대로 되풀이했다. 두 사람이 이야기를 나눈 것이 분명해 보였다. 〔밀접한 관계를 지닌 두 사람에게 같거나 유사한 정신장애가 나타나는〕 감응성 정신병 같다는 생각이 들었다. 며칠 전에 변호사 빌이 레이를 방문했는데, 좋은 소식은 아니었다. 레이의 디엔에이가 다른 생존 피해자에게 발견된 것과 일치한다는 소식이었다. 하지만 불리한 증거의 무게가 오히려 증거를 부정하려는 레이의 의지에 힘을 실어주는 것 같았다. 그는 강간 증거를 무시했다. "빌은 내 디엔에이의 10%가 빠졌다고 했어요." 나중에 살해된 여성 한 명에게 디엔에이가 확인된 뒤에는 "그년 몸에서 마약이 나왔다고요"라고 말하며 비논리적인 반응을 보이기도 했다. 내가 피해자의 몸에서 마약이 나온 것이 증거와 무슨 관련이 있는지 묻자, 그는 "나는 마약을 하지 않는다고요"라고 황당한 대답을 했다. 레이의 논리는 자신의 필요에 따라 뒤틀려 무죄의 세계에 갇힐 수 있었다. 그는 나와 상담하면서 무슨 일이든 끊임없이 자신의 결백을 주장할 기회만 찾았다.

　마침내 레이의 아내와 약속을 잡을 수 있었다. 나는 레이의 성생활을 비롯한 삶과 행동을 더 잘 이해할 수 있게 되기를 바랐다. 이러한 세부 내용이 그 뒤에 이어질 상담에서 레이의 견고한 방어를 뚫는 데 도움이 될까? 내게 더 기꺼이 자신을 활짝 열고 드러낼까, 아니면 범행을 부인하고 부정하려는 의지가 더 커질까?

*　*　*

　비록 일찍 중단되었으나, 레이의 아내 타냐를 만나서 참으로 많은 것을 알게 되었다. 그녀와 상담은 1시간 30분 정도 짧게 진행되었기 때문에 추가로 상담을 하기로 했다. 하지만 그녀는 전화로 예정된 두 번째 상담을 포기하겠다고 통보했다.

30대 중반인 타냐는 레이보다 나이가 많았으나 더 어려 보였다. 긴 갈색 머리에 부드러운 미소를 짓는 그녀는 뭔가 불안해 보였다. 자의식이 강한 듯 보였으나 쉽게 부서질 것처럼 연약하다는 것을 온몸으로 보여주었다. 그녀는 상담할 때 이중적인 감정을 드러냈다. "레이를 다치게 할까?" 걱정하면서도 "선생님이 그이를 이해하는 데 도움이 될 몇 가지를 말해주고 싶었어요." 그녀는 떨리는 목소리로 말했다. "여전히 충격이 가시지 않아요. 남편의 혐의가 나와 가족한테 어떤 결과를 가져올지 걱정이에요."

타냐는 레이를 "사랑스럽고 친절한 사람"이라고 설명했다. 부엌일을 도와주고, 아이들과 함께 집안일을 하는 것도 좋아했다. "그이는 결코 멍청이나 양아치가 아니며, 결코 폭력적이지 않아요." 실제로 부부싸움으로 경찰이 출동했던 일은 자기가 저지른 난폭한 행동 때문이었다. 그녀에게는 오랜 우울증 이력이 있어서 그녀는 우울할 때면 쉽게 짜증을 내고, 화를 내고, 변덕을 부렸다.

타냐는 "나는 그이가 바람피운다는 것을 알고 있었어요"라고 말했다. 지난 몇 년 레이는 가끔 새벽 2시에 집을 나가서 밤새 들어오지 않았다. "잠을 잘 수 없어서 차를 몰고 돌아다니고 싶었어." 레이는 타냐에게 "지루했을 뿐"이라고도 했다. 타냐는 "레이가 절대 행복하지 않다는 것을 알았기 때문에" 그의 행동을 받아들였다. 타냐가 생각하기에 그것은 우울함 때문이 아니었다. "레이에게는 공허함이 있었어요." 레이는 어린아이 같았고, 혼자 있는 것을 두려워했다. "그는 어떤 희생을 치르더라도 어울리기를 원하지요." 흥미롭게도 그녀는 레이를 "정체성이 없는 남자"

라고 묘사했다. 아무리 안심시켜도, 레이는 그녀를 잃을까 봐 계속해서 두려워했다. 타냐는 레이가 아버지나 어머니로부터 조건 없는 사랑을 받아본 적이 없기 때문이라고 확신했다.

래드클리프 부인을 만났는데, 비록 부작용을 일으킬 위험이 있는 과잉보호이기는 했으나, 아들을 매우 사랑하는 것 같다고 타냐에게 말했다. 그러자 타냐는 처음에 레이의 어머니를 "흥미로운 사람"이라고 표현했다. 타냐의 말에 따르면 래드클리프 부인은 성격이 차가웠다. 하지만 "어떤 일도 레이에게 책임을 묻지 않았다." "레이가 전화 요금 내는 것을 깜빡했다면, 그건 레이가 잘못한 게 아니라 통신사 잘못이에요." 아버지는 레이가 존재하지 않는 것처럼 완전히 무시했다. "온 가족이 차가운 사람들이에요."

타냐는 자녀를 돌보고 애정을 쏟는 방식 때문에 레이의 가족들에게 "많은 비난"을 받았다.

타냐는 부부의 성생활도 솔직히 말해주었다. 그녀는 레이를 건장하지만, 매우 자의식이 강하고 자기 몸을 부끄러워하는 사람으로 묘사했다. 레이는 언제나 삽입 성교보다는 구강성교를 원했다. 성교할 때도 늘 뒤에서 하는 체위를 좋아했다. 레이는 "얼굴을 마주 보는 것"을 무척 불편하게 여겼다.

레이는 매일 혼자 포르노를 시청했다. 특히 세 명이 등장하는 양성애자 포르노를 즐겼다. 타냐는 함께 보겠다고 했으나, 레이는 함께 보기를 원치 않았다. 세 명이 함께 하는 섹스가 그의 환상이라면 타냐는 기꺼이 함께 실험해볼 수 있었다. 하지만 레이는 실제로 그런 환상을 품은 것 같지는 않았다. 사실 레이는 타냐에게 보수적인 옷차림을 요구했다. 타냐는 레이의 이러한 모습을 "그이는 나를 존중했어요. 그이는 나를 포르노에 나오는 여자들과는 다르게 보았지요"라고 설명했다.

타냐는 레이를 매우 질투심이 많고 통제적인 남자로 묘사했다. 레이는 그녀가 친구들과 어울리는 것을 좋아하지 않았다. 그래서 그녀는 많은 친구와 연락이 끊겼다. 심지어 레이는 그녀가 화장을 어떻게 하고, 어떤 옷을 입어야 하는지 일일이 간섭했다.

상담을 마칠 때가 되자 우리는 다시 상담 약속을 잡았다. 하지만 타냐는 우리가 만나기로 한 전날 저녁에 약속을 취소했다. "나는 그이를 다치게 하고 싶지 않아요. 내가 너무 말을 많이 했어요." 그녀는 더는 내 전화를 받지 않았다.

***

다음 상담에서 나는 레이에게 타냐와 만났다고 했다. 그리고 이른 아침에 상담하러 오면서 기분이 어땠는지 물었다. "지루했어요." 그는 아무 의미가 없다는 듯이 말했다. 그는 평소에는 차분하고 움츠러든 것처럼 보였으나, 그날 아침에는 꽤 달랐다. 타냐에게 나를 만나서 "너무 많은 이야기를 했다"는 말을 듣고 기분이 언짢아진 것으로 의심했다. 그의 목소리는 평소보다 더 부드러웠고, 더 신중했고, 음량은 의도적으로 낮았다. 자제력을 유지하려고 평소보다 더 애를 쓰는 것 같았다. 레이의 몸짓이 내 관심을 끌었다. 더 정확하게 말하면 몸짓이 없는 모습이었다. 딱딱한 금속의자에 앉았을 때 자연스럽게 생겨나는 작은 움직임이나 움찔거림도 보이지 않았다. 뭔가 압축된 상태 같다고 느꼈다. 머릿속에 흔들리는 콜라병이 떠올랐고, 거품이 뿜어져 나오기 직전처럼 보였다. "다소 긴장한 것 같군요"라고 내가 조심스럽게 물었더니 그는 침울한 표정으로 대답했다. "괜찮아요."

상담을 시작하자 레이는 어머니와 타냐를 비롯한 가족과 무슨 이야기를 했는지 말해달라고 나에게 재촉했다. 레이가 아내에게 마음이 바뀐 것 같다는 의심이 들었다. 아마도 아내에게 침묵을 지키라고 말하며, 감옥에서도 계속 통제력을 유지하려는 것 같았다.

타냐와 함께했던 시간은 짧았지만, 빛을 발했다. 하지만 그 대가로 레이의 회피성과 편집증이 강화되었다.

***

극한의 상황에서도 레이는 바닥이 보이지 않는 우물처럼 부정과 통제를 계속해서 끌어냈다. 레이는 여전히 절망에 휩쓸렸다. 그는 상담을 진행하는 동안 내게 긴 편지를 보내기 시작했다. 주로 동료 수감자와 나쁜 교도소 음식, 교도관의 불공평함, 자신이 감방에서 자유시간을 충분히 보내지 못하는 것에 대한 불만이 담겼다. 하지만 초점은 자신이 수감된 것이 불공정하다는 점에 맞추어졌다. 레이는 어색한 표현과 빈약한 문법으로 쓰인, 조잡한 법률 보고서와 같은 글로 자기의 결백을 거듭 주장했다. 예컨대 피해자 가운데 한 명은 〔개인 광고 공간 등을 제공하는 웹사이트〕 크레이그리스트를 통해 살인자 레이를 만났다. 하지만 레이는 크레이그리스트를 사용한 적이 없다고 부인했다. 나는 수사관이 그 사건을 조사해서 작성한 수사 보고서를 레이에게 읽어주었다. 레이가 저지른 범죄의 증거를 요약하며 수사관은 레이와 피해자를 연결한 서버와 이메일, 크레이그리스트의 반복적인 사용을 자세히 추적해놓았다. 그런데도 레이는 모든 것을 완전히 부정했다.

이상하게도 레이는 편지에, 체포된 날 밤에 라디오 뉴스에서 경찰이 여성을 납치한 것으로 의심되는 빨간 자동차를 찾고 있었다는 내용을 여러 차례 반복해서 썼다. 경찰이 집에서 멀지 않은 정거장에서 그를 체포했을 때, 자기는 납치범이 아니라고 말했다. 그리고 자기 차가 빨간색이 아니라고 우겼다. "경찰들이 비웃었어요." 레이는 자신이 결백하다는 증거를 경찰이 무시한다는 듯이 썼다. 그는 유죄가 되는 사실을 부정하는 데 능숙했을 뿐 아니라, 무죄가 되는 증거를 상상하는 데에도 능숙했다.

점점 더 의심이 많아진 레이는 어떤 편지에서는, 둘이 상담하는 것을 본 수감자에게 내가 자기에 대해 말한 적이 있는지 물었다. 다음 상담에서 그러지 않았다고 안심시키자, 그는 "아무도 믿을 수 없어요"라고 말했다.

***

나는 레이에게 일련의 지적 검사와 신경 심리검사를 진행했다. 학습 장애 이력과 학습 부진아라고 표현한 어머니의 설명을 고려할 때 이런 검사가 필요하다고 생각했다. 그뿐만 아니라 변호에 도움이 될 경감 사유에 필요한 정보를 밝혀야 할 내 임무를 고려했을 때도 이런 검사가 필요하다고 생각했다. 레이는 정말로 지적으로 한계가 있었다. 전체 지능지수는 87로 평균보다 낮은 19백분위수 수준이었지만 그렇게까지 나쁜 상태는 아니었다. 하지만 언어 지능지수는 79였다. 8백분위수로 경계선 수준이었다. 이 점수는 그가 보인 학업 장애와 일치했고, 학교에 다닐 때 특별한 지원이 필요했던 이유를 설명해 주었다. 인간은 효과적인 탐색과 의사소통을 위해 당연히 언어 능력이 필요한 세상에 살고 있다. 언어 능력은 자율성 발달의 기본이다. 아이는 왜 그래야 하는지 스스로 이해하기 전에,

어른의 지시를 따르기 위해 내적 언어를 사용한다. 엄마가 "안 돼. 난로는 뜨거우니까 만지지 마"라고 하면, 아이가 난로를 향해 걸어갈 때마다 내면의 목소리가 "안 돼!"라고 외치며 멈추라고 명령하는 식이다.

레이처럼 언어장애가 있는 아이는 이런 과정이 방해를 받는다. 물론 그렇다고 해서 그들이 자라서 살인자가 되는 것은 아니다.

폭넓은 신경심리검사[2]에서 레이는 양쪽 전두엽에 가벼운 결함이 있는 것으로 나타났다. 예컨대 〈위스콘신 카드 분류 검사WCST〉로 카드를 주고 (색상·형태와 같은) 특정한 추상적 원칙에 따라 분류하게 했다.[3]

이 검사는 응답 정확성의 결과를 피검사자에게 알려주는 시행착오 방식으로 실시된다. 10회 연속해서 정답을 맞히면 분류의 원칙이 바뀌고 새로운 원칙을 알아내야 한다. 그는 효율적인 문제 해결과 비언어적·언어적 정보를 구성하고 검색하는 데 문제를 보였다. 그의 전두엽 결함은 사회 심리적인 한계, 특히 판단력의 미성숙과 (그의 사례에 알맞은) 빈약한 자제력을 더 가중했다. 그러나 레이의 신경심리학적 결함은 가벼운 범위 안에 있었다. 그는 인지장애에 이를 만한 심각한 손상을 입지는 않았다.

레이의 성격과 감정 기능에 대한 심리검사는 그를 더 깊게 이해하는 데 도움이 되었고, 인지능력에 대한 검사 결과에 질감을 더해주었다. 〈미네소타 다면적 인성검사MMPI-2-RF〉 결과는 그의 복잡한 심리적 그림을 보여주었다. 검사 결과를 평가에 반영할 수 없을 만큼 타당성 척도가 왜곡되게 나타날 것으로 예상했지만 그렇지 않았다. 단지 자기에게 조금 호의적인 것으로만 나타났다.

〈미네소타 다면적 인성검사〉 결과에 따르면, 레이는 우울한 정서가 많고, 신체에 집착하는 경향이 강하며, 쉽게 흔들리거나 조증의 행동 경향이 있는 것으로 나타났다. 필요에 따라 〔심리적 방어기제로〕 부정을 사용했고, 심리적인 집중력이 부족했다. 그래서 자기와 타인을 피상적으로 이해했다. 레이와 같은 척도의 수준을 보이는 사람들은 성적 친밀감을 두려워한다. 그들은 이성에 대해 양면적인 감정이 있는데, 이는 성적 부적응 감정에서 비롯된 불안을 달래기 위한 방어 전략일 수 있나. 불안하고 동요하는 자아 정체성을 지닌 레이는 관심과 애정에 굶주린 사람이었다. 친밀감을 두려워하고 자기 이해가 부족하기 때문에 내면은 끊임없이 긴장된 상태였다.

검사결과에 의하면, 레이는 안전감이 매우 낮아서 상황이 불안해지면 이는 새로운 위협이 될 수 있었다. 따라서 이미 쌓여있는 정서적 긴장을 풀어줄 필요가 있다는 점이 무엇보다 중요했다.

레이를 대상으로 〈밀론 임상 다축 검사MCMI〉도 진행했다.[4] 이 도구는 성격 장애를 식별하고 진단하는 데 중점을 두고, 정신이상이 있는지를 검사한다. 나는 보통 법의학 평가를 할 때는 이 도구를 사용하지 않는다. 이 검사는 성격 장애를 과도하게 진단해서, 당면한 법적 문제를 해결하는데 결정적으로 중요한 정신질환에 집중하지 못하도록 주의를 분산시킬 수도 있기 때문이다. 그러나 레이의 경우에는 이럴 걱정이 없었다. 그는 범죄의 주요 원인으로 조현병과 같은 심각한 정신질환을 앓고 있지 않았다. 그래서 〈밀론 임상 다축 검사〉가 〈미네소타 다면적 인성검사〉와 함께 레이의 성격 구성과 장애를 이해하는 데 도움이 될 것으로 판단했다.

검사결과, 레이의 점수 유형은 의존 욕구가 매우 강하고 자기가 의존하는 사람으로부터 분리될지 모른다는 불안을 강하게 느끼고 있는 것으로 나타났다. 〈미네소타 다면적 인성검사〉의 결과와 마찬가지로, 이것은 레이가 정체성이 빈약하다는 증거였다. 검사결과는 초기 양육자의 불안정한 애착 때문에 버림받는다고 쉽게 느끼는 사람과 비슷하게 나타났다.

그는 유대감을 지닌 사람을 잃을 것이 두려워서 간접적으로 자기를 표현했을 뿐 아니라 역설적으로 수동적인 공격이라는 뒤틀린 방식으로 자기를 표현했다. 이러한 사실은 타냐가 레이에 대해 했던 설명이나, 과거에 누나들을 조롱했다고 묘사한 어머니의 설명과도 일치했다.

흥미롭게도 〈밀론 임상 다축 검사〉 결과는 복종적이고 자학적인 성격의 단면도 보여주었다. 레이는 사람들에게 드러난 사회적 행동에서는 자기 비하적이고 수동적일 수 있었다. 그를 처음 만났을 때 보았던 부드러운 외모에 자기 비하적이고 수동적인 모습이 반영되어 있었을 것이다. 그러나 레이는 수동적인 행동에서 적대적이고 가학적인 행동으로 전환할 수 있었다. 〈미네소타 다면적 인성검사〉 결과와 마찬가지로, 〈밀론 임상 다축 검사〉에서 '아니오'라고 대답한 점수의 유형은 자기의 감정을 갈수록 통제하기 어려워하고, 밑바탕에 깔린 반감과 냉소주의로 고통을 받는 사람에게 나타나는 점수 유형과 일치했다.

나는 레이를 사이코패스라고 생각하지는 않았다. 하지만 그가 저지른 범행을 고려해서 〈헤어 사이코패스 검사항목PCL-R〉으로도 진단을 했다. 그의 점수는 상당히 낮게 나타났고, 사이코패스와 일치하지 않았다. 대인관계의 잔혹성에서 60백분위수로 수감자들의 평균 수준이었다. 반사회적 행동도 8백분위수로 낮게 나타났다. 무엇보다 강간범을 비롯한 다른 사이코패스와 달리, 10대로 거슬러 올라가 폭넓게 살펴도 범죄 이력이 발견되지 않았다. 성인이 된 뒤에도 폭력이나 범죄와 관련된 이력이 없었고, 일상 활동도 폭넓고 다양하게 이루어졌다. 그의 가학적인 잔인함은 성적으로 연관된 강간 피해자를 대상으로만 준비되었다.

그래서 레이에게 〈클라크 성 이력 설문지SHQ-R〉[5] 검사를 추가로 진행했다. 사람들의 성적 행동과 성향에 초점을 맞춘 종합적인 검사 도구인데, 〈미네소타 다면적 인성검사〉와 마찬가지로 타당성을 평가하는 척도도 포함되어 있다. 이 검사에 포함되어 있는 20개 정도의 척도로 성인의 성적인 이력과 행동, 선호도, 억제, 강박관념, 환상 등 다양한 것을 조사할 수 있다. 레이의 점수는 대규모 성폭력 범죄자들과 비교되었다. 높은 범위의 점수는 의미심장한 것으로 간주한다.

레이는 검사항목에 솔직하게 답했다. 점수가 가장 높게 나타난 것은 예상처럼 성적 공격성이었다. 20백분위수에 속했다. 그는 다양한 여성과 적어도 20차례 이상 지배적인 성적 만남을 가졌다고 인정했다. 검사결과를 알려주자, "여자들이 거친 섹스를 원했어요"라고 대답하며 거친 섹스가 "더 열정적"이라고 덧붙였다.

레이는 〈클라크 성 이력 설문지〉에서 [이성의 옷 입기를 좋아하는] 복장 도착과 아이와 동일시 척도에서 점수가 높게 나왔다. 레이는 어린 시절에 남몰래 누나들의 옷을 입었다. "모르겠어요. 재미있었어요." 그리고 "다시 아이가 되었으면 좋겠어요"라고도 했다. 그는 아이들과 노는 것을 좋아했고, 아이들과 함께 일하고 싶다고 말했다. 그러나 아이를 성추행하겠다고 생각하거나, 그런 환상을 품은 적은 없다고 부인했다.

〈클라크 성 이력 설문지〉에서 레이는 성적 환상에 관심이 없다고 응답했다. 이에 대해 나는 "믿지 못하겠는데요?"라고 반박했다. 그의 경계심을 풀기 위해 (특히 포르노를 많이 보는 남자 중에서) 성적 환상을 품지 않은 남자를 만난 적이 없다고 말해주었다. 마침내 더 많은 이야기를 나눈 뒤에야 그는 "내게 강제로 섹스를 하는 여자 ··· 입으로 해주는 섹스"에 대한 성적 환상이 있다고 인정했다.

레이를 대상으로 〈성적 살인 범죄현장 가학성평가척도SADSEX-SH〉[6] 검사도 실시했다. 이 검사는 성적 살인 범죄로 표현된 가학성의 정도를 측정하는 데 쓰인다. 모두 10개의 항목이 있고, 항목마다 0에서 2까지 점수가 매겨져 있다. 레이는 9점을 얻었는데, 이는 가학성이 살인과 강간의 주요 동인이었을 가능성을 나타낸다. 실제로 그는 목을 졸라 피해자들을 제압하고, 깨문 자국을 남겼다.

＊＊＊

레이의 변호인 빌과 복잡한 평가결과를 논의할 때가 되었다. 분명히 레이는 심리적으로 불안했다. 하지만 정신질환 자체가 직접 법적 방어나 감형요소로 받아들여지지는 않으며, 대체로 피고인의 정신 상태에 따라 차이가 있다. 레이는 범행 사실을 부인하며 완전한 결백을 주장했다. 그래서 레이의 정신 상태를 범죄 혐의에 대응하기 위한 변호 방법으로 쓸 수는 없었다.

하지만 선고를 할 때 레이를 사형 선고에서 구할 수 있는 심리학적 증거가 제안될 수는 있을 것이다.

금요일 아침에 빌을 만났다. 예술가의 작은 공방과 와인 바에 둘러싸인 도심의 떠오르는 지역에 새 사무실이 있었다. 편안하게 차려입은 빌은 이제껏 보아왔던 것보다 훨씬 여유롭게 느껴졌다. 교도소나 법원에서 보았을 때 늘 마음에 날이 서 있었고, 폭포처럼 격렬한 모습이었다. 하지만 그날은 그렇지 않았다. 그의 여유로운 태도는 복잡한 레이 사건에 대한 논의를 훨씬 쉽게 만들어 주었다.

우리는 이미 레이의 혼란스러운 어린 시절에 관해 이야기를 나눈 적이 있었다. 특히 친자관계를 부인하는 아버지의 행동과 레이 어머니가 보인 냉담함, 착각에 가까운 현실부정에 관한 내 관찰도 함께 검토했다. 초기의 특이한 개인사에서 나타난 문제와 함께, 누나 친구에 의해 잘못 이끌려진 성 경험 때문에 생긴 것으로 보이는 과잉성욕에 관해서도 이미 서로 충분히 논의했다. 하지만 이런 개인사가 심리적 발달에 어떠한 영향을 미쳤는지, 그것이 연쇄 성범죄자가 된 상황과 어떤 관련이 있는지는 아직 충분히 살펴보지 않았다. 아울러 심리검사 결과도 아직 이야기를 많이 나누지 못한 상태였다.

레이는 정신 활동이 정지되었을 뿐 아니라, 심리적 발달도 완전히 억제되었다고 빌에게 간략히 설명했다. 이는 레이가 "정서적으로 공허한" 삶을 살았다고 표현한 티나의 말에서도 뚜렷이 드러난다. 다시 말해 레이는 자기가 누구인지 거의 느끼지 못하는, 정체성 없는 삶을 살았다. 아버지의 거부가 결정적이었다. 그는 레이의 친자관계를 거부했다.

심지어 그는 레이의 눈앞에서 딸들을 살갑게 대하며 레이를 잔인하게 거부했다. 어머니는 레이를 과잉보호하면서도 감정적으로는 차갑고 거리가 있었다. 그녀는 어린 레이의 고통과 버림받은 느낌을 달랠 준비가 되어 있지 않았다. 지금도 여전히 그녀는 아들이 성인이 되어 겪은 재난을 인지하지 못했다. 이는 그녀가 자신도 모르는 사이에 레이에게 보여준 다른 형태의 거절이었다. 무질서한 초기 환경에서 비롯된 정서적 한계와 애정 결핍은 문제 해결에 필요한 효율적이고 조직적인 레이의 사고 능력을 빈약하게 했다. 다시 말해 레이는 지적으로 취약한 아이가 되었다. 레이의 비뚤어진 정신 발달은 이런 모든 것에서 비롯되었다. 불운이 겹치면서 레이는 삶의 경험에서 매우 중요한 자신의 성숙한 감각을 구성하는 능력이 더럽혀졌다.

더 자세히 설명하기 위해 나는 빌에게 정상적인 발달과정을 짧게 보여주었다. 레이의 혼란스러운 초기의 삶을 함축적으로 이해하는 데 도움이 되기를 바라는 마음에서였다. 자기와 타인의 복잡한 감정을 인식하고 수용하는 능력은 기본적으로 인정이 많은 환경에서 자랄 때 생기는 중요한 부산물이다. 그것은 아이의 대리인으로 기꺼이 봉사하려는 의지와 능력을 지닌 합리적이고 공감하는 양육자로부터 교육받고 물려받는다. 아이는 마음에 싹트는 감정과 두려움을 양육자처럼 인식하고 해석하고 규제한다.

이런 과정을 거쳐 아이는 자신의 마음과 다른 사람의 마음을 이해하는 능력과 함께 독립적이고 성숙한 정신 기능을 갖추게 된다. 이런 능력은 풍부하고 종합적인 정신 활동으로 정서적 자아를 형성해가는 데 매우 중요하다. 곧 이것은 흔들림 없는 정체성과 정서적 자아를 인식하게 하는 중요한 밑바탕이다.

내가 빌에게 말했듯이, 타냐는 레이의 얼굴에서 공허함과 양육과 인정의 결핍이 초래한 결과를 보았다. 그러한 결핍의 결과는 단순한 공허함으로 끝나지 않는다. 인간 정신의 근본적인 공허함은 태풍의 눈 주변을 날아가는 비행기에 구멍이 뚫려 끔찍한 폭발이 일어나는 것과 비슷하다.

전문용어로는 선천적 강박증이라고 하는 왜곡된 심리 발달은 레이의 강간과 살인의 방식에 영향을 끼쳤다.[7] 이런 특정한 유형의 성범죄 살인자는 잠재된 성적 고민과 무능함에서 비롯된 분노를 보여줄 뿐 아니라 성적으로 폭력적인 양상도 보여준다. 그래서 "이런 폭력적인 행동은 드러난 의미보다 더 큰 상징적 의미가 있다."[8] 아울러 긴장과 동기가 쌓이면 필연적으로 갑작스러운 폭력의 폭발로 이어진다.[9] 이것은 오랫동안 곪아 터진 불만의 압력을 풀기 위한 불가피한 폭발이다. 레이가 저지른 성폭력에서 살아남은 한 피해자의 증언에 따르면, 그가 "갑자기 달려들어서 … 신고 있던 신발이 복도로 날아갈 정도로 자기를 세게 패대기쳤다"라고 한다. 이것은 자기의 고유한 상처를 상징적으로 드러내고 〔다른 대상에〕 전이하는 것이지만, 잠시만 효과가 있을 뿐이다.

빌은 레이가 정신병적인 성격을 가졌는지 궁금히 여겼다. 하지만 나는 그렇게 믿지 않았다. 〈헤어 사이코패스 검사항목〉에서 (책임을 인정하지 않는 등) 몇 가지 특징적인 모습을 보였으나, 많은 사이코패스처럼 냉담하거나 말을 잘하는 편이 아니었다. 레이의 잔인함은 근본적으로 성적인 가학성으로 제한되어 나타났다. 레이에게 성적인 가학성은 내면의 혼란을 중화시키고, 적어도 잠깐은 내면의 혼돈을 몰아내는 역할을 했다.

레이처럼 격하게 변하는 성범죄 살인자들은 사이코패스가 아닌 경우가 많다.[10] 그들은 냉철하거나 계산적이지 않고, 오히려 뜨겁고 맹렬하다. 살인에 관심은 덜하지만, 치명적인 범죄자다. 이들의 목표는 희생자를 고통스럽게 해서 과거의 상처와 손상된 자기애를 앙갚음하는 환상을 직접 느끼고 만족하는 것이다.[11] 때때로 이런 경우에 살인자는 사건을 정확하게 기억하지 못한다. 아마 감정과 행동이 격렬해 지면서 감각을 잃어버리기 때문일 것이다. 이런 현상 때문에 레이가 범행을 완강하게 부인했을 수 있다. 시간이 지날수록 마음속에서 사건의 실제 모습은 멀어지게 된다.

빌에게 "비록 레이가 두 명의 여성을 죽였지만, 살인이 의도된 것이라고는 생각하지 않는다"라고 말했다. 목을 졸라 질식시키는 행동이 성적 흥분에 필수적이었다고 생각하지도 않았다. 만약 그랬다면, 타냐와 성생활에서도 (그녀에게 질식시켜 달라고 부탁하거나) 목을 조르는 행동이 나타났을 것이다. 적어도 그가 본 포르노에서는 그러지 않은 것 같았다. 강간 피해자가 대부분 목이 졸려 의식을 잃은 상태에서 죽었는데, 레이의 살인은 아마 분노와 광란의 과정에서 의도치 않게 나타난 결과였을 것이다.

나는 계속해서 레이에게 경계선 성격이 있다고 빌에게 설명했다. 경계선 성격은 (좋은 감정과 나쁜 감정이 모두 분리되는) 분열이라는 방어기제의 특징이다. 나아가 경계선 성격은 성숙한 감정의 중심축이 튼튼하게 세워지지 못해서 생긴 잘못된 정체성의 특징이기도 하다. 인정받지 못하고 거부당한 고통은 어린 소년 레이가 받아들이기에는 너무 컸다. 성인이 된 레이에게 파도처럼 밀려드는 변화무쌍한 감정은 복잡하고 혼란스러운 경험이었다. 그는 이를 관리하기 위해 단순함을 유지하는 법을 배웠다. 감정을 두 갈래로 나누어 어두운 감정은 보이지 않게 간직한 채 일체의 선의로부터 격리해 버렸다. 이러한 방식은 자기와 다른 사람을 감정적으로 복잡하지 않게 (이분법적인) 흑과 백으로 경험하게 했다. 강렬하거나 이중적인 감정을 다루는 일이 레이에게는 위험했다. 레이는 이중적인 감정을 다루면서 연약한 자아를 위협하는 정신적인 소용돌이에 휘말렸다.

레이의 경계선 성격장애는 성인으로서 성행위와 성적 취향의 세계를 탐색하는 능력을 완전히 손상할 만큼 심각했다. 그의 분열된 방어기제는 타냐와 관계뿐 아니라 피해자들과 관계에서도 명백히 드러났다. 만화에나 나올 법한 얘기지만, 레이는 타냐를 순결한 처녀의 표본인 것처럼 사랑하고 존경했다. 대신에 야만적이고 가학적인 증오는 희생자들의 몫으로 남겨두었다. 그는 이렇게 미성숙하고 조각난 정서적 자아를 가지고 있었다. 그래서 레이는 보다 자비로운 성격의 요소를 지니고 있었지만 어두운 다이모닉의 충격을 누그러뜨릴 수 없었다. 레이는 압력을 낮추기 위해 해방을 갈망할 수밖에 없었다.

레이에게는 경계선 성격의 일부로 성 정체성 갈등도 있었다. 이는 어린 시절에 소녀처럼 옷을 입었고, 복장 도착 평가에서 높은 점수가 나온 것으로도 입증된다. 자기의 일부가 여성이 되기를 바랐던 것은 논리적으로 당연했다. 레이는 어렸을 때 끊임없이 갈망했으나 거부당한 것, 곧 아버지의 관심과 인정을 누나들이 많이 받는 모습을 목격했다. 이것이 가학성의 근원이기도 했다. 레이의 여성을 향한 강렬한 시기심이 여성을 통제하려는 조롱의 충동으로, 여성을 향한 끓어오르는 분노로 바뀌었다. 가학성을 설명하기 위해 에리히 프롬이 사용한 표현을 빌리면,[12] 레이는 발기부전을 전능함으로 뒤바꿨다.

정신적인 측면에서 보면, 레이에게 분열과 원초적 부정은 일종의 생존을 위한 방법이었다. 통제할 수 없을 정도로 지나치게 뜨거운 감정을 자극하면, 자아 성찰은 오히려 위험한 명령이 될 수 있다. 자아 성찰에서 생길 수 있는 불안은 우리 모두를 위한 '신호감정'으로, 외부의 상황이나 내면의 열정에서 비롯되어 나타날 위협에 대비해 종을 울리는 것이다. 그러나 모든 불안이 똑같지는 않다. 레이처럼 정체성이 연약한 사람은 불안 때문에 심리적 경험이 산산조각이 나서 무엇이 현실인지를 구별하지 못하는 순간이 생기기도 한다.

끝으로 빌에게 복잡한 심리적 정보를 모두 요약해주면서, 레이가 여성 혐오 성향, 경계선 성격장애, 그리고 가학적인 성격의 조합으로 고통을 받았다는 사실을 되풀이해서 강조했다. 레이는 이성 관계에서 성숙한 결실을 보거나 누릴 능력이 없었다. 분열이라는 핵심적인 방어기제로 증오심과 두려움을 분리했고 투사는 보조적인 대응수단이었다. 여성에게 지배당하는 성적 환상은 여성을 비하하고 통제하려는 충동을 투사한 것이었다. 사이코패스와 달리, 레이는 아무나 자기 방식대로 업신여기거나 통제하려 하지 않았다. 자신의 악마를 쫓아내기 위해 그가 쫓던 것은 여자였다. 그는 자기에게 강간당하는 여성이 고통을 받는다는 사실을 알았다. 그의 감정은 비뚤어진 형태의 공감이자 '타인의 불행에서 얻는 쾌감'이었다.

나는 빌에게 레이의 파괴적인 정신병의 근원을 꼭 집어서 지적한다면, 딸들에게는 관심을 보이면서 레이에게는 무관심했던 아버지의 무분별한 무감각과 잔인한 거부일 것이라고 말했다. 빌은 내게 들은 내용이 의학적으로나 법적으로 어떤 영향을 끼칠지 생각해 볼 시간이 필요하다고 했다.

***

빌은 나를 만나고 나서 2~3주가 지난 뒤에야 전화했다. 이 사건에 관해 검사와 이야기를 나누었고, 검사로부터 제안을 받았다고 알려주었다. 레이가 모든 혐의에 유죄를 인정하면, 검찰은 사형을 취소하고 가석방 없는 종신형을 선고하도록 판사에게 추천하겠다는 내용이었다. 그러나 레이는 빌이 법정에서 불리할 수밖에 없는 압도적인 증거를 자세히 설명한 뒤에도 계속 무죄를 주장했다. 빌은 레이에게 내가 내린 진단과 평가결과도 설명했다. 그러면서 매우 제한된 법적인 선택 상황에 놓여 있다고 알려주었다. 빌은 검사의 제안을 "하늘이 내려준 선물"이라고 설명했으나, 레이의 태도 때문에 좌절했다. 빌은 나에게 함께 교도소에 가서 레이와 "진지한 대화를 나눠줄 수 있는지" 물었다. 일종의 좋은 경찰과 나쁜 경찰처럼, 빌의 무뚝뚝한 성향과 나의 치료 성향이 균형을 이루기를 바라는 것 같았다.

나는 한동안 레이를 보지 못했다. 그는 법적으로 매우 제한된 선택 상황에 놓여 압박을 받았다. 이는 이제 부정하고 거부하는 방법이 더는 통하지 않는 상황이라는 뜻이었다. 압력이 커졌다. 그는 더 침울해지고, 위축되고, 사람을 믿지 못했다.

빌은 탄원 제안을 검토하며 대화를 시작했다. 하지만 레이는 여전히 "하지만 나는 결백하다"라고 말했다. 나는 많은 말을 하지 않았다. 레이에게 직접 영향을 끼치기보다는 진정시키는 효과가 필요하다는 사실을 나는 곧바로 깨달았다. 레이는 가끔 나를 쳐다보았고, 빌은 다시 상황의 엄중함을 이야기했다. 빌은 평소보다 조금 더 부드러웠고, 동정심마저 보였다. 빌은 레이에게 사건이 재판에 부쳐지면 유죄 판결이 거의 확실하며 그렇게 되면 사형을 선고받고, 형 집행을 기다리는 처지가 될 것이라고 했다. 하지만 유죄를 인정하면, 아이들이 자라는 것을 볼 기회가 있을 것이고, 그러한 법적 기회를 얻는 것이 가족한테도 더 나을 것이라고 빌은 레이를 열심히 설득했다. 그래도 레이는 생각할 시간이 필요하다고 완강하게 말했다.

우리가 교도소를 떠날 때 빌은 사전형량 조정 협상이 어떻게 이루어졌는지 자세히 알려 주었다. 이 사건의 검사는 경험이 풍부한 소송 전문가였다. 들어보니 그도 동정심이 생겼던 것 같다. 검사는 피해자의 가족과 레이의 어린 자녀들이 연쇄 강간살인과 사형 사건으로 여러 해 항소심과 언론에 노출되지 않게 하려고 협상을 제안했다. 피고인의 처지에서는 여러 차례 항소하다 보면, 소송에만 몇 년이 걸린다. 그리고 관련된 가족들 모두가 거의 지옥과 같은 상황에 놓인다. 가장 중요한 것은 검사가 레이에게는 두 명의 피해자를 죽일 의도가 없었고 강간 과정에서 의도하지 않은 살인이 저질러졌다고 믿게 되었다는 사실이다. 증거는 살인이 계획되지 않았음을 나타내고 있었다. 오히려 이 사건은 폭력과 섹스를 혼합하려는 레이의 성적 충동의 산물이었다.

감옥에서 레이와 만나고 몇 주가 지나서 빌에게 전화를 받았다. 레이는 검사의 제안을 받아들이지 않았다. "내 생각에는 재판으로 가야 할 것 같아요." 빌은 격분했다.

***

재판은 빌과 레이를 마지막으로 만난 지 3년 가까이 지날 때까지도 진행되지 않았다. 검찰은 남부 캘리포니아에서 발생한 다른 미해결 강간·성범죄와 레이의 관련성을 계속 조사했다.

재판이 시작되자 검사는 배심원단에게 레이가 일련의 강간과 폭행 사건을 저질렀고, 그 과정에서 두 건의 살인을 저질렀다고 말했다. 그는 범죄현장 한 곳에 유전자 흔적을 남겨 체포되었다. 그리고 레이의 디엔에이는 그를 다른 범죄와도 연결했다. 그의 얼굴을 알아보는 목격자도 있었다. 검찰은 증거가 "벗어날 수 없고 … 논쟁의 여지도 없다"라고 주장했다.

재판은 2주도 채 걸리지 않았다. 디엔에이 증거의 질을 놓고 약간의 논란이 있기는 했으나, 절망한 변호인 쪽에서 던진 마지막 승부수에 가까웠다. 지역 신문에서 레이가 강간과 특수정황의 이중살인 혐의로 유죄 판결을 받았다는 기사를 읽었다.

***

레이가 유죄인지 무죄인지를 판별하는 재판 단계에서 내 증언의 장단점을 따져 보기 위해 빌한테 전화가 올 것으로 예상했다. 그러나 전화는 오지 않았다. 나는 레이가 사형을 선고받았다는 신문기사를 보았다. 기사에는 레이를 "가난한 환경에서 자란 부드럽고 예의 바른 사람"이었다고 주장하며, 배심원단에게 가석방 없는 종신형을 선고해달라고 간청하는 최후진술을 한 변호인 이름이 밝혀져 있었다. 그런데 빌이 아니었다.

나는 빌의 사무실에 전화했다. 하지만 빌의 동료는 그가 더는 현업에 종사하지 않으며, 전에 맡았던 사건에 관한 기록이 필요하면 자기에게 연락하라고 말했다. 나는 당황해서 빌의 친구이자 전에 함께 일한 앤드류에게 전화를 걸어 소식을 물었다.

앤드류는 음울한 목소리로 빌이 스스로 목숨을 끊었다고 알려주었다. 1년도 되지 않았다고 했다. 빌은 앤드류에게 잠시 휴가를 얻어 가족을 방문하기 위해 동쪽으로 가겠다고 했다. 하지만 때때로 홀로 낚시를 하며 휴가를 보냈던 노스웨스트에서 죽은 채 발견되었다. 혼자 호텔 방에서 머리를 날려 버렸다. 나는 놀라고 떨려서 잠시 말문이 막혔다. 앤드류는 "예, 압니다. 우리도 모두 그랬어요. 빌이 알코올 문제가 있었고 우울해하기는 했지만, 지금도⋯."

마음속으로 우리가 함께 사건을 해결하려고 애썼던 시간, 특히 레이의 사건을 되돌아보았다. 소리를 내며 밝게 웃던 빌의 모습이 떠올랐다. 우리는 잘 어울렸고, 나는 빌의 지성과 열정을 높이 평가했다. 그래서 나는 빌의 장애와 어려움을 미처 돌아보지 못했을까? 내가 도울 수 있는 처지는 아니었을 것이다. 빌은 친구가 아니라 동료였다. 나는 빌의 알코올 문제도 전혀 몰랐다. 죄책감은 아니었다. 그보다는 곪아 터지는 고통을 알아채지 못한 나에 대한 부끄러움과 실망감이 더 컸다. 왜 나는 전혀 알아채지 못했을까?

레이의 사건은 큰 슬픔과 불필요한 고통을 안긴 채 우울하고 비극적으로 마무리되었다. 어둠이 더 깊게 파고들었다.

10.

청소년 범죄인가, 성인 범죄인가

본질적으로 몽둥이로 바뀐 작은 나무에서 잎이 돋아나기를 기대할 수 없다.

— 마르틴 부버

필립의 변호인이 보낸 방대한 서류뭉치의 처음 100쪽 정도를 빠르게 읽어보았다. 사건의 내용은 평범하면서도 끔찍했다. 스물두 살의 마약상이 음침한 아파트 복도에서 복부에 총을 맞고 죽었다. 마약 거래가 비극으로 끝난 사례였다. 목격자들은 두 발의 총성을 들었고, 남자 두 명이 건물 밖에서 기다리던 검은색 도요타 자동차를 타고 도망치는 모습을 보았다. 총격범으로 보이는 남자는 서둘러 움직이는 자동차 조수석으로 허겁지겁 올라탔다. 총격이 있을 때 건물 밖에 서 있던 다른 남자는 황급히 뒷좌석에 올라탔다. 건물 밖에서 망을 본 것으로 여겨진 그 남자는 나중에 필립으로 밝혀졌다.

이틀 뒤에 필립과 다른 2명의 용의자는 사건 당시에 목격된 검은색 도요타 자동차를 몰고 가다 경찰에 체포되었다. 처음에는 차에서 필로폰이 발견되어 마약 소지 혐의로 붙잡혔다.

필립도 두 명의 수사관에게 차에 있던 마약 때문에 조사를 받았다. 하지만 곧바로 초점이 바뀌면서 살인사건에 대한 조사를 받았다. 필립은 살인사건에 대해 아는 바가 없다고 부인했다. 그러자 한 수사관이 반박하면서 "모든 언론이 이 사건으로 떠들썩하다"라는 사실을 필립에게 환기했다. 필립은 텔레비전을 보지 않고 음악만 듣는다며 수사관의 질문을 계속 무시했다. 1시간 30분 정도 완강히 부인하다 조사가 끝난 후 필립은 소년원으로 이송되었다.

필립은 체포될 때 열다섯 살이었다. 그는 〔강도 등 중범죄를 저지르다가 살인이 벌어진〕 중죄 모살 혐의로 기소되었다.

며칠 뒤 필립이 갱단 조직원에게 "내 친구가 마약상을 날려 버렸어"라고 말하는 것을 소년원 직원이 들었다.

첫 공판에서 검사는 필립을 성인법원으로 옮겨 재판을 받게 해달라고 요청했다. 필립은 마약상 강도미수라는 중범죄 과정에서 발생한 살인 혐의로 기소되었다. 그래서 성인으로 재판을 받으면 가석방 없는 종신형을 받을 수 있었다.

필립의 변호인인 사라 펠드먼은 이른바 '707 청소년 이송평가' 전문가로 나를 선임했다. 최근에 캘리포니아주는 청소년을 성인법원으로 옮겨 재판을 받게 하는 것이 적합한지를 소년법원 판사가 결정해야 한다는 제57호 법안을 통과시켰다. 그리고 이런 결정을 할 때 고려해야 할 구체적인 기준을 '캘리포니아 복지와 기관 규칙 707조'로 명시하였다.[1] 이 기준에 따르면 미성년자를 성인처럼 재판하는 것이 적합한지 심리 전문가가 보고서로 의견을 제출해야 한다.

***

나는 경찰과 법원의 보고서, 교육·의료기록 등 살인사건과 관련된 1,600쪽에 이르는 문서와 몇 시간 분량의 영상을 샅샅이 훑어보았다. 대략적인 사건 상황은 알려진 것과 유사했으나, 내용은 더 추악했다. 마약상을 살해하려고 사전에 계획을 세운 것 같았다.

필립은 살인 당시에 유일한 청소년 피의자였다. 나머지 두 명은 성인이었다. 도요타 자동차를 운전한 토니가 스물일곱으로 가장 나이가 많았다. 총을 쏜 호세는 열아홉으로, 지역 갱단 조직원이었다.

먼저 토니를 조사한 영상을 보았다. 토니는 마약 단속과 2건의 가정폭력으로 체포된 전력이 있었다. 마약을 거래하기 위해 차를 몰았으나, 호세가 무기를 지닌 것은 몰랐다고 말했다. 호세는 마약을 샀고, 필립은 망을 보았다.

토니가 몬 자동차는 그의 고용주 소유였다. 블랙박스는 몇 달 전에 설치되었다. 토니는 자동차 시동을 걸 때마다 블랙박스가 자동으로 녹화되도록 설정된 사실을 몰랐던 것 같다. 마약상을 털고 살해하려고 계획한 내용이 그대로 녹화되었다. 블랙박스 녹화 영상에는 토니가 호세에게 자신의 "몫"을 잊으면 안 된다고 말하는 내용도 들어 있었다. 토니가 "네 자기도 잘 챙겨"라고 말하는 장면도 나오는데, 이는 분명히 호세의 권총을 뜻하는 말이었다. 두 사람은 확실히 "피 보게" 하겠다면서, 마약상을 총으로 쏘는 이야기를 여러 번 되풀이했다.

토니와 호세는 필립을 데리러 가기 전에 10분 정도 마약상 공격 계획을 논의했다. 그리고 세 사람은 차를 몰고 가면서 '필로폰 품질을 평가하는 방법'을 이야기했고, 토니는 호세에게 "조용히 침착하게 있어. 긴장하지 마"라고 말을 했다. 길거리와 라디오에서 들려오는 소리 때문에 대화의 일부 내용은 잘 들리지 않았다. 하지만 세 사람 사이에 마약상을 죽인다는 이야기는 없었다. 토니의 조사는 짧게 끝났다. 수사관이 자동차 블랙박스를 상기시키자, 토니는 변호사를 요청했다.

경찰 보고서에 요약된 내용을 훑어본 뒤에 나는 필립이 수사관들에게 조사받은 영상을 보았다. 필립은 필로폰을 구하려고 했을 뿐이며 살인 계획은 전혀 몰랐다고 확고하고 일관되게 결백을 주장했다. 영상을 본 것이 필립과 니의 첫 만남이었다. 필립의 키는 170㎝ 정도로 보였다. 체포되었을 때 열다섯이었으나, 나이보다 훨씬 어리고 홀쭉해 보였다. 그래서 나는 속으로 '좋은 음식이 필요한 마약중독자로구먼'이라고 생각했다.

그러나 내 관심을 더 끈 것은 필립의 피폐한 외모가 아니라 태도였다. 필립은 자기가 얼마나 심각한 상황에 처해 있는지에 관심이 없었고 태연했다. 경찰의 질문에 건성으로 "예, 예"라고 대답하며 미란다 원칙을 알릴 때도 무시하는 태도를 보였다. 필립은 대답을 대충하면서 쉽게 짜증을 냈다. "내가 몰랐다고 했잖아. 젠장!" 수사관들이 도와주겠다는 마음이나 행동을 보여도, 모든 지원을 거부했다. 필립이 너무 말라 영양실조처럼 보였는지, 수사관들은 햄버거를 사주겠다고 제안하기도 했다. 그러나 필립은 이를 거절했다. 물도 거부했고, 눈도 똑바로 마주 보려 하지 않았다. 열다섯 살짜리 이 아이는 무엇 때문에 벌써 이렇게 완고해졌을까? 필립의 태도는 약물 남용으로 생긴 가면극일까?

***

필립의 어머니 산체스 부인은 변호인이 내 전화번호를 알려주자마자 곧바로 전화했다. "언제든지 만날 수 있어요." 산체스 부인은 분명히 하고 싶은 이야기가 있었다. 우리는 2시간 30분 정도 이야기를 나누었다.

그녀는 살인사건을 둘러싼 상황을 더 자세히 알고 싶어 했다. 처음 한 시간 나는 많은 말을 하지 않고 듣는 데 집중했다. 그녀의 이야기를 들으며 메모를 했다.

필립은 10대가 되자 집보다 거리에서 더 많은 시간을 보내기 시작했다. 필립은 전혀 훌륭한 학생이 아니었다. 학습장애 프로그램에 배정된 적은 없었지만, 초등학교 때에 〔학습장애와 문제행동을 가진 학생들을 지원하는〕 자원 전문교사의 도움을 받았다. 중학교 때에는 숙제를 미루기 시작했고, 몇 과목에서 낙제했다. 필립은 결코 공격적이거나 폭력적이지는 않았다. 하지만 어머니에게 말대꾸하거나 반항하는 일이 어렸을 때보다 많아졌다. 처음에 산체스 부인은 이를 청소년기의 전형적인 반항 행동으로 받아들였으나, 점차 걱정되기 시작했다. 필립에게는 초등학교 때부터 친하게 지낸 친구들이 있었는데, 옷차림으로 볼 때 갱단에 들어간 친구들도 있는 것 같았다. 필립은 자기는 갱단에 들어가지 않았고, 옷차림도 그들과 다르다며 산체스 부인을 안심시키려고 했다.

산체스 부인은 경찰서에서 필립을 데리러 오라는 전화를 받은 뒤에 걱정이 더 커졌다. 필립은 경찰서에 나온 후에 강도질을 벌인 것으로 의심받는 10대 두 명과 함께 집으로 걸어오다 경찰에 붙잡혔다. 경찰은 어머니에게 필립이 갱단 조직원으로 보인다고 말했다.

이런 상황이 되자, 산체스 부인은 뭔가 조처해야겠다고 결심했다. 이제 막 열네 살이 된 필립이 10대를 계속 그 동네에서 지내면 무슨 일이 생길지도 모르겠다고 생각했다. 그래서 필립을 멕시코로 보내 아버지 헥터와 함께 살게 하기로 했다. 그녀는 필립의 아버지와 오래 연락을 하지 않고 지냈다. 필립의 아버지 헥터는 술을 마시면 자주 행패를 부렸지만 "이곳의 갱단과 나쁜 환경"에서 아들을 보호하고 싶었다. 필립도 그 결정을 반겼다.

필립이 맥시코로 간 뒤에 처음에는 모든 일이 잘되는 것 같았다. 이따금 통화하면 행복해 보였다. 그러나 시간이 지나면서 점점 무기력해지고 외로워졌다. 마침내 필립이 산체스 부인에게 한 여자가 두 아이와 함께 아버지 집으로 들어왔다고 털어놨다. 새 여자는 필립을 좋아하지 않았다. "새 여자는 아빠의 관심을 원해요." 필립이 산체스 부인에게 말했다. 그리고 새 여자는 아버지가 자기 자녀들에게 더 많은 관심을 보이기를 바랐다.

새 여자가 이사를 온 지 한 달쯤 지나자, 헥터는 필립에게 일자리를 구하라고 압박했다. 그는 먹여야 할 입들이 늘어서 경제적으로 압박을 받았기 때문이다. 필립이 일자리를 찾지 못하자, 둘의 관계는 점점 더 꼬여갔다. 헥터는 밥 먹는 것도 심하게 눈치를 줬다. 어쩔 수 없이 필립은 방에서 혼자 밥을 먹었다.

상황이 더욱 악화하자 산체스 부인은 필립이 달가워하지 않는데도, 헥터의 집에서 그리 멀지 않은 곳에 사는 외할아버지에게 필립을 보냈다. "아버지는 이기적인 노인이에요. 하지만 선택의 여지가 없었어요."

상황은 갈수록 나빠졌다. 외할아버지는 목장일을 강요했고, 필립이 실수를 하거나 일을 제대로 해내지 못하면 밥을 주지 않았다. 산체스 부인은 처음으로 감정을 드러내며, 필립을 도우려고 아버지에게 돈을 보냈고 눈물을 흘리며 말했다.

더 이상 상황을 두고 볼 수 없어서 산체스 부인은 결국 필립을 멕시코에서 집으로 돌아오게 했다. 그녀는 필립을 보고 충격을 받았다. "필립이 많이 변해 있었어요." 비쩍 말라 허약해 보였고, 슬픔에 빠져 정신이 딴 데 있는 듯했다. 때때로 방에서 우는 소리를 들었다. 멕시코에 가 있던 일이 "정말로 악영향을 끼쳤다." 멕시코로 가기 전보다 더 반항적으로 되었다. 산체스 부인은 필립이 잘 먹지 않는다는 사실을 알았다. 필립은 계속해서 말라갔다. "너무 속상한 모습이었어요. 뭐를 어떻게 해야 할지 몰랐어요. 집에 아주 늦게 들어와서 낮에는 잠만 잤어요."

돌이켜보면 산체스 부인은 필립이 마약을 하는 것을 눈치챘다. 그녀는 필립이 체포된 이번 사건이 "멕시코에서 보낸 매우 나쁜 시간"뿐 아니라 마약 사용과 관련이 있다고 생각했다.

산체스 부인은 필립의 성장 과정과 가족사도 알려주었다. 필립의 출생과 분만은 정상이었다. 필립이 일곱 살쯤 되었을 때 남편과 별거를 시작했다. 내가 결혼생활을 물어보자 그녀의 대답은 모호했고, 회피하는 것처럼 보이기도 했다. "남편이 술을 좀 마셨어요." 가정폭력은 없었는지 물었다. "이따금 밀고 당기는 정도는 있었지요." 부부의 결혼생활이 필립에게 영향을 미치지는 않은 것 같았다. "행복한 아이였어요." 아버지가 떠난 후 필립은 변덕스러워졌다. 산체스 부인은 필립의 행동 때문에 여러 차례 전화를 받고 학교로 불려갔다. 그녀는 필립이 아버지를 그리워한다는 사실을 알고 있었지만, 아버지가 없는 것이 차라리 더 나았다고 말했다.

필립의 아버지와 헤어지고 나서 얼마 지나지 않아 산체스 부인은 새 남자친구 마누엘과 관계를 진전시켰다. 얼마후 마누엘이 필립과 함께 사는 집으로 옮겨왔다. 하지만 마누엘과 산체스 부인은 필립이 멕시코에 머무는 동안에 헤어졌다.

아버지를 그리워했던 필립은 마누엘과 가깝게 지냈다. "나와 달리, 두 사람은 많이 닮았어요. 아주 감동적이었어요."

나는 산체스 부인에게 필립이 멕시코에서 집으로 돌아왔을 때 마누엘이 없는 것에 충격을 받지는 않았는지 물었다. "그렇지는 않은 것 같아요." 그녀는 필립이 별다른 반응을 보이지 않았다고 말했다.

산체스 부인은 무척 진지한 태도로 내가 고려해주기를 원하는 사실과 사건을 강조했다. 진지하게 굳은 표정으로 단조롭게 말하는 모습이 마치 아들의 운명을 걱정하는 냉철한 역사가처럼 보였다. 그러나 감정을 억누르고 거리를 두는 그녀의 성향이 필립이 겪은 심리적 어려움을 이해할 수 없도록 가로막지는 않았을까 하는 의문이 들었다.

***

필립과 만나기 전에 나는 필립의 보호관찰 보고서를 읽었다. 보호관찰 보고서는 거의 예외 없이 미성년자의 정확한 초상을 보여준다. 이해할 수 있는 일이다. 일반적으로 보호 관찰관은 보호 청소년과 한 차례 상담을 한다. 물론 상담 전에 변호사는 미리 청소년에게 보호 관찰관과 범죄에 관한 논의는 일절 피하라고 지시한다. 먼저 보고서는 범행의 세부사항을 "잔혹하다"라고 요약했다. 보호 관찰관은 아직 필립의 어머니와 상담을 마치지 않았으며, 전문가 보고서에도 접근할 수 없었다. 보호 관찰관은 경찰과 학교의 기록 그리고 필립이 직접 쓴 개인사에 관한 기록과 함께 상담 과정에서 관찰한 행동에 기초해서 보호관찰 평가를 완료했다.

나는 최악을 예상했다. 하지만 놀라웠다. 범죄의 요약은 참으로 끔찍하고 비극적이었다. 한 청년이 의도적으로 복부에 쏜 두 발의 총알에 맞아 죽고, 필립과 두 명의 다른 용의자들은 현장에서 달아났다. 끝부분에서 보고서는 보호 요인과 위험요인을 간추려 제시했다. 보호 요인과 위험요인이란 앞으로 예상되는 범죄 행동의 가능성과 관련하여 긍정적·부정적 조짐을 보이는 상황과 태도를 말한다.

필립의 유일한 보호 요인은 깨끗한 범죄기록과 체포되기 전에 한 아르바이트였다. 위험요인은 많았다. 중학교 때부터 상습적으로 보인 불량한 출석, 갱단 가입, 약물 사용, 불충분한 가정 관리 등과 같은 문제가 포함되어 있었다. 그러나 보호 관찰관은 필립이 초등학교 때에는 문제행동을 보이지 않았고, 선생님들이 꾸준히 "수업을 즐거워한다"라고 표현한 사실을 강조했다. 아울러 보호 관찰관은 갱단과 관계에 대해서도, 필립이 가입을 부인했고, 조직원들이 어렸을 때부터 친구였다고 덧붙여서, 갱단의 영향도 완화했다. 보호 관찰관이 그려낸 필립의 초상은 냉혹한 범죄자 모습이 아니었다. 매우 드문 일이었다.

보호 관찰관은 결론에서 필립의 혐의를 고려해 소년원에 구금할 것을 권고했다. 가장 의미심장했던 것은 "이 미성년자가 범죄 측면에서 어느 정도 정교한지는 알수없다"라는 보호관찰관의 판단이었다. 〔생각을 치밀한 것으로 발전시키는 능력을 뜻하는〕 '정교성'은 판사가 미성년자를 소년법원에서 판결해야 하는지, 성인법원에서 판결해야 하는지를 결정할 때 고려해야 할 기준이다. 그래서 보호관찰 보고서에는 항상 미성년자가 범죄 행동에서 어느 정도 정교한지가 강조된다. 하지만 많은 경우에 이것은 잘못된 추정으로 결론이 난다. 왜냐하면 지적 장애와 같은 결함이 포함될 수 있기 때문이다. 하지만 필립에 관한 보고서는 분명히 달랐다. 보호 관찰관이 필립에게서 구원할 만한 뭔가를 본 것은 아닐까 하는 생각이 들었다.

***

필립은 수갑이 채워진 채 두 명의 소년원 직원과 함께 상담실로 들어왔다. 얼핏 보았을 때 다른 사람을 데려온 것으로 착각했다. 체포된지 거의 1년이 지나기는 했지만, 경찰의 영상에서 본 모습과 완전히 딴판이었다. 아마도 소년원 생활을 하면서 좋은 방향으로 변화한 것 같았다. 필립은 키가 커 보였다. 그리고 잘 어울리는 안경을 끼고 옅은 콧수염을 길렀다. 나를 반기는 환한 미소는 무뚝뚝한 사춘기 소년을 상상한 나를 깜짝 놀라게 했다. 소년원 직원에게 수갑을 풀어달라고 요청하자, 그렇게 해주었다. 긴 시간 상담을 하는 동안 직원 한 명이 상담실 밖에 앉아서 지켰다. (문은 닫혔다.) 이는 필립이 연관된 범죄 성격 때문에 어쩔 수 없이 지켜야 할 규칙이었다.

나는 여러 해 동안 수많은 미성년자를 평가해왔다. 그런데 필립은 태도나 외모가 다른 미성년자와 달랐다. 회색 셔츠와 진홍색 바지를 입었는데, 꼼꼼하게 다림질한 것처럼 산뜻하고 말쑥해 보였다. 깔끔하게 빗어 넘긴 검은 머리로 살인사건의 피의자라기보다는 명문 사립학교 재학생처럼 보였다.

먼저 필립에게 내가 만나러 온 이유와 앞으로 몇 달 여러 차례 만날 것이라고 설명했다. 그리고 이미 어머니를 만났다고 알려주었다. "알아요." 그의 밝은 표정에 슬픔이 스며들었다.

체포되기 전에 삶이 어땠는지 물어보는 것으로 나는 상담을 시작했다. 필립은 어머니와 함께 살았고, 어머니는 친구 아버지가 운영하는 세탁소에서 일했다. 필립의 머릿속에는 분명히 어머니가 있었다. "엄마는 제가 자랄 때 늘 저를 행복하게 해주려고 노력했어요." 필립은 어머니를 "내가 어떤 고통을 주든" 강하다고 표현했다. 그리고 자책하며 이렇게 말했다. "엄마는 세탁소에서 온종일 일해요." 자신이 어머니의 경제적 걱정 위에 얹힌 "또 하나의 문제"라고 했다.

필립은 소년원에서 1년을 보내면서 분명히 자신의 행동이 엄마에게 끼친 영향을 생각해 본 것 같았다. 나는 그가 피해자에게 어떤 감정을 느꼈는지도 궁금했다.

어린 시절과 어머니에 관해 서로 계속 이야기를 나누었다. 필립은 아버지가 멕시코로 떠날 때, 어머니를 원망했다. 그가 일고여덟 살쯤 되었을 때 일이었다. 필립은 학교에서 못되게 굴었고, 다른 아이들에게 "심술궂게" 행동했다. "그냥 … 나도 잘 모르겠어요. … 언짢았어요." 그는 아버지와 가끔 통화하는 것을 좋아했다. 부모의 말다툼이 "무서운" 기억으로 남은 사건이 있었다. 아버지가 어머니를 밀치며 주먹을 날린 적도 있었다. 그래도 필립은 아버지가 곁에 있기를 원했다.

흥미롭게도 필립은 어머니의 남자친구인 마누엘은 전혀 언급하지 않았다. 나는 왜 마누엘에 관해 이야기하지 않는지 물었다. "나는 그에 관해서는 말하고 싶지 않아요." 그러더니 잠시 뒤에 필립은 "아버지 같은 사람이었어요"라고 말했다. 그리고 "나는 자신을 감춰요"라고 모호하게 덧붙였다.

학교에서 저지른 "심술궂은" 행동은 어땠는지 물었다. 어린 시절에 도둑질이나 다른 사람 괴롭히기, 동물 학대, 불 지르기, 야뇨증, 〔자신도 모르게 대변을 싸는〕 분변 실금과 같은 증상이 없었는지도 묻자 다른 사람을 괴롭힌 일 말고는 모두 부인했다. 가장 흥미로운 점은 질문을 받고 나서 보인 호기심이었다. 필립은 내가 질문하는 이유를 알고 싶어 했다. "그런 걸 왜 물어봐요?" 미성년자는 일반적으로 질문을 무시하거나 짜증을 낸다. 하지만 그는 질문 뒤에 숨은 의미를 정말로 궁금히 여기는 것 같았다. 초기 단계이기는 하지만 자기성찰의 모습을 보여주었다.

다른 사람을 괴롭힌 일을 물어보자 "늘 언짢았고", 그래서 싸움을 벌였고 "학교에서 나는 악마 같았어요"라고 대답했다. 10대가 되기 전에 "나는 똘마니였어요. 그래서 다른 사람들에게 야망이 큰 사람으로 보이고 싶었어요." 그때 "내 삶이 별로 마음에 들지 않았을 뿐이에요. 학교도 신경 쓰지 않았어요. 지금은 그렇지 않아요." 그런데도 초등학교 교사들은 필립을 언제나 "수업을 즐거워하는" 학생으로 표현했다. 선생님들이 자기를 그렇게 생각한 이유가 무엇인지 물었으나, 이유를 설명하지 못했다.

멕시코에서 살게 되면서 학교는 그만두었다. 멕시코에서는 학교를 전혀 다니지 않았다. 집에 돌아온 뒤에야 고등학교에 다시 등록했고, 이번 사건으로 체포되기 전까지 다녔다. 이때 마약을 얻으려고 "갱단 조직원들과 함께 어울려 다녔다." 하지만 갱단에 "뛰어들지는" 않았다. 갱단 조직원이 되기에 알맞지 않았기 때문이다. 필립은 멕시코에서 "일어난 일에 화가 났다"라고 인정했다.

소년원에서는 성적도 좋았고, 행동도 좋았다. 필립은 "성적에 만족한다"라고 말했다. 그리고 나중에 자동차정비소에서 일하고 싶다고 했다.

두 번째 상담에서도 계속해서 어린 시절에 있었던 일을 집요하게 파고들었다. 필립은 머뭇거리며 "어렸을 때 선배가 나를 만졌어요. … 담배도 피우게 했고요." 다섯 차례 이상 성추행을 당했다. 너무 부끄러웠고, 죄책감도 들어서 어머니에게는 절대 알리지 않았다.

필립은 경찰에 갱단 조직원으로 등록되었으나, 갱단과 관련된 혐의나 체포된 기록이 없었다. 그는 갱단 조직원들과 함께 시간을 보내며 "놀았다"는 점은 인정했다. 이렇게 해서 초등학교 때 동급생이자 공동 피고인인 호세와 친해졌다. 그러나 갱단에 "뛰어들었다"는 사실은 부인했다. 그는 정식 조직원이 아니었고, 범죄활동이나 갱단의 폭력에 참여하지 않았다. 그가 갱단 조직원들과 어울린 주된 이유는 마약에 쉽게 접근할 수 있기 때문이었다. 필립은 중학교 때부터 대마초를 피웠고 체포될 무렵에는 습관이 되었다. "거의 날마다" 필로폰을 피웠고, 컴퓨터에서 먼지를 제거할 때 쓰는 먼지 제거제를 코로 들이마셨다. 먼지 제거제를 "많이 사용했어요. 정신을 잃게 도와줬어요."

필립은 알코올은 좋아하지 않았다. 하지만 자기도 모르게 멕시코에서 "맥주와 위스키를 많이 마셨다." 내가 음주 이유를 생각해 보라고 압박하자, "슬펐어요. 아버지 집에서 쫓겨나서요. 그래서 마신 것 같아요"라고 속마음을 털어놓았다.

***

필립은 아버지를 만나러 멕시코에 간다고 어머니가 말해주었을 때 무척 신났다. "오전 7시 23분, 착륙한 정확한 날짜와 시간도 기억해요. 몇년 동안 아버지를 보지 못했으니까요."

처음 몇 달 "멕시코에서 매우 좋았어요." 그러다 아버지의 여자친구가 아이들과 함께 집으로 옮겨왔다. 아버지는 "그 아이들과 더 많은 시간을 보냈어요. … 목말을 태우고 다니면서요."

그런 상황은 필립을 슬프게 했다. 외할아버지는 필립에게 "네 아버지가 행복해지게 내버려 둬"라고 타일렀다.

필립은 "아버지 여자친구는 나를 좋아하지 않았어요"라고 말했다. 필립과 아버지 여자친구는 늘 말다툼을 했다. "일이 잘못되면 나한테 소리를 질렀어요. … '오늘은 밥 없어'라고 하면서요." 필립은 저녁을 먹지 않고 잠자리에 들거나, 방에서 혼자 먹으라는 말을 자주 들었다. "그래서 곧 결심했어요. 나는 내 길을 찾아야 했어요. 그때부터 필로폰을 사용하기 시작했지요. 그러면 행복하게 되었어요. 배가 고프지 않게 해주었죠."

마침내 아버지는 "나를 쫓아냈어요." 필립은 외할아버지와 함께 살려고 목장으로 갔다. "더 나빠졌어요. 밥을 먹으려면 일을 해야 했지요. 나는 실수투성이였어요. 어떻게 해야 하는지도 몰랐어요."

필립은 멕시코에서 1년 정도 보냈다. 멕시코로 가기 전에도 마약을 사용했다고 시인했는데, 대부분 대마초였다. 캘리포니아로 돌아온 뒤에도 대마초를 계속 피웠다. 그리고 멕시코에서 필로폰에 중독되었기 때문에 집으로 돌아온 뒤에도 필로폰을 사용했다. "그것을 계속 사용했어요. 내가 겪은 일 때문에 슬펐지요. 이젠 아무런 느낌도 없어요." 그는 알코올도 효과가 있다는 사실을 발견했다.

필립에게 지금은 아버지와 관계를 어떻게 생각하는지 묻자 매우 신중하게 대답했다. "괜찮아요." 그러면서 어머니와 마누엘은 "완벽한 한 쌍"이었고, 마누엘은 "내 진짜 아버지라기보다는 아버지 이상이었어요"라고 덧붙였다.

멕시코에서 정신적 상처를 입고 돌아왔을 때, 필립은 아버지와 연결된 유대만이 아니라, 마누엘과 맺은 관계도 잃었다. 그는 이제 여러 해 그토록 갈구한 사랑하는 아버지와의 재결합 환상을 정신적으로 모두 잃어버렸다.

***

필립과 두 번째 만남을 시작하고 한 시간쯤 지나서, 나는 마약상인 미구엘의 죽음을 둘러싼 일을 탐색하기 시작했다. 상담을 진행하면서 조금씩 깊게 파고들었다. 마치 양파껍질을 벗기는 것 같았다. 껍질을 벗길수록 필립은 견디기 힘들어했다. 처음에 몇몇 압축된 말로 문제를 피하려

했다. "내가 거기에 있었다는 것을 인정해요. 하지만 아무한테도 손대지 않았어요. 곧바로 떠났을 뿐이에요." 이 말을 듣고 나서 나는 필립을 마주 보며 말했다. "무슨 일이 있었는지 자세히 들여다봐야 해요." 그는 걱정되고 겁이 나는 것 같았다. 우리는 이 문제에 서서히 다가갔다.

살인사건이 벌어지기 전날 밤에 필립은 잠을 자지 않고, 아침까지 대마초와 필로폰을 피웠다. 잠깐 낮잠을 잤다. 언제였는지 정확히 기억하지는 못하지만, 오후쯤에 '약을 더 얻어야겠다'라는 생각에 집을 나섰다. 몇 군데 전화를 했고, 곧 "이웃이자 학교 친구"인 호세와 연결되었다. 호세는 길거리 패거리였으나 "멋진 놈"이었다. 그리고 둘이 자주 사용한 마약을 쉽게 구할 수 있었다. 호세는 다른 친구 한 명과 함께 동네 마약상한테 필로폰을 사러 가는 길이라며, "내가 데리러 갈게"라고 필립에게 말했다.

호세는 토니라는 "녀석"과 함께 도착했다. 필립은 처음 보는 녀석이었다. 필립을 차에 태운 뒤, 담배를 사려고 차를 세웠다. 그리고 차 안에서 필로폰과 대마초를 함께 피웠다. 호세는 필립에게 자신과 토니가 마약상인 미구엘을 털러 가는 길이라고 했다. 나는 필립에게 그때 어떻게 반응했는지 물었다. 필립은 "제길, 난 그냥 마약을 원했을 뿐이었어요!"라고 대답했다. 호세와 토니가 미구엘을 어떻게 털려고 하는지 논의하는 것을 들었는지 물었다. 그는 필로폰을 지나치게 흡입해서 명확한 기억이 없다고 대답했다. "그들은 말하고 있었어요. … 내가 아는 한, 나는 마약을 원했고요. 제대로 생각이 안 나요." 호세가 총을 지닌 것을 보았는지 물었다. 그는 과거에 호세가 총을 지닌 것을 본 적이 있었으나, 그때는 보지 못했다고 말했다.

호세는 필립에게 아무도 들어오지 못하도록 건물 복도 밖에서 망을 보면서 기다리라고 말했다. 호세가 마약상을 털려고 하는 것을 보면서 무기를 지니고 있다고 의심하지 않았는지 물었다. 필립은 필로폰을 얻는 생각 말고는 아무 생각도 없었다고 했다. 하지만 차에서 내려서 건물 쪽으로 걸어간 뒤에 "나쁜 예감이 들었다"라고 시인했다. 총소리가 들리자 더 불안해졌다. 총소리가 몇 번이나 들렸는지는 확실치 않았다. 목격자들은 필립이 다른 가해자와 함께 차 안으로 뛰어올라 탔다고 진술했지만, 필립은 목격자들의 진술이 정확하지는 않다고 말했다. 총소리를 들은 뒤에 "나는 '이런 젠장'이라고 생각하고, 도망쳤어요." 얼마 지나지 않아 토니와 호세가 자기를 테우러 왔다. 호세는 매우 당황했으나, 무슨 일이 일어났는지 말해주지 않았다. 호세는 "망쳤어"라고 했다.

필립은 어떤 질문도 하지 않았다는 사실을 인정했다. 이 일이 있고 나서 토니, 호세와 함께 필로폰을 조금 피우고, 그날 밤 집으로 돌아갔다. "무슨 일이 일어났는지 생각하지 않았어요."

며칠 뒤에 필립은 다시 필로폰을 얻으려고 호세에게 전화했다. 호세에게 부탁하면 필로폰을 조금 얻을 수 있다고 생각했다. 호세와 토니, 또 "다른 한 녀석"이 타고 있던 차에 올라타고 얼마 지나지 않아 경찰이 차를 세우더니 그들을 체포했다.

필립이 호세와 토니가 총격 사건을 이야기하는 것을 들은 것은 경찰이 차를 멈춰 세우기 바로 직전이었다. 필립은 그때 비로소 미구엘이 죽었다는 사실을 알았다.

나는 필립에게 자동차 블랙박스 영상을 보면, 토니와 호세가 마약상을 쏴 죽이려고 계획한 것이 확실하다고 말해주었다. 필립은 그런 대화를 들은 기억이 없다고 다시 말했다. 필립은 경찰에서 살인사건이 벌어지기 전에 단지 몇 분만 차에 있었다고 진술했다. 그러나 이제 필립은 그들이 더 오래 함께 있었다는 사실을 깨달았다. 그래도 여전히 마약상을 쏠 계획을 듣지 못했고, 호세가 총을 지닌 것을 보지 못한 것으로 기억했다.

필립은 마약을 할 때 자기가 얼마나 다른 사람이 되는지 강조했다. "깨어나서 친구들이 내가 한 얘기를 들려줄 때마다 '젠장, 내가 그렇게 말했다고?'라고 되물었어요."

***

나는 언제나 법의학 심리평가에 심리검사를 포함한다. 더구나 이번처럼 정신적 정교성과 관련하여 필립의 정신적 성숙성과 능력을 평가하는 것이 매우 중요한 상황에서는 심리검사가 매우 적합하다.

필립에게 지능검사와 성취도 검사를 비롯한 다양한 신경 심리검사를 했다. 필립의 지능 자체에는 관심이 없었으나, 전반적인 신경인지 발달수준을 파악하고 싶었다. 나아가 신경인지 발달수준이 판단·충동조절·의사결정 등의 행동에 미친 영향도 파악하고 싶었다. 특히 정신적 성숙성에서 계획을 세우고, 상황을 이해하고, 문제를 효과적으로 해결하는 실행기능의 능력 수준을 파악하는 것이 매우 중요했다.

〈웩슬러 지능검사WIS-IV〉[2]는 피검사자의 검사 결과를 몇 가지 범주의 능력으로 분류해서 위치를 알려준다. 필립은 경계선 범주에 해당하는 점수를 얻었나. 지능지수는 73으로 4백분위수에 해당했다. 이것은 또래집단의 96%가 필립보다 높은 수치를 얻었다는 의미이다. 필립은 특히 어휘력과 언어 추론능력이 낮았다. 예컨대 (테이블과 소파와 같은) 두 단어의 유사성을 이해하는 데 어려움을 겪었다. 제한된 시간에 블록으로 도안을 하는 비언어적인 작업에서는 평범함에 가까웠다. 이는 시공간 능력이 중시되는 자동차정비소에서 일하고 싶은 필립의 열망과도 연관이 있어 보였다.

필립의 단어 읽기와 수학 성취도 점수는 지능지수와 마찬가지로 수준이 매우 낮았다. 하지만 놀랍게도 독해력은 평균보다 조금 낮았다. 이것은 (두 단어의 유사성을 판단하도록 요구했을 때와는 달리) 문맥이 주어졌을 때, 말과 언어를 이용해 추상적으로 생각할 수 있다는 사실을 보여주었다.

〈코너스 연속수행 검사CPT〉[3]는 컴퓨터를 기반으로 지속적인 주의력과 반응억제, 집중력을 측정하는 도구다. 필립은 집중력, 주의력, 충동조절의 여러 척도에서 평균이었다.

〈아이오와 도박 검사IGT-2〉로 필립의 실행기능을 더 자세히 살펴보았다.[4] 이 검사는 실제 의사결정을 모의 실험하도록 설계되었다. 〈아이오와 도박검사〉에서 나타난 전체 점수로 볼 때 필립의 의사결정 능력은 손상되지 않은 것으로 보였다. 그러나 손실에 얼마나 무감각한지를 측정하는 손실 무감각 척도는 평균 이상이었고, 실패를 예상하는 성향이 있었다.

전반적인 인지능력 검사에 따르면, 필립의 지적인 능력은 경계선 수준이었다. 언어 이해가 약했고, 비언어적 추론이 상대적으로 강했다. 적절한 충동조절과 의사결정 능력을 갖췄지만, 손실과 실패를 예상하는 성향때문에 방해를 받았다.

필립의 감정 기능을 평가하기 위한 검사도 진행했다. 소년원 기록을 검토한 결과, 소년원에서 외상 후 스트레스 증후군으로 진단받았다는 사실을 알았다. 청소년용 〈외상 후 스트레스 장애 증상 척도PSS〉[5]를 사용해서 검사했다. 필립은 악몽과 기억이 반복되는 증상으로 중증 범위에 속했다.

청소년용 〈사이코패스 검사항목PCL:YV〉[6]으로도 검사를 진행했다. 청소년용 〈사이코패스 검사항목〉은 반사회적 행동만이 아니라, 청소년의 대인관계와 정서적 특징을 측정하는 요소도 제공한다. 필립의 전체 점수는 시설에 수용된 청소년과 비교했을 때 2백분위수에 해당했다. 이는 수용된 미성년자 100명 가운데 98명이 필립보다 수치가 높게 나타났다는 뜻이다. 필립은 반사회적 행동, 대인관계의 파괴성과 잔인성을 비롯해 정신병적 기능의 모든 하위 척도에서 20백분위수 이하였다. 이러한 결과로부터 필립이 사이코패스가 아니며, 비행을 저지르는 성향을 가진 청소년도 아니라는 사실을 알 수 있었다.

해결해야 할 핵심 문제가 필립의 정신적 성숙성 그리고 정교성의 수준과 연관되기 때문에, 〈위험성·정교성·치료성 검사RSTI〉[7] 도구로 검사를 진행했다. 이 검사는 준구조화된 상담과 평가 척도로 정교성과 성숙성, 위험성, 치료순응성을 평가하기 위해 사용된다. 각 영역의 점수를 청소년 범죄 참조집단과 비교해서 낮음·중간·높음 세 범주로 구별한다.

필립의 성숙성·심리적 정교성 전체 점수는 중간 범주에 속했다. 다른 범죄자와 비교할 때 자제력과 성찰 능력이 높았다. 필립의 위험성은 낮았고, 치료 순응성은 높았다. 필립에게는 체포된 혐의를 제외하고는 폭력이나 정신병적 행동의 이력이 없었다. 다른 사람과도 잘 어울렸고, 자기 미래에 대해서도 생각했다.

끝으로 새롭게 형성되는 성격을 알아보는 종합 검사인 〈밀론 청소년 임상 검사MACI〉[8] 도 실시했다. 이 검사에는 응답의 타당성을 다루는 척도뿐만 아니라, 성격과 증상, 정신과적 증후군의 다양한 양상을 식별하는 척도가 포함되어 있다.

필립의 타당성 척도는 자신을 비하하려는 성향이 응답에 두드러지게 영향을 미친 것으로 나타났다. 그래서 이 점을 고려하여 임상 척도를 조정했다. 그의 분석표는 상당한 수준의 우울증과 불안, 비관주의를 드러냈으며, 죄책감과 자책이 강한 성향도 보여주었다. 당연히 만성적인 불안과 열등감도 있었다. 사소한 스트레스 요인으로도 활성화되는 고통스러운 기억으로 버둥거렸고, 충족되지 않은 의존 욕구 때문에 다른 사람을 원망했다.

검사결과를 종합적으로 평가하면 필립은 우울증, 불안, 자멸적 성향, 약물 남용, 외상 후 스트레스와 같은 다양한 증상을 지닌 청소년이라는 사실을 확인할 수 있었다. 필립은 포식자가 아니었고 사이코패스도 아니었다. 폭력적인 사람은 더욱 아니었다. 하지만 학업 중단으로 지적 능력이 약화되었다.

필립의 약물 남용은 멕시코에 가기 전에 이미 시작되었으나, 그곳에 머무르면서 악화되었다. 스트레스와 불안도 마찬가지였다. 그의 우울증은 적어도 7세 무렵에 나타나서 꾸준히 지속되었다. 필립의 어머니는 아버지가 멕시코로 떠난 뒤에 그의 행동 변화를 인식할 수 있었다. 산체스 부인의 말에 따르면 필립은 학교에서 자주 엇나가기 시작했고, 집에서 벽을 두드리며 혼자 많이 울었다고 한다. 필립은 전처럼 순응만 하는 아이가 아니었다. 그 나이 또래의 아이들은 어른처럼 자신의 기분을 인식하지 못하고 오히려 밖으로 끄집어내서 행동으로 드러낸다. 이러한 행동 증상은 때때로 근본적인 정서가 붕괴하면서 나타나는 우울증의 특징을 오롯이 보여준다. 필립은 분명히 아버지라는 존재를 상실했다고 느꼈다.

필립은 지적인 한계로도 시달렸다. 그리고 자기도 모르게 성적 학대를 받았고, 어느 정도는 방치되었다. 필립의 어머니는 오랜 시간 일했고, 필립을 버려둔 채 생계를 유지하는 데 대부분 시간을 써야 했다. 마누엘의 존재가 도움이 되었지만, 그도 직장에 많이 묶여 있었다. 나는 변호인이 찾아낸 아동보호 서비스 보고서도 검토했다. (학교 관계자로 추정되지만) 누가 필립의 방치 가능성을 보고했는지는 확실치 않다. 이것에 관해 필립에게 묻자, 어머니를 방어하고 보호하려고 애썼다. "어리석은 짓이었어요." 사회복지사가 조사했으나, 방치 혐의는 근거가 없는 것으로 밝혀졌다.

가정에서 있었던 문제는 방치보다 더 민감했다. 어머니에게 친밀감을 느꼈지만, 정서적으로 아주 달랐다. 필립은 감정이 풍부한 성격으로 애착이 필요했으나, 어머니는 냉정하고 현실적이었다. 게다가 필립의 어머니는 소극적이었으며 심지어 정서적으로 거리가 멀었다. 아버지를 상실한 필립은 정서적으로 힘든 상태였으나, 감정적으로든 지적으로든 자기 능력을 넘어서는 독립된 기능을 해야 할 처지에 놓였다. 이것이 마누엘과 가까워질 필립의 능력에 장애가 될 수도 있었다. 아마 다시 상실과 버림을 당할 위험에 빠지지 않기 위해서 그랬을 것이다.

아들과 기질이 다른 산체스 부인은 아들의 그리움을 오해했다. 그녀는 필립을 "성숙하지 않은 아이"라고 했다.

"그 아이는 껴안는 것을 좋아해요. 나랑 좀 달라요." 나의 관찰은 정확했다. 하지만 산체스 부인은 겉으로 어린애 같아 보이지만, 그 행동 뒤에 숨겨진, 정서적 안정과 애정을 갈망하는 아들의 마음을 이해하지 못했다.

그렇지만 산체스 부인은 필립이 체포되어 살인 혐의로 기소되기 얼마 전까지 멕시코에서 1년 동안 겪은 트라우마에 그녀 나름대로 잘 대응했다. 필립은 멕시코로 가기 전부터 이미 우울증을 관리하려고 약물을 사용하기 시작했다. 멕시코에서는 우울증의 해독제처럼 약물을 남용했고, 캘리포니아로 돌아온 뒤에도 여전히 약물을 남용했다.

***

나와 평가를 위한 만남을 계속하는 동안 필립의 기분은 희망에서 절망으로 바뀌었다. 어떤 때는 밝고 유쾌하다가, 어떤 때는 우울하고 피로에 지친 표정이었다. 그리고 필립은 규칙적으로 악몽을 꾸었다. "뭐 때문인지 모르겠어요. 악몽을 꿔요. 잠에서 빨리 깨요. 땀을 흘리고 … 추운데도 땀이 나요." 악몽은 몇 년 동안 나타났으나, 체포된 뒤에는 내용이 바뀌었다. 체포되기 전에는 "사람들이 살해당하는 그런 악몽을 꾸었어요. 눈을 뜨려고 애를 썼는데, 떠지지 않았어요." 체포된 뒤에는 이런 악몽을 꾸었다. "법정에서 … 판사 앞에 서 있었어요."

필립은 때때로 죄책감에 시달렸다. "(법원에 가기) 전날 밤이면 악몽을 꿔요. 내가 저지른 일의 대가를 받고 있어요." 나는 살인사건에 대한 필립의 죄책감을 알아볼 기회라고 생각했다. 필립에게 양심의 가책을 느끼는지 직접 물었다. 필립은 방어하는 태도로 이런 말을 되풀이했다. "난 없었어요. 몰랐어요." 그러다 자기 잘못으로 어머니를 슬프게 했다며 태도를 바꾸었다.

필립은 살인죄로 기소되는 것이 공정하지 않다고 생각했다. 그는 분명히 화를 내고 두려워했다. 살인에 대해 느꼈을지 모를 죄책감은 분노와 두려움에 묻혔다. 그리고 살인에 연루된 것이 어떤 의미인지 제대로 이해하지 못하는 어린애 같은 시각 때문에 죄책감은 더욱 옅어졌다.

***

함께 시간을 많이 보낼수록 필립의 심리적 삶을 좀 더 깊게 이해할 수 있었다. 필립이 내게 어떤 반응을 보일지 궁금했다. 왜냐하면 자신에게 잘해야 하는 사람들이 오히려 실망과 상처를 계속 안겨준 경험을 했기 때문이다. 필립에게 나는 낯선 사람이었고, 우리는 개인적이고 고통스러운 주제를 놓고 이야기를 나누어야 했다. 첫 만남에서 필립은 나에게 "변호사가 선생님께서 도와주러 온다고 했어요"라고 말했다. 나는 그것부터 바로잡아야 했다. 그에게 평가 과정을 설명해 주고, 평가결과가 도움이 될 수도 있고 그렇지 않을 수도 있다고 알려주었다. 그는 놀라며 조금 실망한 것처럼 보였다. 하지만 우리는 계속 만났다.

여러 시간을 함께 보낸 뒤에 우리는 서로 따뜻한 유대감을 형성했으며, 힘든 시간과 주제를 탐색하기 위해 농담을 사용할 정도로 친해졌다. 처음에 필립은 어깨를 으쓱이며 "거기에 없었어요"라거나 "모르겠어요"라며, 살인사건이 벌어진 상황을 조사하려는 내 시도에 저항했다. 나도 (대결하듯이) 그가 묻는 말에 장난스럽고 냉소적인 방식으로 반응했다. 상담이 끝나자, 언제 다시 오는지 물었다. 나는 우스꽝스러운 말투로 "에이, 몰라"라고 대답했다. 그러자 알겠다는 듯이 싱글거렸다. 다음 만남에서 "아침 먹었어?"라고 가벼운 질문을 던지자, 활짝 웃으면서 "몰라요"라고 했다. 농담도 도움이 되었다.

나는 필립에게 분명히 긍정적인 감정을 느꼈다. 이것은 일종의 아버지 감정의 전이였다. 하지만 이런 감정으로 평가가 오염되는 것을 원치 않았다. 필립의 심리 상태에 대한 전체적인 내 인상이 소년원의 전문가와 일치한다는 사실에 주목했다. 그곳의 한 심리학자는 필립을 각성제 의존성, 심각한 우울증 장애, 외상 후 스트레스 장애로 진단했다. 필립은 소년원 직원들과 좋은 관계를 유지했으며, 이는 상담실로 오면서 그들과 나누는 농담으로도 확인할 수 있었다. 그리고 나는 이것을 소년원 직원들이 작성한 임상 기록을 검토하면서도 느낄 수 있었다. 필립을 만나기 전에 읽었던 부드러운 보호관찰 보고서도 마찬가지였다. 필립을 이렇게 느낀 사람은 나만이 아니었고, 내 감정의 전이 때문도 아니라는 사실에 기운이 났다.

필립의 정서적인 강점과 대인관계의 강점 때문에 호감도가 높아지고, 우리 관계도 잘 형성될 수 있었다. 필립은 사려 깊은 정직함과 함께, 타고난 따뜻함과 공감 능력을 갖췄다. 하지만 다른 사람의 죽음에 관여했다는 사실에서 당연히 생겨나는 죄책감을 아직 느낄 수는 없었다. 나이를 고려할 때, 필립에게 너무 많은 것을 요구했을 수도 있다. 게다가 필립은 자신의 미래를 위해 싸우고 있었다.

***

필립은 여러 가지 심리적 장애를 겪었다. 소년원에서 심각한 우울증 진단을 받았다. 나는 그의 증상이 미국 정신과 학회의 최신《정신질환 진단과 통계 편람DSM》[9]에서 설명한 우울증 조건을 충족할 만큼 심각하다고는 생각하지 않았다. 이 지침에서는 심각한 우울증을 몇 주 동안 거의 매일 우울한 기분과 과민한 상태가 지속하는 것으로 설명한다. 이러한 우울증은 기력을 떨어뜨려 일상적인 기능을 불가능하게 한다. 필립의 우울한 상태는 그보다는 낮은 차원이지만, 살면서 많은 시간 동안 오래 지속하였다. 그는 우울함만이 아니라, 절망감도 느꼈고, 여러 해 동안 자존감에 상처도 입었다. 일곱 살 때 아버지가 멕시코로 떠난 뒤부터 어머니가 그의 우울증을 알아차렸다는 사실을 기억해야 한다. 필립은 울음소리를 내기 시작했고, 학교에서 엇나간 행동을 하기 시작했다. 이는 우울증의 기본적인 증상이었다. 멕시코에 머물던 기간과 그 이후에는 마약을 해독제처럼 썼다. 그는 소년원 직원에게 이렇게 말했다. "내 삶이 싫고 미웠어요."

외상 후 스트레스 장애 증상은 생명을 위협받거나 거의 그럴뻔한 사건을 겪은 후 무감각하고 불안정한 감정 상태와 부정적인 사고로 나타난다. 필립은 집에서 총이 머리에 겨누어지는 일을 두 번이나 겪으며 생명의 위협을 받았다. 멕시코에서는 음식이 제공되지 않는 등 비참한 방치에 노출되어 오랫동안 소외감을 느꼈다. 성추행을 당한 이력도 있었다. 이 모든 것이 만성적으로 감정 상태에 영향을 끼쳤다. 나는 필립이 외상후 스트레스 장애로 진단되어야 한다고 판단했다.

필립의 지적 능력은 평범한 사람보다 무척 낮았다. 더 중요한 것은 다중 약물 남용 장애였다. 필립은 체포될 때까지 계속 필로폰과 대마초를 남용했다.

***

필립과 오랜 시간을 보내고 마침내 법원과 필립의 미래에 가장 중요한 문제를 해결할 시간이 되었다. 판사가 필립을 미성년자로 판단할지 아니면 성인법정에서 재판을 받을 자격이 있는지를 결정할 때 고려해야 할 다섯 가지 요소가 있다. 이런 것들이다.

① 필립은 어느 정도 정교성을 보였는가?
② 필립은 과거에 어떤 비행을 저질렀는가?
③ 필립의 재활을 위한 법원의 시도는 얼마나 성공적이었는가?
④ 필립은 소년법원의 관할권이 만료되기 전에 사회로 복귀할 수 있는가?
⑤ 필립이 저지른 것으로 추정되는 범죄 상황은 어떤가?
그리고 범죄 심각성은 어느 정도인가?

필립에게는 처음과 마지막이 가장 중요하고 핵심적인 문제였다. 소년 법원의 관점에서 필립은 매우 잘 관리되었기 때문에 가운데 세 가지 요소는 유리하게 평가될 수 있을 것 같았다.

필립은 범죄 혐의로 유죄 판결을 받은 전력이 없다. 그리고 보호관찰 보고서에도 언급된 것처럼 이전에 법원의 재활 시도도 없었다. 체포된 뒤 필립의 태도는 점차 협조적으로 바뀌었고 기관의 요구도 잘 따랐다, 처음에는 화를 내고 반항하는 미성년자처럼 보였다. 예컨대 다른 10대에게 "내 친구가 누군가를 날려 버렸어"라는 식으로 거칠고 난폭하게 말했다. 그러나 시간이 지나면서 이런 허세가 우울증과 트라우마와 같은 정서적 어려움을 감추기 위한 노력이었다는 사실이 직원들에게 분명히 느껴졌다. 직원들의 관찰, 임상 기록, 심리평가 보고서는 상담이 누적되면서 생긴 효과와 함께, 정서적 안정뿐 아니라 직원들과도 사이가 꾸준히 좋아졌다는 사실을 명확히 보여주었다. 어떤 상담 기록에는 "말을 하면 생각하는 데 도움이 된다"라는 필립의 말이 인용되었다.

필립의 정교성 수준이 어느 정도인지를 평가하는 일은 복잡했고, 일련의 심리검사 결과와 상담으로 얻은 정보에서 추려내야 했다. 캘리포니아 '복지와 기관 규칙 707조'는 '정교성'이 무슨 의미인지 정의하고 있지 않다. 나는 인지발달과 정서발달이라는 두 영역을 분석해 문제를 해결했다. 우리는 보통 인지발달과 정서발달이 점진적으로 성숙해지고 섞이면서 심리적으로도 성숙해지고 판단력이 좋아질 뿐 아니라 자제력도 높아진다.

먼저 심리검사 결과를 정리했다. 필립의 종합적인 인지 지능의 성숙성은 또래와 비교하여 4백분위수에 해당하는 경계선 지능이었다. 언어 능력은 2백분위수보다 더 낮았다. 필립은 검사 당시 열여섯 살이었다. 하지만 나이 기준으로 언어 능력과 언어 추상화 능력 그리고 언어 사용

능력은 아홉 살 나이의 평균적인 수준이었다.[10]

필립의 〈위험성·정교성·치료성 검사〉 결과는 심리적으로 성숙할 수 있고 성찰할 수 있다는 것을 보여주었지만, 문제 해결 능력과 판단 능력은 아직 미성숙하다는 점도 보여주었다. 추가검사에서는 손실을 감수하려는 의지가 지나치고 위험을 무릅쓰려는 성향 때문에 맞닥뜨린 일의 결과를 이해하는 능력이 부족하다는 사실이 드러났다.

일반적으로 인지발달은 정서발달보다 많이 뒤처지며, 25세 전후의 성인이 될 때까지 성숙하지 않는다.[11] 이때가 바로 계획 능력, 복잡한 문제 해결 능력, 자제력을 가장 많이 담당하는 부위인 뇌의 전두엽 신경세포가 점진적으로 가지치기하는 과정을 완료하는 시기다.[12] 반면에 정서발달은 호르몬 영향으로 청소년기에 접어들면서 빠르게 이루어진다.[13] 이러한 격차 때문에 청소년은 성인처럼 정서적·성적·사회적 욕구를 갖지만, 이를 조절할 능력은 충분히 발달하지 못한다.

일반적으로 발달 중인 청소년은 성인보다 의사결정과 판단 능력이 떨어진다. 평균적인 청소년은 평균적인 성인보다 최소한 20% 덜 성숙하고 덜 정교하다.[14] 게다가 필립의 정서와 인지능력은 일반적인 청소년보다 미성숙한 상태였다. 필립의 발달 지연은 가정폭력에 대한 노출, 부모의 이혼, 여러 해 아버지를 잃은 것, 제한된 어른의 돌봄으로 비롯된 정서적 방치, 성적 학대와 같은 어린 시절의 상처 때문에 악화되었다. 범행이 저질러지기 1년 전에 특히 아버지의 신체적·정서적 유기 그리고 책임 있는 다른 어른들의 노골적인 학대로 트라우마가 생겼다.

필립은 길거리 마약을 남용하며 위안과 안정을 찾았다. 살인사건 당시에 필로폰의 영향을 받았을 뿐 아니라, 신경심리학적 발달의 억제가 정점에 이르렀다. 장·단기 트라우마와 연결된 만성적인 우울증도 앓았다.

경찰 기록도 피해자를 살해하려는 것이 아니라, 강도 계획만 알았다는 필립의 주장을 강하게 뒷받침했다.

나는 필립이 심리 발달과 정교성이 명백히 부족하기 때문에, 이를 근거로 소년법원의 법을 적용할 적절한 대상이라는 결론을 내렸다.

범행 상황과 범행의 심각성이 마지막으로 고려할 점이었다. 살인보다 더 극악무도한 짓은 없다. 필립은 동료 가해자들과 함께 마약을 사러 간 사실은 인정했다. 그러나 마약상을 털려는 의도가 있는 것은 알았으나, 마약상을 살해하려는 계획은 전혀 알지 못했다고 단호하게 부인했다. 놀랍게도 차에 타기 전에 필립을 태우러 가던 두 성인 가해자가 살인을 계획하며 나눈 대화가 녹음되어 그의 주장을 뒷받침했다.

나는 평가서에 필립에게는 사이코패스의 특징이 전혀 없음을 분명히 밝혔다. 필립은 다른 청소년 수감자와 비교할 때 2백분위수에 해당하는데, 이는 98%가 그보다 사이코패스 성향이 더 많다는 의미이다. 폭력 이력도 없었다. 검사결과는 비행 성향이나 맹아적인 반사회적인 성격조차도 없는 것으로 드러났다. 충동적이거나 자기중심적이지도 않았다. 필립의 잘못된 행동은 발달 지연 청소년에게 일어나는 약물 중독, 트라우마, 우울증의 조합으로 가장 잘 설명되었다.

나는 필립이 희생자를 살해하려는 음모에 연루된 증거를 찾지 못했다. 필립은 발달·정서의 어려움과 약물 남용 장애가 있는 청소년이었다. 살인 당시에 필립은 두 명의 성인과 함께 약물의 영향을 받았다. 체포된 상황은 심각하지만, 필립에게 소년법원의 체계를 적용하는 것이 적절하다고 판단했다.

***

필립의 변호인인 펠드먼은 필립의 이송심리를 다룰 가정법원에 "훌륭한 판사"가 있다고 알려주었다. 이 말은 판사가 판결을 내리기 전에 청소년의 이력 및 발달과 관련된 세부사항에 관심을 가지고 대응한다는 평판이 있다는 뜻이다. 사실을 중시해야 하는 모든 재판관은 캘리포니아 법규에 명시된 5개의 요소를 고려해야 한다. 그러려면 청소년의 개인 이력을 자세히 살펴보아야 하는데, 어떤 판사는 다른 판사들보다 훨씬 까다롭고 개인 이력도 상세히 본다. 법과 질서에 엄격한 관점을 지닌 판사는 범죄 행위와 청소년의 최근 이력만을 중시하고, 개인사와 심리적 구성을 잘 고려하지 않는다. 판사를 비롯해 모든 사람은 개인적인 관점과 기질을 법정으로 가져온다. 누구도 백지상태는 아니다.

***

내가 증언하기 2주쯤 전에 필립의 변호인이 전화로 검찰이 필립을 성인법원으로 이송해 달라는 신청을 취하했다고 알려주었다. 이 사건은 이제 소년법원에서 진행된다. 검사 마음이 바뀐 이유를 자세히 알 수 없었다. 하지만 펠드먼 변호사와 나는 여러 가지 이유 때문으로 판단했다. 검찰에게는 성인법정에서 중죄 모살 혐의로 기소된 두 명의 성인 피고인이 이미 확보되어 있었다. 두 피고인의 증거도 확실했다. 하나의 증거는 자동차 블랙박스 영상이었다. 필립은 계획된 강도 사건에 가담했다고 인정했지만, 살인 계획을 미리 알았다는 혐의는 단호히 부인했다. 그리고 필립의 주장은 자동차 블랙박스 영상을 놓고 볼 때 분명히 설득력이 있었다. 필립의 보호관찰 보고서도 간접적인 도움이 되었다. 언제나 강경한 태도를 보이는 전문가 집단 구성원이 작성한 것으로는 매우 드문 일이었다. 나는 보고서에서 청소년 이송 결정이 내려지기 전에 고려해야 할 다섯 가지 기준에 관해 설명했다. 우선 필립의 삶과 범죄 상황을 상세하게 묘사하면서 필립을 청소년으로 판단할 수 있는 적합성을 뒷받침했다. 그리고 이송 기준을 요약할 때, 청소년 형사사건에서 청소년 심리 발달의 가변적 특성을 설명하는 연방 대법원의 중요한 판결을 포함했다.

2005년의 '로퍼 대 사이먼 사건'[15]에서 연방 대법원은 청소년 사형 선고가 잔인하고 이례적인 형벌이며 위헌이라고 판단했다. 7년 뒤에 '그레이엄 대 플로리다 사건'[16]에서는 청소년을 살인이 아닌 다른 범죄로 가석방 없는 종신형을 선고하는 것도 위헌이라고 판단했다. 더 나아가 2012년 '밀러 대 앨라배마 사건'[17]에서는 어떤 경우도 청소년을 가석방 없는 종신형으로 선고하는 것은 위헌이라고 판단했다.

이러한 판결은 현대 신경과학과 발달과학에 바탕을 두고 있다. 신경과학과 발달과학의 관련 내용은 앞에서 이미 살펴보았다. 예컨대 청소년기에 관한 연구는 10대들이 의사결정과 판단에서 성인보다 덜 유능하다는 사실을 일관되게 보여준다.[18] 보통의 청소년은 자기 관리와 독립적 기능 능력[19]이 부족하고 또래 영향을 쉽게 받는다.[20] 특히 필립과 관련된 것은 외상 후 스트레스 장애가 10대의 충동적인 위험성을 높인다고 밝혀졌다는 점이다.[21]

청소년기의 사회 심리적 한계에 관한 이러한 발견은 청소년의 뇌, 특히 사려 깊은 의사결정과 자기조절, 감정제어를 담당하는 전두엽 피질의 구조적인 미성숙을 보고한 많은 연구결과와 일치한다.[22]

'밀러 대 앨라배마 사건'에서 스티븐 브레이어 연방 대법관은 살인을 저지르지 않았거나 살해할 의도가 있는 청소년 범죄자는, 실제로 살인을 저질렀거나 살해할 의도가 있는 성인에 비해 도덕적 책임을 두 배 낮취야 한다고 지적했다. 나는 보고서에서 필립은 살인에 대한 도덕적 책임이 세 배 경감되어야 한다고 강조했다. 필립은 살해할 의도가 없었고, 당시에 청소년이었으며, 살인 당시에 지적 한계로 정신적 어려움을 겪는 미성년자였기 때문이다.

로퍼 대 사이먼' 사건에서 법원은, 성인과 청소년의 차이로, 청소년의 행위가 "성인의 행위보다 돌이킬 수 없을 만큼 사악하다는 증거의 가능성은 더 작다"라는 점을 명확히 했다.[23] 미래에 악의가 생길 위험이 있는 정신병적 특성을 가진 청소년을 제외한다면[24] 동의할 수 있는 내용이다.

이 사건에 관련된 모든 사실을 살펴보면, 필립은 분명히 타락하거나 악한 마음이 없는 10대였다. 검사의 의견도 같았다.

3부 ——— 정의롭지 않은 인간의 본성

11.

뇌가 나를 이렇게 만들었다

식물은 자신에 관해 식물학자에게 아무 말도 하지 못한다.

— 한스 켈젠

피터는 내가 기다리는 상담실로 네 명의 교도관과 함께 왔다. 특별한 규모였다. 피고인 호위이라기보다 마치 갱단 같아 보였다. 이는 피터가 매우 위험 가능성이 큰 인물임을 단적으로 보여주는 장면이었다. 나는 법원에서 피터의 정신이상을 평가해달라는 요청으로 전문가로 선임되었다. 피터는 사슬로 허리와 연결된 수갑과 무거운 족쇄를 차고 천천히 걸어왔다. 법을 조사하고 기록한 것처럼 보이는 서류 묶음과 책을 가슴에 어루만지듯 안고 있었다. 교도관들은 족쇄를 철제의자 아래 기둥에 연결해서 피터가 움직일 수 없게 했다. 피터는 수갑이 꽉 조인다고 통증을 호소했지만, 교도관들은 대꾸도 하지 않고 나가버렸다.

수감생활을 하는 피터는 동료 수감자를 살해하려다 미수에 그친 혐의로 기소되었다. 자녀 양육권 문제로 감옥에서 법정으로 이송될 때 경쟁 갱단 조직원인 동료 수감자를 "칼로 찔렀다." 이송할 버스를 기다리면서 곧 피해자가 될 수감자를 비롯한 여러 재소자와 함께 사슬에 묶여 있었다. 그때 임시로 만든 칼로 피해자의 얼굴과 목을 무려 아홉 차례나 찌르며 지독하고 잔인하게 공격했다. 피해자는 응급수술을 받아 간신히 목숨은 건졌다. 하지만 피터는 그때 자기가 제정신이 아니었다고 주장했다.

내가 비밀 유지의 한계를 설명하기도 전에 피터는 가져온 어빙 고프먼의 《수용소》라는 책을 나에게 보여주었다. 내가 학부 시절에 읽은 가장 영향력 있는 책이었다. 사회학자인 고프먼은 주립 정신병원에 수용된 정신질환자의 심리적 부식 효과와 영향을 다루면서, 오랜 기간 입원한 환자들의 문제점을 이 책에서 상세히 서술했다.

피터는 책을 보여주면서 장기 수감이 미치는 비인간적인 영향을 꽤 설득력 있게 늘어놓기 시작했다. 교도소에서 살아남기 위해 "가뜩이나 나쁜 성질머리가 더 나빠졌다"라고 말하면서 나쁜 환경과 유전자 때문에 스스로 행동을 통제할 수 없다고 법적인 변호를 시도했다. 그리고 칼로 찔렀을 때 자신이 맹목적인 분노 상태였다고 주장했다.

피터는 이야기에 몰두했고 나는 듣기만 했다. 피터의 아버지는 살인죄로 종신형을 선고받아 감옥에서 죽었다. 어머니는 알코올과 마약중독자였고 형제들은 그를 정서적으로 학대했다. 형제 세 명은 모두 갱단과 관련된 폭력 범죄로 여러 차례 수감되었다. 피터는 자기가 "뇌 질환"인 주의력결핍 과잉행동장애 진단을 받았다고 말했다.

피터는 서류철에서 정신이상 변호에 관한 법조문을 꺼내 읽으며 다양한 주장을 늘어놓았다. 피고인이 범행 당시에 정신적 결함이 있어야 한다거나 주의력결핍 과잉행동장애, 약물 남용, 반사회적 성격이 자기의 폭력적인 성향에 영향을 끼쳤다는 식으로 이런저런 주장을 펼쳤다. 자신의 상태가 유전적이며 성장 과정에서 악화하였음을 "증명해주는" 신경과학에 관한 글들의 목록도 가지고 있었다.

잠자코 듣고 있다 피터의 말을 잠시 끊은 다음에 나는 비밀 유지의 한계를 설명했다. 법원에서 선임되어서 그가 말한 모든 내용을 법원에 보고한다고 했다. 그러자 그는 "나는 숨길 것이 없어요"라고 전혀 상관이 없는 듯 말했다. 이제껏 말한 것으로 미루어 볼 때, 변호에 대한 시각에도 문제가 있다고 나는 지적했다. 정신이상 항변은 옳고 그름을 구별하지 못하는 정신병적인 장애가 있어야 하며, 약물 남용이나 반사회적 성격장애는 정신이상 항변에 해당하지 않는다는 점을 알려주었다. 하지만 피터는 개의치 않았다. 어떤 상황에서든 자기 방식대로 이야기를 끌어가는 데 익숙해 보였다. "나는 법원이 선임한 변호사를 해임했어요." 그래서 피터는 변호사 없이 스스로 변호를 해야 했다. 곧 스스로 자기를 대리해서 변호하는 페르소나였다. 피터와 변호사는 정신이상 주장의 적절성을 둘러싸고 서로 의견이 일치하지 않았다. 피터는 법정에서 직접 증언하고 싶었으나, 변호사는 받아들일 수 없었다. 피터는 정신이상으로 변호하고 증언하려는 의지가 확고했다. 당시 자기가 미쳤다고 믿었고, 배심원들이 그 사실에 동의할 것이라고 확신했다.

아마 피터는 자기를 평가하려는 어떤 남자가 박사 학위를 가지고 있어 그 책에 친숙하고, [열악한 양육 환경에서 비롯된] 사회 심리적인 빈곤에 처한 자신의 어려운 처지에 공감하리라 추측했을 것이다.

나는 이미 범죄 이력이 기록된 많은 경찰 보고서로 피터의 범죄 배경을 잘 알았다. 가족의 오랜 범죄도 알았다. 결혼해서 두 아들을 두었으며, 사건이 있던 날에는 자녀 양육권 문제로 가정법원으로 이송되었다가 교도소로 돌아오던 길이었다는 사실도 알았다. 피터에게 수감되기 전 생활 방식과 가정생활이 어땠는지 물었지만, 만성적인 약물 남용과 공격적인 성향 때문에 좋은 남편이나 아버지가 아니라는 사실 말고는 가정생활을 이야기하는 데 그다지 관심이 없었다. 집에서 가족들에게 실망감을 느꼈을 때도 늘 "맹목적인 분노"에 빠졌다.

내 방식대로 피터의 삶에서 이야기하기 어렵지 않은 정보를 수집하는 것부터 시작하려고 했다. 서로 친숙해질 시간을 얻기 위해서였다. 그러나 피터는 관계를 형성하는 데 관심이 없었다. 그는 자기가 주도해야 만족했고 자기 관점을 이해시키려 했다. 특히 어린 시절 가족에게 겪은 폭력의 이력을 설명하며, 폭력적이고 물불 가리지 않고 화내는 성향을 이해시키려 했다. 피터의 이야기를 들으며, 자신이 저지른 행위가 단순히 과거 상황의 연장에 지나지 않은 점을 나에게 이해시키려 한다고 생각했다. 그래서 그의 얘기를 한 귀로 흘려듣고 나서, 다른 수감자를 죽이려고 했던 이야기로 바로 들어갔다.

피터는 사건 이후 경찰에 했던 진술과 똑같이, 당시에 정신이 나가고 불안한 상태였다고 주장했다. 사건이 일어나기 3일 전에 형이 약물 과다복용으로 죽었다. 그리고 이혼소송을 제기한 아내와 전에 합의했던 두 아이의 방문권을 놓고 다투느라 법정에 나와 있었다. "내가 기억하는 것은 고함치고 비명을 지르는 소리뿐이에요." 교도소로 돌아가려고 버스를 기다리던 10명의 재소자 사이에서 '난투극'이 벌어졌다. "누군가 칼을 쥐고 있는 것을 보았어요. … 머리가 하얘졌어요." 그의 다음 기억은 교도소 의무실에 있던 순간이었다. 간호사가 자기 얼굴에 묻은 최루액을 씻어내고 있었다. 묻지도 않았는데 피해자가 '모자를 쓴' 경쟁 갱단의 조직원이라는 사실을 부인했다. 나는 어리둥절한 표정으로 '모자를 쓴다'라는 것이 무슨 뜻인지 물었다. 아마 살인이 청부 된 사람을 나타내는 교도소 은어 같았다.

피터는 피해자를 칼로 찔렀다는 사실을 부인하지는 않았으나, 기억이 없다고 주장했다. 그리고 공식 기록을 인정하면서도, 위협을 받으면 폭력적으로 바뀌는 자신의 "타고난 성향"을 내세웠다. 경찰 보고서와 법원의 문서에는 오랫동안 갱단에 속했다고 기록되어 있었다. 나는 그런 기록을 근거로 피해자가 경쟁 갱단의 조직원이라는 사실을 몰랐다는 말을 믿기 어렵다며 그의 주장을 반박했지만, "전혀 몰랐어요"라고 말하며 시치미를 뗐다. 나는 배심원이 정신이상 재판에서 일반적인 해리 주장을 받아들이지 않는다고 말했다. 그러나 피터는 조금도 머뭇거리지 않고 자신의 상황은 다르고 믿을 만하다고 말했다. 난투극과 점점 심해진 폭력에 위협을 느꼈고 자기의 '뇌 기질'에 먹혀버렸다는 것이다.

피터는 유전적 특성과 불우한 양육의 결과로 자신이 주먹을 휘두르는 성향이 있다고 주장했다. 그리고 살인미수 혐의가 생물 심리학과 가족 관계의 직접적인 결과라고 확고히 주장했다. 하지만 내가 생각하기에 뇌 질환이 있는 사람치고는 괜찮아 보였다.

***

피터는 인상적이고 당당했다. 30대 중반으로 키는 187cm 정도였고, 몸은 곧고 건장했다. 몸단장도 흠잡을 데가 없었고 근육도 단단해 보였다. 교도소 운동장에서 규칙적으로 운동을 해서 그런 것 같았다. 팔과 목에는 문신이 있었고, 삭발한 머리에는 희미하게 〔나치의 상징인〕 철십자 무늬도 있었다.

피터의 몸과 폭력 이력을 놓고 보면, 상담할 때 4명의 교도관이 사슬에 묶어 그를 호송해온 이유를 이해할 수 있었다. 교도관에게 심리 검사를 할 수 있게 결박 장비를 풀어줘야 한다고 요청했다. 감독하던 교도관은 내키지 않지만 어쩔 수 없이 수갑을 풀어주었다. 발은 여전히 철제의자 아래에 묶여 있었다.

그동안 나는 악성 사이코패스, 간헐적 폭발 장애, 편집증적 망상 등 다양한 원인을 지닌 매우 폭력적인 많은 남성과 여성을 숱하게 만나보았다. 하지만 매번 교도관은 〔악수와 포옹 등이 허용되는〕 '접촉 면회'를 하지 않기를 바랐으며, 유리 칸막이 뒤에서 전화로 상담을 진행하라고 강하게 권고했다. "저 사람은 잠깐만 방심하면 주머니에서 펜을 꺼내 눈을 찌를 수도 있다"라고 하면서 재소자와 접촉하지 말라고 나를 설득한 적도 있었다. 물론 어떤 일이든 일어날 수 있다. 하지만 교도소와 민간병원의 불안한 환자를 만나본 경험으로는, 환자에게 존경심을 보이고, 환자가 하는 말을 주의 깊게 경청하고, 정신적으로 악화하고 동요하는 징후에 계속 주의를 기울이면 별문제 없었다.

피터는 폭력 이력이 화려했고 몸도 위협적이었다. 하지만 신기하게도 나를 긴장시키지는 않았다. 예컨대 활성화된 과대망상증 환자와 있을 때처럼 피터가 흥분하지 않도록 조심하거나 특별히 그를 바짝 경계할 필요성은 느끼지 못했다. 왜 피터를 두려워하지 않았을까? 피터를 공식적으로 판단하기 전에, 나는 이미 피터가 폭력을 사용하는 방식을 직관적으로 이해했다. 피터는 약탈적인 유형이었다. 그에게 폭력은 통제와 지배의 도구였다. 그래서 대체로 충동적인 반응보다는, 목표를 정해 놓고 주도적으로 폭력을 행사하는 경향이 있었다. 내게 드러내 놓고 공격적이거나 폭력적인 행동을 하는 것은 피터의 관심사가 아니었다.

내가 피터를 평가하는 만큼, 피터도 나를 평가한다는 사실을 분명히 느꼈다. 여러 가지 방법으로 내게 영향을 끼치려고 시도했다. 처음 시작할 때 《수용소》라는 책을 소개하고, 공격적으로 자기 생각을 이해시키려 했던 것도 그런 시도였다.

피터는 어떤 약도 먹고 있지 않았고, 우울증이나 불안증, 스트레스도 전혀 없었다. 사고는 무질서하지 않았고 체계적이었다. 예상했던 것보다 어휘력도 좋았다. 모든 기록을 살펴보면, 초등학교부터 고등학교까지 모두 정상적으로 다니지 않았다. (기록에는 감옥에서 검정고시를 치른 것으로 되어 있었다.) 하지만 책에 대해 짧게 이야기하면서 '소외'와 같은 단어를 사용했다. 그리고 마치 수감생활의 희생양인 양 "나는 규격화된 범죄자예요"라고 선언하기도 했다.

피터의 행동과 발달을 좀더 살피기 위해 외부인의 견해를 얻으려고 가족이나 친구에게 연락했지만 아무 소용이 없었다. 모든 연락처가 사용할 수 없었다. 관계가 멀어진 아내는 변호사를 비롯해 아무와도 이야기하지 않으려고 했다. 평가를 시작했을 때 아내는 이미 이사를 했는데 어디로 갔는지 위치도 확인할 수 없었다. 부모는 죽었고, 형제는 죽거나 감옥에 갇혔다. 갱단 동료 친구들도 나와 이야기하려 하지 않거나, 투옥됐거나, 이미 죽었다. 공식 기록 이외에 확보할 수 있는 자료는 고작 자기 삶에 관해 피터 스스로 이야기한 것밖에 없었다. 하지만 이마저 명확히 왜곡되고 자기중심적이었다.

***

피터의 공식적인 범죄기록은 10대 초반부터 무척 화려했다. 피터는 어머니가 죽기 전까지는 어머니와 형들에게 양육되었다. 어머니는 피터가 10대 때 죽었다. 그는 폭력과 마약판매로 악명 높은 거리의 갱단을 위해 마약을 판매한 일로 처음 체포되었다. 석방된 지 얼마 지나지 않아 보호 관찰관과 어머니의 도움으로 외삼촌, 고모와 함께 애리조나로 이사했다. 그리고 애리조나에서 외삼촌과 함께 마약을 사용하기 시작했고, 학교에 서 마약 소지 혐의로 적발되었다. 그리고 얼마 뒤에 자동차 절도죄로 애 리조나 소년원으로 보내졌다.

피터는 어린 시절에 여러 차례 체포되면서 내리막길이 시작되었다. 10 대 중반에 과격하고 교정이 어려운 10대를 위한 시설인 (지금의 캘리포니아 소년법원국인) 캘리포니아 소년원으로 보내져 스물세 살까지 그곳에 수용 되었다. 소년원에서도 자기가 속한 갱단이 저지른 폭력적인 다툼에 여러 차례 연루되어 독방에 오래 갇히는 바람에 좀 더 일찍 석방될 수 없었다. (그는 잘못하면 스물다섯까지 구금될 수 있었다.)

성인이 된 뒤에도 피터의 범죄적인 생활방식은 계속되었다. 마약 소지 와 판매, 대규모 자동차 절도, 목격자 협박, 특수폭행, 가정폭력, 위조, 경 쟁 갱단 조직원 살인미수 등의 혐의로 여러 차례 체포되었다. 칼부림 사 건이 벌어졌을 때도 25년형을 선고받고 복역하던 중이었다.

피터의 초기 가족 이력은 자세한 기록으로 남아 있지 않았으나, 매우 혼란스럽고 제구실을 못 하는 상태였다. 아주 어렸을 때 가족을 떠난 아 버지에 대한 기억은 폭력적인 알코올중독자였다는 것 말고는 거의 없었 다. 그러나 아버지가 어머니를 때린 것은 기억하고 있었다. 아버지는 결 국 감옥에서 사망했다. 어머니는 피터가 캘리포니아 소년원에 구금됐을 때 만성적인 알코올중독 합병증으로 사망했다. 피터는 "도와주려 했던 착한 여자"라고 표현하며, 어머니를 향한 애정을 나타냈다. 애리조나로 가기 전에 잠시 함께 살던 이모는 알코올중독자였으며 "비열한" 사람이 었다. 피터는 애리조나에서 외삼촌과 함께 마약을 하며 잘 지냈다.

피터는 어렸을 때 "한 성질 했다"라고 말하면서 자기 행동에 문제가 많았다는 사실을 솔직하게 털어놓았다. 학교에서 다른 학생들을 괴롭히고 싸움도 자주 벌였다. 중학교 때에는 헤비메탈 음악을 즐기는 나름 "멋진 놈"이었다. 그 무렵부터 이미 길거리 갱 생활에 활발히 참여했다. 그는 갱단의 젊은 조직원 사이에서 쉽게 지도적인 위치에 오른 것을 자랑스러워하는 것 같았다. 갱단을 위해 마약판매를 도왔고 마약을 사용하기도 했다. 주로 사용한 마약은 필로폰이었다. 매일 술도 마셨다.

공부에 무관심해지고 학교에 자주 빠지면서 성적은 밑바닥이었다. 초등학교 때에 학교 담당 심리학자에게 주의력결핍 과잉행동장애 진단을 받았다. 하지만 어머니는 약물치료를 받도록 조치하지 않았다. 대신에 "엄마는 나를 진정시키려고 술을 조금씩 마시게 했어요."

피터는 나이 많은 이웃집 여자에게 성적 학대를 당했다고 주장했다. 이웃집 여자는 피터의 성기를 애무했고, 그녀를 "핥게" 했다. 여러 차례 머리도 다쳤는데, 대부분 몸싸움의 결과였다. 말다툼하면서 쇠파이프로 머리를 얻어맞은 심각한 일도 있었다. 한참 기절했다 깨어난 것 같은데, 얼마 동안 정신을 잃었는지 알 수 없었다. 병원에 가지 않아서 부상 기록도 없었다.

어린 시절을 회상하면서 피터는 애리조나로 보내지기 전 길거리를 누비고 다니던 시절을 가장 뿌듯하게 여겼다. 피터는 갱단의 어린 폭력배 지망자로서 지역 우두머리의 길을 밟고 있었다. 그리고 갱단 두목이던 형의 발자취를 따라서 필요할 때 기꺼이 다른 사람들을 위협하고 폭력을 행사했다. 그렇게 피터는 길거리 갱단의 먹이사슬 위로 올라가고 있었다.

피터는 20대 후반에 아이들의 엄마를 만났다. 그녀는 피터보다 5살 정도 어렸고, 처음에는 함께 마약을 사용했다. 정식으로 결혼하지는 않았지만, 피터는 그녀를 아내로 여겼다. 둘은 두 아들과 함께 살았다. 그녀는 첫 임신을 했을 때 마약을 끊었고, 그의 설명에 따르면 피터가 성숙해지기를 바랐다. 두 사람은 피터의 마약 사용과 판매, 위험한 생활방식 때문에 자주 말다툼을 벌였다. 피터는 "그녀에게 화를 냈다"고 인정했고, 가정폭력으로 두 번 체포되었다. 그녀는 교도소로 아이들을 데려오려 하지 않았다. 피터가 마지막으로 가정법원에 갔다가 칼부림 사건으로 살인미수 혐의가 추가되자, 그녀는 다른 주로 이사를 했다.

***

두 번째 방문에서 나는 사건이 일어난 날 기억이 끊기기 전에 정신 상태가 어땠는지 알아보려 했다. 그는 이날 있었던 일을 거의 기억할 수 없다고 잡아뗐다. 공격한 순간을 설명할 때에는 이미 나와 경찰에게 얘기한 대로 토씨 하나 틀리지 않고 똑 같은 말을 반복했다. 아울러 사건의 특징적인 기억을 묘사할 때도 (예컨대 "난투극"처럼) 수사관에게 사용한 것과 똑같은 단어를 사용했다. 마치 영화 대본처럼 들렸다. 아울러 사건에 사용한 칼을 어디서 어떻게 구했는지 기억을 못 했다. 그리고 피해자의 얼굴과 목을 실제로 찌른 기억이 없다고 완강하게 부인했다.

피터에게 얼굴 주위를 찌르는 행위는 자기를 보호하기 위한 것이 아니라, 근본적으로 개인적인 감정이 섞인 공격처럼 보인다고 말했지만, 대답이 없었고, 왜 그랬는지 기억나지도 않는다고 계속 시치미를 뗐다.

사건이 벌어질 무렵에 어떤 마음가짐이었는지를 알아보기 위해 노력했으나 소용없었다. 피해자가 경찰에 진술한 녹취록을 들려주었다. "그놈이 나를 붙잡았고, 나는 땅바닥으로 쓰러졌어요. 다음에 그놈이 내 위에 올라탔어요." 하지만 피해자의 진술에도 아랑곳하지 않고 피터는 같은 말만 되풀이했다. 마치 당의 공식 입장만 앵무새처럼 내뱉는 정치인 같았다.

***

피터는 수감생활을 하면서 여러 차례 정신감정을 받아 몇 번 양극성 장애 진단을 받았고, 1년쯤 약물치료를 받은 적도 있다고 주장했다. 그런데 의심스러웠다. 내가 살펴본 교도소 기록에는 몇 가지 정신감정 결과가 나와 있는데 대부분 반사회적 성격으로 진단했고, 하나만 양극성 상태일 가능성을 제시했다. 그에게서 지나치게 격앙된 말투와 같은 조증 징후는 보지 못했다. 가끔 복합적인 성격장애가 처음에는 양극성 장애로 여겨질 수 있다. 불안정한 기분, 충동, 공격성, 쾌락을 추구하는 행동, 빈약한 판단력, 약물 사용 등은 모두 양극성 장애를 비롯한 많은 질환에서도 함께 나타나는 증상이다. 흔히 어렸을 때 주의력결핍 과잉행동장애로 진단된 사람이 커서 양극성 장애 진단을 받기도 한다. 그러나 피터의 증상은 성격장애로 더 잘 설명되었다. 그에게는 양극성 장애의 핵심증상이 없었다. 다시 말해 생각이 마구 질주하면서 말투가 비정상적으로 격앙되는 모습이 전혀 보이지 않았다. 그래서 양극성 장애가 판단력을 떨어뜨리고 충동조절을 약화하는 경향이 있지만, 피터의 공격적 행동에 영향을 미치는 요소가 되었을 가능성은 배제했다.

한참 동안 기절한 적도 있다는 말 때문에 피터의 머리부상도 고려해야 했다. 교도소 기록에는 머리부상을 당한 언급이 없었지만, 피터가 수감된 모든 교도소 기록이 다 있지는 않아서 이를 정확하게 확인할 수 없었다. 게다가 피터는 자신의 변호에 신경정신질환을 포함시켰다. 그래서 나는 평가 목적으로 신경 심리 검사를 철저히 진행하기로 했다.

피터의 범죄 이력을 고려해서 사이코패스 특성 정도를 평가하는 도구인 〈헤어 사이코패스 검사항목PCL〉으로 검사를 진행했다. 그의 점수는 31점으로 수감자의 82백분위수 정도였다. 그런데 더 의미 있는 것은 감정적 냉담함·공감 부족을 보여주는 점수가 98백분위수로 매우 높게 나타났다는 점이었다. 근본적으로 피터의 도덕적 나침반은 작동을 멈추었다. 자기 행동에 전혀 양심의 가책을 느끼지 않았고, 자기중심적이었고, 폭력을 다른 사람을 통제하는 도구로 사용했다.

피터는 양극성 질환의 징후가 없었지만, 교도소 기록에는 가능성이 언급되어 있었다. 그래서 양극성 장애와 관련된 다양한 행동을 스스로 열거하도록 하는 〈기분장애 질문지MDQ〉로 검사를 실시했다. 그의 점수는 양극성 장애를 앓고 있음을 시사했다. 예컨대 생각이 걷잡을 수 없이 날뛴 경험이 있다고 했다. 하지만 내가 그런 경험이 어떤 것인지 물었으나, 신뢰할 만한 대답을 하지 못했다. 지나치게 격앙된 언어표현 증상도 있다고 주장했으나, 나는 격앙된 언행을 관찰하지 못했고, 살펴본 어떤 문서에도 기록이 없었다. 증상을 꾸몄을 가능성이 커 보였다.

주의력결핍 과잉행동장애 증상과 관련된 〈코너스 연속수행 검사CPT-III〉도 실시했다. 검사의 타당성과 임상 척도는 피터가 실제로 주의력결핍 과잉행동장애를 앓고 있음을 시사했다. 하지만 이 부분을 정확하게 확인하기 위해서는 신경 심리 검사 결과가 더 필요했다. 피터는 〈공격성 질문지AQ〉에서 신체적 공격성과 언어적 공격성에서 모두 95백분위수 이상의 높은 수치를 보였다. 그리 놀랄 만한 결과는 아니었다. 그는 지배력을 얻기 위해 폭력을 사용하는 데 아무 거리낌이 없었기 때문이다.

피터의 〈미네소타 다면적 인성검사MMPI-2-RF〉의 타당성 척도는 기억력과 지적 기능을 과장하고 있음을 자세히 알려주었다. 아울러 피터는 자기에게는 호의적인 태도를 보였다. 그래서 사소한 잘못은 부인하고, 자기를 남들보다 도덕적인 사람으로 나타냈다. 임상적으로 가장 점수가 높게 나타난 것은 반사회적 행동과 충동조절이 안 될 가능성을 측정하는 척도였다. 이 척도를 통해서 쉽게 지루해하고, 충동적이고, 마약을 남용하고, 감각을 추구하는 피터의 모습이 드러났다. 피터는 부정적인 감정 척도가 비정상적으로 낮았다. 한 마디로 피터의 긍정적인 감정이나 자존 감을 방해하는 것은 아무것도 없었다.

신경 심리 검사 결과가 도움이 되었다. 성취도 검사와 지능검사에서 피터는 평균 범위에 속하는 점수가 나왔다. 〈웩슬러 성인 지능검사 WAIS-IV〉를 한 결과, 피터의 지능지수는 106이었다. 길거리에서 쌓은 세상 물정 지식을 인지능력과 혼동할 수 있으나, 자기가 생각하는 것만큼 똑똑하지 않았다. 하지만 그는 바보는 아니었다. 그리고 추론·어휘와 같은 언어적 능력이 퍼즐 맞추기와 같은 비언어적 능력보다 높았다. 아마도 상대적으로 높은 언어능력은 범죄적인 생활방식에 장점으로 작용했을 것이다. 스스로 법을 어기는 경우가 많다고 생각하는 성인은 언어 능력이 제한적인 경우가 많으므로, 피터는 틀림없이 상대적으로 높은 언어능력을 자기에게 유리하게 사용했을 것이다. 아마 그의 높은 언어능력은 갱단에서 윗자리로 올라가는 데에도 도움이 되었을 것이다.

종합적인 신경심리학적 평가를 완료하기 위해 〈신경 심리평가 종합검사NAB〉[1]와 함께 전문화된 신경심리학적 도구도 추가로 사용했다. 〈신경 심리평가 종합검사〉는 비교적 최근에 최첨단 연구로 개발된 것으로, 주의력·언어·기억력·공간 능력·실행기능이라는 5개 영역의 신경심리학적 기능을 평가한다. 5개의 영역은 여러 개별검사를 포함하며 총점과 5개 영역의 점수를 비롯해 여러 점수로 산출된다.

피터의 〈신경 심리평가 종합검사〉 총점은 평균 범위에 있었다. 다양한 영역의 특정한 검사에서는 공통으로 약점을 보였다. 예컨대 주의력 영역의 점수는 평균 범위에 있었으나, 운전상황 과제를 비롯한 일상생활 기술에는 결함이 있었다. 언어 영역의 몇 가지 점수도 평균보다 약간 낮았다. 하지만 어떤 영역의 점수도 손상된 범위에 있지 않았다.

피터가 〈신경 심리평가 종합검사〉의 실행기능 영역에서 가장 높은 점수를 보인 점은 매우 중요했다. 실행기능은 새로운 상황에서 계획을 세우고, 문제를 해결하고, 목표를 이루기 위한 행동의 순서를 정하는 등 높은 수준의 인지능력이 필요한데, 실행기능 영역의 모든 과제에서 평균 이상의 결과를 보였다. 예컨대 글자 여덟 개로 세 글자로 된 낱말을 되도록 많이 생각해 만들어야 하는 단어 생성 검사에서도 평균 이상이었다.

피터의 실행기능을 추가로 검사하기 위해서 앞서 실시했던 〈코너스 연속수행 검사〉 이외에 〈위스콘신 카드 분류 검사WCST〉와 〈아이오와 도박검사IGT-2〉도 진행했다. 피터에게는 경계를 유지하고 지속해서 주의를 기울이는 능력에 약간의 장애가 있는 것을 제외하고는, 행동을 계획하고 조절하는 능력이 신경심리학적으로 손상된 증거는 보이지 않았다.

이러한 사실에서 어떠한 신경심리학적 결론을 얻을 수 있을까? 학업은 중단되었으나, 피터의 지적 능력과 학업 성취도는 기본적으로 평균 범위에 있었다. 하지만 몇 가지 특별한 결점이 있었다. 피터는 비언어적 추론능력이 언어능력보다 낮았고, 지속해서 주의와 경계를 유지하는 데 어려움이 있었다. 그래서 일상생활에서 나타나는 복잡한 정보를 통합하고 정리하는 능력이 방해를 받았다. 자기조절과 관련해서도 중요한 역할을 하는 실행기능은 충동적인 경향과 주의력 문제를 고려해도 최소한 평균 수준은 되었다.

나는 검사 결과를 토대로 피터를 시·공간 능력이 부족하고, 주의를 유지하지 못하고, 일부 언어 영역에서 발달이 낮은, 가벼운 신경인지 장애로 진단했다. 신경 인지장애의 원인은 오랜 마약 사용과 최소 한 건 이상의 머리부상을 포함한 폭력 이력의 결과였을 가능성이 크다. 아울러 주의력 장애 기록과 신경 심리 검사 결과를 바탕으로 피터를 주의력결핍과잉행동장애로 진단했다.

피터는 다양한 약물 남용으로 생긴 장애가 있었다. 그가 선택한 약물에는 필로폰과 알코올이 포함되었다. 첫 상담 직전에도 피터는 교도소에서 필로폰을 사용하고 유포하다 적발되어 독방에 갇혔다.

***

법원은 피터가 직접 자기를 변호하는 것을 지원하기 위해 법정 대리인을 선임했다. 그래서 법원이 선임한 법정 대리인과 함께 피터의 검사 결과를 검토했다. 공식적으로 피터를 반사회성 성격장애로 진단했지만, 법정 대리인에게는 알기 쉽게 사이코패스라고 말했다. 법원에서 인정하고 사용하는 공식적인 진단지침서인 《정신질환 진단과 통계 편람DSM-5》에는 사이코패스 성격이 포함되지 않았다. 반사회성 진단은 주로 법과 (일반적으로 받아들여지는) 사회적 규범을 위반하는 행동에 초점을 맞춘다. 냉담하고 감정이입이 부족한 점이 피터의 가장 해로운 특성이라고 말했다. 《정신질환 진단과 통계 편람》은 법의학 상황에 놓인 남성의 70%가 반사회적 성격을 가진 것으로 보고했다.[2] 그리고 반사회적 성격이 가장 심각한 일부가 사이코패스가 되는데 피터가 바로 반사회적 성격이 가장 심각한 사이코패스였다.

피터는 여러 가지 중요한 정신과 진단을 받았지만, 나는 그를 정신이상으로 판단할 수 없다고 설명했다. 정신이상 가능성을 인정하려면, 피해자를 찌를 때 사용한 무기를 어떻게 지니게 되었는지 기억할 수 없다는 그의 주장을 받아들여야 한다. 하지만 이 주장은 신뢰할 수 없었다. 당시에 정신병이 도지고 해리 상태였다고 주장하지만, 피터는 이러한 주장을 뒷받침할 질환이 동시에 발생할 수 없는 사이코패스이기 때문이다. 게다가 과거에 폭력적인 행동을 되풀이한 이력으로 볼 때, 당시 상황을 조금이라도 기억해야 했다. 누군가를 공격하거나 난투극에 참여하는 것이 피터한테는 그리 특별한 일이 아니었다. 그래서 상황에 압도되어 정신이 나갔다고 볼 수도 없었다.

나는 변호사에게 피터의 기억상실이 아무리 좋게 생각해도 말이 안 된다고 단호하게 말했다. 어쨌든 반사회적 성격과 약물 남용 장애는 정신이상 변호의 요건이 되지 않는다. 칼로 찌를 때 자기의 행동이 도덕적으로나 법적으로 잘못이라는 점을 인식할 수 없는 심각한 정신장애나 정신적 결함의 증상이 없었다. 게다가 피터에게는 적절한 실행기능, 곧 자기를 통제할 수 있는 신경심리학적 잠재력이 있었다. 이러한 사실로 판단할 때, 심지어 사건을 판결할 때 조차도 정상참작을 할 만한 요소가 매우 제한될 수밖에 없다고 생각했다.

정신이상 평가에만 한정하면, 피터의 사례는 결론을 내리기가 절대 어렵지 않았다.

***

평가를 마친 지 몇 달 뒤에, 나는 피터의 재판에서 증언하라는 검사의 출석요구서를 받았다. 하지만 얼마 지나지 않아 사건 심리를 담당하던 검사보 톰 콜턴에게 뭔가 귀찮은 일이 생겨 재판이 연기되었다는 전화를 받았다. 피터는 자기를 대리할 변호사가 필요하다고 결정했고, 〔새로 선임된〕 변호사는 사건의 "속사정을 알기 위해" 준비 기간이 필요했다. 좋아, 잠시 쉬어가는 시간이라고 생각했다. 증언을 준비하는 시간은 내 의견이 확실할 때조차도 늘 불안하다. 어떤 난관이 있을지 예측할 수 없고, 뜻하지 않은 방식으로 망칠까 봐 걱정도 되기 때문이다. 이때는 조금 지나칠 정도로 철저히 준비하는 것이 불안함을 가라앉히는 데 도움이 된다.

한 달쯤 뒤에 피터의 국선변호인 매튜 스웨인에게 전화를 받았다. 변호사는 피터가 정신이상 주장을 철회했다고 알려왔다. (변호인이 강하게 권고한 것 같았다.) 스웨인 씨는 어떤 항변이 가능한지 검사와 협상하는 중이었다. 스웨인 씨는 내 보고서를 읽고, 피터의 신경검사를 위해 법원에 자금 지원을 요청하기로 했다. 신경검사가 완료되면 추가로 발견된 사항을 알려주기 위해 내게 진단결과를 전해줄 것이다. 신경과 전문의의 보고서를 살펴보고 다시 전화하겠다고 했다. 스웨인 씨는 심각한 판결에서 벗어나기 위해 정상참작이 될 만한 요소를 찾는 것 같았다.

피터의 신경검사 결과는 정상이었고, 자기공명영상과 뇌파검사 결과도 정상이었다. 결과가 정상범위에 있었으나, 신경과 전문의는 "외상성 뇌 손상이 있는 개인과 일치하는" 증거도 있다고 덧붙였다. 나는 스웨인 씨에게 외상성 뇌 손상의 가능성과 관계없이 피터의 신경인지 기능 결함은 가벼울 뿐 아니라 실행 능력도 평균 이상이라는 사실이 확인되었다고 말했다. 새로운 진단결과도 내 의견을 바꾸지 못했다.

피터의 변호인은 결국 사전형량 조정 협상을 성사시켰다. 피터는 치명적인 무기로 특수폭행을 저질렀다는 사실을 인정했다. 그리고 추가 징역형을 선고받았다.

분명히 〔사전형량 조정이 이루어지지 않았다면〕 재판의 배심원단은 피터가 제정신이었고, 살인미수 혐의도 유죄로 판결했을 것이다. 피터가 고집한 대로 자신을 변호하기 위해 직접 증인으로 나섰다면, 반대 심문에서 오랜 폭력 범죄기록이 모두 드러났을 것이다. 그리고 범죄 행위를 유전자에 기초해 선천적으로 결정된 것으로 주장했더라도 배심원들의 공감을 받지 못했을 것이다. 나와 다른 한 명의 전문가 증인에게 검사가 반대 심문을 했다면, 피해자를 찔렀을 때 피터가 옳고 그름을 구별할 수 있다는 사실도 명확히 밝혀졌을 것이다.

사전형량 조정이 이루어진 뒤 나는 스웨인 씨와 이야기를 나누지 않았다. 그래서 피터의 가벼운 신경인지 결함의 증거가, 검찰이 살인미수에서 특수폭행으로 혐의를 낮추는 것에 동의하는 데 영향을 끼쳤는지는 알 수 없었다. 하지만 그랬을 것 같다. 피터는 이미 가석방될 가능성이 거의 없는 긴 형기를 복역하고 있었다. 이 판결로 피터가 가석방될 가능성은 더욱 적어졌다.

***

그렇다면 신경심리학적 결함은 어떤 상황에서 믿음직한 법적 방어수단이 될 수 있을까? 실제로 피고인이 자신의 뇌가 범죄 행위를 일으켰거나, 적어도 상당한 영향을 끼쳤다고 주장할 수 있는 때도 있을까?

앤디의 사례를 살펴보자. 그도 피터만큼이나 호감이 가는 인물은 아니었다. 앤디의 범인 식별용 얼굴 사진인 머그샷과 범행 현장 사진을 보면 경악을 금치 못한다. 마흔아홉 살인 앤디는 일반 피의자보다 나이가 많았다. 키가 188cm에 머리는 길고, 양팔에는 문신이 있으며, 눈은 텅 빈 것 같고 표정에는 생기가 없었다.

앤디는 차량 절도미수 혐의로 기소되었다. 차를 훔치려고 열쇠를 잡아채며 차주를 위협한 혐의를 받았다. 앤디는 경찰관에게 차를 훔치려는 의도가 없었다고 부인했다. 사건은 차주에게 담배를 요구하면서 시작되었다. "꺼져"라고 거절과 무시를 당한 뒤에 충돌이 일어났다. 앤디는 그 남자에게 주먹을 날리고 자동차 열쇠를 잡아챘다. 짧은 실랑이는 앤디가 현장을 떠나면서 끝났고, 근처 공원에 앉아 있다가 체포되었다. 앤디는 경찰에게 피해자로 추정되는 사람이 자기를 "얕잡아 보았기" 때문에 화가 나서 "내다 버리려고" 자동차 열쇠를 잡아챘다고 말했다.

체포되었을 때 앤디는 노숙자였고 거리에서 생활하고 있었다. 그는 생활보조금을 받고 있었고, 말다툼을 벌여 "쫓겨나기" 전까지는 나이든 남자의 집에서 함께 살았다. 앤디는 이 남자가 성적으로 "다가왔다"라고 주장했다. 체포되기 전날 몰트위스키에 "매우 취했다." 습관적으로 필로폰을 사용했지만 최근 며칠은 필로폰을 사용하지 않았다. 앤디가 설명한 체포 현장 상황과 체포 과정은 경찰 보고서의 내용과 매우 유사했다. 유일한 질문은 당시 앤디의 마음 상태였다. 앤디는 자동차를 훔칠 의도가 있었는가?

변호인인 리사 스티븐스와 처음 만났을 때, 변호사는 앤디의 이력에 여러 해 걸친 약물 남용과 많은 범죄기록이 있다고 말했다. 교도소에서 양극성 장애, 다양한 약물 남용, 성격장애 진단을 받았다. 반사회성 성격장애로 여러 차례 진단되기도 했다. 앤디의 어머니가 변호사에게 한 말에 따르면, 어린 시절부터 행동에 문제가 있었고, "미세 뇌 기능장애"로 진단을 받았다. 미세 뇌 기능장애는 과거에 주의력결핍 과잉행동장애, 학습장애와 같은 다양한 인지장애를 진단할 때 폭넓게 사용하던 용어다. 어머니는 앤디가 머리부상으로 입원한 적도 있지만, 어떻게 그런 상처를 입게 되었는지는 모호하다고도 했다.

스티븐스 변호사는 앤디를 "감정적으로 좀 ⋯ 이상하다"라고 말했다. 많은 피고인처럼 그도 결백을 주장했다. 그러나 실랑이를 벌인 뒤의 행동은 차를 훔치려다가 실패한 사람치고는 이상했다. 도망가거나 숨으려 하지 않고 현장을 벗어나 가까운 공원에서 휴식을 취했다. 스티븐스 변호사는 그의 행동을 "별나다"라고 표현했다. 앤디는 체포된 것에 실망감을 보이면서도, 유쾌하고 유치한 행동을 보이기도 했다. 변호사는 판단 근거를 명확히 하고 지적 수준을 평가하기 위해 '일련의 정밀검사'를 요청했다. 나는 신경 심리 검사가 유용할 것이라고 했다. 변호사도 동의했다.

첫 만남에서 앤디에게 평가 과정을 설명했다. 앤디는 이미 감옥에 갇힌 지 꽤 지났지만, 깨끗하고 쾌활했다. 죄수복에는 얼룩이 조금 있었고, 머리는 여전히 길었으나 기름기가 많지는 않았다. 전보다 살도 좀 쪘다. 그는 리스페달과 데파코트를 복용하고 있었다. 이 두 정신과 약물은 일반적으로 양극성 질환이 있는 사람에게 함께 처방된다.

앤디에게 우리 만남에 인지검사가 포함될 것이라고 하자, 머리부상 병력을 설명하기 시작했다. 그는 길거리에서 벌어진 싸움에서 쇠파이프로 머리를 맞고 기절했다가 의식을 잃었고 응급실에서 깨어나 다음날 퇴원했다. 그 뒤 "청력이 좋지 않았고, 두통"도 생겼다. 여러 해 동안 싸움을 많이 했고, 그 과정에서 머리를 다치거나 때로는 의식을 잃기도 했다. 싸움하다가 손가락 마디가 부러진 오른손을 자랑스럽게 보여주었다. 그러고는 실망할 때마다 머리를 때리거나 벽에 머리를 들이박는다고 껄껄거렸다. 본보기로 오른손 손바닥으로 이마를 반복해서 내리치기도 했다. 즉시 멈추라고 요청하자, 기분 좋다는 듯이 크게 웃어댔다.

앤디는 아홉 살 때 형이 대마초를 준 뒤부터 마약을 오래 사용해왔다. 여러 해 동안 다양한 길거리 마약에 손을 댔으나, 주로 선택한 것은 필로폰과 몰트위스키였다. "체포될 때까지 술을 마셔요. … 늘 그래서 망했지요"라고 어색한 웃음을 지으며 말했다. 앤디는 여러 번 체포되었고, 두 차례 교도소에 수감되었다. 폭행, 가벼운 절도, 한 번의 차량 절도, 음주운전으로 체포되었고, 가석방 규정을 지키지 않아 여러 번 체포되기도 했다. 두 차례 교도소에 수감되었던 것은 공격적인 행동 때문이었다. 한 번은 가게에서 말다툼을 벌인 뒤 다용도 칼로 폭행을 시도한 혐의로 기소되었다. 당시 앤디는 마약을 하고 있었다. 경찰을 폭행한 혐의도 있었다. 그때도 마약과 술에 취해 있었다. 다른 한 번은 어떤 쇼핑몰에서 한 여성이 아이의 머리를 때리자 그 여자의 얼굴을 때렸다. 앤디는 "아이를 그런 식으로 때려서 그년한테 빌어먹을 창녀라고 했어요"라고 말했다.

앤디의 교도소 기록에는 약물 남용과 정신병 이력이 기록되어 있었다. 민간병원에 한 번 입원한 적도 있지만, 대부분 교도소 병동에서 정신과 치료를 받았다. 앤디는 여러 차례 양극성 장애 진단을 받았고, 앞서 언급했듯이 반사회적 성격을 비롯해 다양한 성격장애 진단도 받았다. 화가 났거나 실망했을 때 머리를 쿵쿵 들이박는다는 것도 문서에 기록되어 있었다.

앤디는 오랫동안 반복된 자기 파괴적인 행동의 이력을 설명했다. 감옥에 있을 때 배를 찔러 수술을 받은 적도 있었다. 민간 정신병원에 입원한 것도 자살 충동 때문이었다. 다리에서 뛰어내리겠다는 앤디의 말을 듣고 어떤 남자가 지나가는 경찰차를 불러세운 적도 있었다. 보호관찰 부서의 평가에 따르면, 앤디는 성격이 변덕스럽고 학습장애 이력이 있었다. 다섯 살 때 아버지에게 성적 학대를 당했고 아버지가 머리에 산탄총을 겨눈 적도 있었다.

앤디의 어머니인 토머스 부인과 상담을 하면서, 보호관찰 보고서에 적힌 내용을 확인했다. 앤디의 아버지에게 정신병과 망상이 있었다. 앤디에게 성적 학대를 저지른 것을 알고 나서 그녀는 앤디의 아버지와 이혼했다. 두 번째 남편한테는 나이가 많은 두 아들이 있었다. 맏형은 앤디에게 "비열하고, 가학적이었다."

앤디의 출생과 분만도 "상처를 남겼다." 병원 의료진이 "애를 썼는데도" 앤디가 5분 정도 숨을 쉬지 않았다. 앤디는 아기였을 때에 안기는 것을 좋아하지 않았고, 자주 흔들어야 잠을 재울 수 있었다. 그래도 그녀는 "그와 좋은 유대감을 가지고 있었다." 어렸을 때 앤디는 쉽게 짜증을 부리며 장난감을 자주 부쉈다. 그리고 살면서 지나치게 활동적이어서 주의력과 학습에 심각한 문제를 보였다. 취직해서 돈을 벌 거나 연애를 해 본 적도 없었다.

***

상담하면서 확인한 앤디의 기억은 어머니가 제공한 정보와 신경 심리 검사 결과를 비롯한 공식 기록과 비슷했다. 〈웩슬러 성인 지능검사〉로 확인한 지능지수는 83이었다. 13백분위수에 해당하는 것으로 언어와 비언어적 능력이 조금 손상된 범위에 있었다.

〈신경 심리평가 종합검사〉도 실시했다. 참을성이 없어서 뭔가를 진득하게 하지 못하는 앤디의 성향을 고려해 축약된 형식으로 실시했는데, 원래의 형식과 같은 결과를 제공해주므로 이 방법이 최선이라고 판단했다.

예상했듯이, 앤디는 주의력·언어·기억력·공간 능력·실행기능의 모든 영역에서 고르게 경증·중증의 장애가 있는 것으로 나타났다. 머리부상과 충동적인 공격의 이력을 고려했을 때, 특히 앤디의 실행기능 부족에 주목했다. 추가검사는 이 영역에서 앤디가 지닌 장애의 특성을 명확히 하는 데 도움이 되었다. 주의력·집중력과 관련된 〈코너스 연속수행 검사〉에서 전체 점수는 주의력결핍 과잉행동장애 진단과 일치하는 범위에 있었다. 충동성 점수는 인지적 융통성 측정과 마찬가지로 특히 높았다. 이는 〈위스콘신 카드 분류 검사〉 결과로도 확인할 수 있었다.

앤디에게 반응억제와 관련된 〈스트룹 검사CWST〉[3]도 진행했다. 색상 단어의 이름을 말하는 검사인데, 앤디는 파란색으로 인쇄된 '빨간색'이라는 단어를 읽거나 빨간색으로 쓰인 '파란색'이라는 단어를 읽어야 했다. 이 검사는 자연스러운 반응을 억제하는 능력을 검사하기 위한 것이다. 앤디는 이 검사에서 당황해서 쩔쩔맸고, 1백분위수에 해당하는 실행능력을 보였다.

요컨대 앤디의 검사결과는 지적 능력이 제한되어 있고, 주의력·정신적 유연성·인지 제어·자기조절에서 중추적인 결함이 있는 것으로 나타났다. 이러한 실행기능의 장애 때문에 복잡한 정보와 강렬한 감정에 부닥치면 이것에 압도되어 자기를 통제할 수 없거나 스스로 성숙한 판단을 할 수 없었을 것이다.

나는 앤디를 사이코패스로 생각하지 않았다. 수감되어 있으면서 반사회적 성격 진단을 받았지만 정확하지는 않다고 생각했다. 앤디는 10대 때 품행 문제에 심각한 이력이 없었고, 성인 범죄 이력도 범죄성향의 성격 때문이 아니었다. 앤디의 성인 범죄 이력은 약물 남용과 주의력결핍 장애·학습장애·신경인지 장애를 비롯한 정신장애에서 비롯되었다. 그래서 처음에는 〈헤어 사이코패스 점검항목〉으로 검사를 진행할 필요를 느끼지 못했으나, 생각을 바꾸어 이 검사를 진행해 보기로 했다. 사건이 재판에 넘겨져 증언을 해야 하면 내 의견을 뒷받침할 수 있는 정량적 증거를 제공할 필요가 있었기 때문이다. 나는 검사결과가 임상에서 받은 인상과 일치할 것으로 확신했다.

앤디가 과거에 진단받은 다양한 정신 상태와 성격장애, 특히 양극성 장애와 반사회적 성격 증상을 평가하기 위해 구조화된 임상 상담을 완료했다. 앤디는 양극성 상태를 보여주는 증상과 병력이 있었다. 〈헤어 사이코패스 검사항목〉으로 검사한 결과, 냉담함에서는 높은 수치가 나오지 않았으나 오랜 범죄 이력으로 반사회적 행동에서 높은 수치가 나왔다. 가장 두드러진 것은 경계선 성격의 특징이었다. 앤디는 자기 파괴적이고, 충동적이고, 정체성이 불안정했다. "나는 나 자신이 확실치 않아요. 내가 누구라고 생각해야 하죠?" 이러한 앤디의 말은 불안정한 자아 정체성의 징후이자, 경계선 성격의 가장 중요한 특징이다. 예컨대 때때로 거만했고, 자신을 특수부대 요원이 될 수 있는 사람이라고 생각했다. 그리고 가끔은 "내가 반은 인간이고, 반은 외계인인 것 같은 느낌이 든다"라고도 했다. 하지만 앤디의 이러한 특징은 부분적으로 신경인지 결함과 양극성 상태

그리고 주의력결핍 과잉행동장애와 학습장애로 나타난 발달상태 때문이었다. 그래서 나는 앤디를 경계선 성격의 특징으로 진단했다.

앤디의 〈미네소타 다면적 인성검사〉 결과를 보면, 매우 보기 드문 답변을 한 경우가 평균보다 많았다. 곧 일반 대중보다 통계적으로 훨씬 많았다. 이는 제한된 언어 이해력 때문이었을 것이다. 그러나 전체적으로 검사결과는 유효했고, 스스로 쓸모없는 사람으로 여기며 자기 파괴적인 경향을 보이는 사람과 일치했다. 충동적이고 생각을 정리하는 데 어려움을 겪고 있다는 것도 보여주었다. 나아가 감정적으로 압도되기 쉽고 행동을 조절하는 데 심각한 어려움을 겪는 사람들에게 나타난 결과와도 일치했다.

나는 앤디를 (경조증이라고도 하는) 낮은 등급의 조증 국면과 우울증 기간이 있는 양극성 장애 II형으로 진단했다. 하지만 본격적인 조증이나 심한 정신병 증상을 경험했다고 생각하지는 않았다.

***

차량 절도 혐의와 관련해 가장 중요한 것은 앤디의 신경인지 장애 진단이었다. 이것은 여러 해 동안 몇 차례 머리를 다치면서 외상성 뇌 손상을 입은 결과일 가능성이 컸다. 학습장애와 주의력결핍 과잉행동장애도 앤디의 인지장애를 부추겼다. 신경 심리 검사 결과에 따르면, 앤디는 실행기능에 결함이 있었다. 특히 계획을 세우고, 앞날을 예측하고, 자연스럽게생긴 반응을 억제하고 예방하는 능력에 심각한 결함이 있었다. 예컨대 다른 색 단어를 읽는 반응을 억제하는 능력이 심각하게 손상되어 있었다.

앤디가 보인 행동과 이러한 검사결과는, 눈구멍 바로 위에 있는 뇌의 안와전두피질 영역과 그 뒤 깊숙한 곳에 있는 뇌의 복 내측 부분에 장애가 있다는 사실을 알려주었다. 이 영역은 사회적 판단과 의사결정에 큰 영향을 끼칠 뿐 아니라, 앤디가 가장 큰 결함을 보인 반응억제 능력을 담당하는 부위다.[4] 앤디는 자신의 충동적인 공격성에 깜짝 놀라서 곧바로 반성의 눈물을 흘렸다고 설명했다. 평소 실랑이에 휘말리면 갑자기 반응하다가, 자신의 행동에 충격을 받아 빠르게 진정되었다. 앤디가 손으로 자기 머리를 내리치기 시작했을 때, 나는 그의 몸 안에 있는 장애를 목격했다. 아울러 이것은 욕구불만이 있을 때 어떻게 자기 파괴적으로 되는지도 보여주었다. 앤디는 일단 시작하면 내가 개입할 때까지 행동을 중단하는 데 어려움을 겪었다. 이것은 욕구불만에 쉽게 압도되어 신체적 다툼을 벌였으며, 일을 벌이고 나서는 곧바로 부적절하다는 것을 깨달았다는 그의 설명과 일치했다. "내가 … 미쳤지요." 그리고 이는 피해자의 자동차를 강탈하려고 열쇠를 잡아챈 게 아니라, 화가 나서 충동적으로 반응한 것이라는 앤디의 주장을 뒷받침했다. 그 뒤에 보인 (근처 공원에 앉아 있던) 침착한 행동도 안와전두피질의 기능장애로 나타난 행동과 일치했다. 주의력결핍 과잉행동장애도 욕구불만을 억제하는 데 도움이 되지 못했다.

앤디의 변호인에게 보고서를 전달하면서 내가 내린 결론의 복잡한 특성에 관해 이야기를 나누었다. 재판에 앞서 열린 청문회는 검사와 앤디의 변호인, 판사만 참여하는 비공개회의로 진행되었다. 그리고 세 사람은 서로 합의에 도달했다. 앤디는 보호관찰을 받는 조건으로 폭행 혐의에 유죄를 인정했고, 차량 절도 혐의는 기각되었다. 보호관찰 기간에 앤디는 정신과와 약물치료에 참여하고 약을 먹어야 했다. 그리고 생활보조금으로 비용이 지급되는 기숙사나 요양원에 들어가서 안정적인 환경에서 생활해야 했다.

피터와 앤디에게는 개인의 이력과 신경심리학에서 의미 있는 유사점이 있었다. 둘 다 범죄와 약물 남용의 오랜 이력이 있었고, (신경인지 장애와 주의력결핍 과잉행동장애 등) 여러 가지 비슷한 뇌 기능장애를 가지고 있었다.

그러나 중요한 차이도 있었다. 가장 중요한 차이는 피터의 폭력은 뇌 질환에서 비롯된 것이 아니라는 점이다. 피터는 평균 이상의 실행 능력을 갖추고 있었다. 피터의 폭력은 사이코패스적인 자아에서 비롯되었다. 그래서 폭력은 적극적이고 중요한 수단이었고, 야비하고 탐욕스러웠다. 하지만 앤디의 폭력은 신경인지 장애인 안와전두피질 증후군의 직접적인 결과였다. 앤디의 폭력은 반응적이고 충동적이었으며, 계획되지 않고 원하는 목표도 없었다. 폭력은 빠르게 사라졌고, 곧바로 자기의 행동을 비하하는 자기 혐오로 이어졌다.

***

그렇지만 "내 뇌가 나를 이렇게 만들었다"는 피터의 주장은 이상하지 않았다. 지난 수십 년 동안 신경과학에서 새롭게 밝혀진 사실이 형사소송에서 변호인에게 점점 더 많이 사용되었다. 미국에서 벌어진 살인사건의 약 6%에서 신경과학에서 새롭게 발견된 사실이 변호에서 쓰였다.[5] 나는 살인·살인미수에서 성범죄·방화·폭행과 관련된 사건에 이르기 까지 다양한 범죄로 기소된 피고인들과 함께 신경심리학적 조사를 진행하면서 (미란다 권리의 이해와 같은) 여러 법적 권한에 관한 질문에 의견을 제시했다. 신경심리학적 증거는 보통 피고인이 사용하지만, 검사가 사용하는 횟수도 늘어나고 있다. 검사들은 신경과학의 자료가 생물학적인 폭력 성향의 범죄에 장기징역형을 선고할 필요가 있다는 자신들의 주장을 뒷받침한다고 강조한다.[6]

피터는 다음과 같이 주장했다. 유전적인 배경과 가정환경이 자기를 타락시킨 원흉이었다. 이것 때문에 도덕 규범과 법을 준수하려는 능력이 훼손되었다. 따라서 자신의 법률 위반은 면책되어야 마땅하다. 유전적 특성과 기질은 반사회적이고 폭력적인 행동으로 발전할 수 있다는 증거가 있다.[7] 특히 [정신] 발달과정에서 문제 환경에 노출되면 더욱 그렇다고 확인되었다.[8]

게다가 피터의 주장은 일부 신경과학자들에게 상당한 지지를 받았다. 6장에서 언급했듯이 일부 신경과학자들은 피터의 주장처럼 법적 책임을 면책하는 안을 지지한다. 가장 포괄적인 형태로, 이 과학자들은 범죄 행위를 포함한 모든 행동이 생물학적으로 개인의 유전자와 뇌 활동으로 결정되며 의식적인 통제를 벗어난다고 주장한다.[9]

철학자 켈젠이 이 장의 도입부에서 말한 식물과 달리, 이 과학자들은 우리가 자신과 충동을 성찰하고 개인적인 경험을 다른 이들과 공유할 수는 있지만, 심리적 지배력이나 인격의 작용과 같은 우리의 관념은 환상에 지나지 않는다고 믿는다.

피터의 주장과 유사하게 들리는가? 나도 그렇게 생각한다. 그러나 고려해야 할 다른 사항도 있다.

'경직된' 생물학적 결정론은 마음이 뇌의 생화학적 특징의 심리적 표현일 뿐이라고 주장한다. 뇌가 심리적 경험에 대해 오롯이 주도권을 쥐고 있다는 것이다. 그러나 모든 신경과학자가 마음과 뇌의 관계를 기계적으로 설명하는 이런 절대론자의 주장에 동의하는 것은 아니다.[10] 많은 과학자와 임상의는 마음이 뇌에서 생겨나지만, 마음의 구성은 초기의 돌봄 경험,[11] 사회적 학습,[12] 문화적 맥락[13] 등과 같은 많은 요인의 영향을 받는다고 생각한다.

유전자 결정론자들은 복잡한 심리적 문제가 등장하면 언제 그랬냐는 듯이 시치미를 떼고 결정론의 관점에서 한 발짝 물러선다. 유전자는 눈 색깔에 95%의 영향을 미칠 수 있지만, 성격에는 40%밖에 영향을 미치지 않는다.[14] 꽤 높은 숫자이지만, 100%는 아니다.

범죄 유전자가 따로 있다는 증거는 없으며,[15] 생물학적 요소가 행동에 영향을 끼친다는 증거만 있다. 환경, 특히 어린 시절의 학대와 방치 경험도 마찬가지다.[16] 교육 수준, 영양, 애착의 경험도 마찬가지다.[17] 요인은 무수히 많다. 요컨대 모든 행동은 근본적으로 생물학적인 것이든, 심리적인 것이든, 사회적인 것이든, 어떤 것에서도 비롯되어 나타날 수 있다. 법학자 스티븐 모스가 그의 책에서 되풀이해서 지적했듯이,[18] 형법은 행동의 원인에 직접 초점을 맞추지 않는다. 오로지 법적 위반과 그에 뒤따르는 생각·의도·비행을 부추긴 동기와 관련이 있을 뿐이다.

***

피터의 주장은 경직된 결정론이었다. 다시 말해 무질서한 두뇌가 범죄 행위에 책임이 있다는 주장이었다. 생물학적 요인과 양육의 결합이 매우 파괴적인 영향을 끼쳤다는 점에서 그의 주장은 부분적으로 타당할 수 있다. 하지만 그것은 인과관계의 원인이 아니었다. '나쁜' 생물학적 배경을 가진 모든 사람이 폭력적인 범죄자가 되지는 않는다. 더 중요한 것은 피터에게는 행동하기 전에 생각할 수 있는 인지 기능과 추론능력이 있었다는 점이다. 피터는 자신을 통제할 능력을 갖추고 있었다. 피터를 폭력으로 몰아넣은 것은 원인과 영향이 복합적으로 혼합되어 형성된 그의 성격이었다. 피터가 저지른 강력범죄의 기초를 형성한 것은 독특하게 구성된 그의 전체성이었다. 곧 그 자신이었다.

앤디의 초기 학대 이력과 학습장애는 분명히 성인이 된 뒤에 그의 행동에 부정적인 영향을 미쳤다. 하지만 앤디는 뇌장애에서 비롯된 자기통제력에 결함이 있다는 점에서 피터와 달랐다.

* * *

온화한 기질을 지니고 태어나 좋은 양육 환경에서 자라는 행운이 있다고 해서 악의적인 생각이나 사악한 충동으로부터 보호되지는 않는다. 강렬함이 서로 다르게 존재하는 내면의 경험은 인간 본성의 일부이다. 사악한 욕망은 뇌가 병든 사람에게만 나타나지 않는다. 우리는 모두 충동과 욕망 사이에서 벌어지는 충돌과 싸워야 한다. 충동과 욕망을 억제하는 것은 공손함을 얻기 위해 치러야 할 대가다.

나는 유명한 발달심리학자 제롬 케이건이 했던 관찰을 기억한다. 그가 아는 부패한 사람들은 대부분 완벽히 작동하는 두뇌를 가지고 있었다.

12.

법을 집행하는 자들이 저지르는 범죄

여기에 이유 따윈 없어

— 아우슈비츠의 경비원이 프리모 레비에게 한 말

나는 교도소 출입 허가를 받고 폭행 혐의로 기소된 27세 남성 토머스를 평가했다. 그의 변호인 앤서니 무뇨스는 사건의 세부 내용을 알려주었다. 토머스는 쇼핑몰 주차장에서 피해자와 말다툼을 벌였고 몸싸움으로 확대되었다. 체포된 뒤 변호사를 만난 토머스는 자기가 먼저 주차공간을 발견했다고 계속 되풀이해서 이야기했다. "아무리 기분이 상해도 누군가를 때려서는 안 된다는 사실을 토마스가 이해하지 못하는 것 같아요." 아울러 무뇨스 변호사는 토머스가 그렇게 폭력적으로 돌변할 사람처럼 보이지는 않았다고 말했다. 토머스는 전과가 없었고 폭력과 약물 남용 이력도 없었다. 이상한 행동으로 정신과 치료를 받은 적도 없었다. 뮤노스 씨는 "겉으로는 평범한 이웃처럼 보여요. 그런데 뭔가 아닌 것 같아요"라고 말하며 고개를 꺄우뚱했다. "그는 좀 이상해요. 〔사회적 상호작용과 비언어적 의사소통에 어려움을 겪는〕 아스퍼거 증후군처럼 보이기도 해요."

토머스의 부모가 변호인에게 한 말에 따르면, 토머스는 어렸을 때부터 특이하게 온갖 것에 집착하는 모습을 보였다. 초등학교에 다닐 때는 특정한 만화에 등장하는 인물들에 집착했고, 성인이 된 뒤에는 지나치게 종교에 빠졌다. 부모도 신자였으나, 토머스가 너무 경직된 도덕관을 가지고 있어서 이상하다고 불평했다. 무뇨스 씨는 "부모도 아들이 뭔가 이상하다고 계속 느껴왔던 것 같아요"라고 말했다. 변호사는 '흑백으로 나뉜 세계'와 경직된 토머스의 사고방식이 주차장에서 갑자기 폭력적으로 폭발한 것과 관련이 있는지 궁금하게 여겼다.

사건을 맡은 검사는 어떤 사전형량 조정 협의도 받아들이지 않으려 했다. 검사는 사건 직후에 경찰이 토머스를 심문한 녹음자료를 들었는데, 그때까지도 토머스의 말투가 화난 것처럼 들렸다고 변호인에게 말했다. 하지만 토머스는 전에 폭력사건을 일으킨 적이 없었다. 그래서 검사는 토머스의 폭력적인 위험성을 추정할 수 있는, 정신과 진단을 포함한 호의적인 심리보고서를 받으면 사전형량 조정을 고려할 수 있다고 했다. 검사는 토머스의 공격성을 불러일으킨 원인을 이해할 수 있기를 바랐다. 사전형량 조정이 가능해지면, 치료 권고도 하나의 선택사양이 될 수 있었다.

토머스는 지금까지 내가 한 번도 가본 적이 없는 교도소에 수감되어 있었다. 교도소는 꽤 먼 곳에 있었다. 그래서 장거리 운전을 할 때마다 늘 그랬듯이, 스마트폰을 차에 연결해 오디오북을 들을 준비를 했다. 나는 심리학 다음으로는 20세기 역사를 즐겨 듣는다. 이날은 켄 번스의 다큐멘터리 연작인 《전쟁》을 들었다. 이것은 자신이 겪은 전쟁을 세상에 알리기 위해 애썼던 남성과 여성이 들려주는 제2차 세계대전의 역사에 관한 이야기다. 아내는 내가 교도소에 가면서 비극과 죽음에 관한 이야기를 듣는 것을 특이하게 생각했다. 그래서 "쉬면서 음악을 들어보는 게 좋지 않을까?"라고 조언했다. 아내 말도 일리가 있었다. 역사가 에릭 홉스봄이 20세기 전쟁을 다룬 《극단의 시대》에서 말했듯이, 전쟁의 갈등은 절망적인 타락부터 놀라운 고결함과 용기까지 인간이 지닌 잠재력을 생생히 보여준다.

인간 행동의 극단은 큰 화재가 발생한 예외적인 상황에서만 나타나는 것이 아니라 일상의 평범한 삶에서도 나타난다. 특히 강제된 것이든 선택한 것이든, 형사사법 체계에서 살아가는 사람들에게도 잘 나타난다. 형사사법 체계는 선과 악의 모든 모습이 적나라하게 드러나는 현장이다. 그리고 원초적인 감정과 무거운 마음이 끊임없이 넘쳐흘러 나오고 이것이 빚어내는 끔찍한 결과에 직접 노출된다. 그래서 내게는 번스의 작품을 듣는 일이 치료법을 찾기 위한 준비이자 일종의 위로였다.

***

법원의 명령서가 있었지만, 그 교도소는 처음 방문하는 곳이라, 교도소장의 승인을 받아야 했다. 때로 금지된 물품이 기발한 방법으로 교도소 안으로 몰래 반입되어 가장 의심스러운 사람들이 사용할 수도 있기 때문이다. 보안규칙을 어긴 사건이 최근에 발생해서 방문자를 매우 꼼꼼하게 조사했다. 교도관 말로는, 어떤 변호사가 교도소 수감자 사이에서 '형님'으로 통하는 갱단 의뢰인에게 휴대전화를 몰래 반입했다고 한다. '형님'은 공식적이지는 않지만 다른 재소자의 지지를 받아 수감된 구역에서 권위자로 지명되었다. '형님'이 구역 권위자 지위에 오른 데에는 여러 이유가 있을 것이다. 오래 복역해서 교도소 지식이 풍부하기 때문일 수도 있다. 어쨌든 휴대전화를 지니고 있으면, '형님'은 감시를 피해 외부 동료와 쉽게 접촉할 수 있다. (교도소의 전화는 모두 감시를 받는다.) 그러면 새로 온 수감자가 무슨 이유로 들어왔는지, 어떤 조직계보에 속하는지 훤히 알 수 있다. 그리고 필요하다면 어떤 조치를 취해야 하는지도 결정할 수 있다. 새로 들어온 수감자가 아동 성추행 혐의를 받고 있는가? 경쟁 갱단의 조직원인가? 교도소 세계에서 죽을죄에 해당하는 밀고자로 알려진 사람인가? 필요한 경우에 "형님"은 공격 명령을 내린다.

심사를 받고 토머스를 만날 상담실로 안내되었다. 노트북을 설치하고 메모와 경찰 보고서를 검토했다. 상담을 시작할 준비가 됐지만, 토머스가 오지 않아서 신문을 꺼내 읽었다. 1시간 30분 정도 지나자 모터가 큰 소리를 내며 돌아가는 소리가 들렸다. 상담실 공간과 교도소 사동을 분리하는 문이 천천히 열리고, 비쩍 마른 젊은 남자가 좁은 복도를 따라 빠른 걸음으로 걸어왔다. 키가 크고 앙상히 마른 그는 조금 비틀거리며 걸었고, 길고 검은 머리카락이 이리저리 휘날렸다. 가까이 왔을 때 그의 검은 눈이 바닥으로 향해 있었고 얼굴도 긴장으로 딱딱하게 굳어 있었다. 부저가 울리고 문이 열리자 상담실 안으로 들어왔다. 눈을 자세히 살펴보았더니 긴장으로 신경이 곤두선 것이 아니라 겁에 질려 있었다. 내가 소개도 하기 전에 토머스는 불쑥 말했다. "변호사에게 전화해줘요. 변호사에게 나를 구해달라고 제발 부탁해 주세요. … 보호 구금으로요."

그날 아침에 토머스는 교도관에게 사동 바닥을 청소하는 일을 배정받았다. 약간의 자유가 주어지는 이 일은 교도관 말을 잘 듣고 문제를 일으키지 않는 수감자에게 배정된다. 폭행 혐의로 체포되었지만, 교도관들은 토마스를 폭력 위험성이 그다지 높지 않고 지시를 잘 따르는 모범 재소자로 판단했다. 이것은 좋은 신호인데, 무엇 때문에 그렇게 괴로웠을까? 토머스가 교도관에게 지시받은 일을 하고 있을 때 문제가 발생했다. 담당 구역을 청소하고 있는데 갑자기 두 명의 수감자가 나타났다. 한 수감자가 토머스에게 다가와 이곳에 있지 말고 다른 곳에 가서 청소하라고 명령 투로 말했다. 깐깐하고 까다로운 성격인 토머스는 그런 지시를 받은 적이 없다며 거절했다. 그러자 곁에 있던 다른 수감자가 토마스에게 다가와 자기는 '형님'에게 찍혀서 지금 막 벌을 받으러 가는 길이며, 잠시 후 함께 온 수감자가 바로 위쪽 옥상으로 자기를 데려가 아래로 밀어서 떨어뜨릴 것이라고 떨리는 목소리로 말했다. 그러면서 토마스에게 '제기랄! 상관 말고 빨리 꺼져!'라고 절망적으로 소리쳤다.

"내가 뭘 어떻게 해야 했죠?" 토머스가 내게 물었다. "그 사람이 죽으면 어떡하죠?" 그래서 어떻게 됐는지 알아내기 위해 나는 토머스의 말을 끊지 않고 기다렸다. 토머스가 삶과 죽음이라는 도덕적 난제에 맞닥뜨렸다는 것을 확실히 느꼈다. 토머스에게 선택은 명확했다.

토머스는 청소하던 곳을 벗어나 곧바로 교도관을 찾아가 목격한 상황과 앞으로 벌어질 일을 알려주었다. 물론 토머스는 교도소 문화를 충분히 교육받았으므로, 밀고자라는 꼬리표가 붙으면 어떤 대가를 치러야 하는지 잘 알았다. 그래서 교도관에게 미친 듯이 보호 구금도 요청했다. 나는 현명한 요청이라고 생각했다. 여기까지 들었을 때 토머스가 겁에 질려 보인 것이 자신이 목격한 무서운 상황 때문이라고 생각했다. 하지만 이유는 다른 데 있었다. 교도관은 토머스의 요청을 단칼에 거부하며, "빌어먹을, 쓸데없는 일에 개입하지 말고 허접스러운 네 일이나 신경 써!"라고 귀찮은 투로 말했다. 그리고 아무 일 없다는 듯이 태연하게 돌아서면서 토머스에게 청소하던 곳으로 돌아가라고 지시했다.

이제 나는 그저 법의학 평가만 진행할 수는 없었다. 내가 최대한 도울 것이라는 사실을 토머스가 알아야 했다. 이 교도소의 특성을 잘 모르지만, 밖에 나가자마자 변호사에게 전화하겠다고 그를 안심시켰다. 그리고 토마스에게 상황의 긴급성과 두려운 심정을 이해한다는 내 마음을 전하려 애썼다. 우리는 30분 정도 이야기를 더 나눴다. 법의학 조사관으로서 토마스에게 사생활이 어땠는지 몇 가지 질문했지만, 대다수 심리치료사처럼 상처 입은 사람의 말을 경청하고 지지했다.

교도소를 나와서 주차장에 세워 둔 차에 타자마자 무뇨스 변호사에게 전화했다. 변호사는 사무실에 없었다. 사무실 직원에게 변호사와 시급히 통화해야 한다고 말하자 곧바로 연결해주었다. 무뇨스 변호사에게 토머스의 상황을 설명했다. 변호사는 놀라울 정도로 침착했고, 상황을 파악한 다음 "곧바로 전화해서 조처할 테니 너무 걱정하지 마세요"라고 나를 안심시켰다.

그날 오후에 상황을 알아보기 위해 다시 전화를 걸어 변호사 사무실 직원과 이야기를 나누었다. 그녀는 토머스가 현재 보호 구금 상태에 있다고 전해주었다. 나는 토머스의 변호사가 교도소에서 벌어지는 일과 교도관의 태도에 익숙한 것 같다는 생각이 들었다. 날이 저문 뒤 토머스의 상황과 무뇨스 씨와 나눴던 대화를 곰곰이 생각해 보았다. 나는 토머스가 〔지적 능력과 의사소통에는 문제가 없는〕 고기능성 자폐인 것 같다고 변호사에게 말했다. 토마스의 이력과 짧게나마 만나서 관찰한 것에 기초해 알게 된 사실이었다. 하지만 무뇨스 씨가 토머스의 보호 구금 요청 사건에 대한 내 문제 인식에 심드렁한 반응을 보인 것이 놀라웠다. 한편 짜증도 났다. 변호사보다 오히려 내가 더 토머스의 상황에 흥분하고 마음이 상한 것 같았다. 토머스는 무사했지만, 이 사건에서 드러난 교도관의 도덕성 타락을 변호사에게 계속 떠들어댔다. 담당 재소자를 관찰하고 보호해야 할 의무가 있는 교도관보다 어떻게 폭력범이 동료 수감자의 안위를 더 걱정하다니 참으로 어처구니없다고.

토머스를 방문한 지 몇 주 뒤에 무뇨스 변호사에게 전화가 왔다. 토머스가 보호관찰 요건으로 분노관리 치료와 정신감정을 받으면 치안방해 혐의라는 경범죄로 기소될 수 있게 검사와 협상할 수 있을 것 같다는 내용이었다. 검사는 토머스의 학교 기록, 깨끗한 범죄기록, 부모가 제공한 토머스의 이력에 관한 진술과 모든 증거를 검토했다. 그리고 토머스가 치료를 받으면 앞으로 범죄를 저지를 위험이 크지 않다고 판단했다.

***

토머스가 겪은 교도소 사건에서 드러난 것처럼 도덕성이 무너진 모습은 복잡한 사회 체계에서 그렇게 드문 일은 아니다. 그러나 형사 사법 제도에서 도덕성이 무너지는 것은 매우 위험하다. 형사 사법 제도는 적어도 우리 사회에서 법적인 갈등을 객관적으로 공정하게 조정하는 장이다. 다시 말해 사회 구성원으로서 우리가 정의를 중재하고 잘못을 처벌하는 토론의 장이다. 하지만 이 책에서 보았듯이, 우리 본성의 어두운 끝에서 이따금 끔찍한 형태의 위법 행위가 흘러나온다. 때로는 감정이 들끓고 긴장이 고조되어 정의를 위해 헌신하겠다고 맹세한 사람들 사이에서도 인간의 나약함과 천박한 충동이 우리의 이상을 압도한다.

***

악의적인 것에서 숭고한 것에 이르는 다양한 행동은 (다시 말해 내가 다이모닉이나 흐릿한 본성이라고 부른 것은) 심리분석가가 되기 전부터 나의 주된 관심 대상이었다. 아니, 이보다 훨씬 오래전부터 내 마음속에 있었다. 아홉 살쯤 되었을 때, 형이 여름방학 시작을 기념해서 나를 영화관에 데려갔다. 〈톰 둘리의 전설〉이라는 카우보이 영화였다. 1960년대의 수많은 영화처럼 등장인물들은 퉁명스럽고 무뚝뚝했다. 그러나 이 영화는 아홉 살짜리 아이의 마음을 어지럽혔다.

영화는 대략 이런 내용이었다. 남북전쟁 때 남부군 장교 톰 둘리는 전쟁이 끝났다는 사실을 모르고 북부군 병사들을 공격한다. 그는 살인자로 수배되어 연인 로라가 사는 마을로 돌아가면 체포될 위기에 놓인다. 하지만 둘리는 이를 무릅쓰고 마을로 돌아와서 로라와 결혼하고, 마을 보안관 찰리 그레이슨에게 붙잡힌다. 둘리는 재판을 받고 교수형을 선고받지만, 군대 친구인 컨트리보이의 도움을 받아 탈출한다. 로라가 둘리와 다시 만나려고 마을을 떠날 때, 로라를 발견한 그레이슨이 로라를 겁박한다. 때마침 둘리와 컨트리보이가 나타나 보안관 그레이슨과 싸움이 벌어지고, 실수로 로라가 칼에 찔린다. 둘리와 그레이슨은 칼을 들고 싸운다. 난투극이 벌어지고, 그레이슨과 컨트리보이가 서로를 쏜다. 로라도 둘리의 품에 안겨 죽는다. 그리고 영화는 둘리가 사형을 기다리면서 끝난다.

나는 감정적 동요로 현기증을 느끼며 영화관을 나섰다. 어떻게 이런 불공정한 일이 일어날 수 있을까? 둘리는 범죄를 저지를 의도가 없었다. 단지 전쟁이 계속되고 있다고 믿었을 뿐이다. 보완관 그레이슨은 로라를 짝사랑했고, 자기가 "소녀의 마음을 얻을 수 있도록" 둘리가 없어지기를 바랐다. 그러나 보안관 그레이슨은 마땅히 명예롭고 옳은 일을 해야 하는 법을 집행하는 사람이었다. 법을 집행하는 보안관으로서 그레이슨이 둘리를 쫓는 일은 지극히 이기적이고 비열한 행위였다. 게다가 로라를 겁박하기도 했다. 결국 정의로운 인물 둘리는 부당하게 처형당했다.

그해 여름밤마다 잠자리에 누워 톰 둘리의 비참한 운명과 처참하게 짓밟힌 정의에 관해 깊이 고민했다. 정의로운 사람이 어떻게 이런 잘못된 판결을 받을 수 있단 말인가? 법을 판단하거나 집행하는 사람이 어떻게 이런 부당한 일을 저지를 수 있단 말인가? 너무도 자연스럽게 받아들인 도덕적 질서에 대한 믿음이 선과 악의 모호함 때문에 송두리째 흔들렸다. 당시에 나이는 어렸지만, 속상하고 마음이 아파서 여름 내내 잠을 설쳤다.

* * *

법을 집행할 책임이 있는 사람들이 얼마나 자주 불의를 저지를까? 이를 알기가 절대 쉽지 않다. 이 문제를 연구하는 형사사법 학자들이 주장하는 바에 따르면, 경찰의 위법 행위가 대부분 주목을 받지 못한 채 지나가 버린다.[1] 법을 집행하는 공무원은 자신이 수사당하는 것을 좋아하지 않는다. 그리고 일반 사람은 보통 경찰을 지지하며, 위험에서 자신을 보호한다고 생각한다. 게다가 사람들은 대부분 경찰이라는 직업에 내재한 위험을 안다. 따라서 자기의 이익에 반하는 정보를 엄격하게 비밀로 유지하는 경찰의 관행인 '침묵의 벽'을 우리는 어느 정도 용인한다.

그러나 바디캠과 휴대전화가 등장하면서 범인이나 피의자가 체포되는 상황이 경찰의 공식 발표와 다르며, 심지어 왜곡될 수 있다는 인식이 점차 커졌다. 바디캠과 휴대전화의 등장은 시간이 갈수록 대중이 경찰을 인식하는 방식에 (마치 금속이 조금씩 부식하다 결국에는 완전히 금이 가면서 부서지는 현상처럼) 부식성 충격을 줄 수 있다. 카토 연구소에서 발표한 설문조사에 따르면, 미국인의 70%가 경찰에 여전히 호의적이다.[2] 그러나 거의 절반 정도는 경찰관이 "대부분" 법 위에 군림한다고 생각한다. 그리고 60% 정도는 사법제도가 모든 사람을 평등하게 대우하지 않는다고 생각한다.

지시를 즉각 따르지 않는다고 정신병적으로 혼란에 빠진 수감자에게 "야, 이 멍청한 놈아"라고 함부로 비아냥거리는 교도관을 본 적이 있다. 교도관이 수감자의 정신병적 장애에 전혀 관심이 없고 심지어 수감자의 정신병적 장애를 무시하는 것 같았다. 수감자들에게 여러 해 동안 교도관이 저지른 학대 행위를 자주 들어왔는데, 몇몇 이야기는 신빙성이 높았다. 똑똑해 보이지만 말투가 약간 비웃는 듯한 어떤 젊은 수감자는 감방으로 이송되면서 세 명의 교도관에게 '얼차려'를 당했다고 말했다. 교도관이 그를 계단 대신 엘리베이터로 데려갈 때 무슨 일이 일어날지 알았다. 엘리베이터에는 카메라가 없었다. 수감자는 '얼차려'로 상처를 입었고, 의무실에서 며칠을 보내야 했다. 당시 다른 지역의 고위직 법 집행관이던 아버지에게 상황을 이야기했지만, 그는 아무 조처도 취하지 않았다. 교도관이 버릇없는 수감자를 폭력적으로 징계하는 일종의 '통과의례'라고 무시했다. 어쨌든 교도관의 말을 믿지 누가 범죄자의 말을 믿겠는가?

***

하지만 때로는 보이는 그대로일 때도 있다. 즉 선하고 윤리적이고 동정심이 있는 착한 교도관도 있다.

나는 정신질환자가 많은 특수 교도소에서 수감자를 평가할 때도 있다. 그곳에 들어가면 초현실적인 경험을 한다. 정신과 약물의 도움 없이 정신질환자를 돌보던 19세기나 20세기 초로 사법기관이 시간을 되돌려 놓은 것 같았다. 특수 교도소에는 치안방해부터 살인까지 온갖 범죄를 저지른 심각한 정신질환자가 수감되어 있다. 수감자가 대부분 약물치료를 거부하기 때문에 교도소 정신과 직원은 법적 절차를 무시하고 수감자의 동의를 받지 않은 채 강제로 약물을 투여할 수밖에 없다. 이 사동에 들어서자마자 감정이 격렬해지고 끝없이 추락하는 경험을 한다. 수감자들은 일관성이 없는 비합리적인 이야기를 마구 떠들며 비명을 질러댄다. 중앙정보부가 자기를 독살하려 한다는 수감자도 있고, 변호사의 사악함에 관한 성명을 발표하는 수감자도 있다. 심지어 자신이 예수 그리스도임을 인정하라고 요구하는 수감자도 있다. 수감자들은 피고인을 만나러 가던 나한테도 비명을 질러댄다. 스스로 억만장자라고 주장하는 어떤 수감자는 빌 게이츠에게 사기를 당했다면서 감방 앞을 지나가던 내게 도움을 간청했다. 혼란에 빠져 괴로워 소리치는 수감자도 있고, 옷을 벗고 알몸으로 서성거리며 뭔가에 몰두한 수감자도 있다. 어떤 수감자는 자위하거나 이불을 머리끝까지 덮고 잠을 자기도 한다.

언제나 감방은 어수선하고 반쯤 먹다 남은 음식이 바닥에 버려져 있다. 감방마다 있는 화장실은 정신질환 수감자들에게 다용도로 쓰인다. 볼일만 보는 것만이 아니라, 죄수복이나 티셔츠를 세탁하는 장소로 쓰이기도 한다. 심지어 볼일을 본 다음 물도 내리지 않고 변기에서 그냥 빨래하기도 한다. 그래서 복도까지 악취가 풍긴다. 교도관은 웃으며 말했다. "금방 익숙해질 거예요."

감방이 위험할 정도로 비위생적이라고 판단되면, 교도관은 보호장비를 착용하고 수감자의 이상한 행동을 진정시키며 엉망진창이 된 감방을 청소한다. 어떤 수감자는 교도관의 이런 활동을 침입으로 여겨 난동을 부리며 청소를 방해하기도 한다. 그래서 정맥 진정제가 긴급히 필요해질 때도 있다.

수감자의 비참한 심리적 퇴행에도 불구하고 이를 견디며 수감자를 열심히 보살피려는 교도관의 인도적인 노력에 깊은 인상을 받았다. 교도관은 수감자에게 집중했다. 정신질환 수감자들의 이상한 행동을 받아들이고 이들을 친절하게 대하면서 될 수 있는 대로 이들에게 도움을 주려고 열심히 노력하는 모습에 깜짝 놀랐다. 일반적으로 교도관은 권위적인 성향이 강하고, 재소자뿐 아니라 외부 방문자에게도 다소 강압적으로 지시를 따르라고 요구한다. 그러나 이곳의 교도관은 침착하고 정중한 태도를 유지한다. 오히려 수감자가 교도관을 위협하고 심지어 교도관에게 침을 뱉을 때도 있다.

언젠가 교도소 부소장의 안내를 받았을 때, 이곳 교도관이 수감자를 대하는 방식에 큰 감명을 받았다고 감격스러워 했다. 나 역시 감동했다고 말하자 부소장은 고개를 끄떡였다. 그러면서 이곳에 근무하는 교도관은 특수 교도소에서 일하기를 원하는 자원자 가운데 특별히 선발되었다고 알려주었다. 그리고 정신질환자 사동에서 근무하는 교도관에게 정기적으로 순환 근무를 해야 하는 교도소 표준규칙을 적용하지 않고 이곳에 더 오래 배치한다고 설명했다. 좋은 방법이라고 생각했다.

***

그렇다면 법을 집행하는 사람이 잔인한 사람부터 자비로운 사람까지 왜 그렇게 다양할까? 널리 알려진 스탠퍼드 감옥실험[3]의 교훈을 통해서 우리는 법을 집행하는 사람이 나쁜 짓을 저지르는 주된 이유가 사회적 맥락과 조직의 문화와 관련이 있다는 사실을 알 수 있다. 사회심리학자인 필립 짐바르도는 심리적으로 안정되었다고 여겨진 25명의 스탠퍼드 대학 학부생을 실험 참가자로 선발해서 모의감옥의 교도관과 수감자 역할을 맡겼다. 모든 참가자는 실제 상황이 아니라 실험에 참여한다는 사실을 분명히 이해했다. 그런데도 실험은 며칠 만에 중단되어야 했다. 교도관 역할을 맡은 참가자가 '수감자'에게 지나치게 잔인하고 공격적인 모습을 보였기 때문이다. 교도관 역할을 맡은 학생의 3분의 1 정도가 가학적인 성향을 보였다.

이러한 연구결과를 표준적으로 해석한 바에 따르면, 우리의 악의적인 성향이 사회적 맥락에 따라 촉발될 수 있다.[4] 우리는 자신이 맡은 역할에 너무 쉽게 영향을 받고 지배되며, 역할에 맞추어 행동을 기꺼이 조정한다. 곧 "악마가 그렇게 하게 만든" 것도 아니고 성격 때문도 아니다. 사회적 환경 때문이다. 하지만 이러한 사회적 압력을 이겨내는 사람도 많다. 짐바르도 실험에서도 모든 '교도관'이 잔인하거나 가학적이지는 않았다. 앞서 말한 교도소 정신질환자 사동에서 일하는 인도적인 교도관도 있다. 이들도 분명히 반응적인 폭력과 비열한 행동이 의례적으로 허용되는 똑같은 법 집행 문화의 구성원이지만 관용과 인내가 필요한 열악한 환경에서 일하겠다고 스스로 선택했다.

그렇다면 사람들의 행동에 차이를 불러오는 요인은 무엇일까? 사법 당국에 종사하는 이들이 저지르는 광범위한 위법 행위의 본질이 제도 문제라는 지적이 있지만, 사법 당국 지도부는 이것을 일부 몰지각한 "썩은 사과" 때문에 생긴 일로 뭉뚱그린다.[5] 법을 집행하는 이들의 위법 행위가 일의 특성 때문에 어쩔 수 없이 공격적이고 권위적인 사람을 선발하는 과정에서 생기는 일부 법 집행자의 성격 탓일까? 복잡하고 불안한 치안을 우려하는 사법 당국자는 대개 법 집행자의 위법 행위가 일부 "썩은 사과"의 개인적 성격 때문이라는 고정관념을 가지고 있다. 그러나 사법 활동에 영향을 끼치는 요인은 복잡하고 다양하다. 사법 체계에서 법을 집행하는 대다수 검사, 경찰, 교도관은 업무를 수행하면서 받는 스트레스나 부담을 관리할 수 있는 알맞은 대처기술을 지녔지만 그렇지 못한 사람은 강압적이고 공격적으로 행동하기 쉽다.[6] 하지만 공공에 봉사하기로 선서한 법 집행자인 공무원은 업무를 수행할 때 대부분 직업적 윤리를 준수한다.[7]

법 집행 과정에서 저질러진 위법 행위는 파악하기 어렵다. 법 집행자는 대부분 공정한 편이다. 하지만 연구에 따르면, 일부 법 집행자의 나쁜 행동이 과소평가되고 보고조차 되지 않는 경우가 많다.[8] 법 집행자가 모두 권위적이고 공격적이라고 싸잡아 말할 수는 없다. 하지만 위법 행위 혐의를 받거나 징계를 받은 법 집행자가 공격성과 비합리성에 의존하려는 성향과 함께 냉소적이고 의심이 많은 태도를 보이는 것으로 밝혀졌다.[9]

특히 우려되는 점은 좋은 사람이든 나쁜 사람이든, 법 집행자는 모두 자신의 행동을 직접 기록하고 작성하고 관리한다는 점이다. 필요할 때 범죄자를 체포하고 물리력을 행사할 수 있는 권한을 가질 뿐 아니라 공식적인 범죄 보고서도 직접 작성한다. 곧 법 집행자는 다양한 방식으로 발생한 사건의 실체를 통제한다. 여기서 가장 중요한 것은 대중과 권력도 법 집행자들의 모든 행동을 윤리적인 것으로 여긴다는 점이다. 곧 그들을 악에 맞서 전선을 지키는, 우리의 이상을 위한 도덕적 전사이자 방어벽으로 여긴다.

법 집행자들은 대부분 훌륭하다. 하지만 법을 집행하는 공무원 사이에 자체 비밀 규정이 존재한다는 사실이 적어도 20세기 초반부터 널리 알려져 왔다.[10] 시간이 갈수록 해로운 영향을 미치는 '썩은 사과'까지 포함해 조직을 향한 충성심은 법 집행자들의 보호막이 되었다.

법 집행에 관한 하위 문화가 전체 조직원에게 전파되는 과정은 업무 발령 초기에 이루어진다.[11] 이들은 다른 사람이 준수해야 하는 법률을 집행하기 위한 훈련을 받고 경력을 쌓는다. 이 과정에서 자연스럽게 자기를 바라보는 인식과 일반 시민을 바라보는 인식이 바뀌기 시작한다. 필요할 때 물리력을 행사할 권한을 지닌 법의 본보기로서 무거운 짐을 짊어져야 하기에 당연히 교육과 훈련을 마치고 임용될 때 선서하면서 강한 유대감이 형성된다. 하지만 공정하고 정의롭게 법을 집행하겠다고 다짐한 숭고한 선서가 바로 이 유대감 때문에 훼손될 수 있다. 세부 규칙에는 없지만, 초보 법 집행자는 암묵적으로 따라야 하는 강력한 조직 규범과 행동 통제 방식에 맞닥뜨린다. 조직의 문제에 침묵해야 하는 암묵적 규정도 받아들여야 한다. 하지만 침묵의 규정은 매우 해로운 관행이다. 근본적으로 침묵의 규정은 동료가 잘못된 행동을 하거나 법을 어기거나 잔혹한 행위를 할 때도 "우리는 우리 스스로 돌본다"라고 생각하게 한다. '침묵의 벽'은 일반 시민과 구분되는 법 집행자만의 정체성을 공고히 하고, 동료 사이에 '형제애'를 형성하는 구실을 한다.

위계질서와 강한 충성심을 중시하는 준군사적인 하위 문화[12]에서 훈련되고 사회화되면서 '침묵의 벽' 안쪽에 있는 동료가 잘못된 행동을 하더라도 이를 묵인한다. 어려운 업무와 함께 '침묵의 벽'은 법 집행자에게 세상이 돌아가는 것에 절대론자의 관점을 갖게 한다.[13] 결국 판단을 내리는 사고과정이 근본적으로 이분법적으로 바뀐다. 한마디로 옳거나 그르거나, 나쁘거나 좋거나, 도덕적이거나 사악하거나 둘 중 하나만 존재한다고 확신한다.[14] 그런데 충성과 비밀, 나아가 스스로 보호하는 것을 우선하도록 촘촘히 짜인 하위 조직 문화와 법 집행자의 (선과 악을 이분법적으로 바라보는) 마니교적인 관점이 하나로 결합할 때 심각한 문제가 발생한다. 시간이 지나면서 점점 더 '그들과 우리'라는 차별적인 시각이 싹튼다. 치안을 유지하려는 법 집행자에게 '그들'은 제복을 입지 않은 모든 사람이다. 게다가 많은 이가 군사적인 관심과 배경을 지니고 법을 집행하는 직업으로 뛰어든다. 이는 잠재적으로 존재하는 문제에 또 다른 문제를 덧씌운다. 군사적 맥락에서 '그들'은 적군이지만, 법 집행에서 '그들'은 법 집행자가 보호하기로 맹세한 시민이기 때문이다.

침묵의 규정과 '그들과 우리'라는 관점이 확고히 자리를 잡으면, 동료가 저지른 위법 행위를 묵인하면서 생기는 심리적 갈등을 굳이 합리화하려고 애쓸 필요조차 없어진다. 동료가 피의자를 학대하는 것이 잘못된 일이 아니고 불법적인 일도 아니며, 단지 '범죄 혐의자가 받아야 할 마땅한 행동'으로 인식해 버리기 때문이다. 법 집행자는 (적법절차나 묵비권과 같은) 법적으로 규정된 합리적인 절차보다 자신이 '사실'로 알고 있는 것, 직접 눈으로 본 것을 더 신뢰한다고 알려져 있다. 곧 그는 법적인 유죄보다 자신이 사실상 유죄로 여기는 것에 더 주의를 기울인다.[15] 하지만 이러한 행위는 스스로 판단한 불법적이거나 용납할 수 없는 행동을 공식적으로 처벌할 수 없을 때 법 집행자가 흔히 범죄를 통제하기 위해 사용하는 '길거리 정의'나 다름없다.[16] 여기에는 과도한 물리력을 사용하거나, 법 집행자에게 무례하게 행동하는 사람을 모욕하거나, 유죄 판결을 받게 하려고 서슴없이 거짓말을 꾸며내는 것도 포함된다. 사실 선서를 하고서도 법 집행자가 쉽게 위증한다는 사실은 너무나 잘 알려진 비밀이어서〔'경찰이 법정에서 허위증언하기'라는 뜻의〕'테스터라잉testilying'이라는 낱말이 생길 정도다.[17] 어떤 법적 절차도 거치지 않고 길거리에서 곧바로 개인을 처벌하는 경찰의 위법행위를 도덕적으로 옹호하며, 이를 질서유지의 한 형태로 대중이 지지한다고 언뜻 납득할 수 없는 주장을 펴는 학자도 있다.[18]

법을 수호할 책임이 있는 사람들이 법을 위반할 때 의도치 않게 생기는 결과는 (스스로 정의를 위해 행동한다고 여기더라도) 무척 가혹하다. 예컨대 [억울하게 유죄 판결을 받은 이들이 DNA 검사를 통해 무죄를 입증할 수 있도록 도와주는 미국의 인권단체인] '무죄 프로젝트'는 검사나 경찰의 위법 행위로 무고한 사람이 살인을 포함한 극악무도한 범죄로 유죄 판결을 받은 여러 사례를 폭로했다.[19] 법 집행 문화가 여러 세기에 걸쳐 어렵게 쌓은 사법적 지혜를 임의적이고 편의적으로 우회하면 온갖 비윤리적 결과가 생긴다. 예컨대 내가 잘 아는 어떤 판사는 검사가 증인을 노골적으로 협박했다는 이유로 첨단기술 회사의 공동설립자를 기소한 사건을 기각했다. 판사는 이 사건에서 검찰이 보인 협박행위를 "치욕스러운 일"이라고 비판했다. [20]

내가 활동하는 지역에서도 법 집행자들이 관련된 큰 사건이 벌어져 시끄러웠다.[21] 법과 질서를 우선 가치로 두는 보수적인 공동체를 뒤흔든 사건이었다. 지역 교도소에서 교도관이 범죄 혐의로 기소된 수감자를 옭아맬 증거를 얻으려고 불법적인 정보원 시스템을 고안해냈다. 오랜 기간 운영되던 이 시스템은 어떤 사건을 계기로 폭로되었다. 그 사건에서 교도관은 끔찍한 이중살인 혐의로 기소된 재소자가 이미 범죄를 자백한 뒤에도 정보원을 그 재소자의 감방에 함께 배치했다. 피고인이 미란다 권리를 주장하고 변호사를 대리인으로 세웠기 때문에 고의로 유죄 증거를 얻으려고 정보원을 피고인과 같은 감방에 가두는 것은 불법이었다. 변호사는 교도소에 문서공개를 청구해서 20년 이상 그 교도소에서 정보원 시스템이 운영되었다는 사실을 폭로했다. 변호사의 폭로에 따르면, 교도관이 법정에서 선서하고 정보원 시스템이 존재하지 않는다고 증언한 뒤에도 계속 정보원 시스템을 유지했다. 다시 말해 교도관은 선서한 뒤에도 목표가 된 수감자가 갇혀있는 감방에 정보원을 배치하도록 지시하는 불법적 문서에 서명했다.

사건의 파문은 심각했다. 이미 판결이 난 사건을 다시 검토해야 했다. 살인 혐의로 유죄 판결을 받은 여러 갱단 조직원 사건에서 유죄 판결이 번복되거나 재협상이 이루어졌다.

* * *

교도관은 공개 법정에서 불법적인 정보원 시스템의 존재를 알면서도 부인했다. 검사도 판사에게 전혀 모르는 일이라고 부인했다. 그래서 여러 명의 검사가 법적으로 곤란한 처지에 놓였다. 여러 사건에서 판사는 검사의 과실을 이유로 검찰이 기소한 사건을 기각하고, 그 사건의 사법 절차를 넘겨받을 대상으로 주 검찰총장을 지명했다. 이 사건은 몇 개의 '썩은 사과'나 지나치게 열성적인 변호사가 검사실에서 재판에 유리한 정보를 우연히 훔친 것과 질적으로 분명히 달랐다. 불법적인 정보원 시스템은 오랫동안 유지되어왔다.

검찰의 비열한 위법 행위는 드문 일이 아니다. 거짓 증거를 제시하거나, 가장 끔찍하게는 무죄 증거를 감추는 검사의 위법 행위를 폭넓게 밝혀낸 연구도 있다.[22] 그러나 검사의 위법적인 기소 행위는 암묵적으로 용인된다. 1997년부터 2009년까지 약 13년간 캘리포니아에서 확인된 검사의 위법 행위는 무려 707건에 이른다. 67명의 검사가 한 건 이상 위법 행위를 저질렀는데, 6명의 검사만이 캘리포니아 변호사협회에서 징계를 받았다.[23] 자격이 박탈된 사람은 한 사람도 없었다.

무죄 증거의 은폐, 거짓 증언 선동, 증인 강압, 증거 은폐 등의 위법 행위를 분석한 연구도 있다.[24] 확인되지 않은 위법 행위는 분명히 더 많을 것이다.

이런 상황에서도 많은 검사가 틀림없이 스스로 옳은 일을 하고 있으며, 정의를 실천한다고 믿었을 것이다. "하수구에는 백조가 없다"라는 어떤 검사의 말을 인용한 신문기사를 읽은 적이 있다. 이 검사는 생활방식과 사회적 지위로 볼 때 일부 피고인이 과거에 재판을 회피한 적이 있거나 뭔가 죄를 지었을 것이라는 자기의 확신을 합리화했다. 그래서 이 검사는 합리적으로 의심할 여지가 없는 피고인을 오염된 증거를 근거로 마치 인민재판의 한 장면처럼 혹독하게 심문했다.

* * *

검사는 법무부를 대표하는 자격으로 불법행위를 저질렀다고 판단된 사람을 기소하고, 피고인에게 유죄 판결을 얻기 위해 공정하고 적법한 방법을 사용할 의무가 있다. 검사는 단지 유죄 판결을 얻어내는 일만이 아니라, 정의를 추구할 근본적인 책임도 있다. 그래서 사건을 공정하게 조사할 것을 맹세한다. 경찰과 마찬가지로 검사는 대체로 이러한 의무를 훌륭하게 수행한다. 하지만 경찰과 마찬가지로 검사에게도 위법행동을 불러일으키는 인간적인 요소, 곧 경쟁에서 이기려는 욕망, 출세와 성공을 위한 욕망, 동료로부터 존경받고 싶은 욕망이 작용한다. 야심이 있는 검사는 사람들의 이목이 쏠린 사건에서 배심원들에게 굳이 합리적인 의심을 불러일으킬 필요가 없다고 생각해 무죄 증거를 덮어버릴 수도 있다. 아니면 증거가 너무 강력하다고 생각해 심증을 밀어붙일 수도 있다. 어차피 치워야 할 나쁜 놈인데, 뭐가 문제냐는 식이다.

범죄현장에서 베테랑 동료 경찰이 증거를 일부러 흘리는 것을 목격한 젊은 경찰을 생각해 보자. 그는 잘못되었다는 것을 알지만, 동료 경찰, 특히 노련한 경찰을 배신하는 것은 금기다. 어쨌든 용의자는 범죄를 자주 저지른 '나쁜 놈'인데, 무슨 문제가 있겠는가? 비뚤어진 수단을 의로운 목적으로 정당화해버리기 쉽다. 이런 식으로 잘못된 행동을 합리화하고 정당화하는 것은 이해할 만하고 인간적인 일이다. 그런데 바로 그것이 문제이다. 너무 인간적이라는 사실이 문제다.

법 집행기관 안에 존재하는 하위 문화에 우리 본성의 더 숭고한 측면을 보여주는 사례도 있다. 보기 드물게 인도적인 교도관이 정신질환 피고인을 돌보는 일이나, 반대 증거가 드러날 때 유죄 판결이 난 사건을 다시 살펴보는 데에만 전념하는 전국 검사청의 많은 부서를 생각해 보자. 9장에서 성범죄 살인범 레이에게 유죄 판결을 끌어낸 검사도 항소심 과정에서 어린 자녀들과 희생자 가족들이 언론매체에 계속 노출되면서 고통을 겪을 것을 우려했다. 그래서 그들의 정신적 상처를 덜어줄 제안을 했다.

몇 년 전에 법 집행 분야에서 경력을 쌓고 고위 행정직 간부로 은퇴한 나이든 신사를 만난 적이 있었다. 조직 정의 분야에서 박사 학위를 받았고 나와 같은 대학에서 강의도 했는데, 다른 교수를 도와서 학생이 감옥 시스템을 직접 둘러볼 기회를 자주 만들었다. 교도관이 이 신사분을 따뜻하게 맞는 모습이 무척 인상적이었다. 곧바로 이유를 알게 되었다. 이 신사분은 매우 도덕적이고 자비로운 분이었다. 무척 계층화된 하위 문화가 지배하는 경찰청 고위 간부로 있으면서도, 모든 사람을 존중하고 예의 바르게 대했다. 자기와 함께 일하는 이들에게 죄가 있든 없든, 모든 수감자의 존엄성을 존중하라고 조언했다.

법 집행기관 안에 다양한 도덕적 행동이 존재한다는 사실은 놀라운 일이 아니다. 왜냐하면 법을 집행하는 이들도 모두 원초적인 본능과 숭고한 성향을 가지고 있는 우리의 축소판이기 때문이다. 곧 당신과 마찬가지로 다이모닉의 본성을 가진 존재이기 때문이다.

***

잘 알려진 스탠퍼드 감옥실험의 결과는 특정한 상황에서 한 집단이 다른 집단을 비인간화하기가 얼마나 쉬운지를 생생하게 보여주었다. 모의실험 상황에서도 심리적으로 건강한 이들이 '타자'에게 가혹하고 공격적이며 심지어 가학증에 걸렸다고 할 만한 행동을 서슴지 않는 모습을 보였다.

사람들은 자신이 속한 집단을 다른 집단과 구별되는 특별한 집단으로 여기고 이를 더욱 고취한다는 사실이 이미 오래전에 밝혀졌다.[25] 내집단 구성원은 보통 자기를 특별하게 만드는 생물학적·문화적·종교적 본질이 따로 있다고 생각한다. 서로 다른 국적을 가진 두 집단으로 나누어 (자신과 국적이 같은 집단인) 내집단과 (자신과 국적이 다른 집단인) 외집단 구성원의 감정적 기능을 서로 어떻게 인식하는지 조사한 흥미로운 연구도 있다.[26] 이 연구에서는 감정과 감성 목록을 사용해서 두 집단 구성원의 감정 기능을 평가했다. 분노나 두려움과 같은 감정은 모든 영장류에게 존재하지만, 감성은 다르다. 감성은 슬픔과 비통함, 시기와 경멸, 연민처럼 사회관계나 대인 관계 경험에서 생겨나는 복잡하고 미묘한 감정의 조합이다.

감정과 달리 감성은 인간만이 지닌 고유한 내적 경험으로 여겨진다.

연구결과에 따르면, 두 집단 모두 부정적인 감정은 외집단 구성원의 감정으로 여겼고, 긍정적인 감정은 내집단 구성원의 감정으로 여겼다. 마찬가지로 내집단 구성원은 (연민이나 놀라움과 같은) 긍정적인 감성이 많지만, 외집단 구성원은 (경멸과 같은) 부정적인 감성이 많고 (자부심과 같은) 긍정적인 감성은 적다고 평가했다. 그리고 내집단 구성원이 볼 때 외집단 구성원은 내면적 삶의 고유한 측면인 섬세한 감성이 부족했다. 심지어 내집단 구성원은 외집단 구성원을 기본적으로 인간 이하, 말하자면 마치 유인원처럼 여겼다.

두 집단 사이에 어느 정도 감성을 공유하는지 알아보는 연구도 있었다. 연구결과 두 집단 모두 다른 집단과 어떤 감성도 서로 적극적으로 공유하지 않는다는 사실이 확인되었다.

스탠퍼드 감옥실험에서 분명하게 드러났듯이, 집단 간 서로 감성을 공유하지 않는 것은 '다른 집단'이 힘이 없을 때 특히 문제가 된다. 그러나 '타자'를 비인간화하려는 경향은 서로 다른 집단 간 사회적 권력 역학에도 존재하지만, 이것을 넘어 존재하기도 한다. 한나 아렌트는 나치즘과 전체주의를 탐구하면서 악은 충동의 사악함을 반성할 능력이나 의지가 없는 사고의 실패에서 생겨난다고 밝혔다. 내집단 구성원을 동일하게 여기는 분위기가 높아지면, 외집단 구성원을 인간으로 보지 않으려는 심리 상태가 만들어질 수 있다.

이 장의 도입부에서 인용한 말에서 알 수 있듯이, 나치 집단이 경비병에게 요구한 것도 바로 집단 동일시에 어떤 문제의식도 갖지 않도록 만드는 무관심과 무감각이다.[27] "여기에 이유 따윈 없어!" 경비병은 자신이 아우슈비츠에서 병사로서 해야 할 임무를 절대 의심하지 않고 완수하겠다고 말했고, 레비에게도 똑같이 요구했다.[28] 경비병은 아무 이유도 묻지 않고 자기의 운명과 모든 유대인의 운명을 그대로 받아들인다. 아렌트는 그러한 좀비와 같은 심리적 태도 때문에 심지어 정상적이거나 도덕적인 독일인조차도 인간성을 파괴하는 끔찍한 행동을 아무 생각 없이 무작정 받아들이게 되었다고 추정했다. 이런 의미에서 아렌트의 유명한 '악의 평범성'이라는 말이 나왔다. 한마디로 평범한 사람도 특정한 사회 심리적 조건에서는 이루 말할 수 없이 잔인해질 수 있다.

무관심이 사회적 압력에서 생겨날 수도 있고 이기적인 충동에서 생겨날 수도 있지만 그렇다고 모든 사람이 무관심의 횡포에 굴복하지는 않는다. 사회심리학자 존 달리와 다니엘 뱃슨은 상황과 성격이 이타적 행동에 얼마나 영향을 끼치는지 조사하기 위한 실험을 했다.[29] 그들은 프린스턴대학의 신입생을 두 집단으로 나누었다. 한 집단은 선한 사마리아인에 관한 한 강의를 듣게 하고, 다른 집단은 대학원생 구직설명회에 참여하게 했다. 두 그룹 모두 강의와 설명회를 마치고 길을 건너와서 다른 강의에 제시간에 참석하라는 지시를 받았다. 길을 건널 때 모든 학생은 골목길에 주저앉아 괴로워하는 도움이 절실한 사람을 지나쳐야 했다. 이 실험의 목적은 착한 사마리아인에 관한 강의를 들은 학생이 (다른 강의에 제시간에 참석해야 하는 의무가 있는데도) 개인적인 욕망을 위해 구직설명회에 참여한 학생보다 도움이 절실한 사람에게 얼마나 더 이타적으로 반응하는지를 알아보는 것이었다. 예상하기는 했지만, 전체 학생의 90%가 도움을 주기 위해 멈추지 않았다. 선한 사마리아인에 관한 강의를 들은 학생도 도움을 주기 위해 멈추지 않았다. 하지만 (판단하기 나름이지만) 그래도 적지 않은 비율인 전체 학생의 10%가 도움을 주기 위해 멈췄고 이들은 대부분 선한 사마리아인에 관한 강의를 들은 학생이었다.

역사가 크리스토퍼 브라우닝은 제2차 세계대전 때 동부전선에서 복무한 101 예비대대에 소속된 독일 남자들의 행동을 연구했다.[30] 흥미롭게도 101대대에 소속된 사람들은 나치가 아니었고, 독일 국방군도 아니었다. 그들은 추가 군사훈련을 받고 배치된 경찰관이었고 유대인 거주민과 빨치산을 대량학살한 죽음의 극장인 폴란드에 주둔했다. 브라우닝이 언급한 이 '일반인'들에게는 살인현장에서 벗어나 끔찍한 나치 국가정책에서는 그다지 중요하지 않은 다른 임무를 맡을 수 있는 선택권이 주어졌다. 그러나 그런 선택을 한 사람은 10~20% 정도에 지나지 않았다. 예상보다 적어 실망할 수 있지만 그래도 무시할 수 없는 숫자다.

이제 다음 마지막 장에서는 사악함을 일으키는 심리적 요소와 잔혹성과 광기로 마구 달려갈 가능성을 줄일 수 있는 심리적 조건을 탐구할 것이다.

13.

범죄자는 태어나는가, 만들어지는가

춤추는 별을 낳으려면, 영혼 안에 혼돈이 있어야 한다.

— 프리드리히 니체, 《차라투스트라는 이렇게 말했다》

2001년 9월 11일 세계를 깜짝 놀라게 한 끔찍한 테러가 발생하자, 영국 수상 토니 블레어는 명예로운 국가들이 일치단결해서 "악을 찾아내 세상에서 몰아내야 한다"라고 선언했다. 어쩌면 그는 고무적인 수사로 허언 장담을 했거나 아니면 너무 순진한 나머지 다음과 같은 단순한 진실을 무시했을지 모른다. 우리는 [기억과 의식 등의 기능을 담당하는] 대뇌피질과 원초적 충동을 동시에 가진 동물이며, 스스로 이런 사실을 점검하지 않으면 매우 위험할 수 있다. 악은 악을 저지르는 '또 다른 악'에 의지해 몰아낼 수 있는 것이 아니기 때문이다. 악은 인간에게 고유한, 몰아낼 수 없는 인간의 조건이다. 더러워진 욕조의 물을 버리려다 아기마저 잃을 수도 있다.

***

최근 어느 재판에서 예비심문을 하던 판사가 내게 질문을 했다. 정신분석에 관한 특별한 교육을 받았으면서도 치료가 아니라 법의학 전문가 증인 업무에 종사하는 이유를 물었다. 증인석에 앉을 때마다 늘 뒤따르는 불안과 긴장을 풀어줄 좋은 질문이었다. 나는 내 이력과 가장 관련이 있고, 그 일에 의욕을 느끼는 은밀한 이유에 초점을 맞추어 대답했다. 어쩌면 (나의 전문분야에서 드러났듯이) 인간의 내면을 탐구하려는 남다른 성향 때문일지도 모른다고 말했다. 그래서 정신분석과 법의학을 함께 공부했고 이 둘은 나에게 상호 보완적이며 조화를 이룬다고 덧붙였다.

정신분석은 살아 움직이는 동기를 가진 모든 사람의 주관적인 내면세계를 진지하게 고민한다. 내가 정신분석학에 끌린 이유는 누군가를 이해하려면 그 사람의 내면의 삶에 깃든 어두운 면과 밝은 면을 모두 파악해야 한다는 것을 깨달았기 때문이다. 이를 위해서는 행동이나 표면적으로 드러난 태도를 피상적으로 보는 것 이상이 필요하다. 정신분석을 전공한 법의학 심리학자로서 개인의 감정적 혼란이나 의도 그리고 목적성과 같은 행동의 동인에 깊이 공감한다. 어떤 사람이 범죄를 저지르기 위해서는 의도적이고 목적 지향적인 정신 상태가 필요하다. 따라서 법의학 조사를 할 때 정신 상태를 파악하기 위해 편안하고 능숙하게 개인의 깊숙한 내면으로 들어갈 수 있는 나의 특성은 매우 중요한 자산이다.

집안의 엄격한 가톨릭 교육은 축복이자 저주였다. 일찍이 나는 도덕적 감각을 내면화했다. [마태오 복음서 5~7장에 실린] 산상설교를 생각해보라. 나는 영혼이 근본적으로 오염되어 있다는 원죄 개념에 노출되었다. 원죄는 모퉁이를 돌면 도사리고 있는 악의를 상징한다. 때로 나 자신이 원죄로 오염된 '타락한 천사'처럼 느껴지기도 하지만, 악이 원죄에서 비롯되었다는 사실은 오래전부터 믿지 않았다. 하지만 이 과정은 인간의 파괴와 타락을 진지하게 받아들이려는 확고한 의지를 심어주었고, 정신분석학의 관점을 가질 수 있게 나를 준비시키고 훈련했다.

역사가 노먼 브라운은 이렇게 말했다. "도덕과 합리성의 서구 전통에 진지하게 헌신하는 사람이 프로이트의 말을 맨정신으로 바라보는 일은 충격적인 경험이다. 인간의 극도로 지저분한 측면을 수많은 웅대한 이상의 하나로 받아들여야만 하다니 참으로 굴욕적인 일이다."[1]

정신분석 환자로 보낸 시간과 정신분석가로 쌓은 수련의 시간은 내게 인간 경험의 복잡성과 선과 악을 행할 수 있는 인간의 능력을 알려주지는 않았다. 하지만 그것을 마주할 용기를 심어주었다. 범죄를 조사하고 분석하는 법의학 작업은 인간 본성의 가장 깊숙한 곳으로 들어가는 일이었다. 정신분석을 통해서 인간을 이해하려면 이따금 인간의 어두운 면으로 돌진하는 생생한 경험을 맞닥뜨려야 한다.

우리는 보통 인간 본성의 깊은 곳에 지저분한 측면이 있다는 사실을 알고 싶어 하지 않는다. 그리고 인간 본성의 지저분한 측면이 언제, 어디에서도 나타날 수 있다는 사실도 알고 싶어 하지 않는다. 그것은 프로이트가 '이드id'라고 불렀던 인간 본성의 일부이다.[2] 독일어 '이드'는 영어로 '그것it'을 뜻한다. 프로이트는 "이드"를 다이모닉과 마찬가지로 우리의 일부이지만 우리는 "그것"을 우리의 것으로 느끼지 못한다"라고 말했다. 지저분함 뿐 아니라 숭고함에 생기를 불어넣는 것은 우리의 잠재력이다. "그것"은 존재의 어두운 면만이 아니라, 숭고한 면에도 생기를 불어넣는 인간의 잠재력이다. (1장의 서두에서 언급했던) 에로스가 다이모닉이라는 플라톤의 주장을 생각해보자. 정신분석가 롤로 메이의 이런 멋들어진 표현도 생각해보자. "한쪽에서는 창의성, 다른 쪽에서는 분노나 격노, 이 둘은 같은 곳에서 나온다. 즉 인간의 인격에서 건설성과 파괴성의 근원은 같다. 그 근원은 바로 인간의 잠재력이다."[3]

우리 안에 존재하는 다이모닉은 삶의 모든 측면에서 나타난다. 반 고흐와 같은 창조성으로도, 아우슈비츠와 같은 파괴성으로도 나타난다. 용감한 행동으로도, 무자비한 잔인함으로도 나타난다. 인간의 본성에 관한 심리학적 탐구는 내가 정신분석가이자 법의학 심리학자로서 가장 관심을 두고 있는 영역이다. 지금까지 이 책에서 언급한 사람들과 이야기의 비밀을 밝혀주는 것이 바로 인간의 복잡하고 다양한 경험이다.

***

우리를 어두운 다이모닉의 가장자리로 몰아가는 원초적인 감정, 충동, 정신적 광기는 형사사법 제도 안에서 명확히 드러난다. 그러나 형사사법 제도의 딱딱함과 삭막함에도 작은 틈새를 비추는 빛이 있다. (9장에서 살펴본) 레이의 강간살인 사건을 담당했던 검사의 사례를 생각해보자. 절대 쉬운 일이 아니었으나, 그는 언론의 관심을 받을 수 있는 사형을 구형하지 않고 종신형 협상을 제안했다. 그리고 피고인의 자녀들이 언론에 노출되지 않게 보호하려 했다. 더 추상적으로는 우리 사법제도에 압축된 공정성과 공평성의 고귀한 가치도 마찬가지다.

빛은 곳곳에 있다. 소설에 재능이 뛰어난 친구가 있었다. 그 친구는 잠자고 있을 때 이야기의 줄거리가 밤의 영혼처럼 자주 찾아온다고 했다. 그는 창작의 여신이 왔을 때 생각을 바로 기록하려고 머리맡에 늘 필기구를 두었다. 이 순간은 마치 그의 다이몬이 이미 써놓은 이야기를 숨을 죽이며 옮겨 적는 것 같다.

우리 본성의 더 놀라운 면은 이미 발달 초기에도 분명히 나타난다.[4] 예컨대 폴 블룸은 《저스트 베이비》라는 책에서 한 살짜리 아이가 초기 공정성 감각에 반응하는 모습을 이렇게 설명했다.[5] 토미라는 유아는 세 개의 꼭두각시 인형이 주인공으로 등장하는 공연을 보았다. 가운데에 놓인 멋진 인형이 공을 오른쪽 인형에게 굴렸고, 오른쪽 인형은 다시 가운데 인형에게 공을 돌려주었다. 공을 돌려받은 가운데 인형은 왼쪽의 장난꾸러기 인형에게 공을 굴렸다. 그러자 왼쪽 장난꾸러기 인형은 공을 가지고 달아났다. 공연이 끝난 뒤, 가운데에 있던 멋진 인형과 왼쪽 장난꾸러기 인형을 무대에서 꺼내 토미 앞에 놓았다. 장난꾸러기 인형과 멋진 인형 앞에 간식이 놓였고, 토미로 하여금 둘 가운데 하나의 간식을 집어서 다른 쪽에 주게 했다. 그랬더니 연구자들이 예상한 대로, 토미는 장난꾸러기 인형에게서 간식을 가져와 멋진 인형에게 주었다. 곧 토미는 도덕적 판단능력이 직관적이라는 점을 보여주었다. 연구에 참여했던 다른 유아들도 대부분 마찬가지였다.

블룸의 연구는 많은 연구자에게 인용되었다. 블룸이 책에서 말하려 했던 핵심은 인간은 타인을 향한 연민과 정의의 능력을 선천적으로 갖추고 있다는 것이다.[6] 하지만 블룸은 유아도 사악한 성향을 가득 안고 태어난다는 19세기 성직자의 말도 인용한다. 그리고 성직자의 통찰력을 입증하는 증거도 제시해서 그의 말이 대부분 사실임을 확인했다.

우리의 다이모닉은 유아기 이전과 이후를 넘어 생물학적 특성에 이르기까지 뿌리가 깊다. 우리는 동물일 수 있지만, 호모사피엔스라는 고유한 종이다. 인류학자 리처드 랭엄은 우리를 길들고 교육된 종으로 묘사한다.[7] 그래서 우리는 사촌인 침팬지보다 더 관대하고 훨씬 덜 공격적이다. 예컨대 야생에서 침팬지를 관찰하며 여러 해를 보낸 영장류학자 제인 구달은 경쟁 집단을 공격하고, 수컷을 죽이고, 아기를 먹고, 남겨진 암

컷과 짝짓기를 하는 침팬지의 성향을 기록했다.[8]

인간은 교육을 받고, 서로 밀접한 관계를 맺어 집단을 형성하며, 안전과 양육을 위해 서로 의존한다. 하지만 길들었다고 해서 공격적이지 않다는 의미는 아니다. 대체로 우리의 공격성은 근본적으로 무자비하지 않다. 보통은 그렇지 않다. 우리는 습관처럼 다른 사람을 마구잡이로 공격하지는 않는다. 문명 세계에서는 대부분 이웃의 남성을 몰살하거나, 이웃의 부인을 강제로 짝으로 삼지 않는다. 타인에게 저지르는 폭력은 본질에서 대개 반응적이고 방어적이다.[9] 우리는 사법 제도를 통해 폭력을 저지르는 사람을 무겁게 처벌한다.

사법제도는 행동하기 이전에 이성과 자제를 요구하면서도, 공격적인 본성에 의존하려는 우리의 감정적 연약함과 취약함을 인식하고 있다. 예컨대 (7장에 등장하는) 수치스러운 분노에 사로잡혀 아내의 목을 졸라서 죽인 남편 사이먼은 살인이 아니라, 과실치사로 유죄 판결을 받았다. 법은 우리의 본성을 이해하고 이를 사법제도에 반영해 왔다. 우리는 길들어 있지만, 감정적·정신적으로 방해를 받아서 광기와 폭력을 내뿜으며 비정상적인 행동을 할 수 있다. 만일 그렇게 하지 않으려면, 우리는 마땅히 도덕적 품성, 절제, 타인을 존중하는 마음을 훈련해야 한다.

***

앞서 사이코패스의 사례에서도 이미 말했듯이, 뇌의 전두엽이나 변연계 영역에 기능장애가 생기면 일탈적이고 폭력적인 행동을 할 가능성이 커진다. 하지만 도덕과 비폭력의 본보기를 보여주는 신경심리학적 증거는 풍부하다.

건강한 피실험자들이 인생을 바꿀 수 있는 중요한 결정을 마주할 때 어떻게 행동하는지를 밝히는 연구에서 신경심리학적 도덕성의 토대를 확인할 수 있었다. 이 연구에 따르면 우리는 폭력을 행사하는데 이상할 정도로 망설이며 자연스럽게 해를 피하려는 경향이 있다.

이것과 관련하여 철학적 기반에 근거한 일련의 고전적 실험이 있다. 이 실험에서는 폭력 사용에 자동으로 반응하는 신경 인지적 토대를 조사했다. 그리고 힘든 도덕적 결정을 마주할 때 무의식적으로 어떻게 반응하는지도 조사했다.[10] 실험의 시나리오는 피실험자들이 일련의 딜레마에 봉착하게 되고 자기공명영상 장치로 뇌의 활동을 기록하도록 설계되었다.

제동 장치가 고장 난 객차가 빠른 속도로 다섯 사람을 향해 달리고 있다. 만일 객차가 멈추지 않으면 그들은 모두 죽을 수 있다. 이들을 구할 수 있는 유일한 방법은 어떻게 해서라도 객차를 멈추는 것이다. 인도교 위에서 이 광경을 지켜보는 피실험자들 옆에는 덩치가 큰 낯선 사람이 함께 서 있었다. 이 상황에서 피실험자들이 기차를 멈출 수 있는 유일한 방법은 자기들 옆에 서 있는 건장한 남자를 인도교 아래 철로로 밀어 떨어뜨리는 것이다. 이렇게 되면 건장한 남자는 객차와 부딪쳐 죽겠지만 그 충격으로 객차는 멈출 수 있다.

이제 피험자들에게 다음과 같이 질문했다. "옆에 서 있는 낯선 사람을 밀어 떨어뜨려서 다섯 사람의 목숨을 구해야 하는가?"

사람들에게 질문했을 때 대부분 이런 행위가 도덕적으로 정당하지 않다고 대답했다. 전문 철학자들에게 물었을 때도 결과는 비슷했다. 자기 공명영상 결과는 피실험자가 이런 결정을 내릴 때 가장 활성화된 뇌 부분이 안쪽 전전두 피질 부분과 측두엽 부분으로 나타났다. 이곳은 감정적으로 상당한 부담을 느끼는 도덕적 판단과 관련된 부분으로, 우리가 어떤 결정을 내릴 때 갈등을 빚는 충동과 소망을 관리하는 영역이다. 이 실험에서 피실험자들은 어떻게 대처해야 할지 고민하면서 본능적으로 강렬한 양면적 감정을 경험했다.

흥미롭게도 피실험자들이 약간 다른 도덕적 결정을 마주할 때는 태도와 뇌 기능이 반대로 나타났다. 두 번째 실험에서는 객차가 다섯 사람을 향하고 있는 동안 피실험자들에게 객차를 다른 선로로 돌리는 스위치를 작동시킬 기회가 주어졌다. 하지만 이렇게 되면 다른 선로에 있던 한 사람이 죽게 된다. 피실험자들은 죽을 사람과 가까이 있지 않으며 그를 밀어서 죽게 할 필요도 없다. 이 실험에서는 설문조사에 참여한 대다수 사람과 철학자들이 다섯 명을 구하기 위해 한 사람을 죽이는 것은 받아들일 수 있다고 생각했고 피실험자들 뇌의 다른 부분이 활성화되었다. 이 부분은 전전두엽 피질의 위쪽 측면 부분으로 비인격적인 유형의 지적 결정을 내리는 데 사용되는 영역이다. 이는 상대와 추상적이고 비인격적인 관계가 될수록 우리는 폭력에 더 쉽게 접근할 수 있다는 점을 보여준다.

독재자 스탈린의 말이 생각난다. "한 사람의 죽음은 비극이지만 백만 명의 죽음은 통계이다!"

***

진화 심리학자 데이비드 버스는 우리의 어두운 본성을 향한 폭주에 주목한다. 《이웃집 살인마》라는 책에서 버스는 "살인에 기본 논리"가 있다고 주장한다.[11] 버스의 관점뿐 아니라 진화과학의 관점에서 볼 때, 폭력과 살인은 생존에 부족한 자원을 놓고 서로 경쟁하면서 오랜 시간에 걸쳐 우리 마음의 메커니즘에서 출현한 산물이다. 버스는 폭력과 살인은 혈연관계를 형성하고 외부의 낯선 사람을 불신하기 위한 적응의 결과였다고 주장한다. 예를 들어, 인간은 특히 식량과 같은 가용 자원을 얻기 위한 싸움이 벌어질 때 외부 사람을 잔인하게 살해하는 데 기꺼이 적응한다.

살인에는 갈망, 시기, 질투, 두려움, 심지어 자비와 자기 보호 등 무수한 이유가 있다. 버스가 주장하는 핵심은 살인 충동이 반응적 폭력이나 광기에서 나오는 것이 아니라, 근본적으로 우리의 인간성으로부터 나온다는 것이다.

버스는 악의 충동이 흔하고 평범한 본성이라는 증거로 세계 문화권의 다양한 지역에서 5,000명 이상이 참여한 설문조사 결과를 제시했다. 설문 결과는 놀랍게도 남성의 91%, 여성의 84%가 적어도 한 번은 누군가를 죽이는 환상을 생생하게 경험했다는 사실을 보여주었다.[12] 버스는 폭력과 살인이 일탈이나 [정신장애와 같은] 질병 때문이 아니라, 우리 마음속에 짜인 잠재력 때문이라는 결론을 내렸다. 즉 우리는 미리 누군가를 죽이도록 짜여 있다는 것이다.

나는 법의학이 아닌 개인적인 진료에서 폭력적이고 심지어 살인적인 욕망을 표현한 환자들을 수년 동안 실제로 많이 보아왔다. 살인 욕망을 표현하는 거의 모든 사람은 어떤 기준으로 보아도 윤리적이고 사회적으로도 높은 평가를 받을 수 있는 매우 품위 있는 사람들이었다.

예를 들어 린지 박사와 에드워드 월리스 박사는 "부부의 의사 소통문제"를 치료해 달라고 요청했다. 부인은 마취과 의사이고 남편은 신경과 의사로 두 사람 모두 매우 바쁘게 일했다. 소속된 병원의 시설과 제도의 도움을 받았지만 가사 및 육아와 관련된 시간 관리 문제를 둘러싸고 서로 끊임없이 언쟁했다. 에드워드는 친절했지만 차가운 물고기와 같은 냉담한 사람이었다. 린지는 남편의 무심함이 자기를 미치게 만든다는 점을 알고 있었다. 상담 중에 예전에 한 번 에드워드를 독살해버릴까 심각하게 고민한 적이 있다고 털어놓았다. 그녀는 마취과 의사이기에 약물에 상당한 지식이 있었고 독극물을 만드는 방법도 잘 알고 있었다. 전형적으로 성격이 건조한 에드워드는 이런 이야기를 듣고도 쉽게 반응하지 않았다. 솔직히 나도 신경을 쓰지 않았다. 린지는 살인과 관련하여 전문 지식이 있고 살인 충동과 환상을 느꼈지만, 다른 환자들처럼 거기에서 끝났다. 살인 충동과 환상은 단지 린지의 느낌일 뿐 남편을 죽이려고 하지는 않을 것이라고 확신했다. 그런 충동과 환상은 그녀의 무력감과 에드워드의 감정적 반응을 끌어내지 못하는 자기의 무능력을 감정적으로 표현한 것에 가깝다.

***

버스의 말대로 우리의 마음은 이미 살인을 하도록 짜여 있을지 모른다. 그래서 어두운 본능을 드러내려는 살인자가 당신 옆집에 살고 있을지도 모른다. 아니면 이웃을 살해하려는 욕망을 품은 사람이 당신이나 나 자신일 수도 있다.

그러나 우리의 진화적 본능은 복잡하므로, 버스의 주장을 적용할 때에는 고려해야 할 것이 많다. 예컨대 버스는 계획된 살인이 정신적 장애나 문화의 결과가 아니라, 무자비함에서 비롯된다고 주장했다. 하지만 이는 사실과 차이가 있다. 최근의 연구는 계획적인 살인자가 충동적인 살인자보다 오히려 정신병이나 심각한 기분장애 병력이 거의 두 배 가까이 많다는 사실을 밝혀냈다.[13] 심지어 계획적인 살인자를 조사한 이 연구에는 정신병이나 심각한 기분장애는 아니지만, 오랫동안 절망에 빠져 있거나 자존감과 자기효능감을 잃은 상태에서 살인을 저지른 사람들은 포함되지 않았다. 예컨대 몇 년 동안 남편에게 폭행을 당하는 끔찍한 삶을 견디다 못해 남편을 죽인 여성을 생각해보자. 그녀는 살인을 계획했을 수도 있고, 충동적으로 반응했을 수도 있다. 그러나 이 살인은 생물학적인 무자비함의 결과가 아니다. 나아가 폭력에 접근할 수 있는 타고난 잠재력이 활성화된 것 이상의 의미가 있다. 끊임없이 수치심을 견디도록 강요받은 것은 폭력을 향한 확실한 예고편이나 다름없기 때문이다.[14]

버스의 조사에 따르면, 많은 남성과 여성이 누군가를 죽이는 꿈을 꾸지만, 대다수는 한 번도 시도한 적이 없었다. 내가 이 책에 기록한 많은 피고인과 달리, 버스가 조사한 남성과 여성은 대부분 내 환자였던 린지와 같았다. 냉철함을 충분히 유지했고 환상과 현실 사이의 명확한 선을 넘어서기를 꺼렸다.

***

악을 생각만 하는 사람과 다이모닉의 어둠을 실행하는 사람의 차이는 무엇일까? 스탠퍼드 감옥실험에서 밝혀진 것처럼, 상황이나 내집단의 일체감과 같은 다양한 요인이 있다. 개인이나 집단이 '타자화'되어 온전한 인간에 이르지 못한 존재로 여겨지면 모든 지옥이 현실의 가능성이 되어 뛰쳐나온다. 그렇지만 상황보다 심리적 구성이 더 중요하다. 특히 자신의 어두운 면을 활성화하려는 유혹을 부추기는 상황에서는 더욱 그렇다. 2장에서 '정신화'[15]라는 개념을 소개하면서, 문제 청소년 로드릭과 어렸을 때 상실로 고통을 겪었으나 서로 힘이 되는 가정에서 자란 데보라를 비교했다. 어린 시절의 결정적인 시기에 안정된 애착을 형성한 데보라는 자기 생각·필요·욕구를 성찰하는, 중요한 정신화 능력을 발달시켰다. 데보라는 자기의 마음을 다른 사람의 마음과 분리된 것으로 경험했다. 그래서 다른 사람을 저마다 고유한 이력과 기질·동기·욕망·감정을 지닌 존재로 인식했다. 곧 자기의 고유한 정체성을 경험하고 다른 이도 그렇게 보았다. 단순해 보이지만, 데보라에게는 다른 사람의 개성을 존중하고 다른 사람에게 공감하는 능력이 있었다.

이런 정신화 능력은 (자아의 다양한 측면을 느끼거나 인식하는) 자기 인식과는 '다르다.' 관심·신뢰감·공감 능력이 있는 양육자와 긴밀히 유대를 맺으면서 안정된 애착의 이력을 쌓아가는 과정에서 정신화 능력의 발달 수준이 대부분 결정된다. 정신화 능력은 깊이 있게 짜인 심리적 과정으로, 공감의식 같은 중요한 결과물을 낳는다. 게다가 개인적인 충동과 욕망 그리고 심지어 내면의 어두운 면까지도 관리할 수 있는 자질과 같은 중요한 부산물도 낳는다.[16] 정신화 성찰은 매우 복잡하고 강렬한 감정이 휘몰아치더라도 행동하기 전에 잠시 생각할 수 있도록 내면에 심리적 공간을 마련해준다. 곧 사건의 직접적인 압력과 이것 때문에 부추겨진 감정 사이에 심리적으로 거리를 두게 한다. 그래서 부추겨진 감정을 바로 행동으로 옮기려는 성급한 요구를 매 순간 다시 평가하면서 솟구치는 감정에 간접적으로 반응하거나 좀 더 소극적으로 반응하는 능력을 갖추게 한다.

정신화 성찰을 통해서 자신의 이력과 내적 경험을 인식할 수 있는 정체성이 형성된다. 나아가 이 과정에서 도덕성이 축적되고 타인의 기대를 암묵적으로 인식할 수 있는 확고한 정체성도 만들어진다.[17] 그래서 현재의 욕구와 좌절을 곧바로 불만으로 표출하지 않고, 자신의 상태를 좀 더 '장기적 관점'에서 바라보면서 충동을 자제할 수 있는 힘이 생겨난다. 곧 "시간여행"을 통해서 과거 경험[18]과 상상된 미래[19]의 맥락 속에서 자신(그리고 타인)을 경험할 수 있게 된다. 이렇게 되면 우리는 눈앞에 벌어지고 있는 상황에서 심리적으로 좀 더 느슨하게 이완될 수 있다. 결론적으로 정신화 능력이 발달하면, 우리는 정서적으로 온전하게 행동할 가능성이 커지고 파괴적으로 행동할 가능성이 그만큼 줄어든다.

***

법을 어기거나 도덕성이 부족한 사람은 정신화 능력이 제대로 발달하지 못한 것으로 보인다. 예컨대 교도소 재소자를 대상으로 한 연구에 따르면, 재소자의 80%가 정신 발달과정에서 양육자와 애착이 불안정하고 정신화 능력이 낮은 것으로 밝혀졌다.[20] (살인이나 무장강도와 같은) 폭력범죄로 수감된 재소자의 정신화 능력이 가장 낮았다. 11장에서 살펴본 피터를 생각해보자. 피터는 자신의 폭력성이 뇌 결함 때문이라고 주장했지만, 사실은 폭력과 방치가 일상화된 가정환경에서 자랐고, 가족 구성원 사이에 정상적인 애착 관계가 없었다. 그래서 피터는 정신 능력이 손상되어 감정적 경험을 정신화하지 못함으로써 희생자에게 전혀 공감하지 못하고, 오로지 자기의 필요에만 집중하는 인식능력의 한계를 보여주었다. 또는 6장에서 설명한 것처럼, 자기 아내와 아이를 죽인 랜들이 분노의 살인을 은폐할 가능성이 가장 컸다는 사실을 생각해보라. 아내와 아이를 죽이고 나서도 랜들은 아무 일 없다는 듯이 평온하게 살았다. 죄책감이나 수치심이 전혀 없는 랜들의 야비한 모습에서 정신화 능력이 매우 부족하다는 사실이 드러났다.

성공한 많은 사이코패스도 정신화 능력이 부족하여 매우 파괴적으로 될 수 있다. 사이코패스는 사람들이 감정적으로 어떻게 반응하는지 머리로는 이해하지만, 감정을 실제로 경험하기 어렵다. 예컨대 눈 부위의 사진만으로 정신 상태를 알아보는 〈눈으로 마음 읽기 검사RMET〉를 진행하면, 사이코패스 환자도 보통 사람과 결과가 거의 비슷하다.[21] 그러나 성인 사이코패스가 될 위험이 있는 어린이는 표정처리, 특히 두려움과 슬픔에 결함이 있는 것으로 나온다.[22] 사이코패스 성향이 있는 사람은 시간이 지나면서 정신화의 가면을 쓰는 방법을 배우는 것 같다. 상대적으로 잘 발달된 사회적 기술 덕분에 사이코패스는 섬세하고 사려 깊은 사람처럼 보일 수 있지만, 친 사회적인 행동을 촉진하는 공감이나 연민과 같은 근본적인 감정을 경험하지 못한다.

이것은 위험할 수 있다. 비극적인 사례로 연쇄살인범으로 널리 알려진 테드 번디가 있다. 잘생기고 매력적인 번디는 친절하고 온화하며 위협적이지 않은 법대생이라고 그럴듯한 말로 여성을 꼬드겨 폭력적인 죽음으로 유인했다. 여성의 신뢰를 얻은 후 납치해 잔혹하게 살해한 다음에 피해자의 시신과 성관계를 했다. 번디를 상담한 기억 심리학자 엘리자베스 로프터스조차도 어처구니없게 번디를 "매력적인 남자"[23]라고 확인했다. 사형이 집행되기 전에 희생자들을 가리켜 "지구에서 사람 하나 줄어든 것이 뭐 대수입니까?"라고 말한 끔찍한 살인자에게 저명한 기억 심리학자가 매력을 느낄 정도였다.[24] 또 다른 사례로 겉으로는 잘생기고 매력적이었으나 자기애적이고 악의적이었던 6장에 나오는 랜들도 다시 생각해보라.

다른 연구[25]에 따르면, 경계선 성격이 있는 수감자와 성범죄자를 포함한 다양한 형태의 성격장애가 있는 수감자가 정신화 능력이 매우 낮았다. 특히 수감자가 폭력적일수록 정신화 수준도 낮았다.

　물론 모든 나쁜 행동과 사악함을 정신화와 자아 성찰 능력의 미성숙만으로 설명할 수는 없다. 편집성 조현병 같은 다양한 형태의 정신질환이 있는 사람도 폭력적으로 될 수 있다. (3장에서 살펴본) 편집증이 심한 상태에서 어머니를 죽인 마이클을 생각해보자. 심리적으로 안정되었을 때에는 어머니와 따뜻하고 애정이 깊은 관계였다. 정신장애가 있는 사람, 심지어 조현병을 앓고 있는 사람조차도 반드시 폭력적으로 되지는 않는다. 편집증적인 사고나 신념 같은 특정한 유형의 증상이 강해지고, 현실을 무시하고 자제력을 잃을 때만 폭력적인 행동의 가능성이 생겨날 수 있다.

　약물의 영향을 받거나 반사회적 행동과 폭력이 일반화된 상황에서 자라면 어떤 일이 일어날 수 있는지도 생각해보자. (10장에서 살펴본) 청소년 필립은 마약상이 살해된 강도 사건에 연루되었다. 필립은 필로폰에 의존했고, 방치되고 학대를 받았으며, 길거리의 갱 문화 속에서 자랐다.[26] 이 모든 상황과 심리적 조건은 정신화 수준과 상관없이 폭력적이거나 공격적인 행동으로 이어질 수 있다.

　강렬한 감정적 경험과 만성적인 스트레스를 받는 상황을 생각해보자. 아무리 자아 성찰의 정신화 능력이 발달한 사람이라 하더라도 이런 상황은 '탈선'으로 나아갈 만한 또 하나의 맥락이 될 수 있다. 그뿐 아니라 이런 상황에서는 〔내 주관적인 느낌을 다른 사람도 똑같이 느낀다는 생각하는〕 심리적 동등성이라는 낮은 사고방식으로 퇴행할 수 있다. 이렇게 되면 외부 환경과 심리적 현실이 하나가 된다. 개인이 마주한 현실이 절대적인 '진리'를 반영한 것으로 경험되면서 생각의 유연성이 없어지고 생각이 딱딱하게 굳어진다. (2장에서) 로드릭이 단순히 쳐다보기만 했다는 이유로 다른

10대를 무자비하게 폭행한 사건을 떠올려보자. 로드릭은 자아가 손상되었기 때문에 피해자가 자기를 깔본다고 잘못 해석했다. 부모가 오랜 스트레스를 받아 정서적으로 퇴행을 했을 때 갈등이 심한 가정에서 어떤 일이 일어날지 생각해보자. 이런 상황에서는 부모의 학대가 정상적인 훈육을 대신하게 된다.

**

악의적이고 파괴적인 행동의 뿌리는 무척 다양하다. 정신화 능력이 제대로 발달하지 못해 잔인함과 폭력성이 쉽게 표출되는 것, 심각한 정신질환, 자제력이 낮은 신경심리학적 조건, 약물 남용으로 혼미해진 정신상태, 그리고 사이코패스를 비롯한 성격장애 등 다양한 원인이 있다. 나아가 어떤 집단의 구성원들이 자신들을 동일한 존재로 편협되게 여기면 집단 바깥에 있는 사람을 '다른 존재'로 여기며 깔볼 수 있다. 결국 외부인이 온전한 인간에 미치지 못하는 존재로 인식되면서 온갖 종류의 끔찍한 행동이 저질러질 수 있다.[27]

이러한 요인이 얼마나 격렬한지에 따라 잔혹함의 정도가 달라진다. 이는 이 책에 제시한 많은 사례에서도 확인된다. 스펙트럼의 한쪽 끝에는 모욕적인 말로 아들에게 계속 상처를 입힌 내 개인 환자가 있었다. 살인으로 끝난 마약 거래에 무의식적으로 가담했던, 마약에 중독된 청소년 필립도 있었다. 그리고 악의에 찬 다이모닉 스펙트럼의 다른 끝에는 랜들과 같은 냉혹한 사이코패스가 있었다. 최근의 역사를 얼핏 살펴보기만 해도, 잔혹성이 인간의 잠재력의 한 부분이라는 증거는 쉽게 확인된다. 나치즘·스탈린주의·모택동주의와 같은 다양한 '주의'로 포장되어 체계적으로 저질러진 재앙을 돌이켜보자. 홀로코스트, 히로시마의 원폭 투하, 베트남전쟁, 르완다 사태, 사라예보 내전, 수많은 테러 공격 등, 얼마든지 증거를 제시할 수 있다. 심지어 프로이트는 우리의 모든 방탕함의 배후에 놓여 있으며 충동을 문란함으로 나아가게 하는 〔죽음으로 향하는 욕구를 뜻하는〕 '죽음 충동'이라는 개념을 제안하기도 했다.[28]

* * *

그렇지만 앞서 논의한 기찻길 실험에서도 알 수 있듯이, 우리가 신경심리학적으로 도덕적 충동을 타고난다는 강력한 증거도 있다. 많은 사회과학 연구도 우리에게 선을 향하는 자연스러운 성향이 있다는 사실을 확인시켜준다.[29] 과학적 증거에만 의존할 필요도 없다. 우리의 선함은 철학적·종교적 전통에서도 입증된다.[30]

작가 토머스 네빈은 "인간은 동물과 신 사이에 위치한다. … 문명의 성취가 무엇이든 관계없이, 동물은 여전히 그 안에 살고 있다"라고 말했다. 다시 말해 네빈은 인간에게 동물과 같은 원초적인 모습뿐 아니라 자비롭고 숭고한 모습이 있다는 사실을 간파했다. 플라톤과 롤로 메이와 같은 수많은 사상가도 인간의 잠재력이 위대한 생산적인 업적부터 사악한 파괴와 타락까지 매우 폭넓게 나타난다는 점을 꿰뚫어 보았다.

심리학자 스티븐 핑커는 《우리 본성의 선한 천사》라는 책에서 최근의 역사가 남긴 깊은 상처 때문에 "대다수의 사람은 믿지 않겠지만, 폭력은 오랜 기간에 걸쳐 감소했고, 오늘날 인간은 종의 역사에서 가장 평화로운 시대에 살고 있을지 모른다"[31]라고 주장했다. 그러면서 핑커는 수 세기에 걸쳐 무자비한 잔인성을 사회적으로 용인하는 경향이 어떻게 꾸준히 감소하고 있는지 자세하고 다양한 경로로 설명했다. (이를 자세히 다루는 것은 이 책의 범위를 벗어난다.) 어쨌든 핑커는 여러 장에 걸쳐서 공감, 자제력, 도덕적 직관, 인지·추론 능력과 같은 우리 본성의 '더 나은 천사'를 강조했다. 인간이 지질학적 시간에 길든다는 리처드 랭엄의 설명과 유사하게, 핑커는 스스로 '평화 과정'이라고 부른 심층적인 문화적 진화를 강조했다. 근대에 들어와 폭력은 사회적 혹은 개인적 갈등에서 용인될 수 없는 불법행위로 규정되었고 대신에 국가가 폭력 사용의 적법성을 판단하는 결정권을 갖게 되었다. 법률제도를 통해서 국가는 정의를 집행하고 위법행위의 공정한 처벌을 결정한다. 폭력 사용의 국가 독점은 폭력 남용을 진정시키는 효과를 가져왔다. 두 차례의 세계대전을 포함한 20세기의 대재앙에도 불구하고 중세 이후 폭력이 최대 50배나 감소했다.[32]

사회제도는 구성원의 특성을 반영한다. "평화의 과정"은 계속해서 사회제도가 사람들이 지닌 '더 나은 천사'를 소중히 여기고 실현할 수 있게 했다. 그래서 우리는 도덕적 자질을 구현하고, 숭고한 본성을 향해 나아갈 수 있게 되었다. 이것이 우리가 여러 세기에 걸쳐 수많은 변덕스러운 폭력을 방지하고 자의적으로 정의를 해석하고 적용하는 잘못을 개선해 온 방법이었다.

***

삶의 먼지와 부스러기를 털어내면, 인간에게는 어렵지만 명확한
질문만 남게 될 것이다. 선했는가, 악했는가? 잘 살았는가, 못 살았는가?

— 존 스타인벡, 《에덴의 동쪽》

이 책에서 나는 극도로 사악한 범죄가 인간의 가장 어두운 면을 들춰낸 시간을 기록했다. 인간의 계몽된 자아를 대표하는 사람조차도 잔혹한 행위를 저질렀다. 반대로 우리는 인간 행동의 가장 원초적인 상태와 조건을 맞닥뜨렸을 때 깊은 연민과 인간애를 보여준 사례도 볼 수 있었다.

사법제도는 대체로 서서히 인간적인 방향으로 기울어지는 모습을 보여주었다. 1990년대에 법의학 정신과 의사인 제임스 길리건은 매사추세츠 랜덤교도소 책임자가 되었다. 재임 초기만 해도 교도소는 폭력 소굴이었다. 수감자들은 서로 죽이고, 변호사를 공격하고, 교도관을 살해하거나 폭행했다. 하지만 그가 재임하는 동안 교도소의 폭력은 90% 이상 줄었다.[33] 길리건은 폭력을 막기 위해 사용한 접근방식을 이해하는 데 도움이 되는 일화를 소개했다. 모든 권리를 빼앗긴 채 독방에 수감된 폭력적인 수감자가 있었다. 길리건은 그 수감자에게 모든 것을 포기할 정도로 자신을 몰아붙인 것이 무엇인지 물었다. 평상시에 말을 제대로 못 하던 이 키 큰 수감자는 길리건을 노려보며 "자존심, 위엄, 자부심……. 자부심이 없다면 아무것도 없어!"라고 대답했다.[34] 폭행이나 살인을 저지른 여러 수감자는 "저놈이 나를 무시했기 때문이야!" 혹은 이런저런 방식으로 무례한 대우를 받았기 때문에 그렇게 했다고 교도소장에게 말했다. 분명히 수치심과 굴욕이 반응적 폭력의 배후 원동력이었다.

길리건은 수감자의 위법행위에 맞추어 제도를 계속 개선했다. 교도소 직원에게는 정신건강 교육을 받게 했다. 위기가 발생하면 신속하게 개입해서 해결할 뿐만 아니라 재소자에게 보호 감호시설에 접근할 기회를 확대하고 필요하면 정신과에 입원해서 치료를 받을 수 있도록 했다. 재소자가 지켜야 할 규율도 굴욕감을 주지 않도록 조정했다. 이러한 사려 깊고 인도적이며 전문적인 접근방식은 교도소의 폭력을 극적으로 줄였다.

최근에는 '회복적 사법' 관점이 전통적인 징벌적 관점과 함께 법체계에 통합되었다.[35] 비폭력 범죄자에게 적용되는 회복적 정의의 목표는 중재자 또는 상담자와 함께 가해자와 피해자가 대화를 통해 범죄로 생긴 심리적 손상을 줄여나가는 것이다. (극단적 폭력범죄와 같은) 많은 경우에 적용할 수는 없지만, 이런 접근법은 피해자에게 트라우마와 고통은 새로운 위험을 불러일으킬 잠재성이 있기에 반드시 치료해야 할 것으로 인식하게 한다. 아울러 가해자에게는 다른 사람에게 끼친 피해를 회복시키려는 의지를 불러일으켜 스스로 성장할 가능성도 제공한다.

1990년대 초 이후 '치료 사법'이라는 실행 방식도 개발되었다. 치료 사법은 사법적 의사결정에 영향을 받는 사람의 복지가 법률제도와 법의 집행자에게 미치는 영향에 초점을 맞추고 있다.[36] 치료 사법제도의 특징은 사법 체계 안에 있는 모든 사람을 대상으로 인간 존엄성이라는 가치를 강조하고, 제도의 목표를 이루기 위해 심리학이나 범죄학과 같은 사회과학의 통찰력을 받아들인다는 점이다. 혁신적인 치료 사법제도는 법원이 상습적인 마약범을 단순히 처벌만 해서는 비효율적이라는 사실을 깨닫고 처음 도입되었다. 범죄자를 판결할 때 프로그램의 요구사항을 성공적으로 이룰 수 있도록 형량 감면과 같은 혜택을 제시해서, 약물과 알코올 장애로 고통을 받는 사람에게 치료를 제공하기 위해 마약 법원이 설립되었다. 그리고 여러 해 동안 가정폭력·노숙자·재향군인을 위해 유사한 전문법원이 잇달아 개설되었다.[37]

정신질환을 앓고 있는 피고인이 늘어나면서 정신질환 범죄자를 전문으로 다루는 법원이 특히 이런 움직임에 적극적이었다.[38] 치료 사법의 실무자이자 교수·저술가인 마이클 펄린은 변호사와 사법제도 안에서 일하는 사람은 정신질환이 있는 피고인을 바라보는 ('새니즘'이라고 하는) 암묵적이고 무의식적인 편견에 맞서 싸워야 한다고 강조했다. 이런 편견은 정신장애인에게 제공되는 법률 서비스에 해로운 영향을 끼칠 수 있기 때문이다.[39]

대체로 법원에서 사회과학이나 신경과학의 연구결과를 법적인 판단에 받아들이는 일도 늘어나고 있다. 이러한 영향은 최근의 대법원 판결에서도 확인된다.[40] 지난 20년 동안 신경 법학이나 신경 윤리학처럼 완전히 새로운 하위 전문 분야가 법체계에 유익한 영향을 미치는 상황이 뚜렷해졌다.[41] 현대 과학의 발견에서 영향을 받은 새로운 판례는 앞으로 더 늘어날 것이다.

실제로 연구자들은 범죄행위의 근원을 더욱 폭넓게 이해하고 형사책임을 더욱 섬세하게 이해할 것을 요구하고 있다.[42] 이러한 요구는 부분적으로 정신 상태를 변호의 요소로 삼는 것을 엄격히 제한했던 1980년대의 법 개정에 대한 반작용이기도 하다. 로널드 레이건 대통령의 암살미수범인 존 힝클리가 정신이상 판결을 받으면서 사회적 반발이 커지자 정신 상태를 변호의 요소로 삼을 수 없도록 법을 개정했다.[43] 그러나 정신 상태와 형사책임의 관계를 바라보는 현대의 견해는 대개 수십 년에 걸친 연구를 기반으로 하고 있으며, 일부 견해는 앞에서 이미 인용했다. 사회적 맥락과 함께 개인적·생물학적 이력도 (건물을 불태우려는 '구체적이고 의도적인' 방화와 같은) 특정한 범죄행위에 필요한 정신 상태의 구성요소라는 사실이 점점 더 명확해졌다. 과거의 신체적·정서적 학대, 방치, 빈곤과 영양실조, 학습장애와 정신질환 같은 문제가 범행 당시 사고방식을 구성하는 개인적인 삶의 특징이다. 이러한 정상참작 요인은 일반적으로 심리전문가의 상담이 요구되는 상황에서 고려된다.

이 책 전체에서 가끔 언급했듯이 사회적 맥락과 개인의 이력을 고려하더라도 피고인이 위법행위를 저질렀을 때 물어야 할 책임과 부과해야 할 통제가 어느 정도인지는 여전히 논쟁이 진행 중이며 서로 의견이 일치하지 않는다. 그러나 사법제도를 과학에 기초하고 인간다운 것으로 조정해야 한다고 주장하는 사람들은 특히 양형이나 교정 배치 문제를 다룰 때, 법학의 생물 심리·사회적 모델과 범죄행위를 기본적으로 징벌적으로 바라보는 관점이 서로 균형을 이루어야 한다고 강조한다.

끝으로 전국의 상당수 검사도 이미 유죄로 판결이 났지만 새로운 증거가 밝혀지면서 합리적으로 의심할 수 있는 사건을 다시 검토하기로 약속했다.[44] 12장에서 살펴본 '무죄 프로젝트'[45]에서 발표했듯이, 수많은 수감자가 잘못된 유죄 판결을 받았다는 사실은 형사사법 체계의 개혁을 위한 사회적·정치적 지지를 형성하는 데 영향을 끼쳤다.

* * *

나는 심리적으로 성숙한 자아 성찰 능력의 엄청난 이점을 강조했다. 자아 성찰 능력은 오랫동안 간직해 온 개인의 가치와 미래의 고려사항을 통합할 수 있게 하여 악의적인 충동을 억제할 가능성을 확대하고 자신의 행동을 자제할 수 있는 올바른 힘을 길러준다. 실제로 어떤 저자는 정신화를 단순한 기술이나 능력이 아니라 미덕으로 묘사했다.[46] 그러나 앞에서 얘기한 바와 같이 아무리 정신화가 잘 발달했다 하더라도 피로, 급성 정신질환, 자기기만, 그리고 우리가 모두 어느 정도 취약한 비이성적 사고에서 비롯되는 온갖 유혹 때문에 우리는 정신적으로 퇴행하기 쉽다. 슬프게도 역사는 우리가 대부분 집단 압력의 예속과 폭정의 희생양이라는 것도 보여주었다.[47]

인간의 정신을 바라보는 관점은 사람마다 다르다. 그래서 나르시시즘·사이코패스·마키아벨리즘과 같은 어두운 성격이 있는 사람은 사회·경제적으로 부당한 압력을 받을 수 있다.[48] 하지만 나는 성공한 사이코패스가 수많은 직업에서 어떻게 활약하고 있는지 이미 밝혔다. 비록 부정적인 업무 성과와 관련이 되기도 하지만, 사이코패스는 때때로 강력한 리더로 인식된다.[49] 나르시시스트는 자기중심적이고, 자아 성찰과 공감, 다른 사람에 대한 진정한 관심이 부족하지만, 커다란 자신감과 한 걸음 앞서려는 동기를 지니고 있어서 성공적인 경력을 쌓는 경향이 있다.[50] 마키아벨리즘의 특성이 있는 사람은 서슴지 않고 도덕 원칙보다 이익을 우위에 둔다. 아울러 다른 사람을 기꺼이 조종하고 나르시시스트처럼 승리와 성공에 집중한다. 그래서 조직에서 지도적인 위치에 있는 경향이 있다.[51]

불행하게도 개인의 도덕적 사고와 행동은 주변의 영향을 쉽게 받으며 변화무쌍한 성격과 기질에 지배된다. 그리고 도덕적 배려는 사회가 처한 상황과 순간순간 개인의 심리적 불안정에 굴복한다.[52]

***

사법제도와 같은 문화적 제도는 인간 본성의 원초적인 영향력과 개인 행위의 취약성을 예방하는 보험과 같다. 곧 문화적 제도는 어쩔 수 없이 생겨나게 마련인 개인의 실패를 막아주는 울타리 구실을 해준다. 문화적 제도는 예의와 법규범의 증진을 비롯한 우리의 총체적인 이상을 최대한으로 구현한다. 아울러 정치적·사회적 지위와 관계없이 모든 사람에게 공정하고 합리적으로 법을 집행하는 사법제도의 헌신은 개인이 어두운 불의로 기울어지는 것을 바로잡는 문화적 층을 제공해준다. 제도가 개인의 타락보다 우위에 있는 한, 적어도 이론적으로는 그렇다.

올리버 웬들 홈스 대법관은 법의 역사는 논리의 역사가 아니라, 경험의 역사라고 지적했다. 우리의 법체계는 스스로 반성하고 스스로 바로잡으며 계속 개선되고 발전해갈 것이다. 우리 모두와 마찬가지로 우리의 법체계도 불완전하다. 하지만 운이 좋으면 계몽된 상승을 계속해갈 것이다.

부록 ——— 심리검사

공격성 질문지
Aggression Questionnaire (AQ)

모두 34개의 문항으로 구성되어 있다. 피검사자는 각 문항의 질문을 읽고 '나와 전혀 맞지 않는다'부터 '나와 완전히 유사하다'까지 5개의 단계로 나누어진 구간에 응답한다. 평가는 1~5로 정량화되어 이루어지며, 5가 공격성이 가장 높은 수치이다. 질문의 응답 결과는 공격성을 신체적 공격성·언어적 공격성·분노·적개심의 네 가지 기준으로 나뉘어 점수로 산출된다. 아울러 네 가지 기준 뒤에 전반적인 공격성이 제시되며, 남성과 여성을 대상으로 다른 기준이 마련되어 있다.

광역 성취도 검사
Wide Range Achievement Test 4 (WRAT4)

개별적으로 시행하고 국가적으로 규정한 표준적인 성취도 검사이다. 읽기·맞춤법·수학을 비롯한 다양한 학업 과제에서 개인의 성취 수준을 측정한다.

기분장애 질문지
Mood Disorder Questionnaire (MDQ)

적절한 시점에 정확하게 양극성 장애를 진단할 필요성 때문에 개발된 검사 도구이다. 응답을 완료하기까지 5분 정도 걸리는 질문지는 진단과 치료에 중요한 통찰력을 제공해준다. 곧 이 질문지는 양극성 스펙트럼 장애를 선별하기 위한 검사 도구이다.

기억력 위장 검사
Test of Memory Malingering (TOMM)

모두 50개 항목으로 이루어진 성인을 위한 시각적 기억 인식 검사이다. 두 번의 학습과 한 번의 기억 유지 검사로 진행된다. 두 번의 학습검사에서는 피검사자에게 공통 대상에 대한 50개의 선 그림이 제시된다. 그런 뒤에 피시험자에게 한 번에 하나씩 50개의 인식 판이 제시되며, 각 판에는 이전에 표시된 그림 한개와 새 그림이 포함되어 있다. 피검사자는 이전에 표시된 그림을 선택해야 한다. 모든 시도에서 우연히 시도한 경우보다 낮은 점수는 제한된 노력을 기울이거나 기억을 위장했을 가능성을 나타낸다. 두 번째 기억 유지 검사에서 45점보다 낮은 점수는 일부러 기억력을 위장했을 가능성을 나타낸다. 인지 손상, 실어증, 외상성 뇌 손상, 치매, 인지적으로 전혀 장애가 없는 임상 표본으로 자료가 폭넓게 수집되어 있다.

꾀병 증상 검사
Structured Inventory of Malingered Symptoms (SIMS)

모두 72개 항목의 자가 검사 질문지로 이루어져 있으며 다양한 임상·법의학 환경에서 쓰인다. 신경학적 증상, 지능, 정신병, 정서장애, 기억상실 장애 등의 영역에서 증상의 과장과 거짓말을 평가한다. 환자는 72개 항목에 참이나 거짓으로 응답해 점수가 매겨지는데, 14점 이상의 점수는 증상의 과장이나 거짓말임을 나타낸다.

미네소타 다면적 인성검사, 2판 수정
Minnesota Multiphasic Personality Inventory-2-Restructured Form (MMPI-2-RF)

〈미네소타 다면적 인성검사, 2판〉의 338개 항목을 수정한 것이다. 이것은 정신 진단학적으로 최신 내용을 반영하고 있으며, 현재의 정신병리학과 성격장애 모델과 연결되어 있다. 여기에는 8개의 타당성 척도, 3개의 고차원적 척도, 9개의 재구성된 척도, 5개의 성격 정신병리학적 척도만이 아니라, 신체·인지 요인, 내재화 행동, 외재화, 대인 관계와 관심 변수를 측정하는 여러 척도가 포함되어 있다. 표준보다 높은 1.5 표준편차 점수(T 점수=65, 제92 백분위 수)는 임상적으로 유의미한 것으로 본다.

밀러 법의학적 증상 평가검사
Miller Forensic Assessment of Symptoms Test (M-FAST)

정신병적 증상과 정신병을 악용할 가능성에 관한 정보를 제공하도록 설계된 검사 도구이다. 25개 항목으로 구조화된 면담으로 진행된다. 25개의 질문으로 피검사자의 증상이 실제 정신질환자에 비추어 전형적인 중증도인지를 조사한다. 이 검사 도구를 사용하면 피검사자가 증상의 특이한 조합이나 특이한 정신질환 증상을 가졌는지 조사할 수 있다. 개인의 점수는 이미 알려진 집단의 표본 점수와 비교된다. 6점 이상이면 증상이 확대되고 악성이 될 가능성이 있음을 나타낸다.

성격 평가검사
(Personality Assessment Inventory (PAI)

334개의 항목으로 이루어진 성격 평가 도구이다. 중복되지 않은 22개 척도로 구성되어 있는데, 각각의 척도는 정신장애를 폭넓게 평가하기 위해 가장 관련성이 높은 구성요소를 포괄하고 있다. 여기에는 4개의 타당성 척도와 다수의 전문화된 타당성 척도, 11개의 임상 척도, 5개의 치료 척도, 2개의 대인 관계 척도가 포함된다. 아울러 10개의 전체 척도는 개념적으로 파생된 많은 하위 척도를 포함하고 있어서, 전반적으로 완벽한 임상적 구성요소와 이슈를 다룰 수 있다. 모든 PAI 척도와 하위 척도는 특정 집단의 표본과 비교하여 T-점수로 표현되며 T-점수가 50이면 평균이다. T-점수가 60이면 특정 유형의 증상과 문제를 경험한다는 측면에서 제84 백분위에 속하는 사람임을 뜻한다. 반면에 T-점수가 70이면 대부분 척도에서 제96 백분위에 해당하는 점수를 의미한다. 임상적 주의가 필요한 문제가 확인되면, 상황에 따라 임상적으로 초점을 옮긴 뒤에 점수는 다시 대표적인 임상 표본과 비교해서 표준화된다.

성적 살인 범죄현장 가학성평가척도
Sexual Homicide Crime Scene Rating Scale for Sexual Sadism (SADSEX-SH)

성범죄 의심 사건에서 가해자의 성적 가학성 범죄 정도를 여러 차원으로 측정하기 위한 검사 도구이다. 평가 점수는 범죄현장과 관련된 수사 정보를 기반으로 산출된다. 성적 가학성이 있는 범죄자와 그렇지 않은 범죄자를 정확하게 분류할 수 있게 해준다.

성욕 과다증 행동검사
Hypersexual Behavior Inventory (HBI)

모두 19개 항목으로 이루어져 있으며, 세 가지 요인으로 구분해 성욕 과다증을 평가하기 위한 검사 도구이다. 대처요인(7개 항목)은 슬픔·안절부절·일상생활의 걱정과 같은 정서적 고통에 대한 반응으로 성과 성행위를 평가한다. 통제요인(8개 항목)은 성과 관련된 행동의 자제력 수준을 평가한다. 결과요인(4개 항목)은 교육적·직업적 의무를 방해하는 성행위와 같은 성적인 생각, 충동, 행동의 다양한 결과를 평가한다.

스트룹 색상·단어 검사

Stroop Color and Word Test (Stroop)

간섭 조건에서 단어를 빠르게 큰 소리로 읽는 개인의 능력을 평가하는 검사로 시간제한이 있다. 피검사자의 성과는 단어 읽기, 색상 말하기, 단어의 색상 말하기의 세 가지 시도로 비교된다. 단어의 색상 말하기는 피검사자가 단어가 아니라 단어의 색상을 되도록 빨리 말해야 한다. 예컨대 빨간색 잉크로 쓰인 '파란색'이라는 단어가 제시되면, 피시험자는 파란색이 아니라 빨간색이라고 말해야 한다. 이 검사는 인지 제어·교대조정·반응억제 능력을 평가하는 척도로 쓰인다.

신경 심리 상태 평가를 위한 반복 가능한 종합검사

Repeated Battery for the Assessment of Neuropsychological Status (RBANS)

개별적으로 간단하게 시행되는 신경인지 검사이다. 주의력, 언어, 시각, 공간·구성 능력, 즉시·지연 기억을 측정한다. 이 검사의 지수점수는 나이별로 평균이 100이고, 표준편차가 15인 미터법으로 수치화되고 정량화된다. 그리고 모든 피검사자의 68%가 85에서 115 사이의 점수를 얻는다.

신경 심리평가 종합검사

Neuropsychological Assessment Battery (NAB)

5개의 단위지수 검사와 점수로 이루어져 있다. 5개의 단위는 주의력·언어·기억·공간·실행기능으로 구분되어 있다. 각 단위지수 점수는 평균이 100이고, 편차가 15가 되도록 조정된다. 주의력지수 점수는 피검사자의 다면적 주의력 기능을 전반적으로 측정한 것이다. 언어지수 점수는 많은 요소로 이루어져 있으며, 피검사자의 전반적인 언어기능을 측정한 것이다. 기억지수 점수는 9가지 기억 검사로 학습이나 기억의 모든 특정 영역에서 피검사자의 기억 기능을 종합적으로 측정한 것이다. 공간지수 점수는 공간 처리 영역에서 피검사자의 과잉 기능을 측정한 것이다. 이것은 시각적 식별, 디자인 구성, 도형 그리기, 복사와 지도 읽기를 기반으로 한다. 실행기능은 계획하기, 다른 사람과 효과적으로 참여하기, 문제 해결하기, 환경과 성공적으로 상호 작용하여 요구사항을 충족하는 것과 같은 도구적, 사회적 활동을 성공적으로 수행할 수 있도록 하는 행동과 기술을 말한다. 전체 점수는 5개의 단위지수 점수의 총합을 기반으로 산출한다. 단위지수 점수와 전체 점수가 85점 미만이면 손상 범위로 분류된다.

아이오와 도박검사, 2판

Iowa Gambling Test, Second Edition (IGT-2)

실제의 의사결정을 모의실험하는 심리검사이다. 피검사자에게 컴퓨터 화면으로 4개의 시각적 카드 묶음을 제시하고, 이 묶음에는 게임머니를 사용해 보상하거나 벌점을 줄 카드가 들어있다고 설명한다. 목표는 되도록 많은 돈을 얻는 것이다. 카드 묶음은 보상과 벌점의 균형이 서로 다르다. 피시험자에게 일부 묶음은 '나쁜' 묶음이고, 일부는 '좋은' 묶음이라고 설명한다. 일부는 다른 것보다 피시험자에게 더 많은 보상을 주기 때문이다. 피시험자는 카드를 선택할 때마다 자신이 돈을 얻었는지 잃었는지 전달받는다. '나쁜 묶음'은 곧바로 큰돈을 벌지만, 예측할 수 없는 시점에서는 이익 뒤에 매우 높은 벌점이 따르므로 장기적으로 이 묶음은 불리하다. 피시험자에게 제공되는 피드백은 즉각적인 보상과 지연된 확률적 처벌 사이에 충돌을 일으킨다. 이 검사는 뇌의 전전두엽 피질의 신경심리학적 기능장애로 의사결정에 어려움을 겪는 사람을 찾아내는 것으로 밝혀졌다. 피시험자의 원점수는 카드 묶음에서 선택한 횟수이다. 원점수는 T 점수로 변환되며 T 점수가 39점 이하이면 장애가 있는 것으로 판단된다.

위스콘신 카드 분류 검사

Wisconsin Card Sorting Test (WCST)

문제 해결 능력과 실행기능을 평가하는 검사로 컴퓨터로 진행한다. 형태·숫자·색상의 세 가지 범주로 고르게 나누어진 128개의 카드를 사용해 검사를 진행한다. 사용하는 카드 형태는 원·삼각형·별·십자가가 있고, 색상은 빨강·초록·노랑·파랑이다. 카드에 있는 항목의 수는 1개에서 4개까지 다양하다. '자극 카드'라고 하는 처음 4장의 카드는 특정한 순서와 양식으로 피검사자에게 제시된다. 검사가 시작될 때 피검사자는 '응답 카드'라고 하는 자신의 카드 한개를 4개의 자극 카드 가운데 하나 앞에 놓으라는 지시를 받는다. 이 과정은 모든 카드를 사용할 때까지 계속된다. 검사를 시작하기 전에 피시험자에게 검사의 목적이나 검사 중에 사용한 방법에 관해 전혀 알려주지 않는다. 검사가 시작되면 피검사자에게 카드 배치가 올바른지, 아니면 잘못된 것인지만 알려준다. 이 과정에서 피검사자는 색상·형태·숫자로 구성된 10장 정도의 카드 세트 형식으로 카드를 선택한다.

위험성·정교성·치료성 검사
Risk Sophistication Treatment Inventory (RSTI)

청소년 범죄자의 기능을 평가하기 위한 반구조화된 인터뷰 및 평가 척도이다. 위험성과 성숙성, 정교성 및 치료 순응성을 평가하는 검사이다. 참고로 나는 이 검사 도구를 정교성과 성숙성을 평가하는 데 사용한다. 청소년 범죄자를 기준으로 한 표준 데이터를 사용해서 3개 영역 각각에 T-점수와 백분위 수가 개발되어 있다.

웩슬러 성인 지능검사, 4판
Wechsler Adult Intelligence Scale, Fourth Edition (WAIS-IV)

지적 능력과 인지적 강점과 약점을 측정하기 위해 구두로 진행하는 검사다. 이 검사에는 블록 구성과 이야기를 전달하기 위한 그림 배열과 같은 언어적 능력과 구체적인 비언어적 능력을 모두 측정하는 여러 하위 검사가 있다. 검사결과는 개인의 인지능력과 스타일에 관한 추가 정보를 제공하는 종합 지능지수와 4개의 지수로 산출된다. 4개의 지수는 언어이해지수(VCI), 지각추리지수(PRI), 작업기억지수(WMI), 처리속도지수(PSI)이다. 언어이해지수는 언어추론능력과 언어능력을 평가하고, 지각추리지수는 비언어적 추론과 시각적 공간 능력을 측정한다. 작업기억지수는 구두로 제시된 정보에 주의를 기울이고, 기억에서 정보를 처리하고, 응답을 공식화하는 개인의 능력에 관한 정보를 제공한다. 처리속도지수는 정신 운동 처리 속도를 반영한다. 평균 지능지수 점수는 100이고, 표준편차는 15이다. 웩슬러 성인 지능검사의 평균 척도점수(scaled score, SS)는 10이다. 개별 하위 검사에서 지능지수 점수가 100이고, 척도점수가 10이면 연령집단의 평균적인 성취 수준으로 정의된다. 평가 점수에 따라 '매우 우수'에서 '평균', '매우 낮음'까지 7개로 구분되는 등급 가운데 하나로 분류된다.

정신과 진단검사 질문지
Psychiatric Diagnostic Screening Questionnaire (PDSQ)

모두 111개 질문으로 구성되어 있으며, 다양한 진단 조건을 선별하도록 설계된 자가 진단 질문지이다. 주요 우울증, 외상 후 스트레스 장애, 섭식 장애, 강박 장애, 공황 장애, 정신병, 광장 공포증, 사회 공포증, 알코올 남용, 약물 남용, 불안장애,

신체장애, 건강염려증 등을 평가한다. 총점은 정신병리학의 전체적인 척도로 사용할 수 있으며, 앞서 언급한 다양한 증후군을 평가하기 위한 후속 면담이 진행된다.

코너스 연속수행 검사, 3판
Conners Continuous Performance Test, Third Edition (CPT-III)

주의력·반응억제 능력·각성 상태를 알아보기 위해 컴퓨터로 진행하는 검사이다. 다양한 비율로 문자가 나오는데 X가 아닐 때 컴퓨터의 자판을 눌러야 한다. 곧 문자 'X'에 반응을 하지 말아야 한다. 검사는 14분 정도 진행된다. 이 검사는 주의력과 각성 상태에 관한 임상평가 자료로 활용할 수 있지만, 진단 목적으로는 사용할 수 없다.

코너스 성인 주의력결핍 과잉행동장애 평가척도
Conners Adult ADHD Rating Scale (CAARS)

주의력 부족·과잉행동·충동과 같은 성인의 주의력결핍 과잉행동장애의 주요 증상을 평가하기 위한 검사 도구이다. 모두 66개 문항의 질문지로 이루어져 있다. 이 검사에는 주의력결핍 과잉행동장애와 관련한 문제행동을 폭넓게 평가하기 위해 경험적으로 추출한 8개의 하위 항목이 있다. 8개의 항목은 부주의·기억 문제, 과잉행동·초조함, 충동·정서 불안정, 자기 인식의 문제, DSM-IV 부주의 증상, DSM-IV 과잉행동·충동 증상, DSM-IV 주의력결핍 과잉행동장애 전체 증상, 주의력결핍 과잉행동장애 지수이다. 모든 점수와 결과는 데이터베이스를 기반으로 정량화된 0~3까지 4가지 척도로 산출되며, 주의력결핍 과잉행동장애와 관련된 증상을 유효하게 평가한다.

클라크 성 이력 질문지, 남성용 개정판
Clarke Sex History Questionnaire for Males Revised (SHQ-R)

성범죄자 평가에 폭넓게 사용되는 검사 도구이다. 성도착증·성 기능 장애·성 정체성 장애 등과 같은 성적 장애와 성적 학대·성폭력과 같은 일탈적인 성행위의 이력을 검사한다. 정상 집단과 임상 집단을 비교해서 검사 척도가 제시되므로, 변칙적인 성적 행동 여부를 판단하는 데 임상적으로 유효하다. 응답의 정확성을 판단하는 데 필요한 유효성 척도도 함께 제시된다.

포르테우스 기만 척도

Porteus Deception Scales (PDS)

사회적인 '바람직성'의 중요한 두 가지 척도인 자기기만과 인상 관리를 측정하기 위해 고안된 검사 도구이다. 자기 보고식 질문지로 구성되어 있다. 이 검사 도구는 유효성과 신뢰성이 폭넓게 확인되었다. 60에서 65 사이의 T-점수는 평균보다 약간 높은 것으로 간주하고, 65보다 큰 T-점수는 평균보다 높은 것으로 간주한다.

헤어 사이코패스 검사항목, 개정판

Hare Psychopathy Checklist, Second Edition (PCL-R)

사이코패스 성격장애의 특성을 측정하기 위해 고안된 검사 도구로, 20개 항목으로 이루어져 있다. 검사항목은 대인 관계와 타인에 대한 감정적 투자의 특성을 다루고 있으며, 사회 일탈적인 생활방식의 양상과 범죄행위의 이력을 조사한다. 검사에서 추출된 정보는 사이코패스를 정의하는 이기적인 냉담함과 타인에 대한 냉혹한 가해 그리고 반사회적 생활방식을 네 가지 측면과 두 가지 전체 틀 안에서 평가한다.

헤어 사이코패스 검사항목, 청소년용

Hare Psychopathy Checklist for Adolescents (PCL:YV)

구조화된 면담으로 대인 관계·정서·행동·반사회성이라는 네 가지 요소로 청소년의 기능장애를 평가한다. 대인 관계와 정서에서는 이기적 냉혹함과 무자비함을 평가하고, 행동과 반사회성에서는 사회적 일탈 행동을 평가한다. 이 검사 도구에는 특수시설에 수용되어 있거나 보호관찰 중인 범죄자에 대한 기준도 담겨 있다.

b 검사

b Test

문자 인식 작업을 통해 피검사자가 기억력·주의력·언어능력·시공간 능력·판단력 등이 저하된 인지 기능의 장애를 거짓으로 꾸미고 있는지를 찾아내는 검사 도구이다. 피검사자는 15쪽 분량의 책자에 배열된 문자열에서 소문자 'b'를 식별해야 하는데, 'b'와 비슷하게 'd', 'q'가 뒤집히거나 비스듬히 배열된 문자열도 있다. 검사결과가 성별에 기초한 표준집단의 점수보다 낮게 나타나면 인지 기능의 결함을 거짓으로 꾸며낸 것으로 판단한다.

───────── 주註

01. 인간의 본성과 본능

1. Christopher Bollas, *The Shadow of the Object: Psychoanalysis of the Unthought Known* (New York: Columbia University Press, 1987).

2. Sigmund Freud, *Introductory Lectures on Psychoanalysis* (New York: W. W. Norton, 1977).

3. Carl Gustav Jung, *The Basic Writings of C. G. Jung* (New York: Random House, 1959).

4. 7장에서 사이먼과 그의 아내가 겪은 복잡성과 비극을 탐구한다.

5. 12장에서 토마스에 대해 더 자세히 설명한다.

6. Rollo May, *Love and Will* (New York: Dell, 1969), 163.

7. Erich Fromm, *The Anatomy of Human Destructiveness* (New York: Macmillan, 1992).

8. Coline Covington, *Everyday Evils: A Psychoanalytic View of Evil and Morality* (London: Taylor & Francis, 2017).

9. Steven Pinker, *The Better Angels of Our Nature: Why Violence Has Declined* (New York: Penguin Group, 2012).

02. 과거의 삶이 현재를 규정한다

1. Sigmund Freud, "Beyond the Pleasure Principle," in The Standard Edition of the Complete Psychological Works of Sigmund Freud, Volume XVIII (London: Hogarth Press), 28.

2. Saha, Sukanta, David Chant, Joy Welham, and John McGrath. "A Systematic Review of the Prevalence of Schizophrenia," PLoS Med 2, no. 5 (2005): e141.

3. Peter Fonagy, "The Mentalization-focused Approach to Social Development," in The Handbook of Mentalization-based Treatment, ed. J. G. Allen and P. Fonagy (Chichester: John Wiley & Sons, 2006), 53-99.

03. 눈을 멀게 한 유대 관계

1. Roberto Catanesi, Gabriele Rocca, Chiara Candelli, and Felice Carabellese, "Matricide by Mentally Disordered Sons: Gaining a Criminological Understanding beyond Mental Illness—A Descriptive Study." International Journal of Offender Therapy and Comparative Criminology 59, no. 14 (2015): 1550-63. A. Ogunwale and Olukayode Abayomi, "Matricide and Schizophrenia in the 21ˢᵗ Century: A Review and Illustrative Cases," African Journal of Psychiatry 15, no. 1 (2012): 55-57.

2. Minnesota Multiphasic Personality Inventory-2-Restructured Form (University of Minnesota Press/Pearson, 2008).

3. Minnesota Multiphasic Personality Inventory-2-Restructured Form; Catanesi, Rocca, Candelli, and Carabellese (2015).

4. Lisa A. Callahan, Henry J. Steadman, Margaret A. McGreevy, and Pamela Clark Robbins, "The Volume and Characteristics of Insanity Defense Pleas: An Eight-State Study," *Journal of the American Academy of Psychiatry and the Law Online* 19, no. 4 (1991): 331-38. Gerald Cooke and Cynthia R. Sikorski, "Factors Affecting Length of

Hospitalization in Persons Adjudicated Not Guilty by Reason of Insanity," *Bulletin of the American Academy of Psychiatry & the Law* 2, no. 4 (1974): 251-61.

5. Henry J. Steadman, Lydia Keitner, Jeraldine Braff, and Thomas M. Arvanites, "Factors Associated with a Successful Insanity Plea," *The American Journal of Psychiatry* 140, no. 4 (1983): 401-5. See also Michael L. Perlin, "The Insanity Defense: Nine Myths That Will Not Go Away," in *The Insanity Defense: Multidisciplinary Views on Its History, Trends, and Controversies,* ed. Mark D. White (Santa Barbara, CA: Praeger, 2016), 3-22

04. 여성 살인자

1. 심리검사에 대한 설명은 부록을 참조할 것.

2. Nancy McWilliams, Psychoanalytic *Diagnosis: Understanding Personality Structure in the Clinical Process* (New York: Guilford Press, 2011), 101-3.

3. American Psychiatric Association, *Diagnostic and Statistical Manual of Mental Disorders,* 5th ed. (Arlington, VA: American Psychiatric Association, 2013), 645-84. See also McWilliams, *Psychoanalytic Diagnosis,* 61-65.

4. McWilliams, *Psychoanalytic Diagnosis,* 112-14. 성격 조직에서 이러한 방어 기능의 복잡성에 대한 포괄적이지만 고도로 기술적인 이해를 위해서는 다음 논문을 참조, Vittorio Lingiardi and Nancy McWilliams, eds., *Psychodynamic Diagnostic Manual: PDM-2* (New York: Guilford Publications, 2017).

5. David Spiegel and Etzel Cardeña, "Disintegrated Experience: The Dissociative Disorders Revisited," *Journal of Abnormal Psychology* 100, no. 3 (1991): 366. J. F. Kihlstrom, D. J. Tataryn, D, and I. P. Hoyt, "Dissociative Disorders," in *Comprehensive Handbook of Psychopathology,* ed. P. J. Sutker and H. E. Adams, 2nd ed. (New York: Plenum, 1993), 203-34.

6. B. A.van der Kolk, O. van der Hart, and C. R. Marmar, "Dissociation and Information Processing in Posttraumatic Stress Disorder," in *Traumatic Stress: The Effects of Overwhelming Experience on Mind, Body, and Society,* ed. B. A. van der Kolk, A. C. McFarlane, and L Weisaeth (New York: Guilford Press, 1996), 303-27.

7. *R. v. Parks* (1992) 2 S.C.R. 871.

8. McWilliams, *Psychoanalytic Diagnosis,* 107-12.

9. Samuel Adjorlolo, Heng Choon Oliver Chan, and Matt DeLisi, "Mentally Disordered Offenders and the Law: Research Update on the Insanity Defense, 2004-2019," *International Journal of Law and Psychiatry* 67 (2019).

10. Guy Hall, Marion Whittle, and Courtney Field, "Themes in Judges' Sentencing Remarks for Male and Female Domestic Murderers," *Psychiatry, Psychology and Law* 23, no. 3 (2016): 395-412.

11. Kristie A. Thomas, Melissa E. Dichter, and Jason Matejkowski, "Intimate versus Nonintimate Partner Murder: A Comparison of Offender and Situational Characteristics," *Homicide Studies* 15, no. 3 (2011): 291-311.

12. Gordon Morris Bakken and Brenda Farrington, *Women Who Kill Men: California Courts, Gender, and the Press* (Lincoln: University of Nebraska Press, 2009).

13. 여성과 폭력에 관한 더 많은 내용은 6장에서 볼 수 있다.

14. Hall, Whittle, and Field, "Themes in Judges' Sentencing Remarks for Male and Female Domestic Murderers," 395-412.

15. Hall, Whittle, and Field, "Themes in Judges' Sentencing Remarks for Male and Female Domestic Murderers," 399-405.

16. Patricia Easteal, Lorana Bartels, Noni Nelson, and Kate Holland, "How Are Women Who Kill Portrayed in Newspaper Media? Connections with Social Values and the Legal System," *Women's Studies International Forum* 51 (2015): 31-41.

17. Joanne Belknap, Dora-Lee Larson, Margaret L. Abrams, Christine Garcia, and Kelly Anderson-Block, "Types of Intimate Partner Homicides Committed by Women: Self-Defense, Proxy/Retaliation, and Sexual Proprietariness," *Homicide Studies* 16, no. 4 (2012): 359-79.

05. 종교적 망상

1. 정신분열증을 앓고 있는 환자들은 그들의 가장 심각한 증상이 감소했을 때 자살할 위험이 더 크다. 아마 향상된 현실 감각과 함께 절망감이 오기 때문일 것이다. 하지만 앤드류는 그렇지 않은 것으로 드러났다.

2. Carolina A. Klein and Soniya Hirachan, "The Masks of Identities: Who's Who? Delusional Misidentification Syndromes," *Journal of the American Academy of Psychiatry and the Law Online* 42, no. 3 (2014): 369-78.

3. Emily A. Currell, Nomi Werbeloff, Joseph F. Hayes, and Vaughan Bell, "Cognitive Neuropsychiatric Analysis of an Additional Large Capgras Delusion Case Series," *Cognitive Neuropsychiatry* 24, no. 2 (2019): 123-34.

4. Wayne R. LaFave, *Principles of Criminal Law* (St. Paul, MN: Thomson/West, 2003), 397-410. H. J. Steadman, M. A. McGreevy, J. P. Morrissey, L. A. Callahan, P. C. Robbins, and C. Cirincione, *Before and after Hinckley: Evaluating Insanity Defense Reform* (New York: Guilford Press, 1993).

5. Gregory B. Leong, "Revisiting the Deific-Decree Doctrine in Washington State," *Journal of the American Academy of Psychiatry and the Law Online* 36, no. 1 (2008): 95-104.

6. *U.S. v. Guiteau*, 10 F. 161 (D. D.C. 1882).

7. A. Vita, L. De Peri, C. Silenzi, and M. Dieci, "Brain Morphology in First-Episode Schizophrenia: A Meta-analysis of Quantitative Magnetic Resonance Imaging Studies," *Schizophrenia Research* 82, no. 1 (2006): 75-88. P. Fusar-Poli, R. Smieskova, M. J. Kempton, B. C. Ho, N. C. Andreasen, and S. Borgwardt, "Progressive Brain Changes in Schizophrenia Related to Antipsychotic Treatment? A Meta-analysis of Longitudinal MRI Studies," *Neuroscience & Biobehavioral Reviews* 37, no.8 (2013): 1680-91. Michael D. Nelson, Andrew J. Saykin, Laura A. Flashman, and Henry J.

Riordan, "Hippocampal Volume Reduction in Schizophrenia as Assessed by Magnetic Resonance Imaging: A Meta-analytic Study," *Archives of General Psychiatry* 55, no. 5 (1998): 433-40.

8. Aslı Enzel Koc and Cicek Hocaoglu, "What Is Capgras Syndrome? Diagnosis and Treatment Approach," in *Little Known Syndromes in Psychiatry* (London: IntechOpen, 2020). Alain Barrelle and J-P. Luauté, "Capgras Syndrome and Other Delusional Misidentification Syndromes," in *Neurologic-Psychiatric Syn-dromes in Focus: Part 2: From Psychiatry to Neurology,* vol. 42 (Basel: Karger Publishers, 2018), 35-43.

9. 심리검사에 대한 더 완전한 설명은 부록을 참조할 것.

10. R. Rogers, R. T. Salekin, K. W. Sewell, A. Goldstein, and K. Leonard, "A Comparison of Forensic and Nonforensic Malingerers: A Prototypical Analysis of Explanatory Models," *Law and Human Behavior* 22 (1998): 353-67.

11. Barbara E. McDermott and Gregory Sokolov, "Malingering in a Correctional Setting: The Use of the Structured Interview of Reported Symptoms in a Jail Sample," *Behavioral Sciences & the Law* 27, no. 5 (2009): 753-65.

12. Holly A. Miller, M-FAST: *Miller Forensic Assessment of Symptoms Test* (Odessa, FL: PAR, 2001).

13. R. Rogers, *Clinical Assessment of Malingering and Deceit,* 3rd ed. (New York: Guilford Press, 2008).

14. L. Morey, *Professional Manual for the Personality Assessment Inventory* (Odessa, FL: Psychological Assessment Resources, 1991).

15. Stephen J. Morse, "Excusing and the New Excuse Defenses: A Legal and Conceptual Review," *Crime and Justice* 23 (1998): 329-406. 사실 재판에서도 일부 면책조건이 인정되면 과실의 경중도가 낮아지고, 정신이상 소견과 달리 형사상 책임이 적은 것으로 판단된다.

16. "Code, Model Penal, and Proposed Official Draft" (Philadelphia: American Law Institute, 1985).

17. Randy Borum and Solomon M. Fulero, "Empirical Research on the Insanity Defense and Attempted Reforms: Evidence toward Informed Policy," *Law and Human Behavior* 23, no. 1 (1999): 117-35.

06. 매력적인 악마, 사이코패스

1. D. L. Paulhus, *Paulhus Deception Scales: The Balanced Inventory of Desirable Responding User's Manual* (Toronto: Multi-Health Systems, 1999).

2. Irving B. Weiner, *Principles of Rorschach Interpretation* (London: Routledge, 2003).

3. Robert D. Hare, *Hare Psychopathy Checklist Revised* (Toronto: Multi-Health Systems, 1990).

4. Robert James R. Blair and Karina S. Blair, "Empathy, Morality, and Social Convention: Evidence from the Study of Psychopathy and Other Psychiatric Disorders." *The Social Neuroscience of Empathy* (2009): 139-52.

5. Adam R. Fox, Trevor H. Kvaran, and Reid Griffith Fontaine, "Psychopathy and Culpability: How Responsible Is the Psychopath for Criminal Wrongdoing?" *Law &*

Social Inquiry 38, no. 1 (2013): 1-26.

6. Diana Ribeiro da Silva, Daniel Rijo, and Randall T. Salekin, "Child and Adolescent Psychopathy: Assessment Issues and Treatment Needs," *Aggression and Violent Behavior* 18, no. 1 (2013): 71-78. S. Berthoz, J. Armony, R. J. R. Blair, and R. Dolan, "Neural Correlates of Violation of Social Norms and Embarrassment," *Brain* 125 (2002): 1696-1708.

7. Arielle R. Baskin-Sommers, John J. Curtin, and Joseph P. Newman, "Specifying the Attentional Selection That Moderates the Fearlessness of Psychopathic Offenders," *Psychological Science* 22, no. 2 (2011): 226-34.

8. James R. Blair, "Neurocognitive Models of Aggression, the Antisocial Personality Disorders, and Psychopathy," *Journal of Neurology, Neurosurgery & Psychiatry* 71, no. 6 (2001): 727-31.

9. Stephen Morse, "Neuroscience in Forensic Contexts: Ethical Concerns," *Ethics Challenges in Forensic Psychiatry and Psychology Practice* (2018): 132-58.

10. Stephen J. Morse, "Psychopathy and Criminal Responsibility," *Neuroethics* 1, no. 3 (2008): 205-12.

11. 물론 사이코패스이면서 정신질환을 앓을 수도 있다. 그런 경우에 정신질환을 중심으로 변호가 가능할 수 있다.

12. S. Zeki, O. R. Goodenough, Joshua Greene, and Jonathan Cohen, "For the Law, Neuroscience Changes Nothing and Everything," *Philosophical Transactions of the Royal Society of London Series B: Biological Sciences* 359, no. 1451 (2004): 1775-85.

13. Eyal Aharoni, Walter Sinnott-Armstrong, and Kent A. Kiehl, "Can Psychopathic Offenders Discern Moral Wrongs? A New Look at the Moral/Conventional Distinction," *Journal of Abnormal Psychology* 121, no. 2 (2012): 484. As is usual in science and the professions, not all agree. See note 12.

14. M. Cima, F. Tonnaer, and M. D. Hauser, "Psychopaths Know Right from Wrong but Don't Care," *Social Cognitive and Affective Neuroscience* (2010): 59-67.

15. A. L. Glenn, R. Iyer, J. Graham, S. Koleva, and J. Haidt, "Are All Types of Morality Compromised in Psychopathy?" *Journal of Personality Disorders* 23 (2009): 384-98.

16. Julia Marshall, Ashley L. Watts, and Scott O. Lilienfeld, "Do Psychopathic Individuals Possess a Misaligned Moral Compass? A Meta-analytic Examination of Psychopathy's Relations with Moral Judgment," *Personality Disorders: Theory, Research, and Treatment* 9, no. 40 (2018).

17. R. D. Hare, "Psychopathy, Affect and Behavior," in *Psychopathy: Theory, Research and Implications for Society*, ed. D. J. Cooke, A. E. Forth, and R. D. Hare (Dordrecht: Kluwer Academic Publishers, 1998), 105-39. K. Kiehl and J. Buckholtz, "Inside the Mind of the Psychopath," *Scientific American Mind* (September/October 2010): 22-29.

18. Paul Babiak, Craig S. Neumann, and Robert D. Hare, "Corporate Psychopathy: Talking the Walk," *Behavioral Sciences & the Law* 28, no. 2 (2010): 174-93.

19. M. Stroud, *The Sociopath Next Door* (New York: Crown Publishing Group, 2005).

20. P. Babiak and R. Hare, *Snakes in Suits: When Psychopaths Go to Work* (New York: Harper, 2006).
21. Babiak, Neumann, and Hare, "Corporate Psychopathy," 174-93.
22. Shanna R. Van Slyke, Michael L. Benson, and Francis T. Cullen, eds., T*he Oxford Handbook of White-Collar Crime* (New York: Oxford University Press, 2016).
23. Sharon S. Ishikawa, Adrian Raine, Todd Lencz, Susan Bihrle, and Lori Lacasse, "Autonomic Stress Reactivity and Executive Functions in Successful and Unsuccessful Criminal Psychopaths from the Community," *Journal of Abnormal Psychology* 110, no. 3 (2001): 423-32.
24. Cima, Tonnaer, and Hauser, "Psychopaths Know Right from Wrong but Don't Care," 59-67.
25. Robert M. Sapolsky, *Behave: The Biology of Humans at Our Best and Worst* (New York: Penguin, 2017).
26. Patrick D. McGorry and Barnaby Nelson, "Clinical High Risk for Psychosis—Not Seeing the Trees for the Wood," *JAMA Psychiatry* (2020).
27. S. Rachman, "Final Report: Psychological Analyses of Courageous Performances in Military Personnel," *U.S. Army Research Institute for the Behavioral Sciences* (1990).
28. S. Karson and J. O'Tool, *A Guide to the Use of the 16 PF* (Champaign, IL: Institute for the Personality and Ability Testing, 1976).

07. 참을 수 없는 분노의 폭발

1. K. S. Douglas, C. D. Webster, S. D. Hart, D. Eaves, and J. R. P. Ogloff, eds., *HCR-20, 3rd edition: Violence risk management companion guide.* Vancouver, BC: Mental Health Law and Policy Institute, 2013.
2. Richard Singer and John la Fond, *Criminal Law*, 4th ed. (New York: Wolters Kluwer Law and Business/Aspen Publishers, 2007), 179-84.
3. *People v. Beltran*, 301 P.3d 1120, 56 Cal. 4th 935, 157 Cal. Rptr. 3d 503 (2013).
4. Christopher Randolph, *Repeatable Battery for the Assessment of Neuropsychological Status (RBANS)* (San Antonio, TX: Psychological Corporation, 2012).
5. J. Briere, *Trauma Stress Inventory Professional Manual* (Odessa, FL: Psychological Assessment Resources, 2011).
6. Randy Borum and Solomon M. Fulero, "Empirical Research on the Insanity Defense and Attempted Reforms: Evidence toward Informed Policy," *Law and Human Behavior* 23, no. 1 (1999): 117-35.
7. Cynthia Lee, *Murder and the Reasonable Man: Passion and Fear in the Criminal Courtroom*, vol. 37 (New York: New York University Press, 2007).
8. Steven J. Sherman and Joseph L. Hoffmann, "The Psychology and Law of Voluntary Manslaughter: What Can Psychology Research Teach Us about the 'Heat of Passion' Defense?" *Journal of Behavioral Decision Making* 20, no. 5 (2007): 499-519.

9. Valeria Abreu Minero, Hannah Dickson, Edward Barker, Sandra Flynn, Saied Ibrahim, and Jennifer Shaw, "The Patterns of Homicide Offence Characteristics and Their Associations with Offender Psychopathology," *Journal of Investigative Psychology and Offender Profiling* 15, no. 3 (2018): 304-18. Joshua Dressler, "Provocation: Explaining and Justifying the Defense in Partial Excuse, Loss of Self-Control Terms," in *Criminal Law Conversations,* ed. Paul H. Robinson, Stephen P. Garvey, Kimberly Kessler Ferzan (Cambridge: Oxford University Press, 2009), 319-26.

10. Andrew Ashworth and Jeremy Horder, *Principles of Criminal Law* (Cambridge: Oxford University Press, 2013).

11. Joshua Dressler, "Provocation: Explaining and Justifying the Defense in Partial Excuse, Loss of Self-Control Terms," in *Criminal Law Conversations,* ed. Paul H. Robinson, Stephen P. Garvey, Kimberly Kessler Ferzan (Cambridge: Oxford University Press, 2009), 319-26.

12. Cheryl A. Terrance, Karyn M. Plumm, and Katlin J. Rhyner, "Expert Testimony in Cases Involving Battered Women Who Kill: Going beyond the Battered Woman Syndrome," *North Dakota Law Review* 88 (2012): 921.

13. Jennifer S. Lerner and Larissa Z. Tiedens, "Portrait of the Angry Decision Maker: How Appraisal Tendencies Shape Anger's Influence on Cognition," *Journal of Behavioral Decision Making* 19, no. 2 (2006): 115-37.

14. Steven J. Sherman and Joseph L. Hoffmann, "The Psychology and Law of Voluntary Manslaughter: What Can Psychology Research Teach Us about the 'Heat of Passion' Defense?" *Journal of Behavioral Decision Making* 20, no. 5 (2007): 499-519.

15. Terry A. Maroney, "Emotional Competence, Rational Understanding, and the Criminal Defendant," *American Criminal Law Review* 43 (2006): 1375.

16. L. Walker, *The Battered Woman Syndrome* (New York: Springer Publishing, 2009).

17. Melvin R. Lansky, *Fathers Who Fail: Shame and Psychopathology in the Family System* (London: Routledge, 2013).

18. *Maher v. People* (1862) 10 Mich.

19. See Richard Wrangham's *The Goodness Paradox* (New York: Pantheon Books, 2019). 생물학적 인류학자인 그는 사회의 가장 근본적인 역설의 진화적 기반을 추적한다. 곧 인간 사회가 고도로 문명화되었지만 대량살인과 대량학살과 같은 범죄를 저지를 수 있다는 문제이다.

08. 친부모의 영아살해

1. Timothy Y. Mariano, Heng Choon Oliver Chan, and Wade C. Myers, "Toward a More Holistic Understanding of Filicide: A Multidisciplinary Analysis of 32 Years of U.S. Arrest Data," *Forensic Science International* 236 (2014): 46-53.

2. Michelle Oberman, "Mothers Who Kill: Crosscultural Patterns in and Perspectives on Contemporary Maternal Filicide," *International Journal of Law and Psychiatry* 26 (2003): 493-514.

3. Phillip J. Resnick, "Child Murder by Parents: A Psychiatric Review of Filicide," *American Journal of Psychiatry* 126, no. 3 (1969): 325-34. Susan Hatters Friedman and Phillip J. Resnick, "Child Murder by Mothers: Patterns and Prevention," *World Psychiatry* 6, no. 3 (2007): 137.

4. Susan Hatters Friedman, Debra R. Hrouda, Carol E. Holden, Stephen G. Noffsinger, and Phillip J. Resnick, "Child Murder Committed by Severely Mentally Ill Mothers: An Examination of Mothers Found Not Guilty by Reason of Insanity," *Journal of Forensic Science* 50, no. 6 (2005): 1466-71. Li Eriksson, Paul Mazerolle, Richard Wortley, and Holly Johnson, "Maternal and Paternal Filicide: Case Studies from the Australian Homicide Project," *Child Abuse Review* 25, no. 1 (2016): 17-30.

5. Susan Hatters Friedman, R. C. Hall, and Renée M. Sorrentino, "Commentary: Women, Violence, and Insanity," *The Journal of the American Academy of Psychiatry and the Law* 41 (2013): 523-28.

6. Timothy Y. Mariano, Heng Choon Oliver Chan, and Wade C. Myers, "Toward a More Holistic Understanding of Filicide: A Multidisciplinary Analysis of 32 Years of U.S. Arrest Data," *Forensic Science International* 236 (2014): 46-53.

7. Heather Leigh Stangle, "Murderous Madonna: Femininity, Violence, and the Myth of Postpartum Mental Disorder in Cases of Maternal Infanticide and Filicide," *William & Mary Law Review* 50 (2008): 699.

8. Luísa Saavedra and João Manuel de Oliveira, "Transgressing Motherhood: Media Reports on Infanticide," *Deviant Behavior* 38, no. 3 (2017): 345-55.

9. Julia Stroud, "A Psychosocial Analysis of Child Homicide," *Critical Social Policy* 28, no. 4 (2008): 482-505.

10. Michelle Oberman, "Mothers Who Kill: Coming to Terms with Modern American Infanticide," *American Criminal Law Review* 34 (1996): 1.

11. Catherine F. Lewis and Scott C. Bunce, "Filicidal Mothers and the Impact of Psychosis on Maternal Filicide," *Journal of the American Academy of Psychiatry and the Law Online* 31, no. 4 (2003): 459-70.

12. Patricia Pearson, *When She Was Bad: Violent Women & the Myth of Innocence* (New York: Viking, 1997).

13. Barbara Barnett, "Medea in the Media: Narrative and Myth in Newspaper Coverage of Women Who Kill Their Children," *Journalism* 7, no. 4 (2006): 411-32. Luísa Saavedra and João Manuel de Oliveira, "Transgressing Motherhood: Media Reports on Infanticide," *Deviant Behavior* 38, no. 3 (2017): 345-55.

09. 성도착과 성폭력

1. W. Birnes and R. Keppel, *Signature Killers: Interpreting the Calling Cards of the Serial Murderer* (New York: Pocket Books, 1997).

2. 신경심리검사에 대한 설명은 부록을 참조할 것.

3. Robert K. Heaton, Gordon J. Chelune, Jack L. Talley, Gary G. Kay, and Glenn Curtiss, *Wisconsin Card Sorting Test (WCST) Manual: Revised and Expanded* (Odessa, FL: Psychological Assessment Resources, 1993).

4. Theodore Millon, *Millon Clinical Multiaxial Inventory Manual* (Minneapolis, MN: National Computer Systems, 1983).

5. Ron Langevin and Dan Paitich, *Clarke Sex History Questionnaire for Males—Revised* (North Tonawanda, NY: Multi-Health Systems, 2002).

6. S. Jones, H. C. O. Chan, W. C. Myers, K. M. Heide, "A Proposed Sexual Homicide Category: The Psychopathic-Sexually Sadistic Offender," in *Criminal Psychology*, ed. J. B. Helfgott, vol. 2, *Typologies, Mental Disorders, and Profiles* (Westport, CT: Praeger, 2013), 403-22.

7. J. Reid Meloy, "The Nature and Dynamics of Sexual Homicide: An Integrative Review," *Aggression and Violent Behavior* 5, no. 1 (2000): 1-22.

8. Frederic Wertham, "The Catathymic Crisis: A Clinical Entity," *Archives of Neurology & Psychiatry* 37, no. 4 (1937): 974-78.

9. Louis B. Schlesinger, "Sexual Homicide: Differentiating Catathymic and Compulsive Murders," *Aggression and Violent Behavior* 12, no. 2 (2007): 242-56.

10. Jessica Yakeley and J. Reid Meloy, "Understanding Violence: Does Psychoanalytic Thinking Matter?" *Aggression and Violent Behavior* 17, no. 3 (2012): 229-39.

11. Mervin Glasser, "On Violence: A Preliminary Communication," *International Journal of Psycho-Analysis* 79 (1998): 887-902.

12. Erich Fromm, T*he Anatomy of Human Destructiveness* (New York: Macmillan, 1992).

10. 청소년 범죄인가, 성인 범죄인가

1. CA Welfare and Institution Code §707.

2. 검사에 대한 설명은 부록을 참조할 것.

3. C. K. Conners, *Conners Continuous Performance Test 3rd Edition (CPT3)* (North Tonawanda, NY: Multi-Health Systems, 2014).

4. A. Bechara, *Iowa Gambling Test, Version 2 Professional Manual* (Lutz, FL: Psychological Assessment Resources, 2016).

5. Edna B. Foa, Anu Asnaani, Yinyin Zang, Sandra Capaldi, and Rebecca Yeh, "Psychometrics of the Child PTSD Symptom Scale for DSM-5 for Trauma-Exposed Children and Adolescents," *Journal of Clinical Child & Adolescent Psychology* 47, no. 1 (2018): 38-46.

6. A. E. Forth, D. S. Kosson, and R. D. Hare, *Hare Psychopathy Checklist: Youth Version* (North Towanda, NY: Multi-Health Systems, 2003).

7. S. Salekin, *Risk-Sophistication-Treatment Inventory* (Lutz, FL: Psychological Assessment Resources, 2004).

8. T. Millon, *Millon Adolescent Clinical Inventory Manual* (Minneapolis, MN: National

Computer Systems, 1993).

9. American Psychiatric Association, *Diagnostic and Statistical Manual of Mental Disorders,* 5th ed. (Arlington, VA: American Psychiatric Association, 2013).

10. D. Wechsler, *Wechsler Adult Intelligence Scale Manual,* 4th ed. (San Antonio, TX: Pearson, 2008).

11. B. J. Casey and K. Caudle, "The Teenage Brain: Self-Control," *Current Directions in Psychological Science,* 82 (2013): 82-83. B. Vallabhajosula, *Murder in the Courtroom: The Cognitive Neuroscience of Violence* (Cambridge: Oxford University Press, 2015): 125-39.

12. Jay Giedd, Jonathan Blumenthal, Neal Jeffries, Francisco Castellanos, Hong Liu, Alex Zijdenbos, Tomas Paus, Alan Evans, and Judith Rapoport, "Brain Development during Childhood and Adolescence: A Longitudinal MRI Study," *Nature Neuroscience* 2 (1999): 861-62. L. Steinberg and E. Cauffman, "Maturity and Judgment in Adolescence: Psychosocial Factors in Adolescent Decision-Making," *Law and Human Behavior* 20, no. 3 (1996): 253.

13. H. L. Gallagher and C. D. Frith, "Functional Imaging of 'Theory of Mind,'" *Trends in Cognitive Sciences* 7, no. 2 (2003): 77-83.

14. Frances E. Jensen and Amy Ellis Nutt, *The Teenage Brain* (Blackstone Audio, 2014).

15. *Roper v. Simmons* 543 U.S. 551, 125 S. Ct. 1183, 161 L. Ed. 2d 1 (2005).

16. *Graham v. Florida,* 560 U.S. 48, 130 S. Ct. 2011, 176 L. Ed. 2d 825 (2010).

17. *Miller v. Alabama,* 132 S. Ct. 2455, 567 U.S. 460, 183 L. Ed. 2d 407 (2012).

18. Beatriz Luna, David J. Paulsen, Aarthi Padmanabhan, and Charles Geier, "The Teenage Brain: Cognitive Control and Motivation," *Current Directions in Psychological Science* (2013): 98-99.

19. Steinberg and Cauffman, "Maturity and Judgment in Adolescence," 253.

20. D. Albert, J. Chein, and L. Steinberg, "The Teenage Brain: Peer Influences on Adolescent Decision Making," *Current Directions in Psychological Science,* 22, no. 2 (2013):114-20.

21. T. Wojciechowski, "PTSD as a Risk Factor for the Development of Violence among Juvenile Offenders: A Group-Based Trajectory Modeling Approach," *Journal of Interpersonal Violence* (2017): 1-25.

22. Nitin Gogtay, Jay N. Giedd, Leslie Lusk, Kiralee M. Hayashi, Deanna Greenstein, A. Catherine Vaituzis, Tom F. Nugent III, David H. Herman, Liv S. Clasen, Arthur W. Toga, Judith L. Rapoport, and Paul M. Thompson, "Dynamic Mapping of Human Cortical Development during Childhood through Early Adulthood," *Proceeds of the National Academy of Sciences,* no. 101 (2004): 8174-79.

23. *Roper v. Simmons,* 570.

24. R. Salekin, "Psychopathy in Children and Adolescents," in *Handbook of Psychopathy,* ed. C. Patrick (New York: Guilford Press, 2006), 389-414.

11. 뇌가 나를 이렇게 만들었다

1. Grant L. Iverson, Brian L. Brooks, Travis White, and Robert A. Stern, *Neuropsychological Assessment Battery: Introduction and Advanced Interpretation* (New York: Springer, 2008).
2. American Psychiatric Association, *Diagnostic and Statistical Manual of Mental Disorders*, 5th ed. (Washington, DC: American Psychiatric Publishing, 2013).
3. C. J. Golden, *A Manual for the Stroop Color and Word Test* (Chicago: Stoetling, 1978).
4. Raymond C. K. Chan, David Shum, Timothea Toulopoulou, and Eric Y. H. Chen, "Assessment of Executive Functions: Review of Instruments and Identification of Critical Issues," *Archives of Clinical Neuropsychology* 23, no. 2 (2008): 201-16.
5. Nita A. Farahany, "Neuroscience and Behavioral Genetics in US Criminal Law: An Empirical Analysis," *Journal of Law and the Biosciences* 2, no. 3 (2016): 485-509.
6. Deborah W. Denno, "How Prosecutors and Defense Attorneys Differ in Their Use of Neuroscience Evidence," *Fordham Law Review* 85 (2016): 453.
7. Paul J. Frick and Amanda Sheffield Morris, "Temperament and Developmental Pathways to Conduct Problems," *Journal of Clinical Child and Adolescent Psychology* 33, no. 1 (2004): 54-68. Joel T. Nigg, "Temperament and Developmental Psychopathology," *Journal of Child Psychology and Psychiatry* 47, nos. 3-4 (2006): 395-422.
8. Avshalom Caspi, Karen Sugden, Terrie E. Moffitt, Alan Taylor, Ian W. Craig, HonaLee Harrington, Joseph McClay, Jonathan Mill, Judy Martin, Antony Braithwaite, and Richie Poulton, "Influence of Life Stress on Depression: Moderation by a Polymorphism in the 5-HTT Gene," Science 301, no. 5631 (2003): 386-89.
9. Joshua Greene and Jonathan Cohen, "For the Law, Neuroscience Changes Nothing and Everything," in "Law and the Brain," special issue, *Philosophical Transactions of the Royal Society London* 359 (2004): 1775-81.
10. Liad Mudrik and Uri Maoz, "'Me & My Brain': Exposing Neuroscience's Closet Dualism," *Journal of Cognitive Neuroscience* 27, no. 2 (2014): 211-21.
11. Kristen Kelly, Arietta Slade, and John F. Grienenberger, "Maternal Reflective Functioning, Mother-Infant Affective Communication, and Infant Attachment: Exploring the Link between Mental States and Observed Caregiving Behavior in the Intergenerational Transmission of Attachment," *Attachment & Human Development* 7, no. 3 (2005): 299-311. Elliott L. Jurist, Arietta Slade, and Sharone Bergner, eds., *Mind to Mind: Infant Research, Neuroscience, and Psychoanalysis* (New York: Other Press, 2008).
12. Sytske Besemer, Shaikh I. Ahmad, Stephen P. Hinshaw, and David P. Farrington, "A Systematic Review and Meta-analysis of the Intergenerational Transmission of Criminal Behavior," *Aggression and Violent Behavior* 37 (2017): 161-78.
13. Lisa Feldman Barrett, How Emotions Are Made: *The Secret Life of the Brain* (New York: Houghton Mifflin Harcourt, 2017).

14. Robert Plomin, *Blueprint: How DNA Makes Us Who We Are* (Cambridge, MA: MIT Press, 2019), 6.

15. William Bernet, Cindy L. Vnencak-Jones, Nita Farahany, and Stephen A. Montgomery, "Bad Nature, Bad Nurture, and Testimony Regarding MAOA and SLC6A4 Genotyping at Murder Trials," *Journal of Forensic Sciences* 52, no. 6 (2007): 1362-71.

16. Caspi et al., "Influence of Life Stress on Depression," 386-89.

17. Clara Möller, Fredrik Falkenström, Mattias Holmqvist Larsson, and Rolf Holmqvist, "Mentalizing in Young Offenders," *Psychoanalytic Psychology* 31, no. 1 (2014): 84. Hyunzee Jung, Todd I. Herrenkohl, Martie L. Skinner, and Ashley N. Rousson, "Does Educational Success Mitigate the Effect of Child Maltreatment on Later Offending Patterns?" *Journal of Interpersonal Violence* (2018). Thomas G. Blomberg, William D. Bales, Karen Mann, Alex R. Piquero, and Richard A. Berk, "Incarceration, Education and Transition from Delinquency," *Journal of Criminal Justice* 39, no. 4 (2011): 355-65.

18. Stephen J. Morse, "Neurohype and the Law: A Cautionary Tale," in *Casting Light on the Dark Side of Brain Imaging* (London: Academic Press, 2019), 31-35.

12. 법을 집행하는 자들이 저지르는 범죄

1. Amanda D. Johnson, "Police Subcultural Traits and Police Organizational Failure," *International Journal of Criminal Justice Sciences* 14, no. 2 (2019): 120-31. Philip Matthew Stinson, *Criminology Explains Police Violence* (Berkeley: University of California Press, 2020).

2. Emily E. Ekins, *Policing in America: Understanding Public Attitudes toward the Police: Results from a National Survey* (Washington, DC: Cato Institute, 2016).

3. www.prisonexp.org를 참조. 연구 결과에 대한 비판은 다음을 참조. Stephen Reicher & S. Alexander Haslam, "Rethinking Psychology of Tyranny: The BBC Prison Study", British Journal of Social Psychology 45, no. 1(2006): 1-40.

4. Philip Zimbardo, *The Lucifer Effect: Understanding How Good People Turn Evil* (New York: Random House, 2007).

5. Philip Matthew Stinson, *Criminology Explains Police Violence* (Berkeley: University of California Press, 2020), 73-90.

6. Sean P. Griffin and Thomas J. Bernard, "Angry Aggression among Police Officers," *Police Quarterly* 6, no. 1 (2003): 3-21.

7. Anthony M. Tarescavage, David M. Corey, and Yossef S. Ben-Porath, "Minnesota Multiphasic Personality Inventory-2-Restructured Form (MMPI-2-RF) Predictors of Police Officer Problem Behavior," *Assessment* 22, no. 1 (2015): 116-32. Matthew R. Durose, Erica Leah Schmitt, and Patrick A. Langan, *Contacts between Police and the Public: Findings from the 2002 National Survey* (Washington, DC: US Department of Justice, Office of Justice Programs, Bureau of Justice Statistics, 2005).

8. Adam Dunn and Patrick J. Caceres, "Constructing a Better Estimate of Police

Misconduct," *Policy Matters Journal* 7, no. 2 (2010): 10-16.

9. Martin Sellbom, Gary L. Fischler, and Yossef S. Ben-Porath, "Identifying MMPI-2 Predictors of Police Officer Integrity and Misconduct," *Criminal Justice and Behavior* 34, no. 8 (2007): 985-1004.

10. Wickersham Commission, *United States National Committee on Law Observance and Enforcement: Report on the Police* (Washington, DC: US Government Printing Office, 1931). Neal Trautman, "Police Code of Silence Facts Revealed," in *Annual Conference of the International Association of Chiefs of Police,* available at www.aele.org/loscode2000.

11. Stinson, *Criminology Explains Police Violence,* 76-80.

12. Radley Balko, *Rise of the Warrior Cop: The Militarization of America's Police Forces* (New York: PublicAffairs, 2013).

13. Stinson, *Criminology Explains Police Violence,* 59-72.

14. Richard J. Lundman, *Police and Policing: An Introduction* (New York: Holt, Rinehart and Winston, 1980). See Stinson, *Criminology Explains Police Violence,* 59.

15. Herbert Packer, *The Limits of the Criminal Sanction* (Stanford, CA: Stanford University Press, 1968).

16. Carl B. Klockars, "Street Justice: Some Micro-Moral Reservations: Comment on Sykes," *Justice Quarterly* 3, no. 4 (1986): 513-16.

17. Christopher Slobogin, "Testilying: Police Perjury and What to Do about It," *University of Colorado Law Review* 67 (1996): 1037.

18. Gary W. Sykes, "Street Justice: A Moral Defense of Order Maintenance Policing," *Justice Quarterly* 3, no. 4 (1986): 497-512.

19. Kathleen M. Ridolfi and Maurice Possley, *Preventable Error: A Report on Prosecutorial Misconduct in California 1997–2009* (Santa Clara: Northern California Innocence Project Publications, 2010), http://digitalcommons.law.scu.edu/ncippubs/2.

20. Transcript of Record at 5195-5201, *United States v. William J. Ruehle,* SACR 08-00139-CJC.

21. https://voiceofoc.org/2015/10/prior-murder-adds-another-layer-to-wozniak-case/ ; https://www.ocregister.com/2016/01/18/inside-the-snitch-tank-readthe-full-story-of-murder- misconduct-and-justice-delayed/ .

22. Ridolfi and Possley, *Preventable Error.*

23. Ridolfi and Possley, *Preventable Error.* See also David Alan Sklansky, "The Problems with Prosecutors," *Annual Review of Criminology* 1 (2018): 451-69.

24. Emily M. West, "Court Findings of Prosecutorial Misconduct Claims in Post-Conviction Appeals and Civil Suits among the First 255 DNA Exoneration Cases," Innocence Project Report (2010), www.innocenceproject.org/wp-content/uploads/2016/04/pmc_appeals_255_final_oct_2011.pdf.

25. N. Haslam and S. Loughnan, "Dehumanization and Infrahumanization," *Annual Review of Psychology* 65 (2014): 399-423. Muzafer Sherif and Carolyn W. Sherif, *Reference Groups Exploration into Conformity and Deviation of Adolescents* (New York:

Harper and Row, 1964).

26. Jacques-Philippe Leyens, Armando Rodriguez-Perez, Ramon Rodriguez-Torres, Ruth Gaunt, Maria-Paola Paladino, Jeroen Vaes, and Stéphanie Demoulin, "Psychological Essentialism and the Differential Attribution of Uniquely Human Emotions to Ingroups and Outgroups," *European Journal of Social Psychology* 31, no. 4 (2001): 395-411.

27. Primo Levi, *Survival in Auschwitz* (New York: Simon and Schuster, 1996).

28. John M. Darley and C. Daniel Batson, "'From Jerusalem to Jericho': A Study of Situational and Dispositional Variables in Helping Behavior," *Journal of Personality and Social Psychology* 27, no. 1 (1973): 100-108.

29. Christopher Browning, Ordinary Men: *Reserve Police Battalion 101 and the Final Solution in Poland* (New York: HarperCollins, 1992).

13. 범죄자는 태어나는가, 만들어지는가

1. Norman O. Brown, *Life against Death: The Psychoanalytical Meaning of History* (Middletown, CT: Wesleyan University Press, 1985), ix.

2. Sigmund Freud, "The Ego and the Id," in *The Standard Edition of the Complete Psychological Works of Sigmund Freud, Volume XIX (1923-1925): The Ego and the Id and Other Works* (London: Hogarth Press, 1961), 1-66.

3. Cited in S. Diamond, *Anger, Madness, and the Daimonic* (Albany: State University of New York Press, 1996). See also R. May, *Love and Will* (New York: Dell, 1969). Kirk J. Schneider, "Radical Openness to Radical Mystery: Rollo May and the Awe-based Way," in *Humanity's Dark Side: Evil, Destructive Experience, and Psychotherapy* (Washington, DC: American Psychological Association, 2013), 19-33.

4. Claire Holvoet, Céline Scola, Thomas Arciszewski, and Delphine Picard, "Infants' Preference for Prosocial Behaviors: A Literature Review," *Infant Behavior and Development* 45 (2016): 125-39.

5. Paul Bloom, Just Babies: *The Origins of Good and Evil* (New York: Broadway Books, 2013).

6. Betty M. Repacholi and Alison Gopnik, "Early Reasoning about Desires: Evidence from 14- and 18-month-olds," *Developmental Psychology* 33, no. 1 (1997): 12-21.

7. Richard Wrangham, *The Goodness Paradox: The Strange Relationship between Virtue and Violence in Human Evolution* (New York: Vintage, 2019).

8. Jane Goodall, *Patterns of Behavior* (Cambridge, MA: Harvard University Press, 1986). Jane Goodall, *Reason for Hope: A Spiritual Journey* (New York: Grand Central Publishing, 1999).

9. Fiona Brookman, "Confrontational and Revenge Homicides among Men in England and Wales," *Australian & New Zealand Journal of Criminology* 36, no. 1 (2003): 34-59. Johan M. G. van der Dennen, "Review Essay: The Murderer Next Door: Why the Mind Is Designed to Kill," *Homicide Studies* 10, no. 4 (2006): 320-35.

10. Lewis Petrinovich and Patricia O'Neill, "Influence of Wording and Framing Effects on Moral Intuitions," *Ethology and Sociobiology* 17, no. 3 (1996): 145-71. Kuninori Nakamura, "The Footbridge Dilemma Reflects More Utilitarian Thinking Than the Trolley Dilemma: Effect of Number of Victims in Moral Dilemmas," in *Proceedings of the Annual Meeting of the Cognitive Science Society* 34 (2012): 5.

11. David M. Buss, *The Murderer Next Door: Why the Mind Is Designed to Kill* (New York: Penguin, 2006), 5.

12. Buss, *The Murderer Next Door*, 8.

13. Robert E. Hanlon, Michael Brook, John Stratton, Marie Jensen, and Leah H. Rubin, "Neuropsychological and Intellectual Differences between Types of Murderers: Affective/Impulsive versus Predatory/Instrumental (Premeditated) Homicide," *Criminal Justice and Behavior* 40, no. 8 (2013): 933-48.

14. Leon Wurmser, *The Mask of Shame* (Baltimore: Johns Hopkins University Press, 1981). Melvin R. Lansky, *Fathers Who Fail: Shame and Psychopathology in the Family System* (London: Routledge, 2013).

15. 정신화 개념에 대한 완전한 이해는 Peter Fonagy와 Mary Target을 참조, *Psychoanalytic Theories: Perspectives from Developmental Psychopathology* (New York: Brunner-Routledge, 2003), 270-82.

16. Elliot Jurist, *Minding Emotions: Cultivating Mentalization in Psychotherapy* (New York: Guilford, 2018), esp. part II, 83-160.

17. 악성 유형의 성격에서는 그러한 정신화 과정이 어떻게 부재하거나 심하게 변형되는지 알 수 있다.

18. E. L. Jurist, "Mentalized Affectivity," *Psychoanalytic Psychology* 22, no. 3 (2005): 426-44.

19. 이 절묘한 심리적 성취인 정신화는 우리를 살아 있고 건강하게 유지하도록 설계된 근본적인 진화 과정의 정점으로 볼 수 있다. '시뮬레이션(simulation)'이라는 신경생물학적 과정을 실행해서 그렇게 한다. 신경과학자 리사 펠드먼 배럿(Lisa Feldman Barrett)에 따르면 시뮬레이션은 뇌가 점쟁이 역할을 하도록 하여 과거의 감정 경험을 바탕으로 미래의 사건을 예측하고, 그에 적응해 생존을 향상시키는 데 기여한다. 리사 펠드먼 배럿의 다음 책을 참고하시오. *How Emotions Are Made: The Secret Life of the Brain*, 최호영 옮김, 《감정은 어떻게 만들어지는가?》, 생각연구소, 2017. 다음도 참조할 것. Lisa Feldman Barrett, "Emotional Intelligence Needs a Rewrite. Think You Can Read People's Emotions? Think Again," *51 Nautilus* (2017). 정신화 능력이 클수록 정서적 민첩성과 대인관계 환경에 대한 이해가 높아져 심리 사회적 기능과 활력이 향상된다.

20. P. Fonagy and A. Levinson, "Offending and Attachment: The Relationship between Interpersonal Awareness and Offending in a Prison Population with Psychiatric Disorder," *Canadian Journal of Psychoanalysis* 12, no. 2 (2004): 225-51.

21. Rebecca A. Richell, Derek G. V. Mitchell, C. Newman, A. Leonard, Simon Baron-Cohen, and R. James R. Blair, "Theory of Mind and Psychopathy: Can Psychopathic Individuals Read the 'Language of the Eyes'?" *Neuropsychologia* 41, no. 5 (2003): 523-26.

22. D. Stevens, Tony Charman, and R. J. R. Blair, "Recognition of Emotion in Facial Expressions and Vocal Tones in Children with Psychopathic Tendencies," *The Journal of Genetic Psychology* 162, no. 2 (2001): 201-11.

23. Lance Workman, "Interview: The Memory Warrior," *The Psychologist* 25 (2012): 526-29.

24. Elliott Leyton, *Hunting Humans: The Rise of the Modern Multiple Murderer* (New York: Carroll & Graf, 2003).

25. Peter Fonagy, "Attachment, the Development of the Self, and Its Pathology in Personality Disorders," in *Treatment of Personality Disorders* (Boston: Springer, 1999), 53-68. Glen O. Gabbard, Lisa A. Miller, and Melissa Martinez, "A Neurobiological Perspective on Mentalizing and Internal Object Relations in Traumatized Patients with Borderline Personality Disorder," *Handbook of Mentalization-Based Treatment* (Chichester: Wiley, 2006), 123-40. Tamara S. Lyn and David L. Burton, "Adult Attachment and Sexual Offender Status," *American Journal of Orthopsychiatry* 74, no. 2 (2004): 150-59.

26. 흥미롭게도 필립은 정신적인 자기성찰을 할 수 있었다. 이것은 어머니의 상대적인 둔감함과 관계없이 어머니에 대한 애착의 질과 유대에 대한 타고난 기질적 추진력 때문일 수 있다.

27. 12장에서 '타자화'의 결과에 대한 몇 가지 흥미로운 연구결과를 제시했다.

28. Sigmund Freud, "Beyond the Pleasure Principle," in *The Standard Edition of the Complete Psychological Works of Sigmund Freud, Volume XVIII (1920-1922): Beyond the Pleasure Principle, Group Psychology and Other Works* (London: Hogarth Press, 1920), 1-64.

29. Christopher Peterson and Martin E. P. Seligman, *Character Strengths and Virtues: A Handbook and Classification* (Cambridge: Oxford University Press, 2004). M. Gazzaniga, *The Ethical Brain* (New York: Dana Press, 2005).

30. P. Foot, *Natural Goodness* (Cambridge: Oxford University Press, 2001). C. Taylor, *Sources of the Self: The Making of the Modern Identity* (Cambridge, MA: Harvard University Press, 1989).

31. Steven Pinker, *The Better Angels of Our Nature: Why Violence Has Declined* (New York: Penguin, 2012), xxi.

32. Pinker, The Better Angels of Our Nature, 189-294.

33. James Gilligan, *Preventing Violence* (London: Thames & Hudson, 2001). James Gilligan, *Violence: Our Deadly Epidemic and Its Causes* (New York: G. P. Putnam, 1996).

34. Gilligan, *Preventing Violence*, 29.

35. Howard Zehr, *The Little Book of Restorative Justice: Revised and Updated* (New York: Simon and Schuster, 2015).

36. David B. Wexler, Michael L. Perlin, Michel Vols, Pauline Spencer, and Nigel Stobbs, "Guest Editorial: Current Issues in Therapeutic Jurisprudence," *QUT Law Review* 16, no. 3 (2016): 1-3.

37. Kimberly A. Kaiser and Kirby Rhodes, "A Drug Court by Any Other Name? An Analysis of Problem-solving Court Programs," *Law and Human Behavior* 43, no. 3 (2019): 278-89.

38. Jeremy Travis, Bruce Western, and F. Stevens Redburn, *The Growth of Incarceration in the United States: Exploring Causes and Consequences* (Washington, DC: National Academy Press, 2014), esp. 159-64.

39. Michael L. Perlin, "'Too Stubborn to Ever Be Governed by Enforced Insanity': Some Therapeutic Jurisprudence Dilemmas in the Representation of Criminal Defendants in Incompetency and Insanity Cases," *International Journal of Law and Psychiatry* 33, no. 5-6 (2010): 475-81.

40. *Miller v. Alabama*, 132 S. Ct. 2455, 567 U.S. 460, 183 L. Ed. 2d 407 (2012). With reference to *Graham v. Florida*, 130 S. Ct. 2011, 560 U.S. 48, 176 L. Ed. 2d 825 (2010).

41. 참고 "Sociability, Responsibility, and Criminality: From Lab to Law," *Annals of the New York Academy of Sciences* 1299, no. 1 (2013): v-97. 이 책은 형법에 대한 사회과학과 신경과학의 관련 연구에 집중하고 있다.

42. Craig Haney, *Criminality in Context: The Psychological Foundations of Criminal Justice Reform* (Washington, DC: American Psychological Association, 2020).

43. Henry J. Steadman, Margaret A. McGreevy, Joseph P. Morrissey, Lisa A. Callahan, Pamela Clark Robbins, and Carmen Cirincione, *Before and after Hinckley: Evaluating Insanity Defense Reform* (New York: Guilford Press, 1993).

44. Brandon L. Garrett, "Wrongful Convictions," *Annual Review of Criminology* 3 (2020): 245-59.

45. https://californiainnocenceproject.org/?gclid=Cj0KCQiA0fr_BRDaARIsAABw4Et0Tra re2rj7pjVwvo70U_AuIfI04LwCJD8zPfic0jJj0-uHVemNLAaArt0EALw_wcB

46. Jon G. Allen, "Psychotherapy: The Artful Use of Science," *Smith College Studies in Social Work* 78, nos. 2-3 (2008): 159-87.

47. 정신분석가들은 심리학적으로 생각하고 집단으로서 충분히 성찰적이어서 악의적인 사회 세력을 인식하고 그 영향력에 저항할 수 있기를 바란다. 독일의 나치 시대에 많은 분석가가 저항했고 많은 사람이 독일을 떠났다. 그러나 일부는 체제에 적응하고 나치 이데올로기에 순응했다. 참고: Ervin Staub, "The Evolution of Bystanders, German Psychoanalysts, and Lessons for Today," *Political Psychology* (1989): 39-52.

48. Daniel Spurk, Anita C. Keller, and Andreas Hirschi, "Do Bad Guys Get Ahead or Fall Behind? Relationships of the Dark Triad of Personality with Objective and Subjective Career Success," *Social Psychological and Personality Science* 7, no. 2 (2016): 113-21.

49. Seth M. Spain, Peter Harms, and James M. LeBreton, "The Dark Side of Personality at Work," *Journal of Organizational Behavior, supplement, The IRIOP Annual Review Issue* 35, no. S1 (2014): S41-S60.

50. Peter K. Jonason and Gregory D. Webster, "The Dirty Dozen: A Concise Measure of the Dark Triad," *Psychological Assessment* 22, no. 2 (2010): 420.

51. Jason J. Dahling, Brian G. Whitaker, and Paul E. Levy, "The Development and Validation of a New Machiavellianism Scale," *Journal of Management* 35, no. 2 (2008): 219-57.

52. Benoît Monin and Alexander H. Jordan, "The Dynamic Moral Self: A Social Psychological Perspective," in *Personality, Identity, and Character: Explorations in Moral Psychology*, ed. D. Narvaez and D. Lapsley (Boston: Cambridge University, 2009), 341-54

찾아보기